하나님과 트럼프

God and Donald Trump by Stephen E. Strang
Published by FrontLine
Charisma Media/Charisma House Book Group

Copyright © 2017 by Stephen E. Strang. All rights reserved

This translation published under license with the original publisher FrontLine, Charisma Media/Charisma House Book Group

Korean language edition ⓒ 2018 by Puritan Publishing

이 책의 한국어판 저작권은 (주)퓨리탄퍼블리싱이 소유합니다. 신 저작권법에 의하여 한국 내에서 보호받는 저작물이므로 무단전재와 무단복제를 금합니다.

하나님과 트럼프

★ ★ ★ ★ ★

스티븐 E. 스트랭 지음 · 오태용 옮김

GOD and DONALD TRUMP

옮긴이 | 오태용 목사

약력
서울대학교 사범대학 영어교육과(BA)
합동신학대학원대학교(M. Div.)
웨스트민스터신학대학원대학교(Th. M.)
미국 안식년 유학(영성연구)
대한항공 근무
봉천여중, 서울 기계공고 교사
웨스트민스터신학교 강사
충현교회 전도사
풍성한교회 원로목사

저서
하나님 자녀 된 권세와 파워
풍성한 삶을 위한 매일 고백기도

역서
성경핸드북(로렌스 리처즈)
목사님 설교가 아주 신선해졌어요
혀의 창조적 능력을 사용하라
성경은 경영학 교과서입니다
네 입에 건강이 있다
무디의 십계명 등

하나님과 트럼프

초판 1쇄 발행 | 2018년 6월 1일
초판 1쇄 발행 | 2018년 6월 5일

지은이　스티븐 E. 스트랭
옮긴이　오태용
펴낸이　전한나

펴낸곳　(주)퓨리탄퍼블리싱
등　록　2014년 10월 17일(제2014-000295호)

주　소　서울시 강남구 강남대로 301 유니온센터 1805호
전　화　070-7432-6248
전자우편　contact@puritanpublishing.com
홈페이지　www.puritanpublishing.com

디자인　최은숙

ISBN 979-11-954869-3-9　03200

「이 도서의 국립중앙도서관 출판시도서목록(CIP)은 서지정보유통지원시스템 홈페이지 (http://seoji.nl.go.kr)와 국가자료공동목록시스템(http://www.nl.go.kr/kolisnet)에서 이용하실 수 있습니다.(CIP제어번호: CIP2018016181)」

Official White House photo / Shealah Craighead

도널드 트럼프의 당선은 예상 밖이었다. 그래서 일부는 그들의 기도에 응답하신 하나님께 감사를 드렸다(p.17). 나는 2017년 1월 20일 워싱턴 DC의 군중들 가운데 있었는데, 그날 그는 두 권(하나는 그의 이홉 번째 생일을 이틀 앞두고 그의 어머니가 주신 성경이고 다른 하나는 에이브러햄 링컨이 1861년에 취임 선서를 할 때 사용한 성경)의 성경 위에 손을 얹고 취임 선서를 했다.

i

놀만 빈센트 필 박사는 이 젊은 사업가에 대해 이렇게 썼다. "도널드 트럼프의 커리어는 이제 막 시작한 것에 불과하지만, 얼마나 대단한 시작인가. 틀림없이 그는 미국에서 가장 적극적으로 생각하고 적극적으로 행동하는 사람들 중에 하나다." (p.97)

Ron Galella / WireImage

▲ 놀만 빈센트 필 박사(맨 오른쪽)는 한때 트럼프의 담임목사였으며 그의 설교와 저서 〈긍정적인 생각의 능력〉을 통해 그에게 지대한 영향을 미쳤다(p.96). 1988년에 찍은 이 사진에서는 트럼프가 그의 첫 아내 이바나와 필의 아내인 룻 스태포드 필과 함께 서 있다.

◀ 도널드 트럼프는 그의 아버지 프레드를 매우 존경했다(p.97). 그의 어머니 메리 앤은 그녀의 자녀들이 모두 장로교인으로 자랐다고 확실하게 말했다. 1992년에 찍은 이 사진에는 또한 트럼프의 동기들 간인 메리앤(맨 오른쪽), 로버트(맨 왼쪽), 엘리자베스가 들어 있다. 프레드 주니어는 1981년에 죽었다.

REUTERS / Brendan McDermid

트럼프 대통령은 그의 가족들과 친밀하다(p.97). 트럼프가 2015년 6월 그의 대선출마를 발표했을 때 찍은 이 사진에는 (왼쪽부터) 아들 에릭과 그의 아내 라라, 아홉 살 된 아들 배론, 아내 멜라니아, 바네사와 아들 돈 주니어 및 그들의 맨 위 두 자녀인 카이와 도널드 3세, 딸 이방카와 남편 제러드 쿠슈너, 그리고 딸 티파니가 보인다.

리버티대학교 총장인 제리 폴웰 주니어는 일찍부터 트럼프 지지자였다. 이 사진은 트럼프 대통령이 2017년 5월 13일 리버티대학교에 방문했을 때 그가 대통령과 함께 서 있는 모습이다(p.138).

도널드 트럼프는 흑인 공동체에서 미시간주 디트로이트에 있는 그레이트 페이스 미니스트리스 인터내셔널의 사도 웨인 T. 잭슨과 같은 친구들을 있었다. 이 목사님은 트럼프에게 유대인의 기도 숄을 선물했다(p.80). 트럼프는 승리 후에 잭슨 목사를 그의 취임식에 초청하여 기도를 하게 했다.

v

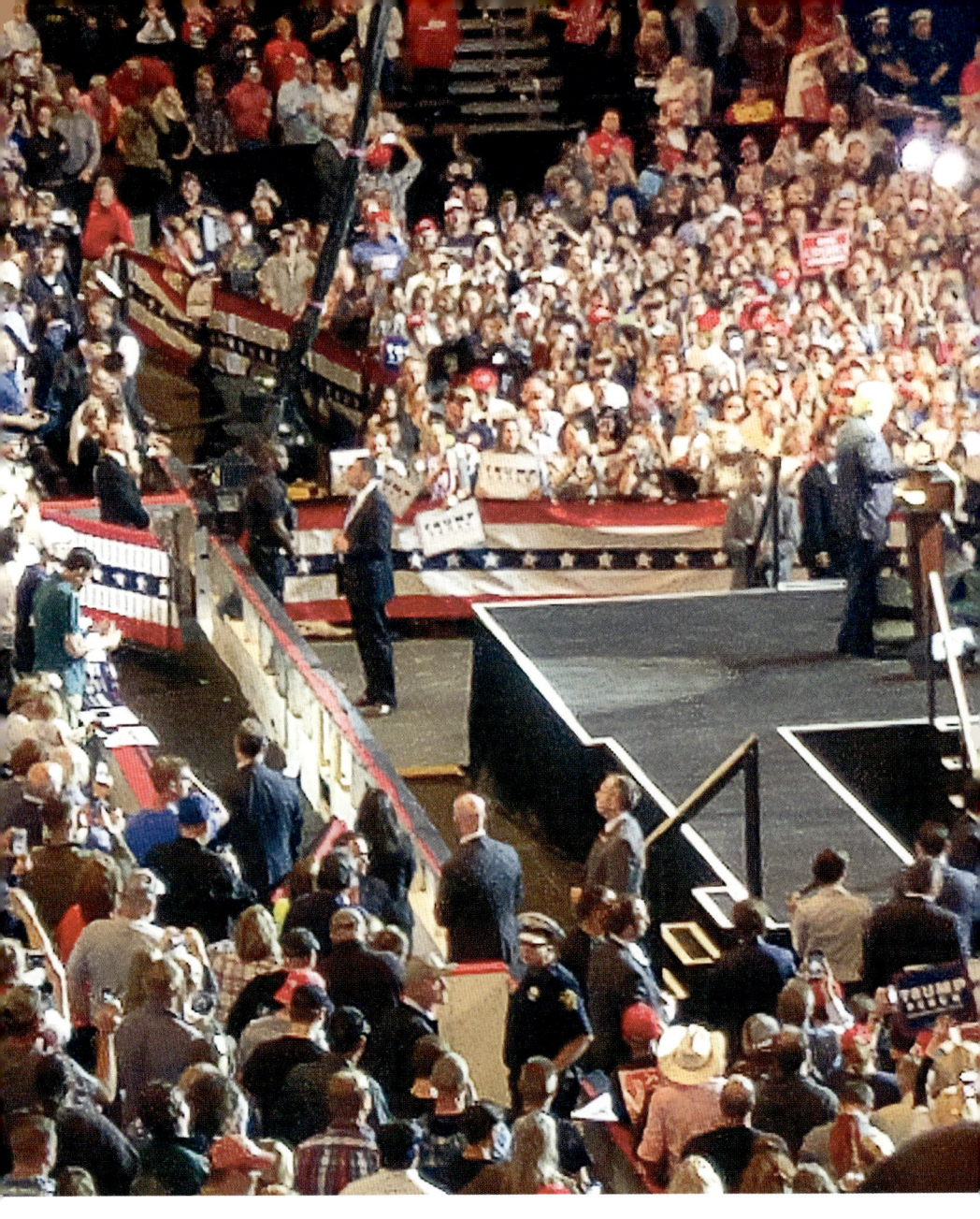

트럼프는 그가 오하이오에서 승리하기 4주 전인 2016년 10월 13일 오하이오주 신시내티의 유에스 뱅크 아레나에서 열린 이 집회에는 구름처럼 많은 대규모 군중을 모이게 했다. 슈퍼 화요일 전, 오하이오주 영스타운의 비슷한 집회에서, 프랭크 아메디아는 트럼프에게 그가 공화당 지명을 받을 것이라는 예언의 말을 하였다(p.127).

Photo by Hayden Schiff

Mark Wallheiser / Getty Images

일부 복음주의자들은 2015년 8월 21일의 집회에서 들고 나온 이 표지가 암시하듯, 하나님께서 트럼프를 일으켜 세우실 것을 믿었다. 앨라배마주 모빌의 래드-패블스 스타디움에서 열린 이 집회에는 3만 명이 모였다(p.154).

마르틴 루터 킹 주니어 박사의 질녀인 알베다 킹 박사는 그를 위해서 기도는 하지만 후보들을 지지하지는 않는다고 말한다. 그러나 그녀가 종종 트럼프와 함께 사진을 찍음으로써 그녀는 트럼프가 승리하길 바란다는 점을 공공연히 알렸다(p.80).

나는 뉴욕의 당선 나이트 파티에서 이분의 텔레비전 프로를 좋아하는 내 아내 조이에게 보내려고 애미와 로버트 제프리스와 함께 이 셀카를 찍었다. 여기에 실리게 될 줄은 꿈에도 생각하지 못했는데 말이다. 제프리스는 트럼프를 지지한 최초의 복음주의 지도자들 중 하나였다(p.21).

트럼프 대통령이 닐 M. 고서치를 대법원 판사로 임명한 후에, 고서치와 그의 아내 마리 루이스와 함께 기도하고 있다. 트럼프의 아들들 도널드 주니어와 에릭, 부통령 마이크 펜스와 그의 아내 카렌, 라인스 프리버스, 안토닌 스칼리아의 미망인 모린 스칼리아, 그리고 그녀의 아들인 가톨릭 사제 폴이다(p.138).

트럼프는 그의 신앙자문위원회의 몇몇 위원들과 잠시 가벼운 담소를 즐긴다. (왼쪽부터) 목사 로버트 제프리스, 마크 번즈, 로니 플로이드, 로드니와 아도니카 하워드 브라우니, 그리고 작가인 조니 모어다(p.64).

2017년 7월 10일 대통령 집무실에서 로드니 하워드 브라우니 목사가 찍은 이 사진은 급속히 퍼졌다. 지도자들은 복음주의자들이 대통령을 기도로 받쳐줘야만 그가 받고 있는 엄청난 반대를 버텨낼 수 있을 것이라고 말한다(p.64).

트럼프 대통령과 퍼스트레이디가 이스라엘 대통령 루벤 리블린과 그의 아내 네카마와 함께 찍은 이 사진은 그가 2017년 5월 이스라엘을 방문 중에 이스라엘 지지를 보여주었다.

트럼프는 이 목사님의 텔레비전 프로를 시청한 후 2003년에 파울라 화이트 케인 목사님과 접촉하여 우정이 발전되었다. 2012년에 그는 대선출마를 할까 말까 결정하려고 할 때 케인 목사님에게 "기도할 줄 아는" 목사님 그룹을 모아달라고 요청했다(p.79). 파울리는 그를 다른 복음주의 지도자들에게로 연결시켜드렸다(p.61). 그녀는 또한 취임식에서 기도했다.

Official White House photo

임기를 시작한지 딱 3개월 된 국가기도의 날에 트럼프 대통령은 소위 존슨 수정안의 효력을 무효화하고 자유로운 언론과 종교의 자유를 증진시키는 데 도움이 될 행정명령을 발표하기로 선택했다(p.41).

Official White House photo / Dan Hansen

도널드 트럼프의 첫 해외순방 시 그는 예루살렘을 방문하여 통곡의 벽을 찾은 첫 현직 미국 대통령이 됨으로써 이스라엘에 대한 그의 지지를 보여주었다. 보도에 의하면 통곡의 벽에서 그는 기도문을 틈 사이에 끼워 넣고 하나님께 지혜를 달라고 기도했다고 한다(p.87).

2017년 5월 24일 트럼프가 바티칸에 방문하는 중에 프란시스 교황이 로마 가톨릭 신자인 페스트레이디 멜라니아 트럼프의 묵주를 축복한다(p.130).

독일에서 열린 G20 정상회담에 참석하기 전에, 트럼프 대통령은 폴란드에 방문했는데, 거기서 그의 발언이 따뜻한 박수갈채와 "도널드 트럼프! 도널드 트럼프!"라고 연호하는 환대를 받았다(p.140). 그와 퍼스트레이디가 여기서는 폴란드 대통령 인드레이 두다와 그의 아내 아가타콘하우저-두다와 함께 포즈를 취하고 있다.

Image courtesy of Bret Thoman

에필로그(p.179)는 이탈리아의 로레토에 있는 한 경건한 가톨릭 신자(고 토머스 짐머)에 대해 말한다. 그는 1980년대에 예언하기를 하나님께서 사업가 도널드 트럼프를 사용하여 미국을 하나님께로 돌아오게 하실 것이라고 했다. 본서에는 도널드 트럼프가 대통령에 당선될 것이라고 예언한 다른 4개의 예언들이 2007년 것까지 문서로 기록되어 있다(p.83).

추천사

　물고기가 물에서 살 수 있는 최소한의 산소요구량이 5ppm이라고 한다. 물고기에게 산소가 필요하듯 인간에게는 삶을 살아가는 데 있어 하나님이 주신 최소한의 영적 산소요구량이 있다. 인간이 최소한의 영적 산소요구량에 미치지 못할 때마다 전쟁, 질병, 재난 등의 위험에 직면하였다. 하지만 그때마다 하나님께서는 미국의 지도자들과 대통령들을 사용하셨다. 청교도의 신앙으로 건국된 미국은 근대 지구촌 역사를 이끌어 왔다. 그리고 하나님이 세우신 미국 대통령을 통하여 지구촌은 위험으로부터 벗어날 수 있었다.

　오늘날 지구촌은 어쩌면 역사상 가장 큰 위험에 직면하고 있는지 모른다. 동성애, 이슬람, 북한의 핵 위협으로 지구촌 전체는 혼돈 속에 있다. 이 중요한 시기에 하나님은 '도널드 트럼프'라는 지도자를 세우셨다.

　지구촌 전역에서 무너져 내리는 영적현상을 바로 세우기 위해서 트럼프 대통령을 세웠다고 확신한다. 트럼프 대통령을 통하여 북한의 핵 문제와 한국을 기습 점령한 김일성 공산주의 주체사상 문제를 단호히 해결하고, 중국까지 민주주의와 복음의 나라를 이루어 가는 데 결정적 역할을 하기 원한다. 하나님께서 세우신 도널드 트럼프를 통하여 지구촌이 회복되길 기대하는 바이다.

전광훈 목사

추천사

 2016년 11월 8일 도널드 트럼프 후보가 치열한 선거전 끝에 클린턴 후보를 물리치고 제 45대 미국 대통령에 당선되었습니다. 압도적 다수의 미국 언론이 클린턴 후보의 압승을 예상하고 있었지만 예상을 뒤엎고 트럼프가 당선되었다는 사실은, 실제로는 그다지 놀라운 일이 아니었습니다. 트럼프의 당선은 오늘의 미국이 당면하고 있는 제반 문제들에 대해, '이것은 아니다'라고 생각하는 미국의 정상적인 시민들이 트럼프를 찍겠다고 마음속으로 결심하고 있었기 때문입니다.

 미국이 당면한 제반 사회문제들은 미국 건국의 아버지들이 보기에도 우려스러울 정도입니다. 미국은 하나님을 열정적으로 믿는 사람들이 하나님이 보기에 좋은 나라를 지상에 건설한다는 목적을 가지고 건국한 기독교 국가라고 말할 수 있습니다. 그러나 오늘 미국 사회는 우리말로는 좌파라고 번역될 수 있는 리버럴(Liberal)들에 의해 기독교 정신이 쇄락하고 인간 사회의 질서가 혼탁해진 나라로 몰락해가고 있다는 우려를 하지 않을 수 없게 되었습니다. 동성애자의 결혼 케이크를 만들지 않겠다는 빵집 주인이 사업을 접어야 할 정도로 엄청난 벌금을 부과 당하고, 기독교보다 오히려 이슬람이 더욱 우대받는 것 같고, 마약이 창궐하며, 성전환자들이 남녀로 구분된 공공 화장실에는 자신들이 사용할 화장실이 없다고 불평하며, 불법 입국자들에 의한 살인사건이 벌어져도 소수민족을 보호해야 한다는 논리가 횡행하고 있는 나라가 되었습니다.

평민의 나라, 자유의 나라로 건국된 미국에 '귀족계급'이 생겨나 워싱턴을 장악하고 있으며 이들은 하나의 거대하고 막강한 세력을 휘두르는 이익 집단처럼 되어 미국 사회를 부패의 나락으로 떨구고 있던 중이었습니다. 이들은 자신의 기득권을 지키기 위해 아웃사이더(Outsider) 출신인 트럼프의 대통령 당선을 온몸으로 막고자 노력했던 것입니다.

트럼프의 도전은 미국이 타락하는 것을 보고만 있을 수 없었던 미국의 기독교를 움직였습니다. 미국의 목사들과 기독교도들은 청교도 정신으로 건국된 미국이 이처럼 타락해가고 있는 것을 두고만 볼 수 없었습니다. 그래서 미국의 기독교 지도자들은 45대 대통령은 정말로 미국의 정신을 재건할 수 있는 인물이어야 한다고 생각했습니다. 그러나 이 같은 어려운 일을 감당하기 위해서는 강인한 정신의 소유자가 미국의 대통령이 되지 않으면 안 된다고 생각했고 미국의 기독교 지도자들은 트럼프를 대통령에 당선시키겠다고 결심하게 됩니다. 비록 트럼프 후보가 기독교 신앙에서 원숙한 경지에 도달한 사람은 아니지만 트럼프는 적어도 하나님의 말을 따르는 신앙인(Man of Faith)이라는 사실을 확신한 미국의 기독교 지도자들은 마치 하나님이 고레스왕을 통해 하나님의 뜻을 세상에 펼치셨던 것처럼(이사야 45:1-3) 트럼프는 고레스왕이 될 수 있다고 보았습니다.

　비록 조용하기는 하지만 미국 사회의 주류를 이루는 세력은 1억 명에 이르는 복음주의 기독교도들과 열정은 덜 하지만 그래도 하나님의 존재를 확신하는 2억 6,000만 명에 이르는 미국 사람들이 아닐 수 없습니다. 비록 시끄럽게 떠들고 다니지는 않았지만 이들은 2016년 11월 8일 투표장으로 나가 트럼프에게 표를 던졌습니다.

　대통령에 취임한 지 1년 동안 역대 어떤 대통령보다도 공약을 현실적으로 구체화시키는 데 성공한 대통령이 되고 있습니다. "미국을 다시 위대하게 만들자(Make America Great Again)"라는 구호는 현실화되고 있으며 미국은 물론 세계 정치를 바꾸는 중입니다. 역대 대통령 누구도 해결하지 못했던 난제들을 트럼프 대통령은 하나씩 해결해 나가고 있으며 이미 미국과 세계에 큰 반향을 불러일으키고 있습니다. 트럼프 대통령 당선 후 꼭 1년이 되는 날인 2017년 11월 7일 〈하나님과 트럼프〉라는 책이 간행되었습니다.

　저는 이 책이 간행되자마자 주문을 해서 읽기 시작했으며, 미국의 정치는 물론 세계의 정치가 하나님의 섭리 아래 움직이고 있음을 확인하지 않을 수 없었습니다. 이 책은 트럼프 현상에 대해 거의 모르고 있던, 그래서 우리의 운명에 결정적인 영향을 미치는 미국의 내막을 모르고 있던, 많은 한국 국민들에게 미국 종교, 정치, 사회에 대한 훌륭한 안

내서가 될 것입니다. 또한 오늘의 미국뿐 아니라 세계정치를 주도하는 트럼프 대통령의 진면목을 이해할 수 있도록 도와주는 책입니다. 일독을 권하는 바입니다.

이춘근

〈하나님과 트럼프〉에 대한 초기의 찬사

만일 당신이 2016년 선거 다음 날 "과연 어떻게 되었나?" 궁금해하면서 잠이 깼다면, 바로 이 책이 답이다. 스티븐 스트랭은 당선될 가망이 없는 후보가 지지하지 않을 것 같은 유권자 그룹에게 호소하여 어떻게 대선에 승리했는지 그 내면의 사실을 당신에게 밝혀준다. 더욱 중요한 것은, 기도가 국가의 진로를 바꾼다는 것을 당신이 알 것이기에 이 책은 미국을 위한 당신의 기도에 활기를 불어 넣어줄 것이다.

- **고든 로버트슨**
기독교 방송 네크워크 CEO
버지니아비치, 버지니아

〈하나님과 트럼프〉는 당연히 트럼프 대통령직에 대한 가장 중요한 책들 가운데 하나가 될 것이다. 스티븐 스트랭은 45대 대통령의 영적 생활을 탐색하기 위해 주류 언론매체들의 이야기를 두루 섭렵하는 굉장한 책을 냈는데, 우리는 이 책을 통해 도널드 트럼프의 진정한 마음을 보게 된다.

- **토드 스탄스**
폭스 뉴스 채널
브루클린, 뉴욕

하나님과 트럼프라는 토픽에 대해서는 모두가 알고 싶어 한다. 그렇기 때문에 나는 스티븐 스트랭 같은 신뢰받는 크리스천 작가가 이 시의적절한 도전을 감행한 것에 매우 감사한다. 나는 트럼프 대통령을 개인적으로 알고 있다. 나는 남자로서 그를 좋아한다. 그리고 나는 그의 신앙 자문 위원회에서 즐겁게 봉사한다. 트럼프 대통령은 우리의 빛나는 수정헌법 제1조 하에서 모든 미국인의 종교적 자유의 권리들을 보호하는 일에 신실한 관심을 가지고 있다.

〈하나님과 트럼프〉에서 당신은 트럼프 대통령의 신앙에 대한 포괄적이고, 현실적이며, 공정한 평가를 발견하게 될 것이다. 나는 사실, 당신이 이 책을 읽으면서 만족해할 것을 확신한다. 나는 1980년대에 카리스마 잡지에서 스티븐의 칼럼을 읽기 시작한 이래로 그의 말을 신뢰하고 믿게 되었다. 이 중요한 책을 즐기라!

- 미셸 바크만 의원
2012년 대선 후보
전 미 하원의원
미니어폴리스, 미네소타

도널드 트럼프가 2016년 대선에서 공화당 지명자가 됨으로써 국가가 어리둥절하는 중에 그가 힐러리 클린턴을 물리친 승리는 세계 사람들의 넋을 빼앗아버렸다. 호평받는 저널리스트이자 기독교 출판 베테랑인 스티븐 스트랭이 어떻게 그리고 왜 이런 일이 일어났는가를 더욱 자세히 살폈다. 50년 이상을 사역하면서 나는 믿음의 사람들이 어떻게 선거를 바꿀 수 있는지 지켜봤다. 우리의 투표권은 중요하다. 그러나 더욱 중요한 것은 우리의 기도다. 트럼프 대통령은 선거운동 기간에 그리스도인들의 소리를 들었다. 이제 트럼프 대통령은 요즘같이 소용돌이치는 시대에 지혜의 소리를 들어야 한다. 교회 지도자들과 모든 신자는 권세의 자리에 있는 자들을 위해 간절히 기도하면서 또한 사랑 안에서 진리를 말해야 한다.

- 제임스 로비슨
라이프 아웃리치 인터내셔널 창립자 겸 회장
더 스트림(STREAM.ORG)의 창립자 겸 발행인
포트워스, 텍사스

〈하나님과 트럼프〉는 트럼프 대통령의 종교관이나 정치관에 대한 책이 아니다. 그것은 미국에서 일어난 가장 최근의 대선에서 부인할 수 없는 하나님의 손이 역사하신 것을 보게 하는 것으로, 잘 썼고 꼭 보아야 할 책이다. 그것은 자기 백성들의 기도를 들으시고 응답하시는 하나님께 우리의 소망을 둠으로써 미국이 다시 한번 위대하고 경건한 국가가 될 수 있다는 당신의 희망을 회복시켜줄 것이다.

- 로버트 제프리스 박사
제일침례교회 담임목사
댈러스, 텍사스

당신은 조지 소로스가 나치 협력자였다는 것을 알고 있었는가? 나는 스티븐 스트랭의 신간 〈하나님과 트럼프〉를 읽다가 그걸 발견했다. 나는 이번 새 대통령에 대해 흥분이 된다. 그래서 스티븐의 책에 대해서도 흥분 된다. 이 책을 읽으라. 좋은 책이다!

- 케네스 코플랜드
케네스 코플랜드 미니스트리스 창립자
뉴어크, 텍사스

이 책은 내가 오랜만에 읽은 가장 매혹적이고 견문을 넓혀주는 작품 중 하나다. 이 책은 필독서다. 모든 미국 대통령은 우리의 민주주의의 도덕적이고 영적인 정체성을 반영하고 비추어주기 때문이다. 바꾸어 말하면, 우리의 대통령이 누구이며 그가 어떤 사람이 될 것인가를 이해할 때, 우리 자신의 국가적인 영적인 구조를 들여다보는 통찰력을 줄 것이다.

도널드 J. 트럼프가 대통령이 되었다는 것은 하나의 기적이다. 그러면 이 기적의 목적이 무엇이었는가? 하나님이 이 사람을 선택하셨을 때 과연 하나님의 마음에는 무엇이 있었던가? 이러한 질문에 대한 해답은 이 책에서 얻게 된다. 당신이 이 책을 읽기 시작하면, 내려놓지 못할 것이다.

- 해리 잭슨 감독
호프 크리스천 처치 담임목사
벨츠빌, 메릴랜드

서문

도널드 트럼프는 대통령으로 내가 처음 선택한 인물은 아니었다. 내가 처음 선택한 인물은 바로 나였다. 그러나 우리가 아는 대로, 트럼프는 2016년 11월 8일 프라이머리 역사상 그 어느 공화당 후보보다 훨씬 더 많은 표를(로널드 레이건, 부시 부자, 존 매케인 및 미트 롬니보다 더 많이) 획득했을 뿐 아니라, 이어서 미국이 지금까지 경험한 전례 없는 대선 중 하나에서도 승리했다.

2016년 선거전에 대한 모든 예측은 빗나갔다. 다년간의 경험과 효과적인 운영을 선거전에 쏟은 우리 측 사람들은 유권자들의 관심이 없다는 것을 알았다. 그들은 워싱턴 출신의 사람들을 모두 쓰레기라고 비난했고, 심지어는 DC에서 활동한 적이 없는 우리까지도 싸잡아 비난했다.

누구에게 투표할지 알기란 그리스도인들에겐 항상 쉬운 것만은 아니다. 지난번 선거도 전혀 다르지 않았다. 낙태 반대 이슈, 동성결혼 및 이스라엘에 관한 도널드 트럼프의 스탠스(stance)가 반드시 정치적으로나 아니면 성경적으로 깊은 확신에서 나올 필요가 없었다는 사실과 고투를 벌이는 사람들이 많았다. 도널드 트럼프에 대해서는 이러쿵저러쿵 당신이 좋을 대로 생각할 수 있지만, 그가 관례를 깨뜨리고, 미디어를 지배하며, 대중을 기운 나게 한 것은 부인할 수 없다. 그래서 그가 오하이오주 클리블랜드의 공화당 전당대회에서 지명을 받았을 때,

그 자리에서 나는 그가 힐러리 클린턴을 이기고 미국의 45대 대통령이 될 것이라고 예측했다.

내가 어떻게 트럼프 같은 후보를 지지할 수 있느냐고 의아하게 여긴 사람들이 있었지만, 나는 다른 16명의 공화당 후보들보다 힐러리 클린턴을 더 잘 알고 2016년 경선에 참가했다. 나는 클린턴 부부가 살고 봉직했던 아칸소주의 주지사로 10년 반을 봉직했다. 내가 인계받은 정부를 두고 떠난 이들은 바로 클린턴 부부였다(빌 클린턴은 아칸소 주지사로 오래 봉직했다. 1979~1981년, 1983~1992년-역자 주). 나는 힐러리 클린턴을 더욱더 잘 알지만 또한 도널드 트럼프를 포함해 다른 공화당 후보들도 아는 가운데 2016년 경선을 떠났다. 나는 도널드 트럼프야말로 미국인들을 소용돌이치게 해왔고 만일 힐러리 클린턴이 선거에서 이겼을 경우 계속되었을 내부적인 정치적 넌센스의 형세를 돌려놓을 수 있는 최선의 희망이라고 확신했다. 지금도 여전히 확신하고 있다.

트럼프가 복음주의 진영의 수많은 지도자들로부터 얻어낸 지지가 지속적으로 증가한 것은 그들 역시도 클린턴을 이기고 우리 미국의 진로를 바꾸기 위해서는 그를 밀어주는 제휴의 가치를 인식했다는 것을 보여준다. 그리고 선거의 결과는 미국인들이 8년간의 오바마 행정부가 우리를 이끌어간 방향으로 계속 나가기 원치 않았다는 것을 보여준다.

당선 이후에 트럼프 대통령이 마이크 펜스 부통령으로부터 시작하여 많은 복음적인 그리스도인들에 둘러싸이고, 진정으로 그들의 조언을 바라는 방식에 나는 힘을 얻는다. 그가 크리스천 지도자들로부터 계속적으로 제공받고자 하는 열린 마음은 그가 단지 표를 얻기 위해 이용하려 했다는 것이 아니라, 그가 진정으로 경건한 충고를 이해하고 환영하며 기도의 가치를 알고 있다는 점을 보여주는 것이라고 믿는다.

그는 언젠가 이런 말을 했다. "만일 우리가 한 하나님 아래서, 한 국기에 경례하며, 하나 된 백성으로 합력하기 시작한다면, 우리나라가 무엇을 성취할 수 있을지 상상해보라."[1] 내가 믿기로는 그것은 여전히 그의 꿈이며, 그가 대통령 집무실에서 우리나라를 이끌어갈 때 그 일을 끝까지 해낼 것이라고 확신한다.

〈하나님과 트럼프〉라는 이 책에서, 스티븐 스트랭은 도널드 트럼프의 선거 기간 중에 전개된 사건들을 통찰력 있게 돌아보도록 해준다. 수년간에 걸쳐 나는 스티븐를 알고 지내며 그의 믿음을 통해 우리의 문화에 영향을 미치고 우리 사회에서 성경적 가치관이 회복되는 것을 보고자 하는 열정이 그의 마음속에 있는 것을 알게 되었다. 지난 40년 동안 기독교 미디어의 최전선에 있는 자신의 독특하고 유리한 위치에서, 스티븐은 커튼을 걷어 젖히고 기독교 지도자들의 마음과 생각의 내면을 우리에게 보여주며 미국 역사상 가장 있을 법하지도 않은 공화당 후보를 지지하기 위한 그들의 여정을 우리에게 전해줄 수 있다.

내가 믿기로는 독자들이 이 책의 말 한마디 한마디를 즐거이 읽을 것이라 보며, 그렇게 하면서 우리의 대통령을 위해 기도하는 것을 잊지 말기를 바란다. 그가 우리나라를 통치하는 책임과 압박을 감당해나갈 때, 기도하는 사람들의 능력을 통해 하늘로부터만 올 수 있는 지혜와 힘이 필요하다. 또한 기억할 것은 우리나라를 위해 기도해주기를 바란다. 내가 믿기로는 2016년의 백악관을 향한 트럼프의 역사적 싸움이 미국 역시도 자국의 정치적 미래를 위한 싸움뿐 아니라 또한 바로 자국의 영혼을 위해서도 역사적인 싸움에 처해 있다는 사실을 우리에게 비유적으로 상기시켜준다고 생각한다.

— 마이크 허커비
아칸소 주지사(1996~2007)
2008년과 2016년 공화당 대통령 후보

서론

　2016년 선거에 뒤이은 뉴스 보도에 의하면 복음주의 그리스도인들이 역사상 그 어느 공화당 대선후보보다 도널드 J. 트럼프를 더 많이 지지했음이 드러났다. 이것이 두드러져 보이는 이유는 처음에 그를 지지하는 복음주의자들이 거의 없었다는 점 때문이다. 성경을 믿는 그리스도인들에게는 트럼프야말로 사람이 상상하기에도 가장 있을 법하지 않은 후보였을 것이다. 그는 세 명의 아내에게서 자녀를 얻었으며, 도박 산업에서 그의 부의 일부를 얻었고, 생각할 수 있는 가장 천박하고 비열한 언어를 사용하는 것으로 잘 알려져 있었다.

　그가 담배를 피운 적이 없고 술도 마시지 않는다는 것이 선거운동 기간에 알려지긴 했어도, 그가 소년 성가대원이었다고는 아무도 상상하지 못했다. 그러나 어느 시점에서 모든 사람으로 하여금 깜짝 놀라게 했다. 그는 겉으로 보아 극복할 수 없는 핸디캡을 압도하기에 충분한 투표자들의 신임을 얻게 되었다. 그리고 그런 과정에서 역사상 최대의 복음주의자들을 설득하여 선거일에 그에게 투표하도록 했으니, 그것이야말로 기적인 것이다.

　그 모든 것이 마음을 끄는 것이긴 하지만, 내가 분명히 해야 할 것이 있다. 본서는 단순히 도널드 트럼프가 어떻게 미국의 45대 대통령이 되었는가에 대한 또 하나의 책에 불과한 게 아니라는 점이다. 선거운동 책략과 정치적 드라마는 사실상 이야기의 작은 부분이다. 그 대신, 나의 목적은 2016년 대선의 영적인 차원을 탐색하고 믿음과 종교적 자극이 트럼프의 있을 법하지도 않은 승리에서 어떤 역할을 했을 것인지를 결정하는 것이다.

숨김없이 충분히 털어놓자면, 나는 저널리스트요, 작가요, 출판인으로서 내 경력의 대부분을 기독교계에서 보냈다. 나는 미국의 유명한 종교지도자들 대부분을 만나봤고 그들에 대한 글을 썼다. 그리고 나는 삶의 영적인 면이 절대로 중요하다는 것을 믿는다. 그러나 2016년 선거운동의 정치적 곡예를 따라간 대부분의 사람들처럼, 나는 왜 도널드 트럼프가 당선되었는지 그 이유를 알고 싶었다. 나는 선거전의 종교적 및 영적인 다이내믹을 면밀히 살피고 그것이 어떤 영향을 미쳤는지 찾아내고 싶었다.

"신앙 요인"은 선거전 내내 반복적으로 제기되었고, 종종 미디어에서 트럼프 비판자들의 우스갯감이 되기도 했다. 그 후보는 자신의 신앙을 이슈로 삼았을 뿐 아니라 또한 그가 선거전에 돌입하기 여러 해 전에 목사, 전도자 및 미니스트리 지도자들 중심으로 신앙 자문단을 만드는 문제를 일으키기도 했다. 트럼프는 종교가 이슈임을 분명히 믿었다. 그는 6,500만 명에서 8,000만 명 이상의 잠재적 유권자들이[1] 있는 복음주의 진영이 그가 더 많이 알아야 할 청중임을 이해했다.

그는 조언자들과 전략가들을 자기편으로 끌어모을 때, 소위 중부지방(flyover zone: 미국의 동부 해안과 서부 해안 사람들이 중부 아메리카를 일컫는 말) 사람들이 워싱턴에 대한 분노가 매우 깊다는 것을 발견했다. 그들은 오바마 행정부에서 세계적 개입 정책에 대한 정부의 갈지자(之) 정책에 지쳐있었다. 그들은 비자 없는 이민자들이 그들의 공동체에 미칠 영향에 대해 우려하였으며, 급진적 이슬람 테러리즘의 위협을 당연히 두려워했다. 나는 도널드 트럼프가 그런 감정을 공유했다고 믿는다. 그러나 그가 선거유세에서 약속한 것 중 어느 정도가 단지 전략에 불과하며, 어느 정도가 국가의 장래에 대한 진정한 관심에서 촉발되었는가?

당선 이후 나는 트럼프의 승리에 대한 대중의 반응에 호기심이 발동했고, 하나님께서 여기에 뭔가 관여하셨다는 느낌이 든다고 말하는 사람들의 세평에 놀라움을 금할 수 없었다. 인터넷에 올라온 세평 중에는 전에는 가능성에 대해 전혀 생각해본 적이 없었지만, 아마도 하나님이란 분이 계시며, 아무도 이해하지 못하는 뭔가를 그분이 행하신 것이라고 말하는 글들이 있었다. 나는 1787년의 제헌회의 중에 벤저민 프랭클린이 깜짝 선언한 말이 생각났다. 그는 다음과 같은 유명한 말을 했다 "하나님은 사람들의 문제 가운데서 다스리신다." 그리고 수많은 페이스북과 채팅방을 돌아다니는 자들이 같은 결론에 이르기 시작했다는 생각이 머릿속에 떠올랐다.

이것이 바로 이 책을 내게 된 진짜 이유다. 나는 모든 규준을 깨뜨리고 정치적 의례들을 박살내버린 대담한 아웃사이더인 도널드 J. 트럼프가 미국의 45대 대통령이 된 그 이유에 대해 밝혀지지 않은 이야기를 들려주고 싶다. 이 책은 전기도 아니고 해설서도 아니다. 그러나 나는 사회의 여러 이슈와 트렌드를 파고들어 이 나라가 어디로 가고 있으며 복음주의 진영의 행동이 트럼프의 당선에 어느 정도 영향을 미쳤다고 볼 수 있는지 살펴보려고 한다. 간단히 말하면, 이 모든 일에서 하나님은 어디에 계셨는가? 그리고 그것은 어떤 차이를 나타내는가?

나머지 이야기

이 역사적 선거의 흐름을 돌리는 데 결정적인 것으로 드러난, 거의 알려지지 않은 이야기들이 많은데, 그런 이야기들이 빛을 보아야 한다. 그래서 나는 트럼프의 선거전을 후원한 복음주의 진영의 엄청난 지지뿐 아니라 몇몇 은사주의 운동의 지도자들의 초기 지지에 대해서도 언급한 바 있는데, 그것은 여태까지 거의 다뤄지지 않은 관점이다. 나는 트럼프가 어떻게 인종 분열을 넘어서려고 했으며, 캘리포니아의 한 목사가 특히 트럼프를 좋아하지 않는 자들을 위해, 트럼프에게 투표하는 것의 이론적 근거를 제시하는 흥미로운 글을 썼는데, 어떻게 인터넷에서 410만 명 이상 공유하게 되었는지를 살펴본다. 나는 또한 현대의 선지자들로 인정된 몇몇 종교지도자들과도 이야기를 나눴다. 이 사람들 가운데는 오직 그 사람만이 이룰 수 있는 목적을 위해서 하나님이 선택하신 이방 왕인 고대 바사의 고레스왕 같이 도널드 트럼프를 일으켜 세우실 것이라고 선거 전에 확실하게 예언한 이들이 많았다. 그 선지자들은 트럼프가 이길 것이라는 확실한 지식을 갖고 있다고 내게 말했다. 그런데, 자 보시라, 그가 이겼잖은가!

내가 고백하건대, 대부분의 복음주의자들처럼 나도 테드 크루즈(Ted Cruz)가 2016년 5월 경선에서 탈락한 후에서야 트럼프를 지지했다. 그러나 일단 내가 승선했으니, 가장 있을 법하지 않은 후보를 당선시키기 위해 도울 수 있는 일이라면 무엇이든 다 했다. 나는 막후에서 관여되어 기독교 지도자들과 전략회의를 주선하고, 우리의 카리스마뉴스닷컴(CharismaNews.com) 웹사이트에 100개 이상의 글을 올리며, 이번 선거에서 이해관계에 대한 칼럼을 썼다. 우리는 카리스마 잡지 10월호 전체를 나의 생에에서 가장 중요한 선거라고 생각하는 내용에 할애했다. 그 잡지에는 내가 2016년 8월 11일부터 도널드 트럼프와 단독 인터뷰한 내용이 실려 있었다. 그 내용은 이 책에도 포함되어 있다.

물론, 트럼프가 혀를 제어해야 했을 때 지혜롭지 못한 공식 성명을 내고 다른 사람들을 공격한 것을 알고 있다. 그가 비판자들에게 답변할 때는 좀 더 요령 있는 답변을 할 수 있어야 했다. 그러나 나는 플로리다주, 탈라하시의 내 친구인 대주교 러셀 맥클라나한(Russell McClanahan)의 말이 생각난다. 그는 최근 이렇게 말했다. "트럼프의 강점은 그가 정치인이 아니라는 것이다. 트럼프의 약점은 그가 정치인이 아니라는 것이다." 그의 귀에 거슬리는 언행에도 불구하고, 거의 대다수의 미국민들과 대통령 선거인단의 압도적 절대다수는 기꺼이 부정적 측면을 간과하고 긍정적 측면을 강조하여 맨해튼 출신의 이 정치적 아웃사이더에게 승리를 안겨주었다. 당선 이후에는 의구심을 가졌던 사람들까지도 그들이 옳은 일을 했다고 믿으려 한다는 게 나의 생각이다.

나는 힐러리 클린턴이 4년간 백악관에 있으면 우리 삶이 어떻게 될지 상상도 하고 싶지 않다. 좌파와 우파 양측의 전문가들이 시사한 바에 의하면 그것은 그저 제3기 오바마 행정부에 불과했을 것이라고 보았는데, 그건 상상도 못 할 일이었을 것이다. 선거운동 기간에 나는 당신이 이 책에서 만나게 될 사람들(그들의 진실성을 내가 기꺼이 보장하는 사람들) 중 일부를 알게 되었는데 그들은 알 수 있는 사람이 거의 없었을 막후에서 일어나고 있는 일에 관한 통찰력을 제공해주었다. 나는 영적인 레벨에서 일어나고 있는 일에 대한 이야기들이 이 책에 포함될 필요가 있다는 것을 곧 깨달았다. 당신이 이 책에서 알게 될 것의 일부다.

2003년에 나는 〈조지 W. 부시의 신앙(The Faith of George W. Bush)〉이라는 책을 출판하는 특전을 누렸다. 그 책은 카리스마 하우스 출판사의 최초의 뉴욕타임스 베스트셀러였다. 타임지는 그 책이 복음주의 진영에 미친 영향에 대해 썼다. 부시 대통령의 영적 여정 이야기가 이제껏 호소력이 있었을 테지만, 도널드 트럼프가 백악관으로 간 여정 이야기는 더 한층 흥미진진하다고 믿는다. 도널드 트럼프가 신학자가 아닌 것은 확실하다. 일부 평자들은 그를 가리켜 기껏해야 "베이비 크리스천" 정도로 묘사해왔다. 그러나 내가 존경하는 기독교 지도자들은 그를 가리켜 흠결이 있음에도 불구하고 하나님의 쓰임을 받는 택한 그릇이라고 내게 말했다. 그들은 패튼 장군(제2차 세계대전 중 노르망디 상륙작전에서 크게 활약한 미 육군 장군-역자 주) 같이, 그는 하늘이 내려준 사명의 사람이라고 말했다. 거칠고 날카로움, 퉁명스런 말과 오만함은 그의 성격과 의지력의 본질적인 면이다.

내가 2016년 11월 8일 저녁 뉴욕 힐튼호텔에서 열린 당선 축하 이브닝 파티에 참석하고자 뉴욕으로 날아갈 때쯤에는 트럼프가 이길 것으로 이미 믿게 되었다. 만일 내가 그걸 믿지 않았다면, 집에 그대로 있었을 것이다. 그러나 나는 하나님이 말씀하셨다고 믿었으며, 나는 이 놀라운 역사의 한 부분을 그것이 펼쳐지는 대로 보고 싶었다. 도널드 트럼프에 대한 다른 책들이 있고, 선거에 대해 쓴 책들도 많이 있다. 그러나 그런 책들 대부분은 하나님 이야기를 무시한다. 그러나 내가 확신하기로는 하나님 이야기는 단지 그 스토리의 일부에 그치는 것이 아니라, 그것이야말로 그 스토리의 가장 중요한 부분이다.

아마 당신은 기독교를 믿지 않는 사람일지 모른다. 또 트럼프 대통령을 좋아하지 않을지 모른다. 이번 선거가 예외적인 선거였다는 것을 납득하기 위해 그를 좋아할 필요는 없다. 우리가 기의 이해할 수 없는 힘이 역사한 것만은 분명하다. 당신이 이 책을 읽으면서, 아마도 하나님께서 실제로 사람들의 일에 관여하신다는 것과, 도널드 트럼프의 대통령 임기 때 이 나라에서 일어나고 있는 방향이 옳은 방향으로 전환될 것이라 생각해보는 계기가 되기를 바란다.

- 스티븐 E. 스트랭
플로리다주, 세인트오거스틴
2017년 7월 4일

도널드 트럼프 대통령의
빌리 그래함 의회 영결식 추도사

2018년 2월 28일(수)

    1934년 봄, 빌리 그래함의 아버지는 샬럿시의 기독 실업인들이 하루 동안 기도회 장소로 요청한 그의 낙농장 사용을 허락해주었습니다. 그날 그 기업인들은 샬럿시를 위해 기도했습니다. 그리고 샬럿에서 땅끝까지 복음 전할 사람을 일으켜 달라고 주님께 기도했습니다. 80년 이상 세월이 지난 후에 우리가 지금 여기에 있는 것은 그 기도가 정확히 응답되었기 때문입니다. 빌리 그래함은 그때 15세였는데, 몇 개월 후에 예수 그리스도를 자신의 주와 구원자로 영접했습니다. 그 선택은 단지 빌리의 인생만을 바꾼 게 아니었습니다. 그것은 우리의 인생도 바꾸었으며, 그것은 우리나라를 바꾸었고, 그것은 사실 전 세계를 바꾸었습니다.

    이 노스캐롤라이나의 농촌 소년은 그 시골 들판에서 걸어 나와 위대하고 아름다운 역사 속으로 들어갔습니다. 그는 플로리다의 조그만 성경학교에서 시작하여 곧 전국 규모의 부흥회를 인도했는데, 로스앤젤레스의 대형 천막집회(1949년)로부터 1957년에는 뉴욕의 양키 스타디움에서 단 하루에 10만 명을, 뉴욕의 매디슨 스퀘어 가든에서는 16주간에 걸쳐서 200만 명 이상에게 복음을 전했습니다. 내가 그것을 기억하는 것은 나의 아버지가 아들인 나에게 그리고 엄마에게도, 양키 스타디움에서 열리는 빌리 그래함 집회에 참석하자고 했기 때문입니다. 아주 대단했습니다. 미국인들이 그 위대한 젊은 전도자의 메시지를 들으러 떼 지어 몰려들었습니다. 프레드 트럼프는 굉장한 열성팬이었습니다. 그분은 바로 나의 아버지십니다. 그래함 목사님은 런던, 도쿄, 서울, 보고타, 모스크바, 뉴델리, 사이공, 요하네스버그를 비롯, 전 세계 수십 곳에 직접 가서 2억 명 이상의 사람들에게 하나님의 말씀의 능력을 전했습니다. 그리고 텔레비전과 라디오를 통해 헤아릴 수 없으리만큼 많은 사람에게 전했습니다. 사람들은 그의 메시지를 시청하고 청취하기를 좋아했습니다. 얼마 안 있어 1978년에 그래함 목사님은 로마 교황 요한 바오로 2세가 될 가톨릭 주교의 도움으로 폴란드로 가서 공산주의의 압제 밑에서 신음하는 국민들에게 십자가의 의미를 전했습니다.

빌리 그래함은 그의 메시지를 전 세계에 전했습니다. 그러나 그의 마음은 아들인 프랭클린 목사님이 말씀하신 대로 항상 미국에 있었습니다. 그는 가장 가난한 지역의 사람들에게, 짓밟힌 자들에게, 비탄에 잠긴 자들에게, 감옥에 갇힌 자들에게, 소외당하는 자들에게, 버려진 자들에게 그의 메시지를 전했습니다. 그는 가는 곳마다 소외된 사람들에게 무한한 연민을 느꼈습니다.

그래함 목사님은 항상 동일한 아름다운 메시지를 전했습니다. "하나님이 당신을 사랑하십니다!" 이것이 그의 메시지였습니다. 빌리 그래함의 설교와 기도로 감동을 받은 사람들의 수가 얼마인지 우리는 그저 상상만 할 따름입니다. 그가 변화시킨 마음들, 그가 위안해준 슬픔들, 헤아릴 수 없이 많은 사람에게 그가 가져다준 기쁨들, 오늘날 그런 간증은 끝이 없습니다. 이런 비범한 삶에 대해 우리는 감사를 드립니다.

그래서 미 의회의사당의 로턴다 홀 바로 여기서 우리가 이렇게 영결식을 여는 것은 아주 적절합니다.

  미국 국민들이 추억해야 할 분들이 여기 바로 이 방에 안치되어 있습니다. 우리는 미국이 기도로 유지되는 국가라는 것을 기억해야 합니다. 나의 왼쪽의 벽을 따라 진열된 그림들은 청교도들이 미국을 향해 출항할 때의 모습인데, 성경을 굳게 붙잡고 머리를 숙여 기도하고 있습니다. 기도하는 미국인들의 얼굴들이 보입니다. 그들은 렉싱턴(미국 매사추세츠주의 소도시로, 독립전쟁 최초 전투지) 초원에 서서 기도했고, 서부로 나아갈 때 기도했으며, 전쟁터에 나갈 때 기도했고, 정의를 위해 행진할 때 기도했으며, 승리를 위해 행진할 때 항상 기도했습니다. 우리 주위에는 영웅들의 조상들이 세워져 있습니다. 그들은 워싱턴으로부터 링컨, 아이젠하워, 마르틴 루터 킹에 이르기까지, 굉장히 어려운 시기에 기도로 나라를 이끌었습니다.

  그리고 오늘 이 위대한 방의 한가운데에 그리스도를 위한 대사인 전설적인 빌리 그래함이 누워 있습니다. 그는 기도의 능력과 하나님의 은혜의 선물을 세상에 일깨워주었습니다. 오늘 우리는 그보다 이전에 대단한 영예를 입어 이곳에 안치된 단 세 분 민간인들과 마찬가지로, 그리고 샬럿의 신실한 믿음의 사람들이 전에 했던 것처럼 그래함 목사님께 영예를 드립니다. 오늘 우리나라를 위해 이렇게 기도합시다. 주님께서 이 나라 전역에 빌리 그래함 같은 남녀 사람들을 일으키어 모든 존귀한 하나님의 자녀들에게 사랑과 희망의 메시지를 전파하게 해달라고 말입니다. 감사합니다. 하나님의 축복이 여러분에게 함께하기를 빕니다. 아울러 미국에도 하나님의 축복이 함께하기를 기도합니다.

차례

추천사 __ 005
서문 __ 013
서론 __ 016
빌리 그래함 의회 영결식 추도사 __ 023

01 당선

Chapter 01 트럼프의 기적적인 승리   031
왜 트럼프가 이겼는지 말해주는 진짜 이야기 | 비애국적인 저항 |
신뢰성을 상실한 언론매체들

Chapter 02 기도에 대한 응답   053
새로운 문화적 어젠다 | 국가를 속량하라 | 불꽃놀이를 취소하라

Chapter 03 당선 후에   073
아주 다른 두 전략 | 변화해야 할 때다 | 충성스런 방어

02 기독교계의 반응

Chapter 04 트럼프와 복음주의자들   089
트럼프는 절대 안 된다는 크리스천들 | 견해 차이는 무시함 |
이기는 전략 | 각성이 절실해지다

Chapter 05 충성스런 자들을 결집시킴   115
투표할 거냐 말 거냐 | 사우스캐롤라이나의 모델 | 길이 없을 때

Chapter 06 초기의 지지자들을 놀라게 함   139
축복을 받음 | 변화에 열려 있음 | 트럼프 카드놀이 |
그 밖의 예언적인 "말들"

Chapter 07 소수인종 문제   165
티핑 포인트 | 인종적 분열을 치유함 | 언약을 지지함 |
하나님 아래서 한 국가

03 인간 트럼프

Chapter 08 가족의 역할　　　　　　　　　　193
트럼프의 스코틀랜드 출신 어머니 | 긍정적인 변화 |
트럼프 가족 초상화 | 최고의 지지

Chapter 09 트럼프가 믿는 것은　　　　　　217
트럼프의 보수주의적 어젠다 | 트럼프 대통령과 나의 인터뷰 |
이와 같은 때에

Chapter 10 정치적 우선 사항들　　　　　　241
미국의 가치를 지지함 | 신의 섭리에 호소함 |
당신의 친구들이 누구인지를 알라 | 서구문명을 옹호함 |
세계에서 미국의 위치 | 기후 변화와 청지기직의 원리

04 정치적 아웃사이더

Chapter 11 친구들과 지지자들　　　　　　269
불완전한 도구 | 트럼프는 충성심에 보답한다 |
트럼프의 크리스천 옹호자들

Chapter 12 믿음과 소망과 사랑　　　　　　287
가치 있는 사회운동들을 후원함 | 개인적 인정미가 넘치는 자선 |
희망이 필요할 때 | 다른 사람들이 실패한 곳에서

결론_ 이와 같은 때를 위해　　　　　　　　　307

에필로그_ 로레토의 은자　　　　　　　　　　325

감사의 말 __ 331
저자에 대하여 __ 334
역자 후기 __ 336
주(註) __ 342

PART 1

당선

Chapter 01
트럼프의 기적적인 승리

2017년 1월 20일, 도널드 J. 트럼프는 워싱턴 DC의 미국 의회의 사당 계단에서 미국의 45대 대통령이 되기 위해 취임 선서를 하려고 앞으로 다가섰다. 주류 언론이나 정치집단의 어느 누구도 진지하게 생각해본 적이 없던 순간이었다. 그 상서로운 순간은 미국 역사상 가장 치열한 논쟁을 불러일으킨 선거운동 중 하나가 끝나고 이 나라에서 여태까지 보아온 가장 뜨거운 이데올로기 싸움 중 하나가 시작되는 표시였다.

역사상 가장 많은 수의 복음주의 유권자들을 끌어 모은가 하면 16명의 다른 공화당 경쟁자들의 싸움터에서 끝까지 살아남은 뉴욕의 억만장자가 그의 민주당 경쟁자에게 넋 놓게 만드는 일격을 가하고 미국과 전 세계에 놀라움과 불신의 충격을 주었다. 어떤 기적에 의해서 "바로 그 도널드"가 정말로 이긴 것이다.

양당의 워싱턴 엘리트들은 그의 지성, 그의 정신, 그의 동기, 그의 공직 적합성 및 심지어는 그의 종교까지 문제를 삼고 트럼프 후보를 맹공하면서 수개월을 보냈다. 세 번 결혼하고, 카지노를 소유한데다, 종종 난폭하고 신랄한 말로 알려진 사람인지라, 트럼프는 그리스도인의 모델로서 인격을 갖추지 못했으며, 그를 중상하는 자들은 보수적인 공화당 지지 기반도 그런 사람에게 절대 투표하지 않을 것이라고 확신했다. 그리고 전문가들이 언급하기를, 만일 그들이 찬성투표를 한다면, 그건 그들이 한때 믿는다고 주장했던 모든 것을 저버리는 일이 될 것이 틀림없다고 했다.

뉴욕타임스는 지적하기를 복음주의 지도자들이 고위 공직을 얻을 수 있는 강력한 보수주의 후보자 핵심 그룹을 개발하고 배치하느라 수십 년을 보냈다고 했다. 마이크 허커비(Mike Huckabee) 주지사, 테드 크루즈(Ted Cruz) 상원의원, 마르코 루비오(Marco Rubio) 상원의원, 릭 센토럼(Rick Santorum) 상원의원, 릭 페리(Rick Perry) 주지사, 그리고 미셸 바크만(Michele Bachmann) 하원의원은 그 노력의 수혜자들 중에 있지만, 그중 어느 누구도 자기중심적이고 거리낌 없는 퀸즈 출신의 리얼리티 TV 스타에게 허락된 2016년의 선거운동에서 얼마간의 지지도 끌어내지 못했다.

그들은 이렇게 썼다. 트럼프는 "복음주의적 문화와 정치의 기초를 형성하는 성경적 규범에 대해서 태연스러울 정도로 무지하다. 트럼프 씨가 장로교도이고 복음주의자가 아니라는 것은 이슈가 아니다. 그가 복음주의 신앙, 아니 심지어는 그 자신의 주류 개신교조차도 이해하는 체하지 않는 게 문제다."[1] 복음주의 그리스도인들의 성경적 규범에 관해 잘난 듯이 말하는 뉴욕타임스가 그런 아이러니에 대해서 적어도 몇 번은 낄낄대는 웃음을 끌어내줘야 한다.

그럼에도 불구하고, 도널드 트럼프는 한 번도 미덕의 전형임을 내세우지 않았다. 사실은, 그가 취재기자들 및 전기 작가들과 인터뷰하면서 자기는 평생 오랜 기간 동안 무례하고 훈련되지 않았다는 점을 반복적으로 인정했다. 그러나 내가 만나봤듯이, 그를 만나본 복음주의 지도자들은 그가 진실한 믿음의 중요성을 이해하며, (특히 지난 몇 년에 걸쳐서는) 그가 본질적인 기독교 신앙에 대한 지식을 확대하고 더욱 유창해지도록 성실한 노력을 해왔다고 믿는다.

1950년대에 트럼프는 부모님이신 프레드와 메리 트럼프와 함께 퀸즈, 자메이카에 있는 제일장로교회에서 주일학교와 예배에 참석했다. 그 교회는 미국에서 가장 오래된 장로교회로 묘사되어 있다(1662년에 설립됨-역자 주). 그는 1959년에 세례받을 때 상으로 성경책을 받기도 했다. 가족이 맨해튼의 마블 협동교회(Marble Collegiate Church: 1628년에 창립된 장로교회로, 처음에는 2개 교회가 협동했고, 지금은 4개 교회가 협동하여 있음-역자 주)로 이적한 후에, 트럼프는 놀만 빈센트 필(Norman Vincent Peale) 박사의 설교에 깊이 매료되었다. 필 박사는 그 교회에서 1932년부터 1984년까지 50년 이상 목회했다.

하나님에 대한 믿음과 긍정적인 태도가 인생의 모든 영역에서 성공의 열쇠라는 필 박사의 메시지는 어린 트럼프의 가슴을 매료시켰음이 분명하다. 2천만 부 이상이 팔린 필 박사의 책, 〈긍정적인 생각의 능력(The Power of Positive Thinking)〉을 보면, 그의 메시지가 트럼프의 삶과 비즈니스 업무에서 어떻게 반향 되었을지 쉽게

짐작할 수 있다. 은퇴 직전 필 박사는 트럼프에게 편지를 보내, 그의 랜드 마크 건조물인 호화로운 트럼프 타워(맨해튼에 세워진 58층, 202m 높이의 마천루로 뉴욕에서 54번째로 높은 빌딩임-역자 주) 완공을 축하했다. 필 박사는 트럼프에게 상기시키기를 그가 "미국에서 가장 위대한 건설업자"가 될 것이라고 한때 예측했다면서, 이렇게 덧붙였다. "당신은 이미 그 지위에 도달했으니, 당신의 친구로서, 정말, 나는 당신이 매우 자랑스럽다."2) 4년 후에 트럼프는 맨해튼의 월도프-아스토리아 호텔에서 필의 90회 생일파티를 열어드렸다.

그러나 성경적 규범에 관한 트럼프의 교육은 거기서 끝나지 않았다. 그가 기독교 신앙을 중시하는 것은 그것이 그가 사랑하는 미국의 중요한 부분을 규정하기 때문이지, 꼭 그가 거듭난 복음주의자이기 때문은 아니라고 말하는 것은 공정하다. 그러나 그는 수년간 가르침을 받았고, 조언을 받았으며, 증거를 받았고, 설교를 들었다. 그리고 그는 신앙을 고백하지만 공공연히 광신적이고 근본적인 기독교와는 멀리하며 건전한 신앙을 유지하고 있다. 순전히 실용적인 관점에서 봐도 그게 제일 좋을 것이다. 그가 말했음에도 불구하고, 그의 이해가 독실한 신자들에겐 다소 피상적으로 보일지 몰라도, 대다수 미국 국민들은 그것으로 됐다고 결정했다. 그들이 찾는 대상은 신학자가 아니고 진정한 미국인 지도자였다. 그리고 민주당 상대자와 비교했을 때, 심각한 논쟁거리는 하나도 없었다.

왜 트럼프가 이겼는지 말해주는 진짜 이야기

이 관점은 나의 오랜 친구이자 동료 출판인인 돈 노리 1세(Don Nori Sr.)에 의해 선거 일 년 전인 2015년 10월 카리스마뉴스닷컴의 독자들을 위한 블로그에서 아름답게 표명되었다. 돈은 이렇게 썼다. " '우리 백성들'은 우리의 목소리를 찾았다. 우리는 그것을 사용하여 대화를 말로 표현하려는 것이지, 우리의 나라나 우리의 신앙의 다른 관점을 따르게 하려는 것이 아니다."[3] 주류 언론들은 그들 자신의 편협성에 눈이 가려져 있기 때문에 진짜 이야기를 놓쳐 버렸다.

돈은 이렇게 썼다. "언론들은 트럼프 같은 비정치인이 꽤 많은 미국의 하위문화권 가운데서 그토록 광범위한 지지를 얻을 수 있다는 것에 놀라서 가만히 있다... 그들은 놀라서 어리둥절한 가운데 '그는 대부분의 정치인처럼 행동하지 않는다'라고 말한다. 그러나 그게 포인트다. 우리는 정치인을 원하지 않는다. 그러므로 그가 정치인처럼 행동하지 않을 때 우리는 놀라지 않는다. 그들은 놀라서 겁을 먹는다. 정말로? 나는 후보가 그것을 볼 때 진실을 듣고 싶지 누군가가 그것을 자세히 말하는 방법을 듣고 싶지 않다. 트럼프는 너무도 '자세히 말할 수 있는' 사람이 아니다."[4]

돈은 이어서 트럼프가 예수 그리스도를 믿는 신앙의 증거로서 그가 본 바를 나열했다. 그것은 많은 교단에서 채택하는 리트머스 시험지 때문이 아니라 그의 단순한 신앙 때문이다. "그는 예수를 그의 구주로 믿으며, 성경을 읽고, 매일 기도한다. 그는 낙태를 반대하고,

가족계획의 예산 지원을 폐지하기 원하며, 여기 미국에서 믿는 자들의 박해를 중지시킬 것이다."⁵⁾ 돈은 트럼프가 즐겨 인용하는 그의 어록은 다음과 같다고 한다. "기독교가 공격을 받고 있다. 그리스도인들이 스스로 일어설 때가 되었다. 나는 기독교를 옹호할 것이다."⁶⁾

언제라도 분명히 해야 할 것은 도널드 트럼프는 아메리칸 드림을 믿는다는 점이다. 그는 어느 정도 스스로 그것을 성취했다. 그는 1950년대에 뉴욕 퀸즈 자치구의 중류 거주 지역에서 자라며 본 것이 있다. 겨우 고등학교 학력밖에 안 되는 부친이 브루클린과 퀸즈에서 가장 성공적인 건설업자에다 부동산 중개업자가 되는 꿈을 성취한 것이다. 어린 나이에 트럼프는 부친의 선례를 따르기로 결심했다. 처음부터 요령을 배우며 아버지를 위해 일하였고, 결국에는 아버지가 성취한 것을 여러 배 이상으로 초과하게 될 것이었다. 그러나 아메리칸 드림은 열심히 일하고 공명정대하게 처신하려는 의지를 가진 사람이라면 누구나 가능하다는 것을 깨달았는데, 그 역시도 확실한 성경적 윤리를 필요로 한다. 그러한 태도가 치열한 2016년 선거운동 기간에 중심 지역(heartland: 미국 중서부의 여러 주를 지칭함-역자 주)의 남녀 사람들의 공감을 얻었던 것이 분명하다.

미셸 바크만은 2012년에 대다수 티파티(Tea Party: 2009년에 시작된 보수주의 정치 운동-역자 주)의 지지를 받아 백악관을 향해 강한 인상을 주면서 뛰었던 분인데, 도널드 트럼프가 2016년 공화당 지명에 가장 적합한 사람이라며 자신의 지지자들에게 주저 없이 확신시켰다. CBN 뉴스 해설자인 데이비드 브로디(David Brody)와의 녹화된 인터뷰에서, 그녀는 구약성경 다니엘서를 언급하면서, 이렇게 말했다. "다니엘서의 핵심은 이것이다. 지극히 높으신 하나님은 자기가 높이고자 하는 자를 높이시고 자기가 낮추고자 하는 자를 낮추신다는 것을 우리에게 가르친다."7)

바크만은 처음부터 트럼프를 지지한 자가 아니었으나 결국엔 그가 당선 가능성 있는 유일한 후보라고 결정했다. 그녀는 "나는 실제로 테드 크루즈를 지지했다"라고 말했다. "내 생각에는 그가 최고였다. 그러나 나는 결국 하나님이 이번 선거에서 지명자가 될 도널드 트럼프를 일으켜 세우신 것을 보았다. 나는 하나님이 사정을 외면하고 있다고 생각하지 않는다. 그는 주권을 가진 하나님이시다... 내 생각에는 우리가 사는 그날에 도널드 트럼프가 입후보한 17명의 본 선거에서 이길 수 있는 유일한 사람일 것 같다."8)

이것은 내가 조사하고 답사하는 선거의 과정을 관찰하고 참여하였을 때 한 번 이상 접했던 관점이다. 하나님께서 도널드 트럼프를 데려오셨다고 확신하는 미니스트리 지도자들과 예언의 소리들이 있다. 하지만 트럼프는 여러 해 동안 자기는 이때 이 장소까지, 공직에 입후보하는 것에 전혀 관심이 없다는 말을 해왔었다. 바크만과 어떤 예언적인 소리들이 시사한 바와 같이, 트럼프는 세계화 어젠다를 종식시키고 미국을 자신들의 이미지로 개조하려는 좌파의 캠페인을 중단시키기 위해 남을 의식하지 않는 난폭자로서 하나님의 보내심을 받았다고 해도 무리는 아닐 것이다. 더 온순하고, 더 부드러우며, 덜 공격적인 인품을 가진 사람은 정치 집단 내의 세력을 상대로 해서 성공하기를 결코 바랄 수 없을 것이다. 그것은 왜 도널드

J. 트럼프가 바로 이때를 위한 완벽한 선택이었는지 그 이유를 설명해준다.

일단 트럼프가 사실상 승리했다는 것이 분명해졌을 때 사방팔방에서 받게 될 충격의 정도를 생각한다면, 모종의 반발이 예상될 수 있다고 믿어야 할 것이다. 민주당원들은 망연자실했고, 많은 공화당원 역시 믿지 않았다. 심지어는 트럼프의 가장 열렬한 지지자들조차도 일어난 일을 도저히 믿을 수 없었다. 한편에서는 공황상태와 분노가 잇따라 일어났고, 다른 편에서는 행복감이 넘쳐났다. 불가능한 일이 실제로 일어났던 것이다. 트럼프는 절대 안 된다는 자들과 독선적인 보수주의자들 및 자유론자들은 완전히 혼동에 빠졌지만, 조지 소로스(George Soros)와 다른 반체제문화 조직들의 자금지원을 받는 극좌파 단체들의 반발은 분노와 격렬한 항의를 전례없는 수준으로 확대 강화시켰다.

좌파들이 극단적으로 반발한 것은 그들의 장기적 어젠다가 무산될 것이기 때문이었다. 오바마 행정부는 촉매적 작용으로서 조직되고 권한을 위임받았다. 의심할 여지없이 수십 년 전에 시동이 되었다. 버락 오바마와 힐러리 클린턴 두 사람의 멘토인 솔 앨린스키(Saul Alinsky)는 미국에서 민주주의의 역사적 틀은 파괴되어야 한다고 가르쳤다. 이는 또한 "새로운 세계 질서"(new world order)의 목표이기도 했다. 오바마를 띄워서 유명인사로 만들고 그가 2008년 대통령직에 오를 수 있도록 지원한 세력들은 그에게 명령을 내렸다. 그의 행정부는 낡은 미국 민주주의의 대문을 열고, 마침내 미국을 "열방 공동체"(community of nations)[9] 로 바꾸고, 조지 H. W.

부시 대통령이 17년 전 의회 앞에서 행한 1991년도 연두교서 연설에서 약속했던 세계적 정부를 위한 길을 여는 열쇠가 되어야 했다.

부시는 그것을 일컬어 "다양한 국가들이 인류의 보편적 갈망을 성취하고자 하는 공동의 이익을 위해 함께 뭉치는 새로운 세계 질서"10)라고 했다. 일단 오바마가 그 문을 열자, 클린턴 선거운동은 거기서부터 그것을 취하여, 그 약속을 기회로 삼고 변혁을 완수할 준비를 했을 것이다. 그런데 세계적 정부로 나아가는 도중에 뭔가 예기치 못한 일이 벌어졌다. 엄청난 규모의 유권자 저항과 하나님의 행동이 그것이다. 양대 정당의 플랫폼을 비교해보면 그들 사이의 분열의 깊이가 드러난다. 하지만 그러한 문서들이 보여주지 못하는 것은 자기 조국이 자기 손가락에서 찢겨나가고 자기의 도덕적 유산이 여기저기 흩어지고 있다고 느낀 중부지방의 남녀 시민들이 느낀 분개의 깊이다.

어느 당도 주류에 속하는 전문가들도 중서부 지방(Middle America)에서 강화되고 있는 긴장상태를 알아채지 못했다. 따라서 트럼프의 승리는 좌파로부터 분개의 물결을 낳았고 저항과 보복의 대규모 캠페인이 그 뒤를 이었다. 심지어 취임 전인데도 진보언론들은 완전 터미네이터 모드로 나갔다. 대통령 당선인에게 전례 없는 신랄한 공격을 퍼부었다. 이 책에서 앞으로 이 새로운 사태를 더욱 상세히 살펴보겠지만, 온통 우리 주위에서 일어나기 시작한 전례 없는 적대행위를 무시한다는 것은 실로 어리석은 것이다.

비애국적인 저항

　민주당원들은 클린턴의 당연한 백악관 승리의 일환으로 하원과 상원을 회복하길 바랐다. 그러나 결국 본의 아니게 그 셋을 다 잃게 되었다. 그러므로 민주당원들이 도널드 트럼프의 승리에 불안한 마음으로 반발하리라는 것에 놀랄 사람은 사실상 아무도 없다. 그들의 어젠다와 정부 내 손쉬운 임명직 일자리는 십 년, 아니면 혹 이십 년 만에 처음으로 위협을 받았을 텐데, 그들을 조금 미치게 한 것만으로도 충분했다. 유독 터무니없는 것은 이 나라의 곳곳에서, 워싱턴은 물론이고, 뉴욕과 할리우드에서, 그리고 기타 과수 평원 지역(fruited plain)을 가로질러 여러 지역에서 클린턴의 지지자들로부터 분출해 나오는 증오의 수준이었다.

　압도적으로 부정적인 언론, 현직 대통령과 의회 의원들의 품위 없는 일제 공격, 유명 인사들의 모욕적 언동, 인종차별주의자니 편협한 고집쟁이니 하고 떠들어대는 언론의 틀에 박힌 상투 문구에 직면하자, 도널드 트럼프는 어려운 경주를 만났다는 것을 알았다. 그는 반격할 방법이 필요했을 것이다. 그는 사용자들이 140자까지 짧은 멘트를 온라인 팔로어들에게 띄울 수 있는 뉴스와 소셜 네트워킹 서비스인 트위터에서 그 방법을 찾았는데, 트럼프의 경우에는 @realDonaldTrump에서 팔로어들이 3,500만 명이나 되었다. 후에 그는 @POTUS 계정에 또 다른 2,000만 명의 팔로어를 추가했으며, 트위터는 도널드 트럼프를 미국 국민들과 직접 연결시키는 통신 수단이 되었다.

할리우드 여배우 메릴 스트립(Meryl Streep)은 2017년 1월 골든 글로브 상 수락 연설에서 지명도 있는 트럼프 증오자들을 지지하면서, 트럼프의 대통령직에 조직적 저항을 촉구했다. 그의 이름은 말하지 않으면서, 그녀는 대통령을 무정한 인종차별주의자요 편협한 고집쟁이라고 명확히 묘사했다. 그러나 트럼프는 싸움을 피하지 않고, 스트립의 골든 글로브 비난 연설에 트위터로 응수했다. "메릴 스트립은 할리우드에서 가장 과대평가된 여배우 중에 하나인데, 나를 알지 못하면서 어젯밤에 골든 글로브에서 나를 공격했다. 그녀는…"11) 그러고는 그의 팔로어들이 빈칸을 채우도록 남겨두고 갑자기 그만두었다. 2008년 공화당 지명자의 딸인 메간 매케인(Meghan McCain)은 대통령을 옹호하며 스트립의 연설은 왜 트럼프가 이겼는지 그 이유를 밝혀주는 완벽한 본보기를 제공해준다고 트위터에 올렸다. "그리고 만일 할리우드 사람들이 이유와 방법을 인식하지 못한다면, 당신은 그의 재선에 도움을 줄 것이다."12)

명사들에 의한 험담과 전직 대통령의 험담은 별개라고 생각하는데, 버락 오바마는 (2011년 백악관 기자단 만찬 중에 트럼프에 대한 그의 천박한 조롱은 트럼프가 대통령직에 도전하도록 확신을 갖게 해주었을지 모른다.)13) 선례나 에티켓에 크게 신경 쓴 적이 없다. 여러 해에 걸친 전통에 의하면, 전직 대통령은 후임자를 비난하지 않는다. 부시는 한 번도 그런 적이 없었다. 그러나 오바마는 그의 후임자를 가리켜 내가 되풀이할 수 없는 천박한 발음을 사용하여, 거짓말쟁이라고 말했다.14) 그러나 그것조차도 낸시 펠로시(Nancy Pelosi), 엘리야 커밍즈(Elijah Cummings), 맥신 워터스(Maxine Waters) 하원의원 부류들과 척 슈머(Chuck Schumer) 상원의원 및 하원과 상원 내 그들과 의견이 같은 패거리들로부터 트럼프를 향해 일상적으로 퍼부어지는 심한 매도에 비하면 대수롭지 않아 보인다.

의회의사당에서 그리고 수백 개의 도시와 타운에서 나타나는 빈정거림은 기를 꺾는 듯한 느낌이다. 내 생각에 이런 종류의 행동은 만일 이 나라의 기독교적 합의(consensus)가 수십 년 묵은 내리막을 계속할 경우 임하게 될 것의 경고 사인을 나타낸다고 본다. 우리의 정치적 반대자들이 어떤 이슈에 관해서는 우리와 의견이 다른 것을 예상하지만, 우리의 지도자들이 매일 억제되지 않은 증오와 폭력에 직면할 필요는 없어야 한다.

그러나 지난 18개월 동안에 걸쳐 가장 놀라웠던 것은 "트럼프는 절대 안 돼"(Never-Trumpers)로 알려진 공화당과 자유주의적인 저널리스트들의 견고한 그룹이 제기하는 트럼프 대통령직에 대한 적대 행위와 마구 지껄여대는 저항이다. 트럼프는 절대 안 된다고 거침없이 마구 말하는 칼럼니스트 조지 윌(George Will)은 텔레비전으로 방송된 한 통렬한 비난에서 "만일 도널드 트럼프가 지명자가 된다면, 자기는 공화당을 탈당하겠다"고 말했는데, 윌은 그대로 했다.[15]

전 대통령 후보인 존 매케인(John McCain)과 미트 롬니(Mitt Romney)는 트럼프가 경선에 뛰어든 때부터 그를 비난했다. 심지어는 그가 러시아와 공모했으며 법무부의 조사를 방해했다고까지 비난했다. 트럼프가 프라이머리에서 패배시킨 공화당 후보들 중 적어도 세 사람, 존 케이식(John Kasich), 테드 크루즈(Ted Cruz), 젭 부시(Jeb Bush)는 젭의 아버지와 형(41대 부시와 43대 부시)과 더불어 대놓고 트럼프를 욕했다.

민주당원뿐만 아니라, 그의 친정인 공화당 내 많은 사람도 그를 파괴하려는 작업을 하고 있었다. 클린턴에게는 있는 사냥감이 그에겐 없었다. 그는 모금에 훨씬 뒤져 있었고 이런 문제 해결을 위해 함께 일할 스태프는 최소한에 그쳤다. 트럼프 선거운동의 내막을 잘 아는 사람이 사적인 대화 도중 내게 말하기를 대다수 공화당 전국위원회 기부자들은 트럼프 선거운동을 어떻게 무산시킬 수 있을지 그 방법을 찾아보기 위해 당의 고위층을 수차례 만났다고 했다. 분명히 트럼프가 그 모든 저항을 극복하기 위해서는 기적이 필요했다. 그리고 그가 뭔가 기이한 것을 트위터에 올릴 때마다 언론매체들이 그들의 하부조직에 불을 붙였다는 사실은 그 도전을 그만큼 더 크게 만들어줄 뿐이었다. 공정하게 말해서, 트럼프가 선거운동 기간 중에 그의 반대자들에 대해 글을 올린 것은 종종 공격적이어서 일부에서는 그를 불량배로 간주했다. 하지만 다른 많은 사람은 트럼프의 공격이 그의 정치적 적들을 노출시키는 것을 크게 기뻐했다.

위클리 스탠다드(Weekly Standard)의 무임소 편집인 빌 크리스톨(Bill Kristol)은 트위터에서 말하기를 만일 자기가 트럼프에 충성하는 것과 대통령을 쩔쩔매게 해서 무력화시키기 위해 비밀리에 활동하는 정부 관료 집단과 합세하는 것 사이에 어쩔 수 없는 선택을 해야 한다면, 자기는 "딥 스테이트"[16](deep state: 숨겨진 권력집단 정도를 뜻하는 용어로 트럼프 대통령 취임 이후에 등장하기 시작함-역자 주)의 편에 서겠다고 했다. 바꾸어 말하면, 당에 충성하기보다는 반역을 선택하겠다는 것이다. 최근까지도 일반 대중 사이에서 "딥 스테이트"라는 용어를 아는 사람은 거의 없었다. 원래 이들은 일반인의 눈에는 보이지 않게 정부(어느 당이 정권을 잡든 바뀌지 않는 정부)를 움직이는 정부 관료들이다. 관료들, 로비스트들, 내부자들, 지배계층 및 정보당국자들도 여기에 포함된다.

설령 대부분의 미국인들이 이런 남녀 사람들을 알지 못한다 할지라도, 정부가 돌아가는 방식에 뭔가 문제가 있다는 것을 직관적으로 알고 있다. 트럼프가 선거유세 중에 자기는 "늪을 마르게 할" 것이라고 즉흥적으로 말했을 때, 그는 영구적인 관료제도와 딥 스테이트에 대해 이야기한 것이었는데, 사람들은 환성을 질렀다. 결국 누군가가 미국 국민들의 이익보다는 그 자체의 이익을 추구하는 제어 받지 않는 핵심 그룹을 다루게 될 것이었다.

여러 해 동안 오직 우파 정치적 음모론자들만이 딥 스테이트에 대한 이야기를 했다. 워싱턴 지배층과 좌편향 언론들은 그것을 무시했는데, 그 이유는 그들이 되풀이해서 말하면 그거야말로 우파의 음모 풍설이었기 때문이다. 그러나 한편, 미국 정보 당국이 트럼프의 선거전을 도청하여 언론과 클린턴 선거운동에 정보를 제공하고 있었다는 것을 모든 사람이 알고 있다. NSA(미국국가안보국), CIA(중앙정보국), FBI(연방수사국) 및 국무부 내의 정보 자료들이 누설되어 트럼프 선거운동을 파괴하도록 언론사에 제공되었다.

설령 이런 것들이 장애물로 충분하지 않았다 해도, 트럼프의 선거운동은 대규모의 선거 협잡꾼들에 의해 위협을 받았다. 민주당원들이 투표과정을 장악하고 있는 주요 도시들에서는 불법 투표가 표준 선거 전략이 되었다. 이 문제는 점점 더 악화만 되어가서 경합주들(swing states: 대선 때마다 민주, 공화 양당 지지를 오가는 주들을 지칭-역자 주), 특히 중서부에서는 공화당 후보들이 이기기가 더 어렵게 되어가는 것이다. 나는 몇몇 전문가들의 말을 들었는데 만일 2016년 선거에서 불법 투표가 없었다면, 트럼프가 보통 선거에서도 이겼을 것이고 그의 대통령선거인단 총계에 더 많은 주가 추가되었을 것이라고 했다. 이 모든 것을 합계할 때는 트럼프의 승리가 한층 더 기적이 된다. 전체가 참호로 둘러싸인 정치체제(양당을 포함, 언론, 학계, 은밀한 공공단체 세력 및 딥 스테이트)가 트럼프를 반대하고 백악관으로 가는 길에 장애물을 설치했지만, 그럼에도 그는 승리했다.

한편 헝가리계의 억만장자이자 전 나치 협력자인 조지 소로스의 자금 지원을 받는 MoveOn.org 같은 악명 높은 반민주주의 단체들이 싸우려 하고 있었다.17) 명부에 올라 있는 자칭의 무정부주의적 지부들과 "흑인의 삶도 소중하다"(Black Lives Matter: 아프리카계 미국인을 향한 폭력과 제도적 인종주의에 반대하는 사회운동으로, 2013년 7월 13일에 결성됨-역자 주)라는 단체 및 유니도스유에스(UnidosUS, 전에는 라라자라 불림: 라틴계 이민자 보호를 위해 1968년에 창립된 단체-역자 주) 같이 인종적 동기에서 결성된 단체들이 폭도 단체 및 노동조합 시위꾼들(union thugs: 사업장에서 경영자 등 타인에게 겁을 주기 위해 신체적 협박과 고성을 사용하는 무리들-역자 주)과 더불어, 보수적 집회와 의회적인 타운 홀 미팅과 심지어는 기독교회들까지 위협하면서 행진했다. 보수주의자들을 미행하고, 천박한 욕실과 벌명을 질러대며, 신체 폭력을 위협함으로써 이들 단체들은 정부의 당연한 방침을 무너뜨리고 정치적 과정에 참여할 수 있는 시민의 권리를 침해할 수 있었다. 그러한 활동이 모두 합해져서 자유로운 발언과 우리의 가장 기본적인 자유들을 서서히 약화시키려는 위험한(나는 악마적이라는 말을 덧붙이고 싶다) 시도를 하고 있는 것이다.

신뢰성을 상실한 언론매체들

그러한 전술을 공적으로는 인정하지 않는 것이 언론에서는 새로운 토픽이 될 것이라고 생각하고 싶어 한다. 우리는 미국의 편집국이 악인들의 정체를 드러내고 정의를 절규하는 자유로운 발언을 열렬히 옹호하는 자들에 대해 열광할 것이라고 생각하고 싶어 한다. 그러나 그런 일은 일어나지 않았다. 우리는 주류 언론이 정치적 사건을 "공정하고 균형 있게" 기사화해줄 것이라고 더는 신뢰할 수 없다. 대신 주류 언론이 그 반대편에 서 있다는 것이 너무도 명백해졌을 뿐이다. 만일 이런 시나리오에서 어떤 좋은 뉴스가 눈에 띌 수 있다면, 그것은 국민들이 일어나고 있는 일에 눈을 감고 있지 않기 때문인 것이다. 그들은 지켜보고 있으며, 그들이 들은 이야기를 다 받아들이는 것은 아니다.

2016년 선거 직후에 한 미디어 리서치 센터(MRC)에서 성인 2천 명 이상을 상대로 여론 조사한 결과에 의하면, 주류 언론이 논쟁의 불길을 선동했음에도 그들은 사실상 정치적으로 적극적인 모든 미국인을 간신히 격리시켰다는 게 밝혀졌다. 그 조사에서는 응답자의 78%가 2016년 대선에 대한 언론의 보도는 편파적이라 생각했고, 69%는 뉴스 미디어가 "정직하고 신뢰할 만하지" 못한 것으로 믿는다고 했다. 그리고 59%는 미디어가 힐러리 클린턴에 유리하게 기울어진 반면, 21%만이 미디어가 트럼프에게 유리하게 기울어졌다고 했다. 그러나 아마도 가장 두드러진 것은 그 조사에서 등록된 미국 투표자들의 97%는 미디어가 그들의 투표에 영향을 미치도록 하지 않았다고 말했다는 사실이었다.[18] 바꾸어 말하면, 그들에게 있어 미디어는 이미 모든 신뢰성을 상실해버린 것이다.

투표자들이 신뢰하지 않았다는 것은 결코 놀랄 일이 아니다. 방송과 출판물과 선거운동의 인터넷 보도 등 전역에 걸쳐, 미디어는 이미 그들의 후보를 선택해놓았는데, 그건 도널드 트럼프가 아니었다. 한편, 10월, 곧 선거를 치르기 29일 전에, 당시 폭스 뉴스(Fox News) 해설자인 빌 오라일리(Bill O'Reilly)가 보도하기를 적어도 세 개의 미디어 조직이 "직원들에게 도널드 트럼프를 파괴하라고 명령" 했다고 했는데, 자기는 그 명령이 단지 수사적인 말은 아니라고 "100% 확신했다"고 말했다.[19]

2016년 9월에 실시된 인베스터스 비즈니스 데일리(Investor's Business Daily/TIPP) 여론조사에 의하면 MRC의 연구와 아주 비슷한 결과를 얻었는데, 등록된 투표자의 3분의 2(67%) 이상이 후보자들에 대한 미디어의 보도가 부정확한 반면, 응답자의 4분의 1만이 뉴스 기사의 정확성을 신뢰한다고 밝혔다. 투표자의 절반에 약간 못 미치는 수의 사람들은 미디어가 민수낭 후보에게 너무도 관대하다고 느꼈고, 16%만이 미디어가 그녀에게 너무 심했다고 말했다. 그런데 가장 두드러진 것은 미국인의 3분의 2(69%) 이상이 뉴스 미디어가 선거 과정에 너무 많은 영향력을 행사한다고 말했다.[20]

사실은 트럼프가 클린턴의 약한 선거운동을 이긴 것은 어느 누구에게도 뜻밖의 일로 여겨져서는 안 되는 일이었다. 그녀는 부정적인 수입이 엄청났고, 그녀의 스캔들 내력은 투표자들이 너무도 잘 알고 있는 것들이었다. 간단히 말하면, 민주당원들은 그들 스스로가 이보다 더 불리한 후보를 낼 수 없었을 것이다. 클린턴은 자신의 대통령선거운동을 시작할 때, 자기는 이미 경쟁에서 이겼다고 믿었다. 그녀는 작은 뉴햄프셔를 제외하고 메인 주에서 버지니아주까지 동부 해안을 매듭지었다. 그녀는 자신의 민주당 지지기반에서 선거인단 97표를 확보했다. 캘리포니아주에서 워싱턴주까지 서부 해안에서는 선거인단의 또 다른 74표가 보장되었다. 필요한 270표 중에서 171표를 확보했으니, 클린턴은 선거운동을 시작할 때 자기가 당선을 확실히 해놓았다고 확신했다.[21]

이와는 대조적으로, 트럼프가 기댈 수 있는 확실한 공화당 편의 주들은 훨씬 더 적었다. 형세는 그가 켄터키에서 텍사스까지, 그리고 어쩌면 캔자스까지 남부를 먹을 것 같았다. 중요한 문제는 주로 중서부에 있는 경합 주들이었다. 그 주들이 과거에는 민주당의 아성이었다. 최근의 선거에서는, 민주당 후보가 오하이오나 플로리다에서 승리하면, 이어서 대선에서도 승리했다. 당연히 클린턴이 승리했어야 했다. 수적인 우세로는 모든 게 그녀의 편이었다. 트럼프가 플로리다와 오하이오뿐만 아니라 위스콘신, 미시건, 펜실베이니아까지 승리할 수 있다고 누가 상상이나 했겠는가! 그건 정치적으로 상상도 할 수 없는 일이었다.

당연히 미디어는 이 모든 것에 더하여 앞서나가기를, 클린턴이 승리의 길에 들어섰지만, 트럼프는 절대로 승리의 길에 있지 않다고 보도했다. 심지어 트럼프가 승리한 것이 분명해졌을 때도, 방송 네트워크는 클린턴이 여전히 선거인단 270표에 어느 정도 도달해 있다고 보도하고 있었다. 미국의 편집국과 보도국에 편협이 존재한다는 것을 상상하기는 어렵지만, 그것이 내가 지난 1970년대에 편집국에서 근무한 이래로 지금까지 보수주의자들과 복음주의자들이 맞붙어 싸워온 딜레마다. 뉴욕타임스에 기고한, 선거 후 칼럼에서 저널리스트 짐 루텐버그(Jim Rutenberg)는 미디어가 호기를 놓쳤음을 인정했다. 그들은 "선택적인 회복에 의해 내버려졌다고 느끼는 다수의 미국 유권자들의 솟구치는 분노"를 포착하지 못했다. 그는 말하기를 "뉴스 미디어가 적어도 2008년 이후로 국내정치를 세차게 흔들어온 대중운동을 놓쳤던"21) 적이 얼마나 자주 있었던가에 놀랐다고 했다.

언론매체들은 반복적으로 도전을 받아왔으며, 무수한 여론조사들도 대중이 느끼는 불만의 정도를 보여준다. 게다가 내가 갖고 있는 카리스마뉴스를 포함해 폭스 뉴스, 브레이트바트(Breitbart) 뉴스, 드러지 리포트(Drudge Report), 인포워스(Infowars) 및 기타 보수주의적인 뉴스 지방방송국들의 성공은 그들이 잘못된 말에 베팅하고 있다는 단서를 제공했음이 틀림없었다. 그러나 미디어의 세계관에는 사각지대가 분명히 존재한다. 기자들과 편집인들과 헤드라인을 뽑아내는 국장들은 독선적이어서 자신의 나쁜 습관을 바꿀 마음이 없다. 분명히 거의 기적적인 일이 아니고는 그걸 바꾸지 못할 것이다.

진보적인 하버드대학 언론, 정치, 공공정책 소렌스타인 센터(Shorenstein Center on Media, Politics and Public Policy)에서 실시한 여론조사는 선거 전초전 기간에 도널드 트럼프에 대한 보도는 압도적으로 부정적이었다고 발표했다. 그 조사의 작성자들이 클린턴 선거운동의 보도 역시 똑같이 부정적이었던 것 같다고 시사했지만, 그들 자신의 조사에서는 그러한 결론을 지지하지 않는다.[23] 숫자가 스스로를 증명하고 있다.

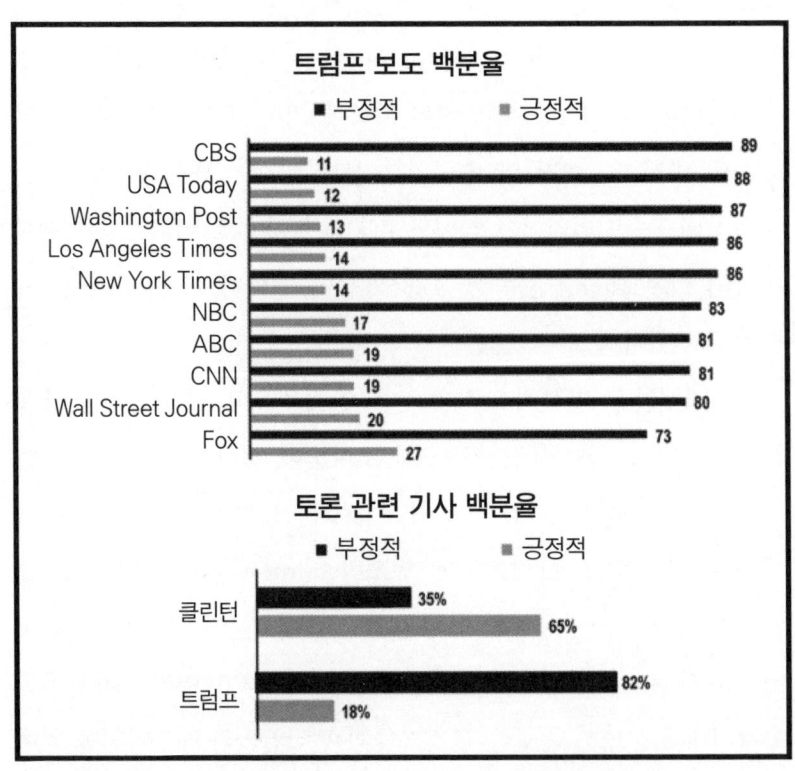

소렌스타인 센터가 대선토론에 관한 보도를 분석한 것에 의하면, 주류 언론매체들의 보도가 얼마나 편파적이었는가를 알 수 있다. 10대 전국 뉴스 조직 전체가 트럼프에 관해 보도한 소위 객관적 보도라는 것이 압도적으로 부정적이었다. 심지어는 유일한 "보수적 네트워크"라고 알려진 폭스뉴스에서도 그러했다. 폭스의 보도 중 70% 이상이 부정적인 반면, 30% 이하는 다소 긍정적이었다. 그리고 긍정적인 보도의 대부분은 그 네트워크의 3대 거침없는 해설자인 빌 오라일리(Bill O'Reilly), 숀 해니티(Sean Hannity), 터커 칼슨(Tucker Carlson)으로부터 나왔다. 소렌스타인 센터의 도표는 트럼프 선거운동이 얼마나 힘겨운 싸움을 하지 않으면 안 되었는가를 여실히 보여준다.

그토록 엄청난 부정적인 언론과 양당 의원들로부터의 공격에도 불구하고, 어떻게 트럼프가 승리했는가? 뉴욕 힐튼호텔에서의 당선축하 나이트 파티에서 트럼프의 오랜 친구로부터 들은 한마디가 그 대답이 될지 모른다. 우리가 오랜 시간 기다리면서 볼룸 주위에 설치된 TV 스크린에서 개표결과를 지켜보고 있을 때, 내 옆에 가까이 서 있는 한 부유한 사업가가 이렇게 말했다(그는 당선 2시간 전에 트럼프의 부름을 받은 사람이었다). "만일 결과가 트럼프의 승리로 나온다면, 그건 하나님이 계시다는 것을 입증하는 겁니다." 이유는 "도널드 트럼프가 이긴다면, 그건 기적일 테니까요!" 이것은 그리스도인들이 기도해왔던 바다.

Chapter 02
기도에 대한 응답

일부 사람들은 도널드 트럼프의 승리를 정치적 혁명으로 해석했지만, 많은 보수적 그리스도인들은 그것을 문화적 반혁명이자 기도 응답으로 보았다. 평판 있는 저널리스트인 데이비드 에이크만(David Aikman)은 카리스마 잡지에서 발행한 기명 논평 페이지(op-ed)에서 이 점을 아주 잘 표현했다. 나는 1970년대 이후부터 에이크만을 알고 지내는데, 지금은 은퇴하신 분이다. 그 당시 그는 타임지의 선임해외특파원으로 근무했는데, 그는 23년간 그 자리를 유지했다. 솔직한 은사주의 신자로, 에이크만은 타임지의 베를린, 예루살렘, 베이징 지국장으로 근무했고, 예루살렘에서 중동문제를 취재했다. 그는 5개 대륙과 55개국 이상의 나라에서 보도했고 타임지의 "올해의 인물" 커버스토리를 세 번이나 썼다. 그는 사회문화 이슈들을 파악하는 데 탁월하다.

에이크만은 그의 빛나는 생애 동안에 알렉산디 솔제니친에서부터 캘커타의 마더 테레사와 빌리 그래함에 이르기까지 수많은 세계의 명사들과 인터뷰를 했다. 에이크만은 저널리스트로서 트럼프에 대한 언론매체들의 적개심을 이해했다. 트럼프는 기회가 있을 때마다 기자들을 공공연히 비난했기 때문이다. 청중들이 그에게 소란스러울 정도로 찬성을 쏟아낼 때, 그런 사건들을 취재하는 미디어 기자들은 정나미가 떨어져 죽을 지경이었다. 그러나 에이크만은 트럼프가 언론과 대립한 것은 단지 그들 대부분이 클린턴을 지지해서가 아니었다고 말한다. 그가 그들과 대립한 것은 그들이 미국 전역의 유권자들의 "경제적 문화적 분개"에 대해 우둔한 것 같았기 때문이다.[1]

그토록 많은 저널리스트들이 트럼프를 지지하는 사람들의 범위에 대해 깨닫지 못했다는 사실은, 트럼프의 팔로어들이 수백만 명이나 되는 소위 중부지방에서 시간을 보낸 적이 있는 자들이 그들 가운데 거의 없었다는 것을 보여주었다. 에이크만은 워싱턴 정가의 전문가들이 다가오는 선거에 대한 그들 자신의 희망찬 생각에 판단력을 잃었다고 말한다. 뉴욕타임스에 실린 기명 논평 페이지에서는 그들이 얼마나 접촉이 없었는가를 보여주었다. 2년 동안 아이오와 라디오 방송국의 뉴스 디렉터로 있는 로버트 레오나르드(Robert Leonard)는 자기가 오클라호마의 침례교 목사인 왓츠(J. C. Watts)와 이야기할 때 언론 매체들의 연결단절에 대해 섬광 같은 통찰력(그의 말에 의하면, 신의 현현 같은)을 얻었다고 했다. 왓츠는 1995~2003년에 미국 하원에서 봉직했다. 레오나르드는 왓츠의 이야기를 듣다가 갑자기 빛이 번쩍했다고 말했다.

왓츠는 레오나르드에게 "공화당원과 민주당원의 차이는 공화당원들은 사람들이 근본적으로 악하다고 믿는데 반해, 민주당원들은 사람들을 근본적으로 선하다고 보는 것"이라고 말했다. 이 말은 곧 민주당원들은 우리가 선하게 태어났다고 믿고, 우리가 하나님을 우리의 형상대로 창조한다고 믿는다는 것이다. 하나님이 우리를 창조하지 않았다. 우리가 하나님을 창조했다. 그러나 왓츠는 지적하기를 어린 자녀들은 버릇없이 구는 법을 가르침 받을 필요가 없다고 했다. "그들은 날 때부터 그렇게 하는 법을 알고 있다"고 왓츠는 말했다. "우리는 악하게 태어난다. 우리는 [우리 자녀들에게] 선해지는 법을 가르친다. 우리는 다시 태어남으로, 곧 거듭남으로 선해진다."2)

에이크만은 이렇게 썼다. "만일 트럼프를 보도하는 기자들이 거대한 비밀스런 기독인 기도운동이 트럼프 선거운동을 뒷받침하고 있다는 것을 인식했다면, 설사 그 기자들 자신이 하나님이나 기도의 능력을 믿지 않는다 할지라도 그들은 현재의 선거 결과에 훨씬 덜 당황했을지 모른다."3) 이것은 트럼프가 "미국을 다시 위대하게 만들기" 원한다고 말한 것을 들었던 많은 미국인들이 그가 또한 미국을 "다시 도덕적으로 위대하게"4) 만들기 원한다고 말하기를 희망했다는 것을 우리에게 알려주는 것이라고 말했다. 보수적 그리스도인들에게 이 도덕적 위대함은 오로지 많은 신자들이 기도해오고 있었던 바인, 영적 부흥으로부터만 오는 것이다. 그들은 도널드 트럼프를 당선시키기 위해 기도하고 있었다기보다는 오히려 방향전환과 새로운 도덕적 영적 각성을 위해 기도하고 있었던 것이다.

중서부의 대부분의 유권자들에게 있어 그들의 관심사는 오바마

케어, 총기규제, 국방비 지출 등엔 거의 관계가 없었다. 대부분 그런 문제들에 의견이 있었겠지만 말이다. 오히려 국가의 도덕적 문제들과 영적 내리막의 나선형 진행과정이 그들을 불붙게 했던 것이다. 1962년[5]에 학교에서 기도를 못하게 하고 1963년[6]에 학교에서 성경읽기를 금지한 대법원 판결은 시작에 불과했다. 1973년에 로 대 웨이드(Roe v. Wade)[7] 사건에서 대법원의 잘못된 판결로 인해서 요구 시 낙태의 합법화는 규모가 훨씬 더 큰 비극의 전조가 되었다(여성은 임신 후 6개월까지 임신중절을 선택할 헌법상의 권리를 가진다고 판결함으로 인해 낙태를 금지하거나 제한하는 미국의 모든 주와 연방의 법률들이 폐지되었다. 낙태 문제는 미국에서 진보와 보수를 가리는 대표적인 쟁점 중 하나다-역자 주). 인터넷에서 포르노 제한을 철폐하고 2015년[8] 오버거펠 대 호지스(Obergefell v. Hodges) 사건의 대법원 판결 후에 동성결혼을 합법화한 것은 보수주의자들이 공격을 받고 있다고 믿게 된 이유들 가운데 하나였다(2015년 6월 26일, 미국 대법원은 "수정헌법 14조에 따라, 두 사람의 동성결혼은 합법이며, 동성결혼이 합법이었던 다른 주에서 동성결혼을 한 사람은 모든 주에도 인정해야 한다"라고 발표했다-역자 주). 그렇기 때문에 문화적 혁명이 이번 선거에서 주요 이슈가 되고 있었던 것이다.

미주리주 캔자스시티에 있는 국제기도의 집(International House of Prayer) 창립자인 마이크 비클(Mike Bickle)은 내게 선거에 대한 그의 관점을 이렇게 설명했다. "우리는 하나님께서 의로운 대변자를 일으켜 세워주기를 기도했다. 우리는 누구를 염두에 둔 게 아니었다."[9] 그의 단체가 미국을 각성시키는 일에 초점을 맞추고 있는 것은 바로 그 때문이다. 그래서 만일 그들을 각성시킬 수 있는 사람이 도널드 트럼프로 밝혀진다면, 자기로서는 괜찮을 것이라고 말했다.

텍사스에서 국제 시온의 영광(Glory of Zion International)이라 불리는 사도적 예언 사역을 이끄는 척 피어스(Chuck Pierce) 역시 그와 흡사한 말을 했다. 도널드 트럼프는 그저 하나의 후보가 아니다. 그는 미국을 영적으로 치료하는 길이다. 그가 최근의 대화에서 내게 한 말이다. "이 나라가 앞으로 나아가는 길에 영향을 미치기 위해 하나님께서 어떻게 그를 의롭게 선택하셨는지 보려면 그의 이전에 의롭지 못한 방식을 간과해야 한다고 생각한다." 피어스는 그가 2008년에 "미국은 트럼프(Trump) 카드놀이 하는 걸 배워야 한다"고 예언을 했었다는 말을 내게 하고는 그건 일단 당신이 비장의 수를 쓰면(play the trump card), 상대방이 그것을 다시 쓸 수는 없는 것이라고 설명했다. "그건 마치 주님께서 상대방이 막을 수 없는 계획을 갖고 계신다고 말씀하시는 것 같았다."10)

새로운 문화적 어젠다

1950년대에 성장했거나, 아니면 어린 시절에 그 시기의 사람들로부터 삶이 형성된 미국인들은 그 당시를 뒤돌아보며 미국의 번영을 구가한 놀라운 시기로서뿐만 아니라 또한 전국적으로 도덕적인 의로움이 지배하던 시절로도 회상하는 경향이 있다. 미국인들 가운데는 역사상 이 시기를 옳고 그름 및 선과 악에 대해 아무런 논쟁도 없었던 시기로 회상하길 좋아하는 이들이 많다. 그런 것들에 대해서는 모두가 다 의견이 일치하는 것 같았다. 그러나 우리가 지금 알고 보니까 좀 더 진보적인 관점을 가진 개인들과 소그룹들은 막후에서 작업을 했던 것이다. 그러나 관습적인 도덕률을 반대하라고 설교한 사람은 아무도 없었다. 물론 그때는 또한 나라의 일부에서 인종차별이 있던 시기이기도 했다. 그리고 10년 후까지도 바뀌지 않은 불공평한 짐 크로우 법(Jim Crow laws: 이 법은 1876년부터 1965년까지 시행됐던 미국의 주법으로, 옛날 남부 연맹에 있는 모든 공공기관에서 합법적으로 인종 간 분리하도록 해서 흑인들이 백인들에 비해 열등한 대우를 받았다. 그 후 이 법은 1964년 시민권법과 1965년 선거권법으로 인해 효력을 상실했다-역자 주) 아래서 살던 소수집단 사람들은 그 당시를 회상하길 좋아하지 않는다. 1950년대는 다른 면에서는 완전치 못했다. 예를 들면, 아동 성 학대를 자행하는 성인들은 50년대엔 괴롭힘을 당했다. 그러나 소문나지는 않았다. 그래서 "안정된" 1950년대는 1960년대의 사회적 도발을 위한 부화기였다.

그럼에도 데이비드 에이크만은 그 당시 미국에는 시민적인 종교가 있어서, 자신의 정치적 성향과는 상관없이 모든 사람으로부터 높이 평가받는 빌리 그래함 같은 전도자들의 설교로 강화되는 기본적인 기독교적 도덕성이 있었다고 말한다. 트럼프 자신이 그 시대의 산물이었다. 그래서 그에게 종교적인 면이 있다는 많은 증거는 없을지라도, 그의 생애 훨씬 후에 가서야 겨우 그가 도덕적으로 자유론자가 되었던 것이다.[11]

"미국의 시민적 종교는 1960년대의 캠퍼스 격변과 반전운동 후에 크게 침식되었다. 에이크만은 문화 전체가 할리우드와 학계와 언론매체에 새로운 정보 통제자와 새로운 세계관을 도입하는 변화를 경험하기 시작했다."[12]라고 말했다. 그는 그러한 세계관 중의 일부, 예컨대 마르크시즘 같은 것들이 수년간 유행하지 않다가 다시 나타났다고 말했다. 그러다가 좌파로부터의 끊임없는 압력과 1970년대와 1980년대의 쾌락주의와 자기만족의 폭발이 변화의 속도를 상승시켰다.

에이크만은 "새로운 문화적 패러다임의 대부분은 창조된 세계와 여전히 인간의 행동에 관심을 가지는 신에 대한 관점을 배격했다"고 설명한다. "2017년 현재로, 미국은 하나님의 존재와 심지어 우주의 형성 배후에 디자인이 있을 수도 있다는 바로 그런 개념까지도 대학 캠퍼스와 공립학교에서 반복적으로 조롱당하고 완전히 추방되었던 70년의 세월을 겪어왔다. 그것은 할리우드에 의해 반복적으로 비웃음을 당해왔다."[13]

도널드 트럼프가 미국의 문화를 변화시키고 싶다는 무슨 소견을 밝힌 적이 한 번도 없었지만, "폴리티컬 코렉트니스"(political correctness: 일체의 차별과 탄압, 편견에 저항해 바로 잡으려는 정치운동을 지칭하는 것으로 약칭 PC운동이라고도 한다. 인터넷상에서 '정치적 올바름' 등으로 번역하지만 아직 정착된 게 없는 것 같아 영어를 그대로 사용함-역자 주)에 관한 그의 공격과 "메리 크리스마스"라고 말할 자유를 회복하겠다고 강하게 주장함으로 인해 그는 순회 중에 청중들의 사랑을 받았다. 당선 후에 많은 그리스도인과 미국의 전통적 가치를 지지하는 다른 지지자들은 트럼프 대통령이 미국을 다시 한

번 "도덕적으로" 위대하게 만들고자 하는 풀뿌리 운동들에 우호적일지 모른다고 생각하기 시작했다.14)

많은 유권자에게 트럼프가 호소한 것의 일부는 자기는 힐러리 클린턴이 아니라는 것이었다. 마이크 비클은 선거 후 "우리는 힐러리를 이길 수 있는 보수적 후보라면 누구에게도 투표했을 것이다"라고 말했다. "결국 트럼프냐 힐러리냐에 관해 말한다면, 의문의 여지가 없었다." 불행히도 그 후보자는 기이한 트위터로 계속 자기 발을 쏘고 있었다. 그러나 비클은 그가 역전의 명수였다고 말했다. 그가 엉뚱하면 엉뚱할수록 사람들은 그를 더욱 사랑했다. 그리고 다른 후보 같았으면 박살났을 일들이 그를 쇠하게 한 것 같지 않았다.15)

선거일이 가까워지자, 클린턴이 실제로 이길 수 있는 것처럼 보였다. 여론 조사 결과는 그녀가 승리할 것을 확실하게 시사했다. 그러나 만일 그녀가 승리한다면, 그것은 미국이 불행히도 좌파로 계속 기울어질 뿐 아니라 또한 우리가 이제까지 볼 수 없었던 새로운 타락의 시대로 들어가는 길이 될 참이었다. 그것은 문화를 변형시키고, "기독교국 아메리카"를 무장해제하며, 수많은 그리스도인이 그토록 많이 기도해온 갱신과 회복의 희망을 훨씬 더 성취하기 어렵게 만들려고 총력을 기울인 노력을 폭발시킬 것이었다.16)

복음전도자요 미디어 명사인 제임스 로비슨(James Robison)은 최근의 전화 인터뷰에서 내게 이렇게 말했다. "많은 그리스도인은 우리가 자유를 잃지 않도록, 이 나라가 보호와 예방과 함께 제공하는 기회들을 잃지 않도록, 그리고 정부가 보호자로 기능하도록, 그리고 하나님과 서로에 대한 우리의 사랑을 잠재적으로 대체하지 않도록 기도하고 있었다."17) 대통령의 신앙 자문 위원회(Faith Advisory Board)에서 일하며 트럼프의 친구이자 또 상담상대로 있는 로비슨은 도널드 트럼프가 초자연적인 기도 응답의 표본임을 이제는 믿는다고 말했다. 그러나 그는 사람들이 원하는 패키지에는 들어오지 않았다. 17명의 공화당 지명자들 중에서 그는 대부분의 복음주의자들의 마지막 선택자로 평가되었다. 로비슨은 내게 "그는 나의 마지막 선택이었을 것이다"라고 말했다. "많은 보수주의자들은 말하기를 도널드 트럼프가 우리를 결국 어디로 인도해갈 것인지는 알지 못하지만, 힐러리 클린턴이 우리를 어디로 인도해갈지는 정확히 안다고 했다. 그러면 그것은 잘못되고 파괴적인 모든 것의 연속이 될 것이며, 그러면 그것은 우리의 자유를 제거함으로써 미국을 파멸시킬 것이었다."18)

트럼프가 취임한 주간에, 수천 명의 복음주의자들은 워싱턴 DC에 집결하여 대승리를 축하하고 그들의 기도에 응답하신 하나님께 감사를 드렸다. 컬럼비아 특별구(District of Columbia) 전역과 인접 타운에서 취임축하 축제와 많은 기도회가 있었다. 처음에는 트럼프를 지지하지 않은 수많은 기독교 지도자들이 패자부활에 대해 몇 번이고 하나님께 감사했다. 심지어는 좋은 평을 받는 국가 정책위원회(Council for National Policy: CNP)의 보수파 임원진들도 그들이 당선 직후 만났을 때 트럼프의 승리로 의기양양했다. 사우스캐롤라이나 출신의 레이 모어(Ray Moore)는 내가 후에 소개하지만, CNP의 멤버다. 한 세션이 끝난 후에 그는 토니 퍼킨스(Tony Perkins)

와 나란히 걸었다. 토니 역시 가족 연구 협의회(Family Research Council)의 회장이면서 CNP의 회장이기도 하다. 레이는 그가 "나는 토니의 어깨를 내 팔로 두르고서 그가 트럼프를 당선시키고 미국을 구하는 일에 참여한 것에 대해 감사를 표했다."[19]라고 한 말을 기억하고 있다. 내가 2017년 2월에 선거 후 첫 CNP 회의에 게스트로 참석했을 때, 전반적인 무드는 "우리가 간신히 문제를 피했다"는 것이었다.

한편, 세속적인 전문가들은 트럼프의 승리를 단지 민주당원과 공화당원, 혹은 좌파와 우파 간의 싸움 정도로만 보았다. 그러나 로비슨은 그것을 초자연적인 영적 싸움으로 보았다. 그는 나에게 이렇게 말했다. "일어났던 일은 하나님께서 폴리티컬 코렉트니스(political correctness)와 진보적(단지 현혹된 정도가 아니라 사로잡힌) 좌파의 어리석음을 제압하셨다는 것이다. 그들은 성경적 세계관과 미국의 전통적 유대교와 기독교의 윤리에 너무도 자주 필사적으로 반대한다. 그러나 그들은 완전히 되밀침을 당하고 있었다."[20]

로비슨은 말하기를, 이 나라의 세속적 좌파들은 예수님이 그를 십자가에 못 박는 사람들에 대해 "저들은 자기들이 하는 것을 알지 못한다"라고 하셨을 때 말씀하신 세력들에 조종을 당하고 있는 것이라고 했다. 그들은 자기들이 하고 있는 것을 정확히 알았다. 그러나 예수님은 그들이 알지 못한다고 하셨다. "그들은 눈에 보이지 않는 성령의 초자연적인 영역에서 또 다른 힘, 또 다른 세력의 지배를 받고 있었다. 그들은 속이는 자에게 미혹을 당했던 것이다." 수백만의 그리스도인들은 그 미혹의 세력이 추방되기를, 정부가 또 다른 형태의 바로(Pharaoh)나 모종의 감시하는 시저(Caesar)로 출현하지 않도록 기도하고 있었다. 사람들은 "하나님, 우리는 하나님으로 하나님 되게 해야 합니다. 우리는 이런 난센스를 중지시켜야 합니다"라고 기도하고 있었다. 그리고 로비슨은 덧붙였다. "그리스도인들은 이것이 중지되도록 기도하고 있었지만, 그게 정치와는 전혀 관계가 없는 사람, 심지어는 정치인처럼 자신의 의견도 제대로 표현할 줄 모르는 사람, 약삭빠른 책략가로 가장 잘 알려진 사람이 되리라고는 꿈에도 생각하지 못했다."[21]

로비슨은 내게 트럼프는 이 나라에서 잘못되어 있는 문제에 대해 확신을 가지고 있다고 말했다. "그는 잘못된 모든 것에 대해 전혀 숨김이 없었다. 그가 그런 문제들을 가장 정치인답게 혹은 외교적 수사로 언급한 게 아니라는 것은 우리 대부분이 동의할 것이다. 그러나 그가 말하는 모든 것은 제대로 궤도에 올라있었다. 그는 이 나라의 많은 것이 나쁜 상태에 있으며 그것들은 반드시 처리되어야 한다고 말하고 있었다. 그리고 그는 100% 정확했다."[22]

국가를 속량하라

로비슨의 표현을 사용하자면, "정부가 하나님인 체하는" 것에 대해 우려하는 그리스도인들은 정부가 통제를 받을 필요가 있다는 것을 알고 있었다. 그래서 트럼프의 승리는 그들의 기도가 응답되고 있다는 증거로서의 역할을 했다. "트럼프는 건설업자로서 들어온 것이다. 그는 그런 것들을 더 좋은 것으로 대체시키기 전에 먼저 부숴버려야 할 것들을 부숴버릴 것이다. 그것은 당신이 오래된 것을 부숴버리고 새로운 것을 건설하려고 할 때 하는 바로 그런 일이다."

로비슨은 "그는 기초를 쌓는다는 것이 무슨 뜻인지 이해했다"고 말했다. "그는 건설업자다. 그가 깨닫지 못한 것은 그가 사실은 우리의 자유의 기초로 돌아오고 있었다는 것이다. 우리가 세워야 할 견고한 반석은 예수님이 '진리를 알지니 진리가 너희를 자유롭게 하리라'(요 8:32)라고 말씀하실 때 언급하신 그 변화시키는 진리라는 것을 우리는 알고 있다."[23]

많은 복음주의 지도자들이 그랬듯, 로비슨은 처음에 테드 크루즈(Ted Cruz)를 지지했다. 그가 내게 말하기를 자기는 테드가 아홉 살이었을 때부터 테드의 아버지 라파엘을 알고 지냈다고 했다. 그러나 그는 또한 그의 평생지기인 릭 페리(Rick Perry)를 포함, 다른 여러 명의 대통령 경쟁자들도 알고 있었다. 그는 조지 W. 부시의 고문이었고 전(全) 부시 가(家)의 친구였다. 그는 랜드 폴(Rand Paul)과 칼리 피오리나(Carly Fiorina)를 알고 있고 그들과 함께 기도했다. 그는 "그들은 모두 그토록 위대한 자질을 가진 사람들같이 보였다. 그런데 솔직히 말해서 도널드 트럼프는 심지어 주시를 받으며 세(勢)를 얻고 있었다는 것에 나는 깜짝 놀랐다."[24]고 말했다.

마이크 허커비는 자기가 경선에서 탈락한 후에 로비슨에게 트럼프를 지지하라고 말한 최초의 인사였다. 로비슨은 크루즈를 보좌하기 위해 허커비를 스카우트하려던 참이었다. 그런데 그 주지사가 그에게 말했다. "제임스, 내가 활동해본 사람 중에 조언을 가장 잘 듣는 사람은 도널드 트럼프일세." 로비슨은 그 말을 듣고 깜짝 놀라서 "마이크, 당신 정신 나갔어?"라고 말했다. 마이크가 말했다. "아냐, 난 멀쩡해. 제임스, 난 그를 아는 사람이야. 나는 그를 지켜봤어. 이상하게 들릴지 모르겠지만, 나는 그가 이때 딱 맞는 사람이라고 믿어."25) 로비슨은 제리 폴웰 2세(Jerry Falwell Jr.)가 바로 그와 똑같이 말한 것을 들은 걸 기억하고 있다.

벤 카슨(Ben Carson)이 경선에서 탈락한 후에, 로비슨은 거의 매일 전화로 그와 함께 기도했다. "카슨 박사가 트럼프를 지원하기로 결정한 그 주간에, 우리는 평균 하루에 두 시간 정도 이야기했을 것이다. 그러다 갑자기 그가 내게 '나는 도널드 트럼프를 지지할 거야'라고 말했다. 그래서 내가 말했다. '벤, 당신 정신 나갔구먼! 무슨 소리 하고 있는 거야?' 그가 말했다. '제임스, 내 말 들어봐. 이번 주에 내가 그와 두 시간 보냈고 다른 날에도 두 시간 이야기했어. 그냥 겉으로만 볼 게 아니더군.' 그래서 내가 그에게 '그게 무슨 뜻이야?'라고 물었다. 그러자 벤 카슨이 내게 말했다. '제임스, 내가 당신에게 말하는데, 그는 지혜에 귀를 기울일 사람이야. 그리고 나의 지지는 깊은 확신과 그 확신의 중요성을 소통할 수 있는 능력을 가진 사람들의 말에 그가 기꺼이 귀를 기울일 것이라는 확신과 함께 나온 것일세. 그리고 그는 그렇게 하겠다고 동의했어.'"26)

분명히 트럼프는 귀를 기울였으며, 얼마 안 있어 로비슨은 그와 함께 유세장으로 날아가면서 그에게 조언을 하고, 가능할 때마다 영적인 조언을 제공했다. 로비슨은 말하기를 자기가 여러 대통령들을 만나봤다고 했다. 그는 내게 "그들 중 아무도 도널드 트럼프만큼 열려 있는 사람은 없었다"고 말했다. "트럼프 씨는 자주 그의 셀폰으로 전화했으며, 그는 내 전화를 받았다. 내가 낙태 반대와 신앙에 호의적인(pro-faith) 지도자들의 진정한 관심사를 나눌 수 있는 부분에서는 아주 개방적이고 솔직한 의견을 나눌 수 있었다. 그는 항상 매우 감사하다는 반응을 보였다. 나는 또한 우리에게 있는 심각하고 깊은 관심사를 나누는 아주 중요한 순간에는 그와 함께 비행기로 여행하고 그와 함께 차를 타고 갈 수 있었다. 그러나 많은 사람은 도널드 트럼프가 귀를 기울이려고 하지 않는다느니 심지어는 곰곰이 생각하려고도 하지 않는다고 생각했다. 그러나 그는 정중하게 내 말을 경청했을 뿐 아니라, 또한 나에 대한 감사와 내 가족에 대한 사랑을 충분히 표현했다."[27]

자신의 단체의 웹사이트를 위한 인터뷰에서, 로비슨은 텍사스주 플레이노에 있는 교인 수 4만 2,000명인 프레스톤우드 침례교회의 담임목사 잭 그래함(Jack Graham)에게 질문하기를, 믿음의 사람들에 대한 대통령의 태도를 어떻게 평가하느냐고 물었다. 로비슨은 이렇게 말했다. "목사님은 누군가가 자신의 관심사를 이야기하는 환경에서 그를 보셨습니다... 이 대통령이 어떤 사람들이든 관계없이 그들에게 반응하는 방식이 놀랍다고 보시는지요?"[28]

그래함은 이렇게 대답했다. "내가 확신하기로는 단지 개인적인 역량 외에 그에게는 순수한 영적인 관심이 있고 또 다른 사람의 견해를 듣고자 하는 소원이 있어요. 특히, 그는 성경을 믿는 보수적 그리스도인들이 무엇을 생각하는지 알고 싶어 한다는 것이 분명해 보입니다. 그건 아주 유쾌하고 만족스러운 것이었어요. 그리고 그분뿐만 아니라 그가 임명하신 사람들을 보세요. 부통령 펜스(Pence)는 훌륭한 크리스천입니다. 그와 가장 가까운 사람들인 그의 각료 중 8~9명이 크리스천인데, 그들이 함께 성경공부와 기도를 하고 있습니다."29)

그래함은 또한 이렇게 말했다. "나는 우리 대통령이 그의 삶에 말과 메시지를 집어넣을 수 있는(speak into his life) 기회를 우리에게 주셨다는 것에 대해 고맙게 생각해요. 우리가 이번 주 초에 대통령 집무실에서 그를 위해 기도할 때, 그가 엄청난 압박을 받고 있었음에도, 쾌활하고 즐거워했습니다. 우리는 거기서 충분한 시간 동안 얘기하며 기도했습니다. 그건 하나님이 주신 순간이었고 아주 감동적인 경험이었지요." 로비슨과 그래함은 트럼프의 말과 행동을 볼 때 이번 대통령은 기독교 지도자들의 의견을 존중한다는 것을 나타낸다는 것에 동의했다. 그리고 그래함은 이렇게 덧붙였다. "펜스 부통령이 우리와 함께 있었는데 그분은 위대한 기도의 사람이요, 진짜로 성경을 믿는 크리스천입니다. 우리 대통령과 그의 팀은 단지 공명하기만 했습니다. 이 때문에 나는 바로 지금 미국의 장래에 대해 큰 희망을 걸고 있습니다."30)

데이비드 에이크만이 그의 기명논평 페이지에서 언급한, 갑작스레 고조되는 트럼프 지지는 트럼프의 정치집회에서만 일어난 일은 아니었다. 교회에서, 기도그룹에서, 온갖 종류의 집회들에서도 그것을 볼 수 있었다. 높이 평가 받는 은사주의 교사인 더치 쉬츠(Dutch Sheets)는 트럼프를 위해서가 아니라 정의가 이기기 위해서 77개

도시를 순회하면서 집회를 열었다. 그의 주된 가르침은 "하나님이여, 우리를 불쌍히 여기시옵소서"31) 였다.

제너럴스 인터내셔널(Generals International)과 개혁기도 네트워크(Reformation Prayer Network)의 공동창립자인 신디 제이콥스(Cindy Jacobs)는 복음주의권에선 널리 알려진 분이 아니지만 은사주의 사람들로부터는 예언자와 교사로 널리 존경받는 분이다. 그녀는 11월에 트럼프가 승리하도록 돕고자 결정적인 7개 주 "기도 걷기"에 일만 명의 중보기도자들을 동원했다. 이들 남녀 사람들은 법원 주위를 돌거나 타운의 중심지를 통과하면서 정의가 이기기를 기도했다. 게다가 에스 원(As One)이라는 기도 연합 지도자들 역시 두 번에 걸쳐 40일 동안 기도 걷기를 위해 그 단체의 네트워크를 동원했다. 그녀는 내게 "그것은 긴급한, 오순절 형태의 기도회였다"고 말했다.32) 이것이 그저 또 하나의 선거가 아니라는 것을 그들은 알고 있었다. 미국의 영혼을 위해 싸우는 "하늘에서의 전쟁"이 있었다. 그리고 신디의 기도 용사들은 그 전쟁에 참가하여, 하나님의 뜻이 다시 한번 미국에서 강대한 영향력을 발휘하길 기도했다.

신디는 세계 전역에서 그러한 일들에 힘을 보탰다. 그래서 2016년 가을에 그 캠페인이 더욱 강렬해지자, 그녀는 유럽과 중국과 남미의 친구들로부터 중보기도자들이 트럼프의 당선을 위해 열렬히 기도하고 있다는 전화를 받기 시작했다. 많은 사람이 그 선거를 아주 심각하게 받아들였으며, 그들은 그녀에게 매일 여러 시간을 금식하며 기도하고 있다고 말했다. 신디의 가까운 친구로 24시간 기도집회를 여는 단체인 더콜(TheCall)의 공동 창립자 겸 부흥사인

류 엥글(Lou Engle)은 친구들과 후원자들에게 하나님의 긍휼을 구하는 간구로서 에스더 3일 금식(물도 마시지 않고 음식도 먹지 않는)을 시작하라고 요청했다. 사태가 너무 어두워보였기 때문에 그는 수천 명의 사람들을 결집시켜 그와 함께하게 했다. 보수적 그리스도인들은 만일 힐러리 클린턴이 이번 선거에서 이긴다면, 종교적 자유는 "게임이 끝난" 것이 될 걸로 믿었다.

선거 전날 밤 전국 종교방송사(National Religious Broadcasters) 회장인 제리 존슨(Jerry Johnson)이 워싱턴 DC의 기도회에 참석했는데 자기는 트럼프가 이길 것을 믿는다고 친구들에게 말하면서 자리를 떴다. 나 역시도 계속 기도해오고 있었는데, 트럼프가 이기리라는 낙관적인 생각이 들었다. 그랬기 때문에 내가 오하이오주 클리블랜드 하이츠에 있는 새 성령부흥센터(New Spirit Revival Center)의 목사인 대럴 스콧(Darrell Scott)의 초청을 받아들여 선거 당일 밤에 뉴욕 힐튼에서 선거 개표결과를 지켜보기 위해 뉴욕으로 날아갔던 것이다. 스콧은 여러 명의 다른 아프리카계 미국인 목사들과 합류해 있었다. 그날 이벤트는 결국 전 세계가 지켜보는 가운데 거대한 승리의 축전이 되었다. 그날 저녁의 얼마 동안 나는 텍사스주의 댈러스에 있는 제일침례교회의 로버트 제프리스(Robert Jeffress) 가까이에 서 있었는데, 그는 내게 만일 트럼프가 실제로 승리한다면 얼마나 놀라운 기적일까 생각했다고 말했다.

불꽃놀이를 취소하라

그날 저녁 대부분의 시간 동안 텔레비전 해설자들은 클린턴이 승리할 것이라고 계속 예측했다. 심지어는 힐튼 볼룸의 TV 스크린에서 라이브로 방송하는 폭스 뉴스까지도 클린턴이 우세하며 트럼프는 따라잡기에는 너무 뒤져 있다고 보도하고 있었다. 하지만 동부 표준시로 오후 10시 무렵 내가 보기에 선거인단 투표에서는 트럼프의 우세가 충분하기에 서부 해안의 승리의 큰 파도조차도 격차를 좁힐 수 없다고 생각되었다.

네트워크 방송에서는 클린턴 볼룸으로부터 모든 환호를 다 보여주고 있었다. 선거운동을 위해서 부지런히 뛰었던 사람들로 꽉 차 있었다. 트럼프에게 투표한 수가 점점 더 올라가고 또 올라가자 긴장의 정도는 저녁 내내 증가했다. 승리가 가능해 보였다. 그런데 트럼프의 숫자가 270표에 도달하자 네트워크 방송들은 잠잠해졌다. 트럼프가 실제로 이겼다는 것을 깨닫자 진보적인 해설자들은 망연자실 말이 없었다. 그러나 힐튼 볼룸에서의 축하는 순전한 기쁨의 축전이었다.

클린턴의 지지자들이 선거 개표결과를 지켜보기 위해 모여 있던 제이콥 K. 재비츠 컨벤션센터(Jacob K. Javits Convention Center)에서 일어나고 있는 일을 지켜본 사람이라면 누구나 매우 색다른 장면을 목격했을 것이다. 클린턴 선거운동본부가 2백만 달러 무대를 가설했고, 거대한 그물로 받혀지고 있는 풍선과 색종이 조각들이 클린턴의 승리가 발표되는 순간 내려올 준비가 되어 있었다. 그러나 그 발표는 끝내 나오지 못했다.

그날 일찍 내가 뉴욕으로 가고 있을 때, 민주당원들이 뉴욕의 허드슨강에서 계획했던 거대한 불꽃놀이 행사를 취소했다는 뉴스를 들었다. 그때 나는 클린턴 측 사람들이 승리하지 못할지 모른다는 느낌이 들었는가 하고 이상히 생각했다. 민주당원들의 "승리 축하"는 샴페인과 정치집회의 모든 흥분과 함께 잠시 계속되었다. 그러나 자정 무렵 그런 장면은 즉위식이라기보다는 오히려 장례행렬이 지나간 것에 더 가까웠다.

내가 서 있는 곳, 힐튼 볼룸에서는 나의 크리스천 친구들이 함성을 지르고 있었고, 몇몇은 기쁨의 눈물을 흘렸다. 그건 마치 하나님께서 우리의 기도에 응답하셔서 불가능한 것이 일어난 것 같았다. 우리는 하나님께서 이와 같은 때를 위해 일으켜 세우셨다고 믿는 분, 곧 새로운 대통령을 모시게 되었다. 그리고 무엇보다도, 우리 각자는 힐러리 클린턴이 다음번 최고 사령관이 되지 않은 것에 우리 나름대로 하나님께 감사를 드렸다.

Chapter 03
당선 후에

 마치 모든 공기가 갑자기 방에서 빨려 나가버린 것 같았다. 뉴욕시의 재비츠 센터에서 힐러리 클린턴의 당선 야간 집회는 미합중국 최초의 여성 대통령을 위한 어마어마한 이벤트, 호화로운 구경거리, 즉위식이 준비되어 있었다. 지지자들은, 그들 중 다수는 일찍 도착해서 낮 동안 내내 축하를 했는데, 밤새도록 춤추고, 풍선과 색종이 테이프들이 서까래의 높은 곳에서부터 폭포처럼 떨어질 때 샴페인을 터뜨리며 축하하길 기대하고 있었다. 그러나 그날 밤, 승리의 축전은 벌어지지 못했다. 뭔가가 일어났는데, 가만히 있지 못하는 무리들에 의해 전혀 기대하지 않은 뭔가가 일어났던 것이다. 그리고 저녁이 점점 깊어짐에 따라 힐러리 클린턴이 백악관으로 이사하지 못하리라는 것이 분명해지고 있었다.
 클린턴의 자문 팀에서 일하는 남녀 사람들로서는, 선거가 계획된 대로 진행되지 못했다. 여론 조사원들은 다시 한번 실패했다. 한때 안전한 민주당 영토라고 생각되었던 주들은 공화당 후보를 지지하고 있었고, 컨벤션홀에 설치된 TV 스크린에 표시된 밝은 색 지도는 이제 대부분이 붉은 색이었다. 한 주 한 주가 트럼프 찬성으로 선언되고 있었으며, 동부와 서부 해안이 기대대로 이루어져서 그 밤 내내 요지부동 파란색으로 남아 있었지만, 미국의 그 나머지 주들은 다른 길로 가고 있었다. 중심지역은 "미국을 다시 위대하게" 만들겠다고 약속한 정치 문외한에게 찬성표를 던지고 있었다.

홀 안팎의 사람들은 저녁 내내 신경이 날카로워지고 안절부절못했다. 그러나 그들은 후보에게서 듣고 싶어 했다. 그들은 안심시켜주기를 원했다. 아직 그들은 실패하지 않았잖은가? 그러나 후보자는 어디서도 볼 수가 없었고, 오후 11시쯤에는 음악도 멈추었고, 조명등은 탁하고 나갔으며, 선거운동 관계자들은 천정에서 바닥까지 늘어뜨린 거대한 커튼 뒤로 피난하느라 격식 차릴 것도 없이 종종걸음으로 서둘러 나가는 걸 볼 수 있었다.

클린턴 선거운동 본부장 존 포데스타(John Podesta)는 당황하는 낙오자들에게 연설할 때, 끝난 게 아니라고 그들을 안심시키려 애썼다.[1] 그러나 끝은 났으며, 언론매체들, 네트워크 방송들, 전문가들 및 모든 뉴스 앵커들이 잘못 짚었다는 것이 명명백백해지고 있었다. 뉴욕타임스는 주장하기를 그들의 모든 여론조사 데이터는 클린턴이 당선권 안에 들어 있으며 그녀가 승리할 가능성은 70~99%임을 확인해준다고 했다.[2] 분석 전문가들이 집계한 모델 중 어느 것도 민주당이 60% 이하 득표를 보여준 게 없었다. 그러나 예보자들이 잘못 추정했고 클린턴이 실패했다는 것을 이제는 모든 사람이 알게 되었다.

　클린턴은 그날 밤 나타나지 않았다. 그녀는 이튿날 아침까지 선거전을 공식으로 인정하지 않으려 했다. 그러나 새벽 2시에 존 포데스타는 그녀가 이튿날 공식 성명을 낼 것이라고 말했다. "참으로 긴 밤이었습니다. 그리고 참으로 긴 선거전이었습니다. 하지만... 우리는 좀 더 기다릴 수 있습니다. 안 그래요? 아직도 표계산이 진행되고 있습니다. 한 표 한 표가 중요... 그래서 오늘 밤에는 할 말이 없습니다."[3)]

　뉴욕 시간으로 11월 9일 새벽 3시 직전에, 그리고 텔레비전 네트워크 방송에서 격전 주인 펜실베이니아와 위스콘신이 공화당 후보를 지지했다고 발표한 직후, 도널드 트럼프가 힐튼호텔 연단에 섰다. 나는 새벽 2시 47분, 그곳에 서서 그가 그의 가족, 마이크 펜스 주지사 및 라인스 프리버스(Reince Priebus)를 포함해 여러 가까운 동료들과 함께 걸어 나오는 모습을 비디오로 찍었다. 그가 짤막한 연설을 하기 직전에 나의 휴대폰 배터리가 나갔기에, 나는 일어나고 있는 일을 나의 팀에게 알릴 수 없었다. 그러나 트럼프는 연단에 올라 겨우 15분 정도 연설을 했는데, 거기서 그는 치유의 시간과 새로운 단합 정신을 요청했다.

　그는 힐러리 클린턴이 조금 전에 자기에게 전화를 걸어왔다고 했다. 그가 말했다. "그녀가 우리에게 축하의 말을 했습니다. 그건 우리에 대한, 우리의 승리에 관한 것입니다. 그래서 내가 그녀와 그녀의 가족들에게 너무도, 너무도 싸우기 힘든 선거전을 치렀다며 축하의 말을 했습니다. 그녀는 아주 열심히 싸웠습니다. 힐러리는 오랜 기간에 걸쳐 아주 오래 그리고 아주 열심히 일했습니다. 그녀가 우리나라를 위해 봉사한 것에 대해 우리는 크나큰 감사의 빚을 지고 있습니다. 이는 내가 진정으로 하는 말입니다."

"이제는 미국이 분열의 상처를 싸맬 때입니다." 트럼프가 말했다. "나는 이 나라의 모든 공화당원들과 민주당원들 및 유권자들에게 말합니다. 지금은 우리가 하나의 연합된 국민으로 함께 모여야 할 때입니다. 나는 모든 미국인들을 위한 대통령이 될 것을 우리 땅의 모든 시민들에게 서약합니다."[4] 힐튼 볼룸에 있는 사람들이 환희에 넘쳤다고 말하는 것은 줄여서 말하는 것일 테다. 무드(mood)는 백 년도 더 지나서야 처음으로 월드시리즈에서 우승한 후에 가졌던 시카고 컵스(Chicago Cubs) 팬들 같았다!(시카고 컵스는 1876년에 창립된 프로야구팀으로, 1907년과 1908년에 연속 월드시리즈에서 우승했지만, 오랜 가뭄을 겪다가 108년 만에 2016년 월드시리즈에서 우승함으로써 오랜 가뭄을 끝냈다 – 역자 주) 폭스 뉴스의 제닌 피로(Jeanine Pirro) 판사는 내 뒤에 있었는데, 볼룸 내 몇 안 되는 의자 중 하나에 올라서서 목장여자처럼 와 하고 고함을 질렀다.

트럼프 선거운동팀은 기뻐 어쩔 줄 몰라 했다. 그들이 부지런히 애쓴 결과가 보답을 받았고, 그들의 사람이 승리했다. 홀 사방에서 박수와 노래가 터져 나왔다. 그때 대통령 당선인이 손을 들어 강력하게 유화적인 호소를 했다. "과거에 나를 지지하지 않기로 선택했던 분들(몇 사람이 있었다)에 대해, 나의 손을 뻗어 당신의 지도와 당신의 도움을 요청합니다." 그런 다음 그는 덧붙이기를 "국가의 성장과 갱신"을 위한 일련의 새로운 프로젝트를 발표할 것이라고 했다. 그는 말했다. "우리와 함께 협력하고자 하는 모든 다른 국가들과 우리는 협력해나갈 것입니다." 진행 중인 이민 위기에 관하여는 인접 국가들과 더 친밀한 관계를 위해 노력하겠다고 했다. 그는 "우리는 적대행위가 아니라 공통의 입장을 추구할 것이다"라고 말했다. "갈등이 아닌, 파트너십!" 그는 이런 말도 했다. "미국은 더 이상 최고보다 못한 것을 받아들이지 않겠습니다. 우리는 우리나라의 운명을 개척해야 합니다."5)

아주 다른 두 전략

대통령 당선인은 승리의 연설을 마친 직후 그의 가족 및 가까운 지지자들과 함께 플로리다주 아폽카에 있는 뉴 데스티니 크리스천 센터(New Destiny Christian Center)의 목사인 파울라 화이트 케인(Paula White Cain)이 기다리고 있던 무대 뒤로 이동했다. 그다음에 부통령 당선인인 마이크 펜스와 그의 가족들이 지켜보는 가운데, 파울라가 두 사람을 위해 기도하기 시작했다. 그들이 중대한 여정을 시작했으니 하나님의 지도와 지혜와 안전을 구하는 기도였다. 그녀는 하나님께서 길을 준비해 놓으셨다는 데는 의심할 여지가 없다고 말했다. 전국의 그리스도인들이 이번 선거에 신적인 간섭을 구하면서 여러 달 동안 끊임없이 기도해 왔던 것이다.

선거일이 점점 다가올 때, 파울라와 일단의 크리스천 지도자들은 유리한 결과를 위해 끊임없이 금식하며 기도하고 있었다. 포커스 온 더 패밀리(Focus on the Family) 창립자요 패밀리 토크(Family

Talk) 라디오 진행자인 제임스 돕슨(James Dobson) 박사는 지지자들에게 말하기를 자기는 도널드 트럼프가 그의 삶에서 적극적으로 하나님의 지도를 구하는 것으로 믿는다고 했다. 그 밖의 많은 사람도 똑같은 결론에 도달했다.

선거 막판 몇 시간 동안 충격과 절망감으로 완전 지쳐버린 클린턴 캠프와는 달리, 수천 명의 기독교 신자들은 그들이 일어나기를 기대했던 것에 대해 확신을 갖고 열광했다. "트럼프는 절대 안 돼" 그룹에 속한 신자들 중 낮은 비율의 사람들은 후보자의 언어와 행동에 그들의 신념을 결코 일치시킬 수 없었다. 그러나 대다수의 복음주의 및 은사주의 크리스천들은 트럼프의 후보자격을 지지하고 그가 승리하도록 돕기 위한 기록적인 수에 참여했다.

후보와 그의 선거운동 관리자인 켈리앤 콘웨이(Kellyanne Conway)는 최종 도표가 발표되고 있을 때 트럼프 타워에서 득표수 계산을 지켜보고 있었다. 트럼프의 핵심 복음주의 조언자들 여러 명이 그 시간 무렵에는 이미 호텔에 와서 다른 팀 멤버들과 함께 승리 축하 및 곧 있을 승리의 연설을 기다리고 있었다. 후보에게 적어도 두 번 기운찬 설교를 했던 리버티대학교 총장 제리 폴웰 2세(Jerry Falwell Jr.)는 그 후보가 승리할 것을 알았을 때 트럼프와 통화를 했다. 트럼프가 말했다. "제리, 내 생각에는 펜실베이니아를 먹을 것 같아." 펜실베이니아와 위스콘신은 당락을 좌우해서 공화당이 백악관을 차지할 것을 담보해줄 수 있는 주들 가운데 두 주(州)였다. 폴웰은 말했다. "내가 아는 다음번 일은 내가 그의 사위로부터 그들이 [호텔로] 가고 있었다는 말을 듣는 것이다."[6]

트럼프의 신앙 자문 위원회에서 일하는 로버트 제프리스 목사는 이 모든 일이 일어나고 있을 때 힐튼 볼룸에서 지켜보고 있었다. 선거 결과가 전국에서 드문드문 전해질 때 우리는 오랜 시간을 이야기했다. 그는 내게 말하기를 자기는 복음주의 진영이 선거 날에 그를 지지할 것이라고 후보자를 안심시켜 드렸다고 했다. 얼마 지나지 않아 우리는 모두 그의 확신이 실제로 얼마나 정확했는지 알게 될 상황이었다.

트럼프는 세 번째이자 마지막 대선토론에서 강력한 보수적 재판관들을 대법원에 임명하겠다는 그의 공약을 재확인했다. 그 진술이 많은 기독교 유권자를 감명시켰으며, 그가 로 대 웨이드 법을 뒤집기 위해 작업하겠다는 약속이 트럼프에게 기회를 줄까말까 회의적이었던 수많은 사람에게 영향을 미쳤다. 제프리스는 트럼프에게 복음주의 진영의 지지가 날로 증가하고 있다고 말했다. "복음주의 지지가 어떻게 될 것으로 생각하느냐고 그가 내게 물었는데, 나는 아주 강력할 것으로 생각한다고 말했다."[7]

밝혀진 바와 같이, 복음주의 득표수는 트럼프를 지지한 모든 득표수의 거의 3분의 1을 차지했다. 그의 선거운동은 거듭난 백인 크리스천 중 80% 이상 지지를 획득했지만, 클린턴은 겨우 16%(민주당 대선 후보로는 기록상 가장 저조한 수) 지지밖에 얻지 못했다.[8] 처음부터 도널드 트럼프는 기독교인 투표의 중요성을 이해했다. 그는 복음주의의 지지를 얻으려고 구애했으며, 공개적으로 자신의 신앙 이야기를 했고, 크리스천 언론매체로부터 강연 요청을 받아들였으며, 크리스천들이 투표하게 할 만한 이슈들을 강하게 지지하겠다고 약속했다.

그러나 이런 전략은 클린턴 선거운동이 채택한 것과는 크게 달랐다. 클린턴은 크리스천 유권자들을 본질적으로 무시했다. 대럴 스콧 목사에 의하면, 꽤 많은 복음주의 크리스천들이 나타나서 트럼프를 지지한다는 사실이 아무에게도 뜻밖의 일로 비쳐져서는 안 되었어야 했다. 복음주의자들이 상대편으로부터 무시당했다고 그는 말했다. 그들은 "진보적 좌파로부터 조롱당하고, 명예를 훼손"당했다.[9] 밝혀진 바와 같이, 복음주의 진영과 신실한 자들의 기도로부터 받은 트럼프 지지는 그의 선거운동을 꼭대기로 올려놓았다.

선거운동 마지막 몇 시간 동안, 힐러리 클린턴은 페닌슐라 호텔 자기 스위트룸에 칩거해 있었고, 재비츠 센터에 운집한 그의 팬들과 지지자들은 어둠 속을 빠져나갔다. 여러 시간 동안 어둠의 장막이 무리들 위를 덮고 있었다. 그러나 클린턴이 패배하고 트럼프가 이겼다는 뉴스가 전해지자 실망은 분노로 변했고, 오래지 않아 전문적인 선동자 패거리들이 재비츠 센터 밖에 있던 무리들을 밀치고 나가면서 가장 실망하고 가장 피해 입기 쉬운 자들을 구슬리고 달래서 분노의 단계로 이끌어갔다.

이튿날 세계는 거대한 도널드 트럼프의 얼굴 초상의 그래픽 이미지가 로스앤젤레스 시청 밖에서 빛나는 것을 보게 될 참이었다.[10] 뉴욕에서는 수천 명의 항의자들이 팻말을 들고 온갖 종류의 깃발과 플래카드를 흔들며 맨해튼 거리를 꽉 매웠다. TV 영상물에서는 대다수가 젊은이들인 수천 명이 제5번가 트럼프 타워 앞을 지나가면서 "뉴욕은 당신을 증오한다!" "우리의 대통령이 아니다!" 그리고 글로 옮길 수 없는 온갖 불경스런 말들을 큰소리로 외치는 장면들을 방영했다. 미친 듯한 흥분상태가 확산되기 시작하자, 많은 수의 밀레니엄세대들, 이민자들 및 유급선동자들을 포함한 군중들이 계속 불어나서 마침내는 다섯 블록 이상으로 펼쳐 있었다. 그리고 다른 도시의 중심가에서도 상황은 똑같았다.

그 후 여러 날 동안 반(反) 트럼프 시위가 국내에서 수십 건 있었다. 보스턴, 시카고, 필라델피아, 포틀랜드, 샌프란시스코 및 기타 블루 시티들(blue cities: 시 정부가 민주당에 의해 통제되는 미국 도시들-역자 주)에서 동일한 시위가 일어났다.[11] 폭력과 반달리즘(vandalism; 예술, 문화에 대한 적대시나 파괴 행위-역자 주) 및 충격적인 신체적 언어적 공격이 전국의 대학 캠퍼스에서 자유로운 연설을 못하게 항의하던 바로 그 동일한 사람들로부터 가해졌다. 로스앤젤레스타임스의 보도에 의하면, 뉴욕의 군중들은 젊은이들에 의해 좌우되었는데, 그들 중 다수는 그들이 처음 맞은 대선에서 방금 투표했던 자들이었다.[12]

변화해야 할 때다

당선 다음 날 전 하원의장 뉴트 깅리치(Newt Gingrich)가 전국 숀해니티 라디오 프로그램에 축하하는 분위기로 출연했다. "여러분과 저는 수백만의 다른 미국인들과 함께 우리 생애에서 위대한 모험 중 하나를 이제 막 시작하고 있습니다. 도널드 트럼프의 8년간이 미국의 모든 정치 역사에서 가장 비범하고, 창조적이며, 창의성이 풍부하고, 흥분적인 시기 중 하나가 될 것입니다. 그리고 내 생각에는 미국을 다시 위대한 나라로 되돌리고, 워싱턴의 늪에서 극적으로 물을 빼버리며, 우리의 시스템을 21세기로 진입시켜 모든 미국인에게 훨씬 더 좋은 경험들을 제공해줄 것입니다. 내가 강조하는 딱 한 가지는 그 모든 것과 비교해볼 때, "트럼프는 절대 안 돼"라고 하던 투덜대고, 흐느껴 울며, 부정적인 소수의 무리들은 우리가 그들에게 주목할 가치가 없다는 점입니다. 그들은 역사의 쓰레기통으로 떠내려 보내고, 우리는 도널드 트럼프와 함께 그리고 하원과 상원의 공화당원들과 함께 전진하고 일하여 극적으로 새로운 미래를 창조해 나갑시다."[13]

한편, 민주당 프라이머리에서 클린턴에게 패했던 버니 샌더스(Bernie Sanders) 역시 변화를 촉구하고 있었다. 시카고의 연례 인민정상회담(People's Summit: 2016년 6월 진보적 정치단체들의 주도로 시카고에서 열린 연례회. 민주당 대선후보였던 버니 샌더스를 지지함-역자 주)에서 약 4천 명의 진보적 행동주의자들에게 연설하면서, 샌더스는 민주당의 명백한 실패를 맹공했다. 그 버몬트주 사회주의자는 새로운 점진적 혁명을 촉구했다. 그는 말했다. "아주, 아주 분명히 합시다. 민주당의 현재의 모델과 현재의 전략은 절대적 실패다… 이건 내 의견이 아니고, 사실이다… 지난 9년간 민주당원은 이 나라 전역의 주(州)에서 거의 일천 개의 의석을 잃었다."[14]

샌더스는 이렇게 지적했다. "미국의 거의 절반에 가까운 주들에서 민주당은 거의 전혀 정치적 영향력을 발휘하지 못합니다. 자, 만일 그게 실패가 아니라면, 만일 그게 실패한 모델이 아니라면, 뭐가 실패한 모델인지 나는 모르겠습니다."[15] 아이러니하게도, 샌더스가 제안하는 혁명적 어젠다는 수백만의 미국인 유권자들로 하여금 도널드 트럼프를 지지하기 위한 여론조사로 몰아갔던 바로 그런 종류의 어젠다. 유권자들이 지난 8년간 목도해왔던 분노와 속임수가 많은 수의 중산층을 불쾌하게 했고 심지어 이전 행정부의 충실한 지지자들까지도 기다리고 있는 공화당원들의 팔에 안기게 해줬다. 민주당은 근본적인 변화가 필요할지 모른다. 그러나 대부분의 미국인 유권자들은 버니 샌더스 모델이 대재난을 불러오는 비법으로 판명될 것이라 믿고 있음이 명백하다.

우리 미국의 정부 시스템의 특징은 항상 평화로운 권력이동이었다. 그런 방법으로 돌아가게 되어 있는 것이다. 유권자들은 최고 수준에서 4년마다 그들의 지도자를 선택할 기회를 가진다. 그들은 지방과 지역과 주의 관리들을 선택할 똑같은 기회를 가진다. 우리나라의 역사를 통틀어 행해져온 바와 같이, 그들은 절조가 있고 영예로이 그렇게 할 것으로 예상되어 있는 것이다. 불행하게도 이 나라의 여러 곳에서 정부의 좌편향과 지난 5, 60년간 좌파 문화 전사들의 문화침략이 공적 항의와 폭력으로 "국민의 뜻"을 취소할 권리를 가지고 있다고 분명히 확신하는 많은 미국인을 위해 그것을 바꾸어버렸다.

저들의 후보가 선거에서 패하자 주류 언론매체들은 저들의 결함 많은 후보에게 책임을 묻는 게 아니라, 재빨리 트럼프의 승리를 엉뚱한 딴 것(대통령 선거인단, 전 FBI 국장 제임스 코미(James Comey), 혹은 선거과정에 러시아의 개입)의 탓으로 돌렸다. FBI가 결탁의 증거가 없고 트럼프 선거운동과 러시아 관리들과의 부적절한 접촉이 없었다고 밝혔음에도 불구하고, 언론과 좌파 행동주의자들은 새 대통령을 저항하고 방해하여 파멸시키기로 결심한 상태나. 저항하고 방해한다(resist and obstruct)는 단어들은 이 나라와 해외에서 반(反) 트럼프 행동주의 네트워크의 슬로건이 되어버렸다. 그러므로 그들의 악마적 결심을 약화시킬 이유는 거의 없을지 모른다. 그러나 대통령은 지원이 없지 않다. 이유는 충성스런 기도의 전사들이 그를 둘러싸고 있기 때문이다.

충성스런 방어

대통령을 방해하거나 파멸시키려고 하는 떼거리 항의자들에 대항해서, 성경을 공부하고 기도하며, 트럼프 대통령과 정부 내 그의 맹우들을 위해 하나님의 지혜를 구하고자 나라의 수도에서 매주 함께 모이는 철벽같은 방어자들이 있다. 그 모임은 트럼프 내각 바이블 스터디로 알려져 있으며, 참석자 대부분은 트럼프 행정부에서 일하는 선출직 관리들과 내각의 간부들이다. 그들은 역사상 가장 복음주의적인 내각이라 일컬어왔다. 모든 참석자는 트럼프 대통령과 펜스 부통령이 엄선한 사람들이다. CBN 뉴스의 보도에 의하면, 펜스 부통령과 8명의 각료들이 이들 모임의 스폰서 역할을 하는데, 그 모임은 종종 캐피톨 미니스트리스(Capitol Ministries)의 창립자인 복음주의 목사 랄프 드롤링거(Ralph Drollinger)가 인도한다.

부통령 외에, 스폰서 명단에는 연방정부 내 가장 영향력 있는 인사들 다수가 포함되어 있다. 예컨대 베치 디보스(Betsy DeVos), 벤 카슨(Ben Carson), 소니 퍼듀(Sonny Perdue), 릭 페리(Rick Perry),

톰 프라이스(Tom Price) 및 법무장관 제프 세션스(Jeff Sessions), 환경보호청 장관 스콧 프루이트(Scott Pruitt), 및 CIA 국장 마이크 폼페오(Mike Pompeo) 등이다. 대통령은 그의 스케줄상 이런 시기에는 통상적으로 참석하기 어렵지만, 항상 자유롭게 모임에 참석하며 매주 드롤링거 목사의 교안을 1부 받는다. 각료 레벨의 바이블 스터디 외에, 하원과 상원에서도 주간 단위로 바이블 스터디를 하며, 참석자들은 공부에 적극적으로 참여하여 성경의 원리를 그들의 일과 그들의 삶의 모든 영역에 적용할 방법들을 찾을 것이라 생각된다.[16]

전 의원인 미셸 바크만은 드롤링거팀의 노력에 지지를 표명한 바 있다. "이것은 우리나라의 역사에 있어서 전략상 불가결한 순간이다. [캐피톨 미니스트리스가] 들어오기 이전에는 상하 양원 의원들 중에 하나님의 말씀을 풀어주고 제자를 삼는 목적의 사역으로서는 거의 없었다."[17]

그 그룹의 웹사이트에 대한 지지의 말에서 애리조나 주의 트렌트 프랭크스(Trent Franks) 의원은 이렇게 말한다. "랄프 드롤링거 목사가 의회에서 가르치는 의원성경공부는 성경 자체를 면밀하게 주해 분석하여 나온 핵심적인 신학적 기초를 의회의원들에게 제공한다. 그것에 의해서 그들은 의회에서 직면하는 중요한 정책 이슈와 결정들을 비교·검토하고 판단한다. 이렇게 필요한 요소 없이 국가를 세우거나 개조하기란 거의 불가능하다."[18] 국회의사당에서의 바이블 스터디 그룹모임 외에도, 새 행정부 아래에서 정기적으로 모이고 국가의 안녕을 위해 기도하는 다른 미니스트리와 정부 지도자들이 있다. 그들을 소개하면 다음과 같다. 제리 폴웰 2세(Jerry Falwell Jr.),

로버트 제프리스(Robert Jeffress), 잭 그래함(Jack Graham), 벤 카슨(Ben Carson), 제임스 로비슨(James Robison), 미셸 바크만(Michele Bachman), 제임스 돕슨(James Dobson), 및 기타 여러 명이 있다.

폭스 비즈니스 네트워크(Fox Business Networks)와의 인터뷰에서 프랭클린 그래함(Franklin Graham) 목사는 사회자인 루 돕스(Lou Dobbs)에게 말하기를 자기는 도널드 트럼프가 그의 민주당 경쟁자를 물리친 승리는 "하나님의 손"이 선거에 임한 명백한 증거를 보여준 것으로 믿는다고 했다.[19] 프랭클린 그래함의 아버지인 전도자 빌리 그래함(Billy Graham)은 제2차 세계대전 이래 트루먼에서 오바마까지 모든 미국 대통령을 만나서 기도해달라는 요청을 받았던 분이다.[20] 이제는 프랭클린 그래함이 횃불을 이어받아 국가와 우리의 새 대통령을 위해 하나님의 축복을 계속 구한다.

위기와 변화의 시기에 신실한 기도의 능력은 과소평가될 수 없으며, 트럼프 행정부가 위기에 처한 국가를 물려받았다는 것은 의문의 여지가 없다. 트럼프 대통령은 충성스런 기도의 용사들에 둘러싸이고, 중보기도를 통해 충성스러운 방어를 제공하기 위해 합류한 남녀 사람들에게 감사를 반복적으로 표했다. 그러니 트럼프 대통령은 하나님께서 당선에 영향을 끼치고, 이 나라에 은혜를 베푸셨다는 것에 어떠한 의심도 있을 수 없다는 것을 알아야 한다. "어떤 이유가 있었기에 하나님이 간섭하시고 도널드 트럼프를 도와주셨다고 나는 생각합니다." 그래함이 돕스에게 말했다. "이 당선 배후에 뭔가가 있었음이 분명합니다. 그것은 사람들이 이해하는 것 이상이었어요. 나는 다만 그게 하나님이었다고 생각하지요."[21]

PART 2

기독교계의 반응

Chapter 04
트럼프와 복음주의자들

도널드 트럼프가 하나님을 믿는 신앙을 고백하긴 하지만, 그는 선거운동 초기에 많은 복음주의자들의 리트머스 시험에 실패했다. 자기들은 트럼프를 경멸한다고 말하고 끝까지 그의 당선을 무산시키려고 부지런히 활동한, 보다 광범위한 복음주의 지도자들 사이에 주목을 끄는 요소들이 있었다. 그들은 그의 과거 라이프 스타일 그 너머를 볼 수 없었으며, 그에 대한 반감에 눈이 가려져 있었기에 클린턴을 선택할 때 직면하게 될 엄청나게 더 큰 위험에 비해 트럼프 대통령직이 나라와 교회를 위해 가져다줄 유익들을 인식할 수 없었다.

트럼프에 대한 경멸에서 "트럼프는 절대 안 돼" 그룹의 복음주의자들 중 일부는 그를 패배시키기 위해 무슨 일이든 하려고 할 게 분명했다. 그런 행동이 클린턴 사람들과 그들의 극좌적 어젠다를 다시 4년 더 백악관으로 보낸다는 뜻이었는데도 말이다. 모든 정치적 신념에 있어서 그러하듯, 적개심에 여러 다른 레벨이 있었다. 그러나 충실한 신자들 간에 일어나는 격앙된 논쟁은 의리와 인정 사이에 끼어 꼼짝 못 하게 하는 딜레마를 초래하여(divided loyalties) 오래 지속해온 많은 우정을 끝장나게 했다. 그뿐 아니라 복음주의자들이 극도로 분열된 운명임을 보여주기 위한 많은 먹잇감을 언론 매체들에 제공하기도 했다.

이는 2016년 10월 7일 액세스 할리우드(Access Hollywood) 테이프가 공개된 후에 더욱 두드러졌다. 그것은 트럼프가 여성들을 성적으로 언급하고 심지어는 그들의 은밀한 부분을 더듬는다고까지 묘사한 10년 된 대화 비디오였다. 그때까지만 해도 대부분의 복음주의자들은 이미 트럼프를 지지하기로 결정했다. 하지만 "트럼프는 절대 안 돼" 그룹의 복음주의자들은 겨우 선거 한 달을 앞두고 여전히 강한 영향력을 발휘하여, 트럼프의 기세를 꺾기로 결정했다.

타임지에 상당하는 주간 기독교 잡지임을 표방하는 월드(World) 잡지는 즉시 트럼프가 경선에서 사퇴할 것을 촉구했다.[1] 한 전직 월드 직원이 내게 말하기를 편집자들이 거의 20년 전에 빌 클린턴 대통령이 모니카 르윈스키 스캔들 건으로 사임하도록 촉구했다고 했다. 그러므로 트럼프가 부도덕한 것으로 드러나면 그와 똑같이 하는 것이 공정해 보이지 않느냐는 것이다. 마치 그 두 사건 사이에 무슨 동등한 것이 있기라도 하듯 말이다.

결국은 도널드 트럼프를 백악관으로 힘차게 밀어줄 중서부 지방의 좌절에 중서부 지방의 가장 넓은 지역을 구성하는 복음주의자들도 합세하게 되었다. 그들은 공화당 지도층이 그들의 지지를 반복적으로 당연시하는 것에 실망했다. 그들은 선거운동 기간 중에는 구애를 받았지만, 권세를 휘두를 때가 되면 즉시 잊혀졌다. 대부분의 이슈에 관해 온건한 민주당과 공화당 지배층 간에 별로 큰 차이가 없다고 결론 내린 이들이 많았다. 그러한 태도로 인해서 대다수 복음주의적 유권자들은 여러 해 동안 여론조사를 피했다.

　트럼프는 결코 복음주의적 신자로는 보이지 않는다. 주류 장로교인으로 자랐지만, 그는 좀처럼 복음주의자들과 관계 맺지 않았다. 그의 결혼 실패들과 그가 추구해온 몇몇 사업 이권이 그리스도인으로서 해야 할 그런 종류의 일은 아니었다. 그러면 선택의 대상인 상대방은 어떠했는가? 힐러리 클린턴은 감리교 신자로 자랐지만 웰즐리(Wellesley)대학 시절에 과격론자가 되었고 급진적 사회주의자인 솔 앨린스키(Saul Alinsky)의 조수가 되었다. 수십 년에 걸쳐 그녀는 정치적으로뿐 아니라 사회적으로도 훨씬 더 좌파 쪽으로 나갔다. 그녀는 가족계획연맹(Planned Parenthood)의 첫째가는 지지자가 되었고, 임신 후기 낙태(late-term abortions) 주창자[2], 및 동성결혼 옹호자가 되었다. 그녀는 복음주의적 그리스도인들에게 의미 있는 접촉활동을 한 번도 한 적이 없으며 보수주의자들을 가리켜 "한 바구니의 개탄스러운 자들"[3]이라고 언급했다.

　그녀의 정강정책들은 소수의 복음주의자들 이외의 모든 이에게 혐오의 대상이었을 뿐 아니라, 그녀의 부패의 역사, 그녀의 사적인 서버 건으로 터져 나온 이메일 스캔들 및 그녀의 국무장관 재직 시 클린턴 재단을 통해 그녀가 조작했던 "페이 포 플레이"(pay for play: 대가성 돈이 오가는 거래를 말함-역자 주) 스캔들은 정부 내 정직성과

투명성을 믿는 사람이라면 누구이든 속을 뒤집어놓기에 충분했다. 복음주의적 그리스도인이라면 누구든 그러한 증거를 눈감아 줄 수도 있다는 것은 상상도 할 수 없는 일 같았다. 그러나 많은 사람이 분명히 그렇게 했던 것이다.

트럼프는 절대 안 된다는 크리스천들

남침례회의 윤리 및 종교의 자유 위원회(ERLC) 위원장인 러셀 모어(Russell Moore)는 그가 도널드 트럼프를 "끔찍한 후보"라 부르고 그를 지지하는 그리스도인들은 중대한 과오를 범하는 것이라고 말했을 때 큰 말다툼 속에 많은 손실을 입게 되었다. "종교적 자유란 결국 종교적 자유가 우리에게 조심하라고 일러주는 사람들이라는 것으로 밝혀진다"[4]라고 그는 말했다. 2016년 10월 9일자 트위터에서 모어는 이렇게 말했다. "금년에 소위 복음주의자들이 복음에 가한 손상은 1980년대 TV 전도자 스캔들보다 회복하는 데 더 오랜 시간이 걸릴 것이다."[5] 그러나 그의 교단 내에서는 모어의 공격에 이의를 제기한 이들이 많았다. ERLC를 조직하는 데 기여했던 빌 하렐(Bill Harrell) 목사는 모어가 너무 멀리까지 나갔다면서 다른 침례교도들과 보조를 맞추지 않았다. "모어 박사가 인계받은 이후로, 일반 남침례회 사람들이 동의하지 않는 여러 가지 이슈들에 관해 말이 많아졌다." 그는 말을 덧붙였다. "그것은 매우 골치 아픈 사태로 발전했으며, 그것은 어떻게 해서든 검토될 필요가 있다."[6]

전 아칸소 주지사이자 침례교 목사인 마이크 허커비도 비슷한 견해를 피력했다. "나는 러셀 모어가 남침례회 신도들로부터 사례를 받으면서 그들을 모욕한 것에 너무도 어이가 없다." 마찬가지로, 크리스천 토크쇼 사회자인 자넷 메퍼드(Janet Mefferd)는 트럼프 지지자들에 대한 모어의 비판은 불공정하고 경솔하다고 말했다. "내가 얘기를 나눠본 대부분의 복음주의자들은 그 과정에서 늦게 트럼프 지지자들이 되었다… 나는 러셀 모어가 트럼프를 지지한 복음주의자들이 그들의 원칙을 배반하려고 한다고 말하는 과오를 저질렀다고 생각한다." 그녀의 말이다. 모어는 후에 자신의 비판자들에 대하여, 자기는 트럼프를 지지하는 모든 사람을 비판할 뜻은 없었다고 했다. "만일 그게 내가 한 말로 여러분이 들었다면, 그건 전혀 내 의도가 아니었으며, 그래서 내가 사과한다."7)

켄터키주 루이빌에 있는 남침례신학교 총장 알 몰러 2세(Al Mohler Jr.)는 워싱턴포스트에서 트럼프와 그의 지지자들에 대한 비판적인 기명논평 페이지와 흡사한 정도로 이의를 제기했다. 몰러는 공화당 후보를 "직접적이고 몹시 고통스러운 위기"라 부르고 이렇게 덧붙였다. "나는 트럼프에 대한 복음주의적 지지를 큰 충격을 주는 방해물(단순히 생각할 수 없는 그리고 값을 치르기에는 너무 비싼 상당한 정치적 이득을 위한 대가)로 보는 사람들 중에 하나다." 그러나 몰러는 동료 침례교도들의 윤리를 의심한 러셀 모어의 실수를 피하는 데 신속해서, 많은 친구들이 트럼프 지지자임을 강조했다. 그는 "내가 마음에 두고 있는 지도자는 기독교적 성품과 신념을 가진 절조 있는 남녀 사람들이다"라고 말했다. 그럼에도 불구하고 "나는 그들이 도널드 트럼프를 변호하는 자로 역할 하는 것은 잘못된 것이라고 생각한다"[8]라고 주장했다.

비슷한 맥락에서 크리스처니티 투데이(Christianity Today)의 전 편집장 앤디 크로치(Andy Crouch)는 트럼프 지지자들을 강력하게 비판함으로 반대에 가담했다. 그는 이렇게 말했다. "트럼프와 같은 후보에 대한 열성은 우리 이웃들에게 우리가 예수를 주로 믿는가를 의심하기에 충분한 이유를 제공한다. 우리 중 일부가 너무도 이기적이고, 너무도 자기 방위적이기 때문에 우리가 우리에게 신성한 모든 것을 거스르는 사람과 (그의 거짓말하는 버릇과 배신 기록을 고려하면 그의 집권이 우리를 구원할 것이라는 희망, 거의 확실히 헛된 희망을 품고서) 제휴하리라는 것을 그들은 보고 있다."[9]

인기 있는 저자요 칼럼니스트인 베스 모어(Beth Moore)는 액세스 할리우드 테이프가 공개된 후 얼마 안 되어 분노가 담긴 일련의 트위터로 계속 공격했을 때 많은 크리스천을 놀라게 했다. "잠자는 이들이여, 형편없는 수당 수급권과 법적 권한의 환경에서 여성들이 늘 어떻게 행동했는가 보라. 우리는 병들었는가? 그렇다. 놀랐는가? 아니다."[10] 얼마 후에 그녀는 이렇게 트위터에 올렸다. "나는 성적으로 학대당하고, 혹사당하고, 노려봄을 당하고, 괴롭힘을 당하고, 못된 꾸지람을 들은 많은 여성 가운데 하나다. 우리가 그걸 좋아한 것처럼. 우리는 좋아하지 않았다. 우리는 그것에 지쳐 있다."[11] 그녀는 자신이 성적 학대의 희생자로서 10년 된 휴대폰 비디오에서 트럼프의 천박한 말을 그냥 지나칠 수 없었던 것이다.

여러 명의 작가들과 트럼프 지지자들은 러셀 모어와 "트럼프는 절대 안 돼" 동료들이 유권자들을 힐러리 클린턴이 기다리고 있는 팔 안으로 몰아가고 있다고 비판하면서, 트럼프는 주아니타 브로드릭, 파울라 존스, 제니퍼 플라워스, 캐트린 윌리 및 빌 클린턴이 공직에 있는 동안 그에게 학대당했던 다른 여성들을 변호하며 강력하게 태도를 표명했음을 강조했다. 트럼프는 그의 선거운동 출연자들 맨 앞줄에 그들을 초청하여 앉게 하였지만, 힐러리 클린턴은 그들에 대해 괴로운 싸움을 벌였고 남편의 용서할 수 없는 행동을 대중 앞에서 변호했다.

  모든 증오와 허풍에 대한 심사숙고한 반응으로, 전 월스트리트저널 칼럼니스트 스티븐 모어(Stephen Moore)가 "트럼프는 절대 안 돼" 그룹이 위험을 무릅쓰고 있는 모험을 지적했다. 아메리칸 스펙테이터(American Spectator)에 기고한 글에서 그는 이렇게 말했다. "한 사람의 투표는 개인적 양심의 문제다. 그러나 힐러리를 적극적으로 지지하는 것은 상대팀의 선거운동 셔츠를 입고서 경기장을 한 바퀴 도는 것이다."12) "트럼프는 절대 안 돼" 그룹의 입장을 아주 위험하게 만든 것은 생각 있는 사람이라면 누구나 알 수 있는 일이겠지만, 힐러리 클린턴의 대통령직이 오바마 대통령직에 대해 우리가 미워했던 모든 것을 4년 더 연장하게 되리라는 것이었다. 그 칼럼니스트는 이렇게 말했다. 만일 그런 일이 벌어진다면, "재건할 보수적인 운동은 남아 있지 못할 것이다. 공화당원들이 좌파로 이동할 것이다. 더욱 나쁜 것은, 오바마가 제3기를 실제로 이긴다면 그것은 지난 8년간의 모든 파괴적인 정책들을 투표로 확인해주는 셈이 될 것이다."13)

트럼프가 승리할 가능성이 절망적이라고 말하는 사람들은 "트럼프가 프라이머리에서 결코 승리하지 못할 것이며(그는 그들을 대부분 이겼다), 그는 50% 득표도 얻지 못할 것이며(그는 얻었다), 그는 뉴욕 밖에서는 50%도 얻지 못할 것(그는 얻었다)이라고 일 년 전에 우리에게 장담했던 바로 그 정치적 천재들이다. 그들은 트럼프가 준주(準州) 하원의원 대다수를 차지하지 못할 것이라고 말했다(그는 차지했다)... 모든 경우에서 트럼프를 증오하던 이들은 틀렸다."[14] 그가 한 말이다.

다행스럽게도 광범위한 대다수 복음주의자들은 "트럼프는 절대 안 돼" 그룹 지도자들의 경고를 명백하게 무시했다. 특히 존경받는 복음주의 지도자들이 트럼프가 테이프에서 말한 것에는 반대한다고 말했을지라도 자기들은 트럼프를 지지하겠다고 말했을 때 그렇게 했던 것이다. 유권자들은 두 후보 간의 차이를 이해하고 도널드 트럼프를 지지하여 투표하기로 결정했다. 그것이 문제가 될 때는 눈을 감고 코를 쥐고 돌려버려야 할 것이라고 말한 사람들까지도 그랬다. 나는 그들을 가리켜 ABC 유권자라 부른다. 곧, 클린턴만 아니면 누구든지 오케이(Anybody But Clinton).

견해 차이는 무시함

회고해보니, 이번 선거에서 진정한 차이는 상식적인 선택을 하고자 하는 복음주의자들, 은사주의 신자들 및 낙태를 반대하는 로마 가톨릭 신자들의 자발적 의지였다. 퓨 리서치 센터(Pew Research Center)에 의하면, 자기 신원을 밝힌 거듭난 백인 복음주의 크리스천들 10명 중 8명은 트럼프를 지지했다고 했고, 겨우 16%만이 클린턴을 지지했다고 했다. 이는 거듭난 백인 복음주의 크리스천 유권자들 가운데 65% 포인트 표차의 승리를 트럼프에게 가져다주었다. 백인 가톨릭 신자들은 23% 포인트 표차(60~37%)로 트럼프를 지지했다.[15]

결정적인 요소는 이들 각 진영이 트럼프를 최상위로 성공시키기 위해 그들의 견해 차이와 실망할 만한 것들을 무시하기로 결정했다는 점이다. 그들은 목사를 뽑으려는 게 아니었다. 프랭클린 그래함이 시사한 바와 같이, 클린턴이 승리하면 우리가 알다시피 미국을 영원히 바꾸어서 종교의 자유를 위협할 것이기에, 그들은 미국을 다시 위대한 국가로 만들기 원하는 후보만을 지지하였다.

프라이머리 기간 중에 자기들이 믿을 수 있는 지도자(standard bearer)를 열망하는 일부 복음주의 지도자들은 "트럼프만 빼고 아무나" 지지할 것 같았다. 그러나 트럼프가 지명권을 얻은 후에, 그들은 더 자세히 조사하고, 더욱 넓은 견해를 가진 그들의 동료들과 동료 신자들의 말을 경청하더니, 마침내 그의 메시지에 동조하고 이 운동에 가담하였다. 아이러니하게도 한 사람의 지도자를 밀어주는 운동을 연합시키려는 은밀한 활동이 트럼프의 승리를 가능하게 했을 것이다.

내셔널 리뷰(National Review: 정치, 사회 및 문화에 관한 뉴스 및 논평 자료에 초점을 맞춘 보수계 잡지로, 1955년에 창립되어 미국의 보수주의 발전에 중요한 역할을 해왔음-역자 주)에 의하면, 2014년 초, 의미 있는 수의 팔로어들과 활발한 이메일 리스트를 가진 약 50여 명의 복음주의 지도자들이 연합된 전략을 개발하기 위해 전국 여러 도시에서 모이기 시작했다. 그들은 몇 가지 옵션들을 검토한 다음 아이오와 코커스(Iowa caucus: 미국의 대통령 예비 선거 과정 중 아이오와 주의 각 군에서 코커스〈당원대회〉 형식으로 대의원을 선출하는 행사를 말한다. 미국의 대통령 후보를 지명하는 대의원의 1%만이 아이오와 코커스를 통해 정해지지만, 최종적으로 어느 후보가 정당 후보로 지명될 것인가에 대한 풍향계 역할을 하며, 지지를 받지 못한 후보는 조기 사퇴하기도 한다.-역자 주) 전에 멤버들을 표결하기로 계획을 세웠다. 만일 그들이 누구를 지지할 것인가에 대해 75%라는 압도적 다수에 도달하면, 모두가 그 그룹이 뽑은 사람을 전폭 지지하기로 서약하자고 했다.[16]

밝혀진 대로, 그들은 텍사스 주의 테드 크루즈(Ted Cruz) 상원의원을 선택했으며, 그 그룹의 각 멤버는 집단 성명을 내기보다는 오히려 개별적으로 자신의 지지를 펼쳐나가자는 아이디어가 나왔다. 이렇게 할 때 복음주의 우파가 한 후보를 확고하게 지지한다는 인식을 불러일으키는 데 도움이 될 것이라고 그룹 멤버들은 생각했다. 아주 많은 복음주의적 후보들이 경선하는 마당에, 그들의 표가 분산되면 연합의 정신이 깨져서, 예컨대 젭 부시(Jeb Bush) 같은 그들이 지지하지 않는 후보가 지명에서 압승하게 될까 그들은 우려했다.[17]

그러나 다른 염려도 있었다. 비밀 거래처럼 보이는 것을 피하기 위해서, 모든 그룹 멤버들은 비밀을 지키자고 맹세하게 되었다. 그들은 마치 자기들이 무슨 비밀결사의 회원이나 되는 것처럼, 그 그룹에 이름을 붙이길 원치 않았다. 그래서 그들은 자신들을 "그 그룹"(The Group)이라 불렀다.[18]

그러나 정치에 있어서는 어떤 것도 비밀 유지가 오래 가지 못한다. 참석한 누군가가 2015년 12월 7일, 버지니아 주의 타이슨스 코너 쉐라톤 호텔 회의실에서 열린 그 그룹의 마지막 모임 토의사항들을 누설해버렸다. 거의 일주일 후 팀 앨버타(Tim Alberta)가 "그 그룹"에 대해 내셔널 리뷰지에 상세한 글을 썼는데, 그 모임에 대해서 또 크루즈 상원의원을 지지할 회원을 결속시키는 데 필요한 75%의 압도적 다수에 이르기 위해서는 5번의 투표가 필요했다는 사실을 적시했다.[19]

앨버타는 이렇게 썼다. 그 그룹의 노력은 "한 가지를 겨냥했다. 곧, 2016년 공화당 프라이머리의 직접 대결 무대에서 그들이 지도층을 등에 업은 후보를 패배시킬 입장에 서게 해줄 강점과 결속을 표명함에 있어서 보수주의 운동의 지도자들을 하나로 묶어서 단일 대선후보를 지지하게 한다는 것이었다." 앨버타는 크루즈가 12월의 모임에 참가하는 비중이 큰 우승 후보였다고 썼다. "그는 이전의 세 차례 비공식 여론조사에서 매번 승리했고 그 그룹의 중추를 형성하는 복음주의 지도자들을 2년 동안 끊임없이 구애했다."[20]

앨버타에게 정보를 누설한 자가 누구인지는 몰라도 거기에는 비공식 여론조사에서 여러 후보에 대한 득표수까지 포함되어 있었다. 모임 때마다 참석자들은 비공식 여론조사에서 제1, 제2, 제3의 선택을 하게 되어 있었다. 1등 득표에는 3점을 주고, 2등에는 2점, 3

등에는 1점을 부여했다. 가족 연구 위원회(Family Research Council: 1983년 제임스 돕슨이 설립한 미국의 보수 기독교 단체로, "기독교 세계관에서 공공 정책과 문화에서의 신앙, 가족 및 자유를 증진하는 것"을 목적으로 사회적으로 보수적인 정책을 옹호하고 로비함으로써 전통적인 가족 가치를 증진하고 동성 결혼, 합법적 동성결혼 같은 동등권 및 낙태, 이혼, 배아줄기세포 연구와 음란물에 반대한다.-역자 주) 워싱턴 DC 본부에서 2015년 9월에 실시된 딱 한 번의 투표에서 트럼프는 딱 1표를 얻는 데 그쳤다. 최종 득표는 크루즈 48, 루비오 39, 허커비 27, 진달 13, 카슨 12, 피오리나 7, 랜드 폴(Rand Paul) 2였다. 젭 부시와 도널드 트럼프는 각각 5표를 얻었다. 그것 이외에, 트럼프는 그 기사에 언급이 없었다. 그것은 온통 어떻게 루비오가 복음주의의 지지 투기에서 크루즈와 호각의 접전을 벌이고 있는가에 대한 이야기였다.[21]

이기는 전략

복음주의 지도층 내부에서 루비오의 지지자들을 위한 출구는 의도되지 않은 섭리의 선회였다. 내셔널 리뷰는 보도하기를 루비오파의 리더는 평판 있는 플로리다 가족 정책 협의회를 이끄는 저명한 플로리다 법률가, 존 스템버거(John Stemberger)라고 했다. 스템버거는 루비오의 플로리다주 의회의사당 시절부터 그와 아주 가까운 사이였고 헌신적인 지지자였다.[22] 그는 어떤 후보도 지지하지 않았다. 그러나 트럼프가 플로리다 프라이머리에서 루비오를 이기자, 루

비오는 경선에서 사퇴했고, 스템버거는 인터뷰 중에 자기는 트럼프를 지지하겠다고 말했다.23)

백악관을 향한 레이스가 한창 진행 중이고 양자택일이 분명해지는 무렵에, 많은 복음주의자들은 당의 지명자를 지지하기로 의견이 모아졌다. 트럼프는 결국 자기가 그들의 최고 관심사를 마음에 품었다고 복음주의자들을 납득시켜 그들을 자기편으로 끌어들였다. 그리고 취임 후 첫 100일 안에, 그는 선거운동 약속 중 많은 것을 이행했다. 예를 들면, 수십 년 만에 가장 보수적인 대법원 판사를 인준했고, 존슨 수정안(Johnson Amendment) 아래서 교회 내 정치적 발언 제한조치를 완화시키기 위한 행정 명령에 서명했으며, 군부에 시리아와 이라크 내 ISIS 지역에 압도적인 공격을 가하도록 권한을 위임한 것 등이 포함된다. 그리고 깜짝 놀랄 만한 작전에서 그는 "모든 폭탄의 어머니"(the mother of all bombs: MOAB으로 불림)라고 알려진 것을 아프가니스탄 내 광범위한 ISIS 지역에 투하하도록 승인했다.

백악관을 향해 뛰기를 결심하기 전부터 트럼프는 복음주의 우파가 강력하며 점점 커지는 투표 세력권임을 이해하고 있었다. 그들의 표준으로 보면, 그를 신뢰할 만한 자격은 보잘 것 없었을지 모른다. 그러나 그는 종종 공개적으로 그의 신앙을 고백했고, 그가 사업 이해 관계자들을 통해 만나는 크리스천들과 그들의 TV 미니스트리를 통해서만 아는 그 밖의 사람들의 말을 경청함으로써 학습 곡선(learning curve)을 가속시키기 시작했다. 예를 들면, 그는 팻 로버트슨(Pat Robertson)과 이야기를 나누기 위해서 여러 차례 버지니아비치로 여행했다. 그의 1988년도 대선출마는 복음주의적 정치운동을 일깨우는 데 공을 세웠다. 트럼프는 2년에 걸쳐 로버트슨의 일간 TV 방송인 700클럽(The 700 Club)에 9차례 출연했고, 그런 과정에서 로버트슨의 지지를 얻게 되었던 것이다.

트럼프는 선거운동 초기에 후보와 만나는 기독교 지도자 그룹을 조직했다. 이 그룹은 처음엔 파울라 화이트 케인(Paula White Cain)에 의해 소집되었고, 대럴 스콧(Darrell Scott), 케네스와 글로리아 코플랜드(Kenneth and Gloria Copeland)를 포함하는, 주로 은사주의자들과 로버트 제프리스, 제리 폴웰 2세, 랄프 리드(Ralph Reed), 팀 클린턴(Tim Clinton), 마크 번스(Mark Burns) 같은 몇몇 복음주의자들로 구성되었다. 그러다가 2016년 6월에 신앙 자문 위원회가 공식 출범했고, 제임스 돕슨(James Dobson) 박사, 리처드 랜드(Richard Land), 제임스 로비슨, 침례교 목사 로니 플로이드(Ronnie Floyd) 및 대형교회 목사인 짐 갈로우(Jim Garlow), 데이비드 제레미아(David Jeremiah), 잭 그래함이 광범위에 걸친 사회적 인종적 공동체를 대표하는 미셸 바크만과 해리 잭슨(Harry Jackson) 감독을 포함, 기타 여러 사람들과 함께 추가되었다.

트럼프는 자기가 실제로 그들의 말을 경청하고 있다는 것을 위원회 멤버들에게 확인시켜주기 위해서 정기적으로 그들과 만나며 중요한 이슈들에 관해 그들의 조언을 구했다. 그는 공화당 전당대회에서 수락연설을 할 때 많은 복음주의자들에게 사랑을 받게 했다. "이 순간에 나는 복음주의 공동체와 종교적 공동체에 감사를 표하고 싶습니다. 그 이유를 말씀드리자면, 여러분이 나에게 주신 지지

(나는 그걸 전혀 받을 만한 사람이 못되는데)가 너무도 놀라웠고 내가 오늘밤 여기에 있게 하는 대단히 큰 이유였기 때문입니다... 여러분은 우리 정치에 기여한 바가 많습니다. 하지만 우리 법은 여러분의 강단에서 여러분의 생각을 말하지 못하게 막아놓고 있습니다."[24] 물론 그들의 지지가 그에게 필요했지만, 조금이라도 겸손함을 표하고 이런 식으로 복음주의적 관심사를 언급한 것은 현명한 조치였다. 또 다른 경우에 일단의 목사들과의 만남에서는 그가 이렇게 말했다. "여러분이 모두 더 높은 부르심을 추구하고 있는 동안, 나는 돌아다니면서 빌딩을 짓고 돈을 벌고 있었습니다." 그것은 그가 자신의 직업 못지않게 그들의 성직을 존중한다는 의미였던 것이다.[25]

"복음주의 진영"(evangelical community)에 대한 칭찬이 있었지만, 복음주의 운동은 결코 딱 하나로 완전히 통일된 그룹이 아니었다는 점을 지적하는 게 공정할 것이다. 여기는 항상 다양하고 폭넓게 표현되어 왔다. 그 용어는 마르틴 루터의 때와 그 이전으로 거슬러 올라간다. 그러나 제2차 세계대전 때까지는 미국에서 널리 사용되지 않았다. 1948년에 세계교회협의회(World Council of Churches)가 창설된 후에, 대부분이 보수적 프로테스탄트 신자들로 구성된 348개 주류 교회들 그룹이 보다 더 진보적인 상대방을 자신들과 차별화시키길 원했다. 그래서 자기들은 성경을 정확무오한 하나님의 말씀으로 가르치는 거듭난 신자들이라는 것을 모든 사람이 알게 하려고 그들은 복음적 혹은 복음주의적(evangelical: 복음파, 복음주의자라고도 한다.-역자 주)이란 용어를 채택했다. 전국복음주의자 협회(The National Association of Evangelicals, NAE)

는 1942년 4월, 147인의 그룹이 세인트루이스에서 모인 것에 그 기원을 두고 있다. 그들은 미국의 복음주의적 기독교의 방향을 새롭게 하려는 희망에서 만났다. 오늘날 그 단체는 스스로를 복음주의자라고 부르는 대부분의 그룹들보다 덜 보수적이다.

복음주의자들은 여러 해 동안 중요한 정치세력으로 여겨져 왔다. 하지만 1970년대 이전에 복음주의자들의 정치 참여는 거의 눈에 띄지 않는 것 같았다. 뉴스위크(Newsweek)는 1976년을 "복음주의자들의 해"(The Year of the Evangelical)로 부르는 커버스토리를 발행했다. 그리고 그해 가을에 침례교 주일학교 교사인 지미 카터(Jimmy Carter)가 대통령으로 당선되었다. 갑자기 언론매체들은 성경을 믿는 크리스천들에 대한 글을 썼는데, 그들 중 다수가 카터를 "그들 중 하나"로 지지했던 것이다. 그러나 카터의 진보적인 정책들이 커다란 실망거리로 드러나자, 복음주의 진영은 그 초점을 옮겨 로널드 레이건(Ronald Reagan)이라는 캘리포니아 출신 영화배우를 중심으로 다시 집결했다.

카터의 별이 지고 레이건의 별이 충분히 떠오르자, 복음주의 방송인 팻 로버트슨이 워싱턴에서 1980년 4월 예수 대회(Jesus Rally)를 위해 감동적인 연설을 했다. 그 행사는 거듭난 복음주의자들을 대대적으로 정치적 지도 위에 올려놓았으며 단지 남침례교 주일학교 교사라는 것이 복음주의 진영이 그 지도자들로부터 기대한 전부인 것은 아니라는 메시지를 보냈다. 그 연설을 하는 동안, 로버트슨은 캐피톨 몰(Capitol Mall)에 운집한 20만의 군중들에게 "여러분은 침묵하는 위대한 다수를 보셨습니다"라고 포효했다. 그리고 그때 한 운동이 탄생했다.26) 제리 폴웰 1세(Jerry Falwell Sr.)는 "도덕적 다수"의 의심할 여지 없는 대변인이 되신 분인데, 그날의 랠리에는 참석하지 못했다. 그러나 그는 곧 종교적 우파의 얼굴이 될 인물이었다. 그리하여 종교적 우파는 결국 로널드 레이건을 지지하게 되었다.

각성이 절실해지다

약간은 도널드 트럼프 같이, 로널드 레이건은 즉시 신자로 인정받지 못했다. 그는 명목상 크리스천으로 자랐다. 그러나 할리우드에서 다년간 그의 본거지이었던 민주당을 떠난 후에, 우파로 돌아서기 시작했고 본질적인 복음주의적 신앙에 관해 그에게 가르쳐준 크리스천 친구들과 조언자들의 말에 귀를 기울이기 시작했다. 아마도 그가 크리스천 청중들에게 연설한 가장 성공적인 말은 유명한 목사들이 여러 명 참석한 댈러스의 전국적인 행사 집회 중에 나온 말일 것이다. 그는 다음과 같은 말로 시작했다. "내가 알기로 여기는 무당파적 집회입니다. 그래서 나는 여러분이 나를 지지할 수 없다는 것을 알고 있습니다. 그러나 내가 그 이야기를 꺼낸 것은 내가 여러분을 지지하고, 여러분이 하고 있는 것을 지지한다는 점을 여러분이 알아주시길 바라기 때문입니다."27) 그때 레이건은 모든 곳의 복음주의자들의 마음을 얻었다.

레이건은 할리우드 배우였고, 이혼을 했으며, 교회는 종종 가지 않았고, 부인 낸시(Nancy)는 분명히 점성술에 열광적으로 빠져 있었다. 하지만 복음주의자들은 그들이 결국엔 36년 후에 도널드 트럼프를 받아들인 것처럼 레이건을 그들 자신의 사람으로 받아들였다. 그들이 그렇게 했던 한 가지 이유는 상당히 많은 대다수 신자들이 주일학교 교사를 당선시키는 것과 자신의 고위직의 정치적 및 영적인 차원을 이해한 정치인을 당선시키는 것의 차이를 이해했기 때문이었다. 도널드 트럼프의 경우, 미국에서 가장 존경받는 목사들 중의 한 분이, 이 나라는 너무도 깊이 죄악에 빠져 있기에 오직 신의 간섭만이 우리를 제대로 궤도에 되돌려놓을 수 있을 것이라고 경고했다.

노스캐롤라이나주 의회의사당 밖에 운집한 엄청난 군중들에게 연설하면서, 전도자 프랭클린 그래함은 말하기를 50개 주 전체를 순회하면서 "기독교적 혁명"(Christian revolution)을 촉구하고, 모든 도시와 타운의 신자들에게 결코 전과 같지 않게 이 나라를 위해 기도해달라고 호소했다. 선거일은 이틀밖에 남지 않았는데, 미국의 장래는 극히 불안정한 상태에 처해 있었다. 그는 "나는 누구에게 투표하라고 아무에게도 말하지 않을 것입니다"라고 친구들과 팔로어들에게 보내는 공개서한에서 일찍이 경고한 바 있다. "하나님이 그렇게 하실 수 있습니다. 그러나 하나님의 백성들은 나라를 위해 기도하고 투표할 책임이 있습니다. 언론매체들은 여러분이 현재의 대선을 인물에 대한 것이라고 생각하기를 원합니다. 그러나 그렇지 않습니다. 이번 선거가 우리나라에 미치게 될 가장 큰 영향은 다음 대통령이 대법원의 빈자리를 채우기 위해 누구를 임명하느냐에 미치게 될 것입니다. 이는 앞으로 수십 년간 미국의 진로에 영향을 미칠 것입니다."[28]

선거 전날 밤 그래함 목사는 페이스북 라이브 이벤트 중에 나라를 위해 기도했는데 어림잡아 1,300만 명이 공유했다. 다시 한번 그는 기독교적 혁명을 촉구하고 모든 참여자에게 투표하라고 권유했다. 그는 2012년 대선에선 2천만에서 3천만의 크리스천들이 집에 있었다고 말했는데, 그것이 중대한 영향을 미쳤던 것이다. "우리가 다시는 이런 일이 일어나게 해선 안 됩니다"라고 말했다. "우리나라의 장래는 이번 선거에 달려 있습니다. 종교적 자유, 대법원, 아직 태어나지 않은 자들과 우리의 가족을 보호하는 일 등등 너무도 많습니다. 크리스천의 목소리가 11월 8일에 들려져야 합니다."[29]

미국가족협회(American Family Association: 기독교 근본주의자들의 가치관을 장려하는 비영리단체로 1977년에 도널드 윌드몬이 설립함. 동성결혼, 외설물 및 낙태에 반대하며, 또한 다양한 공공 정책 목표에 대한 입장을 취한다.-역자 주)의 팀 윌드몬(Tim Wildmon) 같은 다른 복음주의자들은 트럼프를 지지하지 않는다면, 그것이 누가 우리의 대통령이 될 것이냐에 절대적으로 중요하다는 것을 복음주의자들이 알도록 했다. 만일 하나님을 두려워하지 않는 남자와 여자들이 우리를 다스리도록 허용한다면, 바로 우리의 생활방식이 위험에 처할 것이다. 헌법과 권리 장전(the Bill of Rights: 1791년 합중국 헌법에 부가된 최초의 10개조의 수정-역자 주)과 언론자유와 종교의 자유가 위험에 처할 것이다. 윌드몬은 "정부의 집행부서의 권력을 과소평가하는 것은 어리석은 일이다"라고 말했다. "세속적 진보주의자들은 기독교와 싸우려 하고 있다. 그리고 만일 그들이 백악관을 차지한다면 여러 면에서 계속 우리를 뒤쫓을 것이다. 하지만, 하나님은 이런 일들에 관심을 두신다. 미국은 기독교적 전통에 근거하여 여러 면에서 세계에 빛의 등대가 되어 왔다."30)

　가족 중심(Focus on the Family: 심리학자 제임스 돕슨이 1977년에 설립한 미국의 기독교 보수주의 단체로, 콜로라도스프링스에 본부가 있다. 공공정책에 대한 사회적으로 보수적인 견해를 촉진하고, 가족 제도를 키우고 방어하며, 성교육 교육과정을 장려한다. 낙태, 이혼, 도박, 동성 결혼, 외설물, 혼전 성관계, 약물 남용 등에는 반대한다.-역자 주)의 창립자인 제임스 돕슨 박사는, 지금은 일간 패밀리 토크(Family Talk)의 진행자인데, 복음주의자들에게 역대하 7장 14절에 상세히 설명된 길을 따르라고 촉구했다. "내 이름으로 일컫는 내 백성이 그들의 악한 길에서 떠나 스스로 낮추고 기도하여 내 얼굴을 찾으면 내가 하늘에서 듣고 그들의 죄를 사하고 그들의 땅을 고칠지라." 이 구약의 약속은 전 세계 그리스도인들에게 받아들여졌는데 그 이유는 그 말씀이 국가적 갱신과 회복에 명확한 처방을 약술하고 있기 때문이다.

　선거 한 달 전 카리스마 잡지에 실린 글에서 돕슨은 우리의 편집진 중 한 사람에게 이렇게 말했다. "만일 우리가 교훈을 받은 대로 행한다면, 은혜로운 우리 주님께서 세 가지 축복으로 응답하실 것입니다. 주님은 하늘에서 들으시고, 우리의 죄를 사하시며, 우리의 땅을 고치시겠다고 약속하십니다. 그것은 모든 성경말씀에서 가장 귀중한 약속들 가운데 하나입니다. 미국은 너무 늦지 않았어요. 우리에게 필요한 것은 전국을 휩쓸 부흥입니다. 제1, 2차 대각성 운동

때처럼 말입니다. 그것이 우리나라의 희망입니다."[31]

돕슨은 자신의 패밀리 토크 라디오 프로그램에서 그가 2016년 6월 21일 뉴욕의 트럼프 타워로 여행 간 이야기를 했다. 그때 그와 일천 명의 크리스천 지도자들이 후보자의 종교적 신념에 대해 더 많이 알고자 그(후보자)와 함께 만났다. 질의응답 시간에 돕슨은 우리나라 건국자들의 기독교 신앙과 미국의 건국 문서들에 담긴 기독교적 원리들을 언급하면서 후보자에게 질문을 던졌다. 그런 다음 그는 트럼프에게 그가 대통령으로 당선된다면 미국의 종교적 자유를 어떻게 지킬 것인가 물었다. 그때 후보자는 보다 작고 더욱 친밀한 환경(setting)에서, 종교적 자유에 대한 그의 확고한 지지와 보수적인 대법원 판사 임명뿐 아니라 또한 징벌적 존슨 수정안(Johnson Amendment: 세금 면제 혜택을 받는 교회 등 비영리단체들이 정치활동을 하거나 정치 발언을 하지 못하도록 규제하는 법으로 1954년에 당시 텍사스 주 상원의원이었던 린든 B. 존슨의 이름을 따서 명명됨–역자 주)을 철폐하고 기독교적 가치를 옹호할 것도 자신이 계획하고 있음을 지도자들에게 확인시켜주었다.

그날 저녁 끝 무렵에 돕슨은 그의 솔직한 반응에 대해 질문을 받자 이렇게 말했다. "오직 주님만이 사람의 마음을 아십니다. 내가 여러분에게 말할 수 있는 것은 내가 들었다는 것뿐입니다. 첫째, 트럼프는 성령의 일들에 민감한 것 같아요. 나는 또한 파울라 화이트가 수년간 트럼프를 알고 지내왔고 그녀가 개인적으로 그를 그리스도께로 인도했다고 들었어요. 내가 그걸 확실히 아느냐고요? 아니요. 그가 회심했다는 주장을 상세히 아느냐고요? 나는 안다고 말할 수 없지요. 그러나 앞으로 트럼프를 위한 신앙자문위원회에서 일할 많은 기독교 지도자들이 있어요. 나도 그들 중 하나입니다... 만일 트럼프가 대통령이 된다면 그것이 어떻게 끝까지 역할하게 될 것인가? 나는 모릅니다. 그러나 나는 좋은 출발이라고 생각하고 싶습니다."[32]

그런 다음 돕슨은 이렇게 덧붙였다. "어느 쪽인가 하면, 이 사람은 신자가 어떻게 생각하고, 말하고, 행동하는가에 대해 전혀 알지 못하는 베이비 크리스천입니다. 내가 여러분에게 말할 수 있는 것이라곤 우리에게는 힐러리냐 도널드냐 하는 두 가지 선택밖에 없다는 것입니다. 힐러리는 나를 섬뜩하게 합니다. 그러므로 만일 도널드가 더 나은 후보가 아니라고 해서 크리스천들이 그냥 집에 있다면, 힐러리가 어쩌면 8년간 세계를 지휘할 것입니다. 바로 그런 생각이 밤낮으로 나를 괴롭힙니다. 한 가지는 확실합니다. 우리는 이런 위기의 때 우리나라를 위해 기도해야 합니다."[33]

후에 돕슨은 자신의 공식적인 지지를 표명하면서 이렇게 말했다. "내가 도널드 J. 트럼프를 지지하려는 것은 힐러리 클린턴과 그녀가 이 위대한 나라에 끼칠 손해에 대한 나의 염려 때문뿐만이 아닙니다. 내가 또한 트럼프 씨를 지지하려는 것은 이 복잡다단한 시기에 그가 아메리카합중국을 이끌어가기에 가장 역량 있는 후보라고 믿기 때문입니다."[34]

우리의 문화에서 복음주의적 영향력은 종종 미미한 것처럼 보인다. 언론매체들은 거침없이 마구 말하는 신자들을 조롱하거나 낙태 및 동성결혼의 반대자들을 고집불통이라고 비난하는 것 말고는 기독교적 이슈에 관하여 좀처럼 보도하지 않는다. 그러나 보수적인 복음주의자들 가운데서 추동력(momentum)이 시작되었고, 트럼프 대통령직이 점증하는 기독교 저항운동에 새로워진 힘과 지지를 제공해주었다. 싸움은 이제 더 이상 공화당원 대 민주당원, 좌파 대 우파, 보수주의냐 사회주의냐로 이루어지는 게 아니라, 내가 후에 살펴보겠지만, 훨씬 더 중대하고 널리 인정된 갈등 영역, 곧 내셔널리즘(nationalism) 대 글로벌리즘(globalism)으로 이루어진다.

지난 3, 40년 동안에 종교적 우파는 "낙태, 가족, 결혼"에 관한 자신들의 신념에 의해 정의되었고, 대부분의 그 기간에 공화당 지도부는 우리의 제한된 정치적 입장을 이용하여 복음주의자들을 조종했다. 그들은 복음주의자들을 유용하지만 골치 아픈 투표 세력권(voting bloc)으로 간주했던 것이다. 그러나 2016년 여론조사에 동원한 추동력(momentum)은 복음주의자들의 기록적인 수를 새로운 내러티브(narrative)를 가진 새로운 투쟁계획(battle plan)에 포함하는 새로운 패러다임을 도입했다. 여전히 생명과 가족 이슈는 매우 중요하다. 그리고 그러한 주의 주장에 전념하는 미니스트리들은 국가적인 사안들에서 계속 영향력을 행사할 것이다. 그러나 트렌디(trendy) 하지만 유독한 세계화 어젠다(globalist agenda)에 대한 복음주의적 저항은 많은 신자에게 훨씬 더 큰 중점 영역이 되어 버렸다.

플로리다주 탈라하세 출신의 사업가이자 장로교 평신도인 톰 엘틀(Tom Ertl)은 트럼프를 지지하는 크리스천들을 위한 전국 미디어 코디네이터로 일했으며 수십 년 동안 크리스천 정치적 행동 집단의 옵서버였다. 그의 관심은, 그가 많은 대화 가운데 내게 말한 대로, 크리스천 지도자들이 충분히 발전된 세계관 및 "당연시된 신념과 의견을 구별하는 것의 규명"35)을 의미하는 공상적인 단어(fancy word)인, 인식론(epistemology) 없이 정치판에 뛰어들려고 해왔다는 것이다.

엘틀은 말한다. "그들의 세계관은 작은 성경, 일반적인 보수주의적 생각, 미국의 전통, 러쉬 림보(Rush Limbaugh: 미국 라디오 토크쇼 진행자이자 보수적인 정치평론가로, 러쉬 림보 쇼를 방송하는데 그것은 미국에서 가장 듣고 싶은 토크 라디오 프로그램이며 유일한 청취자(누적 주간 시청자)가 약 1,325만 명이나 되어 미국 매체에서 가장 높은 봉급을 받는 사람들 가운데 하나다.-역자 주) 및 폭스 뉴스의 사운드 바이트(sound bite: 뉴스 프로그램에서 사건을 짤막하게 전하는 영상-역자 주)를 이상야릇하게 섞어놓은 혼합물이었다." 이 제한된 세계관은 결과적으로 기독교적 우파가 정치와 문화 영역에서 기독교적 입장을 제시하지 못하는 무능함을 드러냈다. 크리스천에게 있어 성경은 항상 우리 지식의 근원이었다. 그것은 하나님의 초월적인 계시된 말씀을 구체적으로 나타내며, 정치와 문화의 모든 이슈에 참되고 실제적인 해결책을 제공한다. 그러나 크리스천 지도자들이 성경적 원리들을 성경 밖의 자료들과 섞으려고 할 때 그것은 거의 항상 타협적이고 효과 없는 기독교적 입장으로 끝나버리고 만다.

만일 기독교적 우파가 문화를 형성하고 변혁시키도록 효과적으로 도움을 주길 기대한다면, 우리 지도자들은 우리 신념에 반대하고 하나님의 말씀 위에 건국된, 한때 크리스천 국가인 이 나라를 우리가 더 이상 인정하지 아니할 세속적인 나라(state)와 문화로 바꾸기 위해 밤낮으로 뛰고 있는 그런 세력들에 대항해 투쟁할 적절한 지적인 도구들로 무장이 되어야 한다. 엘틀이 내게 한 말이다. 그 말은 그리스도인들에게 포괄적인 성경적 세계관이 필요할 것이라는 의미다. 그는 크리스천 행동주의자들(activists)이 단지 관념적인 지적 훈련에의 참여가 아닌, 지적인 투쟁을 하기 위해서는 지식과 도구와 정치적 안목(perspective)을 구비하는 것이 절대 중요하다고 말한다. 그런데 그것은 하나님의 말씀을 철저하게 이해하고 적용하는 데서만 나올 수 있다.

끝으로, 나는 프랭클린 그래함, 제임스 돕슨 등과 같은 지도자들이 수년간 이런 논의를 해왔었다고 믿는다. 만일 복음주의자들이 선을 위한 세력(force)이 되기 원한다면, 그들은 먼저 하나님을 위한 세력이 되어야 한다. 그 말은 그들이 이념(ideas)의 장마당에서 그들의 급속히 증대하는 영향력을 사용하는 방법을 알기 위해서는 하나님이 그들에게 주신 이성과 이해력(지성)을 사용해야 한다는 의미다. 2016년에 복음주의자들은 한 "베이비 크리스천"(돕슨의 표현을 사용한 것임)을 백악관에 모시기에 충분한 수를 애를 써서 결집시켰다. 만일 그들이 계속 기도하고 활동하는 일에 하나가 될 수 있다면, 다음에는 무슨 일이 일어날 수 있을지 누가 알겠는가?

Chapter 05
충성스런 자들을 결집시킴

　비록 복음주의자들이 거의 항상 공화당에 투표한다 할지라도, 그저 아무에게나 표를 주려고는 하지 않을 것이다. 공화당과 민주당의 정강과 이념에 서로 상당한 차이가 있기 때문에, 양심적인 공화당원을 설득하여 민주당 후보를 지지하게 한다는 것은 거의 불가능하다. 그러나 종종 그들로 자신의 당에 속한 후보들을 지지하게 하는 것도 어렵기는 마찬가지다. 많은 복음주의자들이 존 매케인에게 표를 주느니 차라리 그냥 집에 있었던 2008년 대선에서 우리가 목격했던 바가 바로 그것이다.

　믿음과 자유 연합(Faith & Freedom Coalition)의 창립자 겸 회장인 랄프 리드(Ralph Reed)에 의하면, 1,700만이나 되는 많은 복음주의자들이 2012년 대선에서[1] 미트 롬니(Mitt Romney)를 지지하길 거부했는데, 그 이유는 아마도 그가 모르몬교도이기 때문일 것이다. 그것의 영향은 버락 오바마가 겨우 500만 표차로 제2기 임기를 시작했다는 것을 보면 분명해진다.

그것은 마치 2016년 대선이 그와 똑같은 패턴을 따를 것처럼 보였다. 민주당의 공천 후보자에 힐러리 클린턴의 지명은 본질적으로 필연적인 결과였다. 그녀가 속한 당의 어느 누구도 클린턴 조직과 겨룰 만한 지지를 받지 못했고, 버몬트의 사회주의자 버니 샌더스(Bernie Sanders)는 진실한 대항자라기보다는 종류가 다른 견제용(diversion)에 불과했다. 그의 유일한 역할은 민주당의 기반을 더욱 좌파 쪽으로 끌어가는 것임이 분명했다.

그러나 공화당에겐 아주 다른 이야기였다. 17명의 웃고 있는 후보자들이 토론연단에 서서, 각자 자기가 진정한 보수주의자이며 복음주의 기반의 유일한 참된 친구라고 주장하고 있는 것에 대해 내 마음에 고착된 이미지는 충성스러운 자들이 지지할 후보를 한 사람이라도 찾느냐는 문제를 완벽하게 설명해준다. 선거유세 코스는 남성 16명에 여성 1명, 그리고 결정을 내릴 수 없는 수백만의 복음주의 유권자들로 넘쳐났다. 마이크 허커비, 테드 크루즈, 마르코 루비오, 존 케이식, 벤 카슨은 다양한 이유로 일찌감치 강력한 인기 후보들이었다. 그러나 그중 어느 누구도 그 꾸러미에서 박차고 나오질 못했다.

테드 크루즈가 도널드 트럼프를 사실상 대선후보로 부탁하고 5월 3일에 사퇴한 후에, 많은 완고한 보수주의자들은 트럼프를 지지할 수 없으며 그런 불미스런 후보를 지지하느니 차라리 집에 있을 것이라고 말했다. 그렇게 되면 2008년과 2012년 대선 재앙의 반복을 의미하는 게 거의 확실했을 것이고, 힐러리 클린턴은 최초의 여성 대통령으로서 그녀가 대망하던 운명의 자리에 올랐을 것이다. 그러나 공기의 변화가 있었다. 5월 26일 도널드 트럼프는 그의 지명을 보장하는 1,237명의 대의원 문턱을 넘어설 무렵에, 최초의 사고틀의 변화(paradigm shift) 조짐이 나타나기 시작했다.

한 사람 한 사람 여러 다양한 크리스천 지도자들이 트럼프를 있는 그대로 지지하자고 주장하면서 천천히 거리낌 없이 말하기 시작했다. 가장 설득력 있는 분 중의 하나는 샌디에이고의 스카이라인 웨슬리안 교회(Skyline Wesleyan Church)의 담임목사인 짐 갈로우(Jim Galrow) 박사였다. 복음주의 운동 내에서 가장 정치적으로 통찰력이 날카롭고 교리적으로 건전한 목사들 중 하나로 평판이 있는 짐(Jim)은 많은 중요한 이슈들에 관해 거리낌 없이 발언해왔다. 그는 2008년에 캘리포니아의 법률 제안 8호(Proposition 8: 동성결혼 반대자들이 제안하여 2008년 캘리포니아주 선거에서 통과된 주 헌법 수정안-역자 주)를 통과시키기 위해 활동한 가장 두드러진 지도자들 중 하나였다. 그 법안은 주 헌법을 수정해서 이제부터 결혼은 한 남자와 한 여자의 합법적 결합으로 규정되어야 한다는 것이었다.[2] 최근에는 짐 목사가 워싱턴 DC에 있는 미의회의사당 건물에서 의원들을 위한 예배인 제퍼슨 집회(The Jefferson Gathering)를 공동 창립했다.

2015년 7월에 짐은 오랜 친구(女)로부터 페이스북 메시지를 받았는데, 그녀는 힐러리 클린턴을 경멸하지만, 도널드 트럼프를 지지할 수는 없다고 했다. 그는 곰곰이 생각한 후에 선거에 관한 자신의 관점을 설명하는 1,500자 답변을 날려 보냈다. 그 메시지는 불과 수일 만에 페이스북에서 놀랍게도 1만 2,000번 선택, 공유되었다. 짐은 뭔가 생각나는 게 있음을 깨닫고는 25년 이상 알고 지내는 내게 연락하여 그가 쓴 것을 관심 있게 보았는지 물었다. 당연히 나는 무엇이 그토록 광범위한 관심을 불러일으켰는지 알고 싶은 호기심이 생겼다. 그래서 내가 읽어보겠다고 동의했는데, 짐의 메시지가 얼마나 통찰력이 있는지 깨닫는 데는 오래 걸리지 않았다.

그의 이론적 설명이 너무도 훌륭하고 간단명료해서, 곧 복사하여 내 아내 조이(Joy)에게 보냈다. 아내는 이번 대선에 나온 후보들을 놓고 친구들과 토론하던 중이었다. 트럼프를 지지하지 않게 되면, 표는 자동적으로 클린턴에게로 갈 것인데, 그러면 클린턴은 즉시 우리의 기독교적 가치를 짓밟고 이 나라를 더욱더 좌파 쪽으로 몰고 갈 새 대법원 판사를 지명할 것이 틀림없다고 아내는 말했다. 아내 조이의 논리가 여러 가까운 친구들의 생각을 바꾸어놓았고, 이제 짐의 페이스북은 왜 트럼프 지지가 유일한 논리적 선택인지 더 많은 충분한 이유들을 약술했다. 조이가 나에게 그 소식을 확산시켜달라고 부탁하자, 나는 페이스북 관계는 빼고 그 기록을 출판하기로 결정했다. 그래서 나는 짐에게 우리가 그 글을 우리 단체의 웹사이트에 올릴 수 있도록 허락해줄 것인지 물었다. 그가 동의했다. 우리는 필라델피아에서 열린 민주당 전당대회 2주 후인 8월 11일에 그것을 올렸다.

그 글은 민주당과 공화당의 정강들이 밤과 낮만큼이나 다르다고 말함으로 시작했다. 그의 견해에 의하면, 그것들은 악(惡) 대 선(善)만큼이나 멀리 떨어져 있었다. 그는 "나는 '우파 대 좌파'라는 명칭을 좋아하지 않는다"라고 말했다. "나는 '옳음 대 그름'에 훨씬 더 많은 관심을 갖는다." 그런 다음 그는 오직 목사만이 정치적 토론에 가져올 수 있는 유추(analogy)를 사용하여 이렇게 말했다. "목사로서, 나는 솔직하지 않고, 거짓말하며, 교활하고, 속이는 사람보다는 차라리 죄를 지으면서도 뻔뻔스럽고 건방진 교회 출석자를 다루고 싶다. 둘 다 문제가 있다. 그러나 후자가 전자보다 다루기가 더 쉽다. 만일 내가 교인의 잘못을 바로잡아주는 목사라면, 나는 아무 날이든 '힐러리 타입'보다는 오히려 '트럼프 타입'을 다루기를 택할 것이다. 그 이유는 '트럼프 타입'이 나아져 갈 가능성이 여러 배 더 크기 때문이다."

이튿날쯤에는 그 기사가 많은 관심을 끌고 있음을 말할 수 있었다. 뷰(view)의 수가 계속 상승하여, 9월 초쯤에는 보통 "공유"(shares)라 부르는 사회적 상호작용(social interactions)이 100만 건을 나타냈다. 트럼프의 신앙자문위원회의 어떤 인사는 그 위원회의 전화 회의(conference call) 중에 언급하기를 그 기사의 공유가 일백만 회였다고 했다. 밝혀진 대로, 짐도 역시 그 전화 회의에 참여했다. 트럼프는 자기도 이미 그 기사를 읽었다면서 그의 멘트에 감사했다. 선거 당일쯤에는 토털해서 410만 공유까지 올라갔다.

투표할 거냐 말 거냐

나의 동료이자 카리스마 잡지의 발행인인 스티브 그린(Steve Greene) 박사는 짐의 글에 "기름부음"(뭔가가 하나님으로부터 축복을 받았다고 믿을 때 많은 그리스도인이 사용하는 구약적인 용어)이 있음을 느꼈다고 말했다. 그 메시지에 초자연적인 면이 있든 없든, 도널드 트럼프에게 그들이 좋아하지 않는 것들이 몇 가지 있음에도 불구하고 왜 그를 지지해야만 하는지 그 이유에 대한 변명이 필요한 신자들에게 그 글이 공명되었다는 것에는 의심할 여지가 없었다. 카리스마의 편집진이 2016년 10월에 발행할 선거 특집호를 계획할 때, 짐의 기사가 "힐러리의 강력한 기만을 판독해보니"라는 헤드라인과 함께, "왜 또 하나의 클린턴 대통령직이 우리가 아는 바와 같이 미국에 남아 있는 것을 파괴할 수 있는가"라는 부제를 달아 주목을 끌도록 눈에 확 띄게 배치되었다. 그 인쇄된 잡지를 접하지 못한 독자들은 온라인상으로 CharismaMag.com에서 읽을 수 있을 것이다.

그 기사의 초두에서 짐은 이렇게 썼다. "투표하지 않는 것은 '순수주의자들'이 주장하는 것과 정반대로, 실용적인 선택이 아니다." 그는 많은 의견 차이가 존재한다고 인정했다. 그러나 한쪽 후보를 지지하길 거부하는 것은 단지 힐러리 클린턴이 대통령직에 승리할 가능성을 증가시켜줄 뿐이라는 사실을 가정하면, 더 명예로운 척하거나 더 의로운 척하는 것은 지혜롭지 못하다. 그것은 고상하지 못하다. 그것은 잘못된 것이다. 짐은 복음주의적인 생각(mind)을 이해하는 재능이 있다. 그리고 그의 말은 분명히 아픈 곳을 건드렸다. 많은 복음주의자들이 말하기를 도널드 트럼프가 위험한 사람(loose canon)이 될 수도 있다는 사실을 두려워한다고 했다. 그가 무슨 말을 할지, 무슨 트위터를 날릴지, 다음번에는 누구를 공격할지 아무도 모른다. 그리고 그는 정치적인 공직에 있어본 적이 한 번도 없었기 때문에, 그가 3억 인구를 가진 나라를 어떻게 통치할지 알고 있는지 그 여부를 확실히 알 수 있는 사람은 아무도 없었다.

이 "미지의 것에 대한 두려움"에 답하기 위해서, 짐은 아주 개인적인 유추를 사용했다. "고인이 된 내 아내의 비범하고 많은 사랑을 받는 종양학자가 '캐럴(Carol)을 그 대체(FDA 승인을 받지 못한) 치료법으로 데려가지 마세요'라고 말했을 때, 내가 '왜 데려가지 말라는 거죠?'라고 물었다. 그는 '미지의 것'을 주의하라고 내게 경고했다." 그러나 짐이 그에게 말했다. "의사 선생님, 선생님의 '안다는 것'이 그 대체 치료법의 '미지의 것'보다 훨씬 더 나쁩니다." 그래서 짐은 그의 아내를 대체 치료법으로 데려갔고, 아내의 건강은 몰라보게 좋아졌다. 일 년 후 바로 그 동일한 종양학자가 어찌하여 캐럴이 그토록 건강이 좋아졌는지 알아보려고 그 대체 치료법 시설에 방문했다. 비록 그 치료법이 궁극적으로 아내의 생명을 구하진 못했을지라도, 2~3년에서 6년까지 생명을 연장시켰다.

짐의 유추의 적용은 간단했다. 클린턴의 알려진 것(known)은 도널드 트럼프의 알려지지 않은 것(unknown)보다 꽤나 더 나쁘다. 그는 "비록 미국이 그 역사상 스캔들에 시달리는 후보들을 몇 명 겪어보았지만, 힐러리와 그녀의 남편보다 [더] 끊임없이 불명예스러운 대 정당(major party) 후보는 한 번도 본 적이 없다. 그녀는 불법행위에 대한 이전의 모든 경계선을 초과한 것으로 보인다"라고 말했다. 그리고 이렇게 덧붙였다. "나는 트럼프의 부당한 말이나 그의 과거 개인적인 행동을 너그러이 봐주지 않지만, 힐러리의 상도를 벗어난 불법적 행동들에는 더 깊은 우려를 갖는다."

짐은 미국이 세 가지 위대한 자유를 축복으로 받아왔다고 지적했다. 곧, 정치적 자유, 경제적 자유 및 종교적 자유다. 세계의 나라들 가운데 그런 영예를 누려온 나라는 거의 없었다. 도널드 트럼프가 그의 공적 성명에서 분노하고 공격적으로 보이는 것은 그 세 가지 자유가 모두 위험에 처해 있다는 것을 인식했기 때문이다. 그래서 그는 그의 행정부가 이 위대한 유산을 지키겠다고 약속했던 것이다. 설령 다음번의 두 명, 세 명, 그리고 어쩌면 네 명의 대법원 판사를 임명하는 특권이 트럼프를 지지할 유일한 이유라 할지라도, 그것으로 만족하고 있어야 한다고 말했다. 트럼프의 결혼들, 그의 카지노, 그리고 트위터상의 폭언이 2016년 대선에 참여하지 않을 결정을 하마터면 정당화하지 못할 뻔했다. 짐은 "모든 양식 있는 사람들은 대법원 판사 임명이 가장 중요하다는 것을 알고 있다. 트럼프는 11명의 최상의 잠재적 내정자들을 명부에 올려놓았다. 힐러리가 임명한다면 그들은 남아 있는 그 세 가지 자유를 미미한 흔적까지도 잘라 없애버릴 것이다"라고 말했다.

그는 긍정적인 면으로 트럼프가 점점 더 좋은 사람들로 둘러싸이고 있다는 사실이라고 말했다. 억만장자 건축업자이자 사업가로서, 그는 유능한 관리자를 가려내는 방법을 알고 있으며, 위임하는 방법도 알고 있다. 짐은 자신의 신념을 표현하기를 트럼프의 내각을 맡을 수장(首長)의 선택(법무부, 국무부, 중앙정보국, 펜타곤 및 그의 24명의 내각 선택권 중 나머지를 포함하여)은 고결한 남녀 사람들이 될 것이며, 그들 중 다수는 크리스천일 테고, 그들은 모두 공정한 보수주의자들일 것이라고 했다. 짐은 이렇게 물었다. "이들 좋은 사람들이 그에게 영향을 미칠 수 있을까?" 그는 그들이 그렇게 할 아주 좋은 찬스가 있다고 말했다.

만일 당신이 트럼프의 선거운동 내내 그가 연설한 주요 이슈들 하나하나에 관한 그의 신념을 차분히 생각해본다면, 그들 중 어느 것에도 결함을 찾기가 아주 어려울 것이다. 짐은 트럼프가 그 이슈들 중에서 적어도 75%를 바르게 이해한다고 언급했다. 그런 다음 사람들에게 그것을 클린턴과 비교해보라고 했다. 그녀는 그 이슈들을 100% 잘못 이해한다고 말했다. 그러나 많은 사람이 자세히 고려해보지 못한 이슈가 한 가지 더 있었는데, 짐에 의하면, 그것은 모든 이슈들 중에서 가장 큰 것일 수 있을 것이다. 곧, 좌파가 세계화(globalism)를 사정없이 밀어붙인다는 것이다. 세계화는 지리학상의 이슈 그 이상이라고 말했다. 그것은 단순히 경계선을 철폐하는 것에 대한 게 아니다. 그 핵심은 악마적인 영적인 이슈다. 그것은 미국의 주권을 무장해제하고, 세계에 우리의 국경선을 열어주며, 미국의 헌법 제정자들(Founding Fathers)의 기독교적 세계관에 기초한 자유와 독립의 위대한 유산을 포기하는 것을 의미한다. 세계화는 이 나라를 우리가 더 이상 인정하지 않는 그 어떤 것(something)으로 바꾸어놓을 것인데, 힐러리 클린턴은 그 목표를 향해 나가고 있는 것이다.

짐은 시사하기를 트럼프가 세계화 어젠다를 거침없이 반대하는 것이 좌파들이 그를 미워하는 주된 이유일 것이라고 했다. 그는 "정사와 권세"를 생각해보라며 경계했다. "이것은 극도로 심각하나." 한편, 도널드 트럼프는 기독교의 낙태 반대 입장을 지지하겠다고 약속했지만, 클린턴은 가족계획연맹(Planned Parenthood)의 최대 옹호자로 계속 남아 있고, 여성이 아직 태어나지 않은 자신의 아이를 죽일 권리에 제한을 두어서는 안 된다고 믿는다. 가족계획연맹은 병원에서 죽인 아기들의 신체 각 부분들을 부정 거래한다. 그것은 나치(Nazis)가 생각해낸 것에 못지않게 사악한 것임이 틀림없다.

짐은 그의 글 마지막 부분에 쓰기를 도널드 트럼프는 강한 군대를 증강하여 국가를 방어하길 원하는데, 그것은 정부의 주된 목적이라고 했다. 이와 반대로, 클린턴의 국무장관으로서의 실적은 우리 자신의 이익보다는 우리 적들의 이익에 더 많이 맞추고 있다는 것을 보여준다. 짐은 트럼프가 "이슬람 테러리즘"(Islamic terrorism)을 사실 그대로 부르기를 주저하지 않았다고 말했다. 그러나 오바마는 그런 단어를 사용하길 거부해왔으며, 심지어는 이슬람 극단주의가 우리가 지금까지 피해를 입은 테러공격과 어떤 관계가 있다는 것을 부인하기까지 하는 것과 똑같이, 클린턴은 실제로 일어나고 있는 것을 인정할 수 없다는 생각이 들게 한다. 그녀는 미국은 모든 것이 괜찮다고 주장한다. 그것은 개개의 사실을 모두 무시하는 것이다. 그러나 사실들(facts)은 그녀의 관심사가 된 적이 한 번도 없었다고 말했다.

트럼프는 미국이 "문화 시계"(cultural clock)상으로는 오후 11:59에 있는 것으로 이해한다고 말했다. 우리는 도덕적으로, 경제적으로, 군사적으로, 영적으로 종말을 향해 질주하고 있다. 미국은 이제 세계를 이끌어가는 초강국으로서의 지위를 지키지 못한다. 그리고 클린턴이 대통령이 된다면 그건 우리의 마지막 파멸을 앞당길 뿐이다. 트럼프는 그것을 늦추든지, 아니면 혹시 하나님의 도우심으로 그것을 뒤집을 수 있을 것이다. 그러나 우리는 그런 찬스를 그에게 주어야만 했다. 짐은 그의 메시지를 결론지어 이렇게 말했다. "솔직히 말해서, 나는 왕이신 예수(King Jesus)를 원한다. 나는 그분이 여기, 그리고 지금 이 땅을 다스리길 원한다. 그날은 충분히 나타나지 않았다, 아직은. 그러므로 우리는 예수님을 영화롭게 하기 위해 이번의 도전적인 선거를 기도하면서 이끌어가는 것이다."3)

짐의 기명 논평 페이지는 우리의 CharismaNews.com에서 이전에 가장 많이 공유된 바이러스성 기사의 두 배 이상으로 공유되었다. 너무도 많은 사람이 얼마나 감동을 받았던지 그것을 자기네 친구들과 사랑하는 이들에게 공유했다는 사실은 그들이 이번 선거가 얼마나 중요하다고 믿었는지를 보여주었다고 생각한다. 그리고 그들이 가진 열정의 정도를 보여주었다. 많은 크리스천들이 트럼프에게 투표하기를 원했다. 그러나 그들이 허락을 받지 않으면 안 되었던 것은 내가 앞 장에서 말한 대로, 트럼프가 우리의 통상적인 리트머스 시험지 대부분에 실패했다고 그들이 느꼈기 때문이다. 나의 장로교 친구인 톰 엘틀이 말하기를 자기는 짐의 기사가 이번 선거에 엄청난 영향을 미쳤다고 생각한다는 것이다. 그는 내게 "그것이 복음주의자들의 투표에 강한 영향력을 미치는 데 도움을 주었다고 나는 말하고 싶다"고 말했다.4)

사우스캐롤라이나의 모델

우리가 짐 갈로우의 기명 논평 페이지를 싣기 몇 개월 전에, 침례교 목사이자 사우스캐롤라이나주, 컬럼비아 출신의 육군 군목을 지낸 레이 모어(Ray Moore) 목사는 2016년 2월 20일에 열린 매우 중요한 사우스캐롤라이나 프라이머리에서 트럼프가 승리하는 데 공을 세운 핵심인물이었다. 모어는 내가 앞서 언급한 대로, 기독교 우파를 탄생시킨 팻 로버트슨의 1988년 대선에 관여했던 1980년대 이후부터 공공 정책 이슈들과 공화당 정치에 관여해왔었다. 40년 이상 목회 사역을 했던 모어는 거듭난 크리스천들이 어떻게 생각하는지, 또한 그들의 담임목사들이 어떻게 생각하는지 잘 알고 있다. 정치적인 후보 주위에 복음주의자들을 불러 모으려고 할 때 그러한 이해는 아주 중요하다.

정치체제 내부의 사람들과 여론 조사원들과 정책통들은 항상 아주 면밀하게 사우스캐롤라이나 프라이머리에 따라서 행동한다. 1980년 이래, 딱 한 번만 예외로 하고, 모든 선거에서 사우스캐롤라이나 공화당 프라이머리에서 승리한 후보는 누구나 연이어 공화당의 지명을 받았다. 아이오와에서 트럼프는 테드 쿠르즈에 밀려 2등을 했다. 그는 뉴햄프셔 프라이머리에서 승리했다. 그러나 남침례교 신자인 크루즈는 복음주의자들이 주 유권자의 58%를 차지하고 있는 사우스캐롤라이나에서 가장 인기가 많았다.[5] 모어는 말하기를 자기는 보통 가장 강력한 낙태 반대후보를 지지하고 강한 크리스천 증거가 있는 후보를 선호한다고 했다. 크루즈가 그 기준에 맞았고, 트럼프는 아니었다. 그래서 모어는 크루즈 맨(man)이 될 생각을 했다.

그런데 어느 날 그는 사우스캐롤라이나 정치계에서 수십 년간 활동해온 광고 담당자이자 정치 컨설턴트인 에드 맥뮬런(Ed McMullen)과 여러 이야기를 나눴다. 그들은 여러 후보들의 덕목을 토론했는데, 결국에는 이슈들에 관한 트럼프의 용기 있는 입장 때문에 그는 지지받을 자격이 있다는 것을 맥뮬런이 모어에게 납득시켰다. 맥뮬런은 30년 이상 도널드 트럼프의 친구였다. 그들은 양키 스타디움의 조지 스타인브레너(George Steinbrenner) 박스에서 만났던 것이다.

다년간에 걸쳐 맥뮬런의 정치적 작업은 주로 막후에서 일어났다. 그러나 그는 트럼프의 (비밀까지도 털어놓을 수 있는) 아주 절친한 친구이자 조언자로 남아 있었다. 그는 부통령 후보들을 조사하는 일에 관여했는데, 가능한 러닝메이트로 마이크 펜스를 트럼프에게 추천했다. 모어는 내게 말하기를 거듭난 크리스천으로 널리 알려진 펜스를 뮬런이 추천한 것이 "트럼프는 신임할 수 있다"[6]는 메시지를 복음주의적 우파들에게 신호처럼 보낸 것이라고 했다.

맥뮬런은 빈틈없는 전략가로 알려진 인물인지라, 한 국내 신문의 기자와 인터뷰 중에 중요 주들에서 이미 결집된 힐러리 클린턴의 막대한 그라운드 게임(ground game: 지역사회의 지도자보다는 그곳의 실제 선거구민들에 의해 "아래로부터" 몰아가는 정치운동-역자 주)을 어떻게 도널드 트럼프가 극복하길 희망할 수 있겠느냐는 질문을 받았다. 맥뮬런은 답하기를 정치 전략이 비꼈으며, 인터넷 덕분에 트럼프가 다른 어떤 후보도 모방할 수 없었던 방법으로 그의 메시지를 발표해 왔다고 말했다. 그리고 아마도 훨씬 더 중요한 것은, 선거운동의 일부로서 쉽사리 눈에 띄지 않지만, 트럼프를 위해서 24시간 쉬지 않고 활동하는 거대한 자원봉사의용군(volunteer army)이 있었던 것이다.⁷⁾

그 말을 들으니 톰 엘틀이 내게 들려준 사우스캐롤라이나의 한 크리스천 트럭운전사에 관한 이야기가 생각났다. 그 사람은 어디를 가든지 항상 트럼프의 야외표지판(yard sign)을 잔뜩 싣고 다니면서 찬스가 생길 때마다 트럭을 세우고 표지판을 땅에 박았다. 사우스캐롤라이나주에서는 당 등록부엔 절대 나타나지 않은 그런 종류의 열정을 가진 사람들이 많았다. 트럼프 지지자들은 2016년을 역사적 선거로 보았다. 그래서 그들은 저들의 애국자 선조들이 했던 것만큼이나, 승리할 것을 충분히 기대하면서 전투에 참가했던 것이다.

아마 이런 사람들은 전형적인 정치권 후보였더라면 그를 위해 그렇게 자원하지 않았을 것이다. 그러나 그들은 도널드 트럼프에게서 뭔가 다른 점을 보았던 것이다. 그리고 그들은 그의 메시지를 좋아했다. 기존 질서와 투쟁하려는 미국인 애국자를 당선시키는 것은 유례없는 상황이요, 평생에 단 한 번 있는 기회였다. 많은 사람이 직장에 휴가를 내고 통상적으로 하던 일을 쉬었다. 트럼프를 지원할 수 있도록 자신의 영업을 일시 중단한 사람들도 있었다.

한편 주 전체의 복음주의 지도자들은 여전히 테드 크루즈를 지지하고 있었다. 모어는 내게 사실상 주 내의 모든 남침례교 목사들이 크루즈를 지지했다고 말했다. 그렇지 않은 소수의 목사들(예를 들면, 찰스턴의 시코스트 교회(Seacoast Church)를 담임하고 있는 은사주의 목사 그레그 슈라트(Greg Surratt) 같은 사람)은 마르코 루비오 상원의원을 지지했다. 루비오와 크루즈 두 사람 다 플로리다 프라이머리로 나아가려면 대승이 필요했다. 그러나 트럼프가 계속해서 32%로 사우스캐롤라이나에서 승리했다. 루비오와 크루즈는 각각 22% 득표를 했는데, 루비오가 가까스로 크루즈를 물리치고 트럼프 다음으로 2위가 되었다.[8]

모어는 추측하기를 만일 루비오의 지지자들 일부가 그들의 우두머리에게 좀 더 일찍 사퇴하고 크루즈를 지지하도록 권했더라면, 루비오는 크루즈 티켓에서 부통령이 되기에 안성맞춤의 상황이 되었을 것이라고 말한다. 만일 그렇게 되었더라면, 크루즈-루비오 티켓은 사우스캐롤라이나와 그리고 실질적인 지지 기반을 가진 다른 남부의 주들 속으로 파고들어, 트럼프가 극복하기에는 너무도 힘들었을 것이다. 그러나 그런 일은 일어나지 않았다. 결과적으로 크루즈와 루비오는 복음주의 표를 분산시켜 트럼프를 이롭게 했다.

톰 엘틀은 만일 루비오가 2020년의 대선 출마까지 기다리도록 설득당할 수 있었더라면, 크루즈가 2016년의 공화당 지명자가 되었을 가능성이 충분히 있다고 믿는다. 그리고 크루즈가 그의 당에서 불화를 일으키는 인물이고 민주당원들과 그들을 맹종하는 미디어 지지자들이 퍼부어댈 집중공세를 버텨낼 만한 그런 경쟁자가 못되기 때문에, 도널드 트럼프 대신 클린턴이 미국의 45대 대통령이 되었을 것이라고 믿는다. 이 모든 것은 추측에 불과하지만, 그럼에도 나는 그것이 흥미 있는 일이라 생각한다.

트럼프가 사우스캐롤라이나에서 어떻게 승리를 획득했는가? 그것은 트럼프가 주 전체에 걸쳐 선출된 공무원인 헨리 맥마스터(Henry McMaster) 부지사로부터 최초로 전국적인 지지를 받은 것을 포함하여, 일련의 정치적인 "기적"이었다고 모어는 말한다. 맥마스터는 모어와 30년 이상 알고 지내는 사이다. 맥마스터가 도널드 트럼프 지지를 표명하자, 많은 사우스캐롤라이나 사람들이 그와 함께했다. 모어에 의하면, 그게 기적이었다. 보수주의 크리스천들은 많은 지도자들이 그들에게 말해온 것을 무시하고 트럼프를 지지했다. 그는 말하기를 사우스캐롤라이나 주지사 니키 해일리(Nikki Haley)가 지명되어 나중에 유엔 대사로 인준되었을 때, 헨리 맥마스터가 지사직을 승계한 것은 결코 우연의 일치가 아닌 것 같다고 했다.

그러나 여러 해 동안 진전되어 왔던 기적이란 우리의 다음번 대통령이 될 가장 좋은 기회를 가진 사람을 뽑기 위해 저들이 들어오던 것을 기꺼이 무시해버리려는 유권자들의 의지였다. 대부분의 공화당원들은 워싱턴의 지도자들을 불신한 것만큼이나 저들 당의 지도자들을 불신하게 되었다. 그것은 전국의 복음주의 유권자들에게도 딱 들어맞는 말이었다. 대부분의 크리스천 지도자들이 크루즈를 지지하고 있는 동안, 트럼프는 결국 한 주 한 주에서 복음주의 표를 얻고 있었던 것이다.

길이 없을 때

도널드 트럼프가 승리한 복음주의적인 부분에는 짐 갈로우의 글처럼 심사숙고한 기사나 인습적인 수단으로 유권자들에게 호소하는 레이 모어 같은 풀뿌리 지지자들의 활동보다 더 영향을 미친 것이 있다. 또한 많은 정치 전문가들이 완전히 무시한 그라운드 게임(ground game)을 어떻게 복음주의자들이 트럼프에게 주었는가에 대해 이전에 알려지지 않은 스토리가 있다. 그래서 그것에 대한 기적적인 측면이 다시 여기에 나온다.

데이비드 레인(Dvid Lane)을 만나보라. 그는 대체로 두드러지지 않으려고 애쓰는 정치적 조언자요, 조직자요, 입안자다. 그러나 그는 좌파에게 잘 알려진 인물인데, 그 이유는 1994년부터 그가 조직한 '목사와 회중'(Pastors and Pews) 행사들 때문이다. 수년에 걸쳐 이들 행사는 전국에서 어림잡아 2만 명의 목사와 미니스트리 지도자들을 끌어모았다. 그 집회들에 대한 언론매체들의 보도는 종종 그것들을 가리켜 우익 보수주의자들을 결집시키고 그들의 의지를 대중에게 강요하라고 가르치는 파괴 작전으로 묘사한다. 당연히 레인은 그것을 다르게 본다. 그는 이 나라에 6,500만에서 8,000만의 복음주의 신자들이 있다고 말한다. 그중 50%(대략 4천만 명)만이 투표 등록을 한다. 그 등록자들 가운데 50%(2천만 명)만 실제로 투표한다. 그래서 복음주의 진영의 75%가 투표하지 않을 때, 국가는 필연직으로 비기독교적 좌파의 손에서 피해를 입을 것이다.

2016년 8월에 올랜도에서 내가 갔던 '목사와 회중' 행사에는 약

500명의 목사와 미니스트리 지도자들 및 그 배우자들이 참석했다. 그것은 맛있는 식사에, 디즈니 음질의 애국적인 음악과 마이크 허커비 주지사를 포함, 몇몇 훌륭한 도입부 강연자들이 있는 성대한 행사였다. 허커비 주지사가 트럼프를 소개했다. 레인은 1990년대 중반에 제리 폴웰과 함께 여러 해 동안 일했을 때 대형 쇼를 개최하고 사람들과 연결시키는 방법을 배웠다. 일찍이 그는 레이건 시절에 워싱턴에서 일하는 동안 자금조달 하는 법을 배웠다. 그다음에 그는 텍사스에서 스티븐 F. 호츠(Steven F. Hotze) 박사와 함께 풀뿌리 조직자로서 일했다. 레인의 말에 의하면 호츠 박사는 선거구 레벨의 풀뿌리 조직자로선 단연 최고다. 그는 조지 W. 부시가 민주당 주지사 앤 리처즈(Ann Richards)를 물리치도록 돕고 동성결혼을 합법화하기 위한 제안을 패배시킴으로써 그의 '목사와 회중' 포맷이 텍사스에서 효과가 있는 것을 입증했다.

한 부유한 공화당 기부자가 2005년에 오스틴에서 열린 그의 첫 '목사와 회중' 행사를 위해 레인에게 돈을 기부했다. 레인은 50명의 목사들을 주지사와 만나게 해줄 수 있기를 바랐다. 그의 기부자는 다운타운의 힐튼 호텔에서의 행사에 500명이 참석하길 원한다고 말했다. 4주간도 안 되어 그는 500명을 확인받고 300명을 대기자 명단에 올렸다. "주님이 참석하셨죠. 모든 게 폭발했어요. 하나님의 손이 역사하고 있었습니다." 그가 한 말이다. 그런 일이 일어나자, 그는 자기의 집중 영역(niche)을 발견한 것으로 알았다.

그는 그 일을 위한 준비는 당신이 기대할 만한 게 못 된다고 말했다. 그의 초기 생활은 "술과 여자와 노래"였다. 그러나 그가 지그 지글러(Zig Ziglar)의 동생의 초청으로, 동기 부여 세미나라 생각하고 참석한 빌 가서드(Bill Gothard) 세미나에서 크리스천이 되었다. 그는 "나는 심판 받아 마땅했지만 긍휼을 입었다"라고 말한다. 레인은 은퇴한 텍사스항소법원 판사인 휴스턴의 폴 프레슬러(Paul Pressler)로부터 영적인 지도를 받았다. 그리고 그의 오랜 이력서에는 1980년대 마이애미에서 니카라과 레지스탕스(Nicaraguan resistance)를 위한 등록된 에이전트로서 할당된 일이 포함되어 있다. 그러나 그가 조직하는 기술은 분명히 더 높은 권세로부터 나오는 게 분명하다.

내가 처음 레인을 만난 것은 내가 2008년 마이크 허커비의 선거 운동에 관여하고 있을 때였다. 그 전 아칸소 주지사는 레인의 행사에선 다른 친복음주의적 공화당 후보들과 함께, 인기 있는 강연자였다. 무리들을 앞서고 싶어 하는 후보들은 '목사와 회중' 행사에서 강연하는 것을 고대했다. 이유는 그 행사들이 주(州) 프라이머리 전에 예정되어 있었고, 후보들은 항상 목사들의 지지를 원했기 때문이다.

2015년 1월에 레인은 보비 진달(Bobby Jindal) 주지사가 핵심 역할을 한 루이지애나 주립대학교 기도집회를 후원하는 데 기여했다. 나는 그날 저녁 늦게 주지사 관저에서 몇몇 다른 복음주의 지도자들과 함께 만찬에 초청을 받았다. 진달은 자기가 대통령 출마를 해야 할지 말아야 할지에 대해 이야기하고는 기도를 부탁했다. 그는 2015년 6월 24일에 경선 도전을 발표했으나, 5개월도 지나지 않아 사퇴했다. 부분적인 이유는 모든 노력이 트럼프의 선거운동에 의해

밀리고 있기 때문이었다.

트럼프를 사실상의 대선 후보로 만든 인디애나 프라이머리 후에, 누군가가 레인에게 트럼프가 대통령으로서 어떻게 할 것인가를 물었다. 레인은 답하기를 "나는 모르지만, 힐러리가 어떻게 할 것인지는 안다"고 말했다. 그런 다음, 군(county: 주 바로 밑의 행정 단위-역자 주) 서기 킴 데이비스(Kim Davis)가 동성커플들에게 결혼 허가증 발급을 거부한 것으로 공격을 받게 되었던 켄터키에서의 최근 사건을 언급하면서, 레인은 클린턴이 대통령이 되면 나라가 불행해질 것이라고 했다. 그는 "만일 힐러리가 승리한다면, 켄터키주의 그 서기에게 일어났던 일은 앞으로 당신과 당신의 자녀들에게 어떤 일이 일어날 것인지에 대한 예행연습에 불과하다"라고 말했다.

내가 참석했던 올랜도 행사에 레인이 기적이라고 말하는 두 가지 일이 뒤이어 일어났다. 일주일 후에 레인은 그 당시 트럼프의 선거 운동 디렉터인 폴 매너포트(Paul Manafort)로부터 이메일을 받았다. 복음주의 표 집결을 의논하자며 그를 뉴욕으로 초청한 것이다. 그래서 레인은 뉴욕으로 날아갔고, 그가 매너포트와의 약속을 위해 그의 호텔 룸에서 옷을 입고 있을 때 레인의 이전 캠페인을 지원한 적이 있는 억만장자 친구로부터 전화를 받았다. 전화 건 사람이 그에게 물었다. "그 1,800만 달러를 어떻게 할 작정이십니까?" 일년 전에 레인은 유권자를 동원할 계획을 제안했고, 그러려면 대략 1,800만 달러가 들 것으로 추정했다. 레인은 그에게 우선, 그 계획은 선반에 그대로 있다고 말하고, 자기가 지금까지 모금해놓은 게 아무것도 없다는 것을 인정했다. 전화 건 사람은 "그럼, 내 앞으로

500만 달러를 적어놓으세요"라고 말했다.

레인은 참 놀라운 일이라 생각했다. 그는 8개월 동안 그 전화 건 분과 이야기한 적이 없었다. 그리고 이 전화는 불시에 온 것이었다. 그러나 그는 그분이 그때 통 크게 그의 약속에 관심을 가져준 것에 감사했다. 그 약속이란 그가 복음주의 유권자들을 동원할 방법에 대한 그의 아이디어를 설명한 것이다. 그의 아이디어를 경청한 후에, 매너포트가 그에게 그와 같은 계획에 자금을 지원할 돈이 없다고 말했다. 바로 그때 레인은 왜 자기가 그의 억만장자 통화자와 연결이 되었는지 그 이유를 이해하게 되었다. 그가 말했다. "나에게 500만 달러가 있어요. 만일 당신이 400만 달러를 구할 수 있다면, 우리는 6개 주요 주에서 경쟁해 볼 수 있다고 믿습니다. 만일 그 돈이 들어오지 않는다면, 3개 주에서 작업하겠습니다."

매너포트는 레인의 신속한 반응에 놀랐음이 분명했다. 그러나 그는 레인에게 자기가 그 돈을 구할 수 있는지 알아보기 위해 이틀을 달라고 했다. 레인은 고무되어서 그 회합을 떠났지만, 매너포트가 그의 기부자들에게 현금을 조달해달라고 실제로 설득할 수 있을지 확신이 서지 않았다. 매너포트는 나중에 다시 그에게 전화하지 않았다. 그는 이튿날 트럼프의 선거운동 매니저 자리를 사임했다. 그러나 이것은 주님의 계획(deal)이었다. 바로 그날 레인의 억만장자 친구가 다시 전화를 걸어 이렇게 말했다. "추가로 400만 달러를 내 앞으로 적어놓으세요." 그리고 24시간 후에 그는 레인에게 900만 달러(한화 약 100억 원-역자 주) 전액을 송금했다.

이때쯤에서 선거는 겨우 10주간밖에 남지 않았다. 그래서 레인은 염려하기 시작했다. 도대체 어떻게 그토록 단시간에 수백만 명의 유권자들을 동원할 수 있단 말인가? 바로 그때 두 번째 기적이 일어났다. 그가 텍사스주 댈러스에 있는 아주 평판 좋은 선거운동 회사인 머피 나시카(Murphy Nasica)로부터 전화를 받았다. 그 회사는 정치적 그라운드 게임(ground game: 지역사회의 지도자보다는 그 곳의 실제 선거구민들에 의해 "아래로부터" 몰아가는 정치운동-역자 주)을 위해 소위 "대장들"(generals)이라는 훈련에 15만 달러를 썼다. 그 회사는 선거운동원들을 데려와서, 그들을 훈련시키고, 이제 진군 명령을 준비하고 있던 차에 갑자기 자금조달이 수포로 돌아가자 머피 나시카는 그 계획을 중단해야겠다는 걸 깨달았다.

레인은 자기 귀를 믿을 수 없었다. 이것은 그가 계속 기도해왔던 바로 그것이었다. 그래서 그는 머피 나시카 직원들에게 그들이 훈련시켜놓은 사람들이 전부 다 투입될 수 있도록 자기가 그들에게 500만 달러를 주겠다고 말했다. 2016년 8월 22일에 시작하여, 한 무리의 "대장들"이 6개 주요 주에서 일백만 건의 전화걸기와 가정 방문 문 두드리기를 연출했다. 6개 주란 플로리다, 오하이오, 미주리, 버지니아, 노스캐롤라이나 및 아이오와를 말한다. 트럼프는 선거일에 버지니아만 빼고 모두에서 승리했다. 남부 주들에서 그의 승리는 펜실베이니아에서 예상 밖의 승리로 마무리가 되어, 트럼프에게 승리를 안겨주었던 것이다.

선거 당일 밤에 워싱턴 이그재미너(Washington Examiner)의 폴 베다드(Paul Bedard)는 이렇게 트윗했다. "엄청나다: 역사상 복음주의 표의 최대 참가율이라고 ABC가 보도했다. 데이비드 레인

(@GDavidLane)에게 축하드림"9) 나는 그 트윗을 여러 주 후에 우연히 발견하여 우리 모두가 느끼는 감정을 그대로 기억나게 하는 것으로서 스크린 샷을 캡처했다. 우리의 기도가 응답되었다는 소식을 들었을 때 나는 뉴욕 힐튼호텔에 모인 수많은 트럼프 지지자들 가운데 계속 서 있었다. 지상군이 그들의 목적을 달성했던 것이다. 데이비드 레인과 그의 대장들이 소문을 퍼뜨렸던 것이다. 그리고 하나님께서 그런 일이 일어나게 할 수 있는 수단과 인력을 그들에게 주셨던 것이다. 섭리와 기도와 집요함이 전혀 길이 없는 곳에 길을 만들어주었을 때, 그것은 놀라웠으며, 베다드의 트윗은 그날 밤에 일어났던 일을 생각나게 해주는 위대한 기념품으로서 역할을 했다.

Chapter 06

초기의 지지자들을 놀라게 함

   복음주의 지도자들이 어느 후보를 지지할까 하고 은밀히 회합하는 동안, 주로 은사주의 지도자들 그룹은 이미 함께 모임을 갖고 한 사람씩 차례로 도널드 트럼프를 지지하기로 결정했다. 바로 그 핵심그룹은 트럼프의 요청으로 뉴 데스티니 크리스천 센터(New Destiny Christian Center) 목사인 파울라 화이트 케인(Paula White Cain)에 의해 4년 전부터 소집되었다. 파울라는 뉴욕 트럼프의 사무실로부터 전화를 받았던 2003년에 처음 트럼프를 알게 되었다. 보좌하는 직원이 그녀에게 말하기를 트럼프에게서 전화가 왔는데, 그녀와 이야기를 나누고 싶다는 것이었다.
   그녀는 트럼프가 그녀의 텔레비전 프로그램인 파울라 투데이(Paula Today)를 계속 시청해왔다는 것을 알았는데, 그는 영적으로 이해한 것을 복잡한 사회문제들에 적용하는 그녀의 능력에 감명을 받고 그것을 활용하고 싶었다. 그는 그녀에게 말하기를 자신에게 몇 가지 질문이 있는데 그녀의 의견을 기꺼이 받아들이고 싶다고 했다. 그래서 파울라는 뉴욕으로 날아가서 트럼프 타워 내 그의 사무실에서 그와 만났다. 그리고 대화를 나누는 중에 그녀는 트럼프의 "영적 조언자"(spiritual adviser) 역할을 하기로 동의했다.

그다음 여러 해에 걸쳐 그들은 현재의 사건들과 워싱턴의 상황에 관해 기록한 것을 비교하면서 종종 이야기했다. 그는 2012년 대선에 출마하지 않기로 결정했는데, 그가 백악관행 레이스에 뛰어들려면 또 3년을 기다려야 할 판이었다. 그러나 파울라가 거기에 있은 것은 조언하고 기도하기 위해서였는데, 심지어는 언론매체들이 트럼프가 자발적으로 그녀로부터 조언을 얻으려 한다는 것을 두고 그를 비웃기까지 했음에도, 그들은 계속 만나서 이슈들을 끝까지 이야기했다. 그리고 트럼프 대통령의 선서 취임식에서 그녀가 기도하러 앞으로 나왔을 때, 파울라는 대통령 취임식에서 기도한 최초의 여성 목사가 되었다.[1]

나는 40년 동안 은사주의와 오순절주의 사람들을 취재해왔다. 그들이 어떻게 생각하고 어떻게 행동하는지 안다. 오순절주의 예배는 대체로 전통적인 개신교 예배보다 목소리가 더 크고 더 활기차다. 그들의 예배에는 주류 개신교 신자들이 말하는 감정과다(emotionalism)와 같은 영적인 열정과 기쁨이 있다. 오순절 목사들은 성령의 능력으로 "불이 붙은" 것이라고 말할 것이며, 많은 은사주의 교회들에서는 극적인 치유가 일어나는 기도와 경배의 예배를 드린다. 이런 교회들에 다니는 신자들은 전통적인 개신교 예배를 냉랭하고 생명이 없는 모임으로 생각하는 경향이 있다.

카리스마틱(Charismatic)이라는 단어는 영적인 은사라는 표현에 서와 같이 "은사"(gifts)를 뜻하는 헬라어에서 나온 말이다. 은사주의와 오순절주의가 복음주의 운동의 작은 세트(subset)인데도, 많은 전통적인 복음주의자들은 은사가 1세기에 성경적 제자들과 사도들의 죽음과 함께 끝난 것이 아니라는 오순절주의/은사주의의 교리를 거부한다.

은사주의(그리고 많은 복음주의자들)는 하나님이 주일만이 아니라 매일, 그들이 하는 모든 일에 중심이시며, 모든 사람에 대한 목적을 갖고 계신다고 믿는다. 그는 그들이 누구와 결혼하고, 어떻게 삶을 살며, 어떤 직업을 가지며, 심지어는 누구에게 투표하는가에 관심을 가지신다. 은사주의는 또한 하나님께서 성령의 "잔잔하고 조용한 음성"을 통해 개인적으로, 혹은 현대의 선지자들을 통해서, 오늘날도 실제로 사람들에게 말씀하신다고 믿는다. 그리고 많은 은사주의 신자들은 예언의 은사를 가진 어떤 남녀 사람들이 2016년 대선에 대한 열쇠를 쥐고 있을 것이라고 믿었다.

대체로, 은사주의는 정치적으로 적극적이지 않은데, 그 부분적인 이유란 그들은 전도, 선교, 혹은 가난한 자들과 혜택받지 못한 사람들을 지원하는 것과 같은 영적인 일에 그들의 에너지를 집중하길 선호하기 때문이다. 그리고 은사주의는 종종 그들의 상대인 복음주의자들로부터 무시를 당하거나 소외당하기 때문에, 두드러지지 않으려는 경향이 있다. 한 은사주의 지도자가 내게 말한 바와 같이, "그들은 선거 때만 우리에게 관심을 갖지, 다른 때엔 그렇지 아니하다."2)

그러나 2016년 선거는 달라지고 있었다. 2015년 가을에 레이스가 점점 뜨거워지기 시작하자, 일단의 은사주의와 오순절주의 지도자들이 다양한 후보들에 대해서 또 각자가 제시해야 할 것에 대해서 이야기를 시작했다. 아주 일찍부터 은사주의 지도자들은 도널드 트럼프를 도우러 모이기 시작했는데, 그 부분적인 이유는 그가 미국과 미국의 전통적인 가치를 거리낌 없이 옹호하기 때문이고, 또한 주님께서 트럼프가 은혜를 입었다고 그들에게 말씀하신 것으로 그들이 느꼈기 때문이었다.

그 당시에는 공식적으로 그를 지지하는 사람들이 거의 없었다. 그러나 트럼프를 초청 연사로 모신 집회에 참석한 사람들은 그에게서 대다수 복음주의자들이 당선 전에 보게 될 것들을 보기 시작했다. 그래서 복음주의 크리스천들 80% 이상이 그를 지지했던 것이다. 그가 여러 가지 면에서 초보자에 불과한 것처럼 보인다 할지라도, 그는 믿음의 사람이었고, 그들의 관심사를 그의 마음에 품었던 것이다.

파울라는 그 첫 번째 은사주의 지도자들 그룹을 한데 모으는 데 도움을 주었고, 나중에는 트럼프의 신앙 자문 위원회 의장이 될 참이었다. 그 위원회는 선거 전에 매주 후보자와 전화통화를 했다. 그 모임들은, 지금은 비록 주로 백악관 직원들과 갖지만, 선거 후에도 계속 주기적으로 통화를 했다. 파울라는 그녀가 아는 사람들을 참여하도록 초청함으로 시작했다. 그녀는 정치 지도자들과 만나는 "복음주의적인" 모임에는 드물게 참석했지만, 정치적인 이유를 위한 행사에는 어디에도 참여하지 않으려 했다. 그녀는 도널드 트럼프는 친구가 되었고, 그녀의 크리스천 친구들이 그녀처럼 그를 알고 그를 지지하길 원했다고 말했다.

파울라를 20년 이상 알고 지내는 사이이기에, 나는 그녀가 2003년 트럼프와 만난 것에 대해 이야기한 것을 기억한다. 그때 대부분의 사람들은 트럼프를 억만장자 사업가이자 텔레비전 명사로만 알았다. 그는 인기 있지만 논쟁의 여지가 있는 인물이었다. 그리고 널리 알려진 명사들과의 불화는 항상 헤드라인을 장식했다. 그 당시에는 아무도 그가 미국의 대통령이 될 거라고 생각지 못했을 것이다. 하지만 파울라와 그를 알아가던 다른 사람들은 하나님께서 곧 일어날 일에 대한 기초를 깔고 계시다는 것을 믿게 되었다.

축복을 받음

2015년 9월, 도널드 트럼프가 트럼프 타워에서 기도 받는 장면을 보여주는 아이폰 비디오가 유튜브에 떴다. 그때 트럼프가 여론조사에서 전 달의 26%에서 상승하여 39%로 유리한 입장에 있었다.[3] 그러나 아이오와 코커스까지는 아직도 4개월이 남아 있어서, 무슨 일이든 일어날 수 있었다.

대선후보가 목사들과 만나는 일에는 무슨 이례적인 게 없다. 나는 여러 해에 걸쳐 복음주의 표를 얻으려고 하는 정치 지도자들과의 행사에 여러 번 참석해봤다. 첫 번째는 조지 H. W. 부시로, 그는 1986년 워싱턴 DC에 있는 부통령 관저로 일단의 기독교 지도자들을 초청했다. 나는 또한 2008년 버락 오바마 후보가 복음주의 진영에 손을 내뻗을 때 참석했다. 그의 상대인 존 매케인은 좀처럼 하지 않은 것이었다. 그때는 프랭클린 그래함, 맥스 루카도(Max Lucado), 샘 로드리게스(Sam Rodriguez), T. D. 제이크스(Jakes) 및 여러 주류 개신교단 지도자들이 참석했다. 그러나 그런 모임 어디에서도 기도는 없었고, 이번 트럼프와의 만남에서 있었던 것처럼 "안수하는 일"도 확실히 없었다.4)

파울라와 그녀의 동료 목사들이 모이게 한 은사주의 목사들과 트럼프와의 만남이 끝날 즈음에 기도가 있었고 몇몇 목사들은 후보자에게 축복의 안수를 위해서 그의 주위에 모였다. 다른 사람들은 손을 내뻗어서, 모두가 한 사람씩, 선거운동 내내 하나님의 축복의 손이 그에게 함께하시기를 간절히 기도했다. 트럼프는 낯선 지방에 와있는 것처럼 보였다. 그러나 그는 성경을 든 채로 공손히 서 있었다. 그리고 비록 그가 불편한 기색이 보이긴 했어도, 어느 때는 손을 내밀어 그를 위해 기도하고 있는 사람의 손을 가볍게 두드리기도 했다.

믿음의 말씀을 가르치는 교사요, 매일 전 세계 수백만 명의 사람들이 시청하는 방송을 진행하는 케네스 코플랜드(Kenneth Copeland)는 이렇게 기도했다. "주여, 주님의 지혜가 없이는 그 누구도 미국의 대통령으로 성공할 수 없습니다. 그래서 주님께 구하오니, 이 사람에게 주님의 지혜를 주시되, 뚜렷하게 주시옵소서. 그가 듣는다는 것을 확인하시옵소서. 그에게 주님 자신을 나타내시옵소서. 그리고 담대한 사람, 강한 사람, 순종하는 사람을 주신 하나님

께 감사하며 하나님을 찬양합니다."⁵⁾

　마지막으로 파울라가 기도했는데 이렇게 말했다. "우리가 지금 그에게 손을 얹어 축복한다 할지라도, 주님의 손이 그에게 임하게 하시옵소서." 그녀는 "어떠한 베일도 제거해주시고 그의 눈이 열려 그의 평생토록 하나님의 영광과 선하심을 보게 하옵소서"라고 기도했다.⁶⁾

　정치적인 거물이 그러한 기도를 받으려 한다는 것에 나는 정말로 놀랐다. 나는 미트 롬니나 존 매케인이나 심지어는 체면 차리는 부시가(家) 사람들(Bushes)이 일단의 목사들이 이런 식으로 기도하는 동안 가만히 서 있다는 것을 상상도 할 수 없었다. 후에 트럼프와 그의 러닝메이트인 마이크 펜스가 은사주의 예배에 참석해서 그들의 기도를 받는 모습이 비디오에 나타났을 때, 두 사람 다 그러한 기도가 그들의 당선 가능성에 도움을 주었을 뿐 아니라 또한 그들이 하나님의 백성들의 마음을 이해하는 데에도 도움을 주고 있다는 것을 믿고 있었을지 모른다는 게 분명해 보였다.

　그것은 그저 시작에 불과했다. 조만간에 목사들과 기독교 지도자들과의 이런 만남은 점점 커져서 모든 종류의 수천 명의 복음주의자들을 포괄하게 될 참이었다. 왜 이런 일이 일어났는가? 내 생각에 그것은 트럼프와 펜스가 이런 행사의 중요성을 이해했기 때문이다. 그들이 광범위한 복음주의 진영의 지지를 원하기도 했지만, 또한 그들이 뛰어든 거침없는 정치 싸움에서 그들이 하나님의 축복을 받으리라는 것을 알고 싶었던 것이다. 다른 한편으로는 기독교 목사들과 교사들이 도널드 트럼프가 어떤 종류의 사람인지 직접 알고 싶어 했다.

　선거 동안에만 그런 게 아니었다. 트럼프는 계속해서 여러 경우에 복음주의 지도자들을 백악관으로 초청했다. 바이러스처럼 퍼져 나간 한 가지 사례는 이러했다. 플로리다주에 있는 탬파 베이 강변 교회(The River at Tampa Bay Church)의 담임목사 로드니 하워드 브라우니(Rodney Howard-Browne)는 파리에서 프랑스 대통령 에마뉴엘 마크롱(Emmanuel Macron)과 만나기 위해 2017년 7월에 여행한 직후 대통령 집무실에서 트럼프 대통령과 만난 일단의 종교 지도자들 중 하나였다. 하워드 브라우니는 여러 목사들이 트럼프와 함께 기도하고 그에게 안수할 때 그 순간을 휴대폰 비디오로 찍었다. 폭스앤프렌즈(Fox & Friends) 및 CBN 뉴스의 보도에 의하면, 그 목사는 말하기를 자기는 트럼프의 열린 태도(openness)에 놀랐으며 그것이 믿음의 사람들에게 중요하다는 것을 느꼈다고 했다. 그는 "나는 이것을 미국과 교회를 위한 막판의 유예(last-minute reprieve)로 본다"라고 말했다. "지금은 그리스도의 몸인 교회들이 이전과 다르게 일어설 때다. 우리는 목소리를 내야 한다. 지금은 위기다." 그는 덧붙였다. "나는 트럼프 대통령을 미국에 마지막 한 번의 기회를 주기 위한 기도 응답으로 본다. 우리는 기도해야 한다."[7] 하워드 브라우니가 2017년 7월 12일 그 모임을 찍은 비디오 스크린 샷은 이튿날 드러지 리포트(Drudge Report) 온라인에 올라오자 즉시 퍼져나갔다.

　대부분의 초기 트럼프 지지자들이 은사주의 사람들이지만, 세 명의 주요 비 은사주의 복음주의 지도자들이 트럼프 지지를 표명했는데, 그것은 후에 복음주의 지지의 전조였을 뿐 아니라, 또한 인습에 얽매이지 않는 사업계 거물을 지지하는 것도 괜찮다는 것을 다른 사람들에게 보내는 신호이기도 했다.

그 첫 번째 인사는 이 책에서 여러 번 인용된 바 있는 제일침례교회의 담임목사 로버트 제프리스였다. 1월에 그는 텔레비전 프로에서 제임스 로비슨에게 말하기를 목사로서 자기는 어느 한 후보를 결코 "지지"하지 않을 것이라고 했다. 그러나 그는 트럼프를 여러 차례 만났는데 2015년 9월 트럼프를 위해 열정적으로 기도하고 있는 주로 은사주의 사람들 그룹 가운데 자기가 어색하게 서 있는 모습이 사진에 찍혀 있는 것이다.

아이오와 코커스 직전인 1월에, 리버티대학교 총장인 제리 폴웰 2세 역시 트럼프 지지를 표명했는데, 그 후보자가 이렇게 트윗했다. "굉장한 영광입니다. 우리나라에서 가장 존경받는 종교지도자들 중 한 분이신 리버티대학교의 제리 폴웰 2세가 방금 나를 지지했습니다!"[8] 제프리스와 폴웰은 둘 다 그들의 입장에 대해 많은 비난을 받았다. 제프리스는 뱁티스트 스탠다드(Baptist Standard)지로부터 [9] 위선자로 불렸고, 폴웰은 리버티대학교의 교수진과 학생들 일부로부터 거의 반란에 가까운 일을 당했다.[10]

그러다가 미주리 프라이머리 직전인 2016년 3월 11일에 보수주의 아이콘인 필리스 슐라플리(Phyllis Schlafly)가 아마도 모든 것 중 가장 큰 지지를 트럼프에게 주었다. 트럼프는 전에 민주당원이었고 보수적인 정치 활동에는 한 번도 관여한 적이 없었다. 슐라플리는 6개월 후에 죽게 되겠지만, 자신이 찬성한다는 보수주의 도장을 트럼프에게 찍어주었다는 것은 트럼프야말로 보수적인 가치를 지켜줄 것으로 신뢰할 수 있는 사람이라는 시그널을 복음주의권에서 가장 멀리 떨어져 있는 우파들에게 보냈던 것이다. 슐라플리는 "그는 마지막 희망인 것처럼 보인다"라고 말했다. "우리는 그가 무슨 말을 한다고 누가 말하는 것을 듣지 않는다. 사실은, 그를 당연히 지지해야 할 대부분의 사람들이 그를 공격하고 있다."[11] 슐라플리는 전 달에 브레이트바트 뉴스(Breitbart News)와의 인터뷰에서 말하기를 트럼프는 공화당 지도부의 "정계실력자들"(kingmakers)을 납작하게 만들기에 가장 유리한 위치에 있어 보이지만, 크루즈가 그의 첫 번째 대법원 지명자가 되어야 한다고 했다.[12]

그녀가 9월 5일에 별세하자, 트럼프가 이렇게 트윗했다. "진정으로 위대한 필리스 슐라플리, 대통령이 되도록 강력하게 지지해주심으로 나에게 영광을 안겨주신 분이 향년 92세로 별세하셨습니다. 그녀는 매우 특별한 분이셨습니다."[13] 트럼프는 그녀의 장례식 연설에서 이렇게 말했다. "그녀의 유산(legacy)은 패배자들, 이긴 자들, 우세한 자들이 불평등을 거부하고 국민들에게 승리를 가져다줄 때마다 계속 살아 있을 것입니다."[14] 그녀가 별세한 날, 트럼프는 페이스북에 이런 글을 올렸다. "필리스 슐라플리는 수백만의 사람들을 행동하게 해서 보수주의 운동을 새롭게 만들고, 미국의 노동자들과 가정들을 위하여 세계화 및 '정계 실력자들'과 대담무쌍하게 싸웠던 보수주의 아이콘이다. 그녀가 나라의 주권을 위한 위대한 투쟁에 한 번 더 싸울 때, 나는 이 선거운동 기간에 그녀와 함께 시간을 보내는 영광을 입었다."[15]

그녀가 죽은 다음 날 출간된 그녀의 마지막 책인 〈보수주의 트럼프 옹호론(The Conservative Case for Trump)〉에서 슐라플리는 주장하기를 보수주의 그리스도인들은 리버티대학교 총장 제리 폴웰 2세와 가족 연구 위원회 회장인 토니 퍼킨스를 포함, 입장이 명확한 복음주의 지도자들을 따르고, 트럼프 후보를 지지해야 한다고 했다.

변화에 열려 있음

성경교사요, 컨설턴트요, 사업가인 랜스 월나우(Lance Wallnau)는 복음주의 지도자들과 트럼프 간의 모임에 여러 번 참석했다. 그는 카리스마 잡지 독자들을 위한 행사 하나를 상세히 설명했다.[16] 그 기사는 인터넷에서 널리 공유되었는데, 월나우는 트럼프를 보는 자신의 관점이 얼마나 많이 바뀌었는지를 보여주었다. 그는 자신이 트럼프를 만난 것은 2015년 12월 30일, 트럼프 타워 26층의 회의실이었다고 했다. 참석한 사람들 중 몇몇은 알아봤지만, 방 안에 있는 대부분의 사람들은 그 모임 전에 서로를 개인적으로 알지 못했다. "그것은 미국 인구의 거의 30%(약 3,000만의 잠재적 유권자들)를 차지하는 보다 큰 규모의 자칭 '기독교' 진영 내의 한 그룹인, 흡사 복음주의자들을 취사선택해서 모아놓은 샘플 같았다."

월나우는 말하기를 대부분의 사람들이 처음으로 도널드 트럼프를 만날 때 보는 것으로 자기는 즉시 감명을 받는다고 말했다. 그는 가슴팍이 넓고, 몸집이 큰 데다, 키가 6피트 3인치(190.5cm)로 위압적인 풍채다. 랜스는 "거기에다 신발 뒤축과 머리털을 더해보라. 그러면 그는 1인치는 더 커 보인다"라고 말한다. 그러나 똑같이 월나우를 놀라게 한 것은 트럼프의 매너였다. 그는 우리가 일반적으로 텔레비전에서 보는 것보다 훨씬 더 차분했다. 월나우는 이렇게 쓴다. "그는 상냥하고, 대결적이지 않으며, '대등한 의견 교환'(give and take)에 놀랄 정도로 열려있다. 나는 트럼프가 정보를 재빨리 이해하지만 그와 똑같이 빠르게 그것을 여과해서 이 아이디어와 저 아이디어를 식별해낸다는 인상을 받았다. 그것은 내가 만나는 CEO가 어떤 분야든 그들에게서 주목해보았던 실행력 있는 기술이다."

월나우는 각 사람이 발언할 때, 트럼프가 그들의 말을 알아듣고 그들의 상대적 권위와 파악한 이슈들을 비교·검토했다고 말했다. 커트 슈나이더(Kirt Schneider)라는 메시아닉 랍비가 한 가지 점에서 이렇게 거리낌 없이 발언했다. "당신의 코멘트가 항상 가장 유리하게 당신을 나타내주는 것은 아닙니다. 사람들은 당신에게 대통령의 기질이 있다는 것을 알고 싶어 합니다. 그들은 당신이 핵 단추를 누를 손가락을 안심하고 맡길 수 있는 사람인지 알고 싶어 합니다." 그 점에 대해서 트럼프는 잠시 멈추더니 우리가 텔레비전에서 너무도 여러 번 보았던 대로 그의 입술을 오므리고선 이렇게 말했다. "알겠습니다."

대화가 선거운동 중에 발생했던 잘 알려진 몇몇 말싸움들로 옮겨가자, 트럼프는 이렇게 말했다. "아시겠지만, 사람들은 나를 공격하고 있는 것을… 내가 그것에 대해 반응하고 있는 것을 알아차리지 못합니다. 내가 이민에 대한 입장을 정했을 때 발생하는 폭풍 같이 말이죠. 그것은 아주 사악한 것입니다." 실내에 있는 사람들 대부분은 그의 요점을 이해했다. 그들은 논쟁 중 그들 자신의 몫을 경험한 바 있었던 것이다. 그런 다음, 그에게 질문한 사람 쪽으로 바라보면서 이렇게 말했다. "당신이 항상 배경설명을 아는 건 아니죠. 나는 이걸 말할 수 있는데요, 나는 절대로 분별없이 펀치를 날리지 않아요. 나는 반격을 하는 사람(counter puncher)입니다… 하지만 당신이 말하는 바를 충분히 들었습니다. 나는 당신이 어디 출신인지를 압니다."

실내에 있는 남녀 사람들 여러 명은 미소를 짓는는 아는 체하며 서로 눈짓했다. 그 주제에 관해서는 더 깊이 파고 들어갈 필요가 없었다. 트럼프는 그를 비판하는 언론매체에서 그를 어떻게 인식하고 있는지 이해하고 있는 게 분명했다. 그러나 월나우는 이렇게 말했다. "변화에 대한 경솔한 혹은 부정직한 언질은 없었다. 그는 경우에 따라서 행동할 것이었다. 그가 지명을 획득할 때까지는." 그때 참석한 많은 아프리카계 미국인 목사들을 포함하여, 그날 실내에 있는 일부 목사들은 트럼프를 만나러 뉴욕으로 오는 것까지도 모험하는 것이었다. 월나우는 "그들은 거의 전원이, 심지어 자발적으로 공화당원을 만나러 오는 것에 대해서까지도 그들이 부닥쳤던 반발을 내게 설명했다. 그런 대화를 지켜보는 것이 흥미로웠다"라고 썼다.

월나우에 의하면, 오하이오주 클리블랜드의 대럴 스콧 목사는 거리낌 없이 말했다. "나는 한 가지도 바꾸지 않을 겁니다. 딩신답게 하시고 계속 일관되게 나가십시오. 바로 그게 사람들이 당신에 대해 좋아하는 점입니다. 당신은 정치놀음을 하지 않습니다."

트럼프는 스콧의 말에 기분 좋게 놀라는 눈치였다. 그는 회의실 테이블을 둘러보고는 웃었다. "그래서 '바꾸지 말라'는 말이군요?" 하고 그가 물었다. "음, 그거 흥미롭군요!"

스콧이 대답했다. "맞아요! 사람들은 당신이 바꾸는 걸 보려고 할 겁니다. 그건 당신이 아니라고 그들은 알 겁니다. 당신은 정치적으로 보이기 시작할 겁니다. 그러면 그건 당신을 그 밖의 모든 사람과 똑같이 보이게 할 거예요. 그냥 당신이 되십시오!" 아프리카계 미국인 복음주의자들 대다수는 11월에 민주당 후보를 지지할 판이었다. 그건 비밀이 아니었다. 그러나 스콧은 그 후보자에게 자기는 열린 마음을 가지고 뉴욕에 왔노라고 말했다. "정부에 세 가지 부문이 있습니다. 입법부, 행정부, 사법부지요. 당신은 분명히 행정부에 타고난 재능이 있습니다. 그게 당신이 하는 일입니다."

대화는 몇 분 더 계속되었는데 그러고 나서야 월나우는 트럼프가 방 안에 있는 목사들과 교사들 중 여러 명을 분명히 알고 있다는 걸 깨닫게 되었다. 그는 그들을 만난 적이 한 번도 없었지만, 텔레비전으로 그들의 방송을 시청했던 것이다. 그런 사실을 곰곰 생각하다가, 그는 당연히, 이런 생각이 들었다! "미디어는 그의 영역 중 하나로구나. 그는 기독교 방송 프로그램을 포함해서, 모든 종류의 TV 프로그램에 상당히 많은 다이얼을 맞춰놓고 있구나." 한 번은 트럼프가 이런 말을 했다. 자기는 전날 저녁에 다이얼을 여기저기 돌려보다가 우연히 심야프로인, HBO 방송에서 빌 마허[Bill

Maher: 민주당 소속의 정치 해설가이자 코미디언으로 환각성 마약인 대마와 동성결혼의 합법화를 지지하며 기독교 비판자다. HBO 정치토크쇼 빌 마허와의 리얼타임(2003~현재)과 심야토크쇼인 Politically Incorrect를 진행한다.-역자 주]가 진행하는 인기 있는 좌파 토크쇼 폴리티컬리 인코렉트(Politically Incorrect)를 보게 되었다는 것이다. 트럼프는 "그들이 믿음의 사람들에 대해서 얼마나 적대적인지 놀랄 일이었죠"라고 말했다. "시청하기가 고통스러웠습니다."

여러 사람들이 동의의 표시로 머리를 끄덕이자, 트럼프는 미국에서 항상 저러지는 않았다고 말했다. 그런 다음, TBN 텔레비전 네트워크의 공동창립자인 얀 크로치(Jan Crouch) 쪽으로 몸을 돌려 이렇게 물었다. "이게 얼마 동안은 계속 진행될 것 같아요, 안 그래요?" 모두가 동의했다. 크로치는 트럼프에게 투표할 기회를 갖기 전에 뇌일혈로 죽었는데, 그녀와 남편 폴(Paul)이 수년간 당해왔던 모든 공격을 자초지종 늘어놓을 수도 있었을 것이다. 트럼프가 방을 몇 번 둘러보더니, 이렇게 말했다. "내 생각에는 우리 문화에서 기독교적 컨센서스(의견 일치)를 오래도록 유지해왔는데, 상당히... 망가져버렸어요. 그게 정확한 말이죠?"

목사들은 머리를 끄덕이거나 미소를 지었다. 그러나 그때 트럼프가 모든 사람을 놀라게 한 발언을 했다. "이 나라의 다른 모든 이념 집단은 목소리를 냅니다. 내가 그렇게 말해도 여러분이 언짢게 여기지 않는다면, 여러분은 유약해진 것입니다." 월나우는 그것이 곧 그가 잊지 않으려는 선(line)이라고 말했다. 잠시 숙고한 후에, 트럼프는 방 안을 둘러보고는 자신의 말을 정정했다. "내 말은, 나 자신을 포함해서, 우리가 미국에서 오랫동안 그리스도인으로서 너무 느긋하게 지내왔다는 뜻입니다. 그게 변하고 있습니다." 트럼프는 거기에 참석한 목사들과 교사들이 어떤 의미에서는 그도 그들 중에 하나라는 것을 이해해주길 원했다. 그는 신자로서 그들의 성경 지식이나 그들의 경험 수준이 없을지는 몰라도, 그 자신을 믿음의 사람으로 생각한다. 그리고 복음주의자들의 신념과 관심사에 같이 하고 싶어 한다.

그 모임이 있은 지 얼마 안 되어, 트럼프는 자기가 존슨 수정안을 끝낼 계획이라고 발표했다. 그 당시 상원의원인 린든 존슨(Lyndon Johnson)이 1954년 그의 크리스천 반대자들을 침묵시키기 위해 궁리해낸 그 금지령은 미국의 교회 대표들 머리 위에 드리워진 IRS (Internal Revenue Service의 약자로 미국 국세청이다. 재무부 산하 기관이며, 연방 세금에 관한 집행 징수를 주관한다.-역자 주) 칼날이 되었었다. 월나우는 그 일이 잘 되기를 기도했다. 그러나 사실을 말하면, 설사 존슨 수정안이 철폐된다 할지라도, 대부분의 목사들은 자기네 교인들의 비위를 건드릴까 하는 불안함 가운데 살 것이다.

"[트럼프]가 그다음에 말한 것이 다른 사람들에게는 전혀 영향을 안 끼쳤을지 모르지만, 나는 특별히 깜짝 놀랄 정도로 충격을 먹었다... '자신을 '크리스천'이라고 내세우는 사람들이 이 나라에서 아마도 최대의 단일 유권자층을 차지하지만, 정치적 컨센서스나 혹은 내가 볼 수 있는 다른 어떤 영역에서도 전혀 연합을 이루지 못하고, 펀치력도 없다.'" 정곡을 찌른 말이었다. 그러나 적어도 이 모든 것들은 이제 변화의 시작에 불과하다는 희망이 있었다.

트럼프 카드놀이

이와 같은 모임에서 트럼프는 점차 기독교 지도자들을 설득하여 갈수록 더 많이 끌어 모으고 있었다. 그 외에도, 은사주의 "사도들과 선지자들"은 그들 대부분이 사실 이 사람과는 한 번도 만난 적이 없었는데, 최초의 여성 및 최초의 억만장자 대통령 지명자들 간의 정치 싸움이 미국 역사상 가장 중요한 선거로 밝혀지리라는 것을 성령께서 나타내주셨다고 확신했다. 이 선거에는 예언적 대결의 모든 표지들이 있었다.

훨씬 전인 2007년에 고(故) 킴 클레멘트(Kim Clement)가 이렇게 예언한 바 있었다. "트럼프가 나팔이 될 것이다... 내가 트럼프를 일으켜서 나팔이 되게 하고, 빌 게이츠(Bill Gates)를 일으켜서 교회를 위해 재정적 영역의 문을 활짝 열게 할 것이다."[17] 첫 번째 것은 이루어졌다. 그러나 두 번째 부분에 대해서는 우리가 추이를 관망해야 할 것이다. 제너럴스 인터내셔널(Generals International)의 공동 창립자인 신디 제이콥스(Cindy Jacobs)가 선거 전 카리스마 지에서 "금년은 형세가 일변되는 해다"라고 말했다. "하나님께서 금년 초에 우리에게 말씀을 주셨는데 분류 같은 격렬함(a flood of violence)이 있을 것이라고 하셨다." 그녀는 이렇게 말했다. "그래서 우리는 그게 일어나는 것을 확실히 보아왔다. 하나님은 또한 우리에게 이사야 59장 19절을 보라는 말씀을 주셨다. '원수가 큰물처럼 올 때 주의 영이 그를 대적하여 깃발을 올리시리라.'(한글 킹 제임스 역)"[18]

신디는 선거운동이 시작되기 오래 전에 다가오는 보수주의적 반항에 대한 말씀을 주님께서 그녀에게 주셨다고 말한다. 그녀는 하나님께서 우리나라를 이끌어갈 "애국자를 준비"하고 계신다고 말했다. 그렇지만 이 예언이 이루어지길 바란다면 우리가 기도하며 주님과 한 마음이 되어야 한다고 덧붙였다. 클레멘트와 제이콥 이외에도, 다른 예언자들이 트럼프가 당선될 것이라고 말하기 시작했다. 선거 전에, 카리스마 지는 크리스천 인터내셔널(Christian International)의 창립자인 빌 해몬(Bill Hamon)의 말을 인용한 기사를 실었다. 그는 2015년 11월에 예언하기를 하나님께서 트럼프를 다음 대통령으로 택하셨으며, 그의 당선은 성경적 이스라엘의 회복, 유대 민족의 귀환 및 성전 재건으로 이끄는 세계적 각성(global awakening)의 일부가 될 것이라고 했다.[19]

이를 이해하지 못하거나 믿지 못하는 자들에 대해서는 이 점을 아는 것이 중요하다. 은사주의 신자들은 하나님께서 오늘날에도 말씀하시며 사도 바울이 묘사한 성령의 은사들(고전 12:4-11) 중 하나가 예언의 은사라는 것을 믿는다. 여러 해에 걸쳐, 나는 이루어진 많은 예언을 받은 바 있다. 대부분은 적시에 필요한 격려하는 말들이었다. 그러나 또 다른 종류의 예언은 국가에 대해 말씀하고 우리에게 하나님의 뜻을 알려준다. 일부 그리스도인을 포함하여, 많은 사람이 예언과 같은 은사들을 믿지 않을 것이란 생각이 드는데, 이유는 Y2K 재앙(1999년 12월 31일에서 2000년 1월 1일로 넘어갈 때 날짜나 시각을 다루는 과정에서 컴퓨터에 인식 오류가 발생한다고 하여 사회 전반에 혼란을 일으킨 문제로, 흔히 Y2K, 혹은 밀레니엄 버그, millennium bug라고도 불린다.-역자 주)과 같은 많은 괴짜 예언이 있어왔기 때문이다. 그 사건은 결코 일어나지 않았다. 2008년에 한 평판 있는 목사는 루디 줄리아니(Rudy Giuliani)가 다음 대통령이 될 것이라고 예언했다. 분명히 그런 일은 일어나지 않았다.

그러나 2008년 5월 31일, 내가 존경하는 예언자인 척 피어스(Chuck Pierce)가 예언하기를 트럼프가 8년 후 백악관 주인이 될 것이라고 했다. 그는 내게 말하기를 자기가 뉴저지주 리버티파크에서 주님으로부터 4시간 "방문"(visitation) 중에 이 말씀을 받았다고 했다. 그는 주님께서 다음 몇 년 동안에 많은 것을 그에게 보여주셨다고 말했다. 그때 그는 "미국은 트럼프 카드놀이(play the trump card)를 배워야 한다"라고 말씀하시는 것으로 느꼈다. 그런 다음, 피어스는 3개월 후 그가 라스베이거스의 인터내셔널 교회(International Church)에서 설교하러 차를 몰고 가다가 트럼프 호텔을 지나가는데 또 하나의 메시지를 받았다고 말했다. "내가 트럼프 호텔을 차로 지나갈 때, 하나님께서 말씀하시는 것을 정확히 알았다. 어느 정당의 정치적 배경도 없는, 도널드 트럼프 같은 누군가가 필요할 것이다. 그는 현재 미국을 잘못된 방향으로 끌고 가고 있는 구조를 검토할 것이다." 피어스는 또한 힐러리 클린턴이 민주당 지명을 받을 것 같았던 2008년 초에 점심을 먹으면서 내 아내인 조이와 나에게 말하기를 버락 오바마가 두 번 당선될 것이라고 말했는데, 그의 말이 맞았다.

그 밖의 예언적인 "말들"

척 피어스의 예언이 있은 지 3년 후에, 있을 법하지도 않은 출처에서 또 하나의 예언적인 말이 나왔다. 2011년 4월 센트럴 플로리다 출신의 은퇴한 소방관, 마크 테일러(Mark Taylor)가 말하기를 하나님께서 도널드 트럼프를 택하여 미국의 지도자로 삼아, 나라에 "영광과 존경과 회복을 가져오게" 하실 것이라는 예언을 받았다고 했다. 5년 후에 그는 TruNews.com의 릭 와일스(Rick Wiles) 목사와의 인터뷰에서 그 말을 나누자, 그 예언은 바이러스처럼 퍼졌다.[20]

2011년 4월 28일 테일러는 쇠약해지는 질환 중에 그 말씀이 자기에게 임했다고 말했다. 그는 CharismaNews.com에 실린 새로운 기사를 포함, 그 이야기를 온라인에 올렸다. 테일러는 도널드 트럼프가 당선될 것이라 말했는데, 그것이 전부가 아니었다. 세계적으로 일련의 극적인 변화들, 축복과 저주들, 광범위한 부흥과 인류의 적에 의해 부추겨지는 절망적인 보복행위들이 있을 것이다.[21] 테일러의 이야기를 읽은 많은 사람은 하나님께서 실제로 그에게 말씀하신 것으로 확신하며, 그의 이른 경고는 교회에 잠을 깨워주는 소리(wake-up call)가 되어야 한다고 말했다.

신디 제이콥스는 카리스마 10월호에서 말하기를 자기는 2016년 대선에서 누가 승리할 것인지 예언하기를 원하지 않는다고 했다. 그러나 피어스처럼, 그녀는 하나님이 그의 손에 "트럼프 카드"(trump card)를 갖고 계셔서, 그것을 내놓으려고 한다고 예언했다. 뒤늦게 깨달은 것이지만, 그녀는 그게 도널드 트럼프가 승리할 것이라는 전조였다고 믿는다.[22] 앞에서 인용된 바 있는 아프리카계 미국인 대럴 스콧 목사는 선거 일주일 전에 트럼프가 승리하여 우리 역사상 가장 위대한 대통령이 될 것이라는 예언을 했다며 팟 캐스트에서 내게 말했다. 그것은 예언(prophecy)이라기보다는 오히려 정치적 예측(political prediction)이었다고 말했다.[23] 그러나 앞부분에서는 그가 맞았는데, 뒷부분에 대해서는 두고 보아야 할 것이다.

대럴은 선거 며칠 전 내 친구 프랭크 아메디아(Frank Amedia)와 함께 짐 베커 쇼(The Jim Bakker Show)에 게스트로 나왔다. 4개월 전에 나는 트럼프에 대한 이야기를 하려고 짐 베커 쇼에 출연했는데, 아이러니하게도 내가 뉴욕에서 트럼프를 만나기 위해 일천 명의 다른 복음주의 지도자들과 합류하도록 초청을 받았던 바로 그날이었다. 나는 짐 베커와의 약속을 지키는 것이 그 모임을 위해 날아가는 것보다 더 중요하다고 결정했다. 게다가 나는 트럼프와 개인적 인터뷰를 바라고 있었다. 그것은 8월 11일에 성사되었.

나는 짐의 프로그램에 출연해서 내가 어떻게 트럼프를 지지하게 되었는지 그리고 우리가 선거에 대한 기사를 썼던 우리 잡지 10월호에서 어떤 작업을 하고 있는지 이야기했다. 나는 추측하기를 짐의 초청이 비영리 단체의 정치 개입 제한사항 때문에 나와 인터뷰함으로써 정치를 논하는 그의 방법이겠거니 했다. 그러나 시간이 지나면서, 짐은 선거와 트럼프 지지에 대한 이야기를 위해 더 많은 게스트를 쇼에 초청했다. 내가 그에게 초청하라고 제안했던 강력한 두 지지자는 짐 갈로우와 프랭크 아메디아였는데, 그가 그대로 했던 것이다. 내가 볼 때 짐 베커보다 더 많이 트럼프를 지지하는 자는 아무도 없었다.

선거 일주일 전 인터뷰에서, 프랭크 아메디아는 그가 내게 사적으로 말했던 것, 곧 도널드 트럼프가 2015년 6월에 출마한다는 발표를 하자마자, 자기는 주님께서 "내 손이 이 사람과 함께 하고 있다"라고 말씀하시는 걸 느꼈다고 짐에게 말했다. 그는 또한 주님께서 나라와 세계와 교회에서 주요 전환(shift)을 이루기 위해 "깨뜨리는 자 기름부음"(breaker anointing)을 트럼프에게 주셨다고 믿었다. 나는 우리가 이스라엘의 통곡의 벽(Western Wall)에서 만난 이래로 지금까지 거의 10년 동안 프랭크와 알고 지내는 사이다. 그는 내가 들어본 사람들 중에서 트럼프가 어떻게 승리할 것인가에 대해 이야기한 첫 번째 사람이었다. 그는 온통 트럼프에게 마음이 끌려 있었다. 그리고 그의 노력 덕분에 그는 2015년 3월에 저명한 은사주의 목사들인 시드 롯(Sid Roth), 릭 조이너(Rick Joyner) 및 다른 여러 사람들과 함께 후보자와의 개인적 만남을 갖게 되었다. 그 모임은 트럼프 타워에서 개최되었는데, 그 후에 즉시 프랭크는 선거운동 이슈에 관한 메시지와 조언을 보내드리기 시작했다. 거기에는 이스라엘의 미국 대사관을 예루살렘으로 옮기는 것의 중요성이 포함되었다. 그것은 공화당 정강에 들어갔고 트럼프는 그렇게 하기로 약속했다. 프랭크는 트럼프가 프라이머리 선거에서 승리할 것을 하나님이 자기에게 보여주셨다고 말했다. 그렇게 됨으로 그는 양당의 정치 지도부를 상대로 할 위치에 서게 되는 것이다.

프랭크는 내가 아는 가장 담대한 예언적 지도자들 중 한 분이다.

선거운동 기간 중에 그는 사적인 대화 가운데 내게 말하기를 자기는 교회와 세속적인 영역에 대한 예언의 소리가 되는 일에 헌신해 있으며 트럼프의 백악관행은 하나님에 의해 예정된 범상치 않은 일이라고 했다. 그는 단지 교회 환경(church settings)에서만 그런 말을 한 게 아니었다. 그는 2016년 6월에 진보적 라디오 진행자인 알란 콤즈(Alan Colmes)에 나온 게스트였다. 그 사람은 트럼프에게 깨뜨리는 자 기름부음이 있다는 프랭크의 주장에 어찌할 바를 몰라 했다. 프랭크는 방송에서 트럼프가 대통령 선거인단에서 압승할 것이라고 말했다. 콤즈는 하나님이 존재하는지 여부는 자기가 알지 못한다고 하면서 만일 그런 일이 정말로 일어난다면, 자기는 기적을 믿을 것이라고 인정했다. 우리는 콤즈가 어떤 생각을 했는지 알 길이 없을 것이다. 그는 트럼프가 취임하고 한 달 후인 2017년 2월 23일, 66세에 림프종으로 사망했다.

프랭크는 그가 흥분한 군중들을 인도하여 복음주의자들이 관심을 갖는 모든 이슈를 다루는 변화를 촉구하고 하나님께서 트럼프가 귀를 기울이는 한 이 목적을 위해 그를 일으켜 세우셨다고 밝히는 "선언"을 하게 할 때 처음으로 트럼프 선거운동의 주목을 받았다. 그 후보자는 어떻게 반응했는가? 프랭크는 내게 "트럼프는 그것에 OK 했다"라고 말했다. "사실상, 그는 그것을 받아들였다(embraced)."

오하이오주에 있는 대럴 스콧 목사의 교회에서 가진 집회를 끝낼 때, 프랭크는 참석한 사람들에게 "주님께 여리고 함성"(이스라엘 자손들이 여리고 전쟁에서 승리하기 전에 어떻게 외쳤는가를 언급한 것)을 외치자고 촉구하면서 오순절 형식으로 마음을 뒤흔드는 축도를 했

다. 이번에는 강단의 프랭크 바로 뒤에 서 있는 트럼프와 펜스의 예상되는 승리를 축하하는 자리였다.24)

그 행사는 2016년 9월 21일에 있었다. 우리가 CharismaNews.com에 올린 비디오에서는 트럼프가 기도 후에 함박웃음을 지으며 프랭크를 포옹했다.25) 프랭크는 그토록 담대했다. 만일 그가 틀린다면 어떡하지? 글쎄요, 그는 틀리지 않았다. 그리고 나는 프랭크 아메디아와 기타 많은 사람의 예언들을 온라인에 올리고 우리 잡지와 팟 캐스트를 통해 기록으로 남겨두고자 내가 할 수 있는 일을 했다. 일찍이 나는 랜스 월나우의 팟 캐스트를 기록해 두었는데, 그가 말하기를 하나님께서 페르시아 왕 고레스 대제(Cyrus the Great)를 일으키듯 도널드 트럼프를 일으키실 것이라고 했다.26) 만일 하나님께서 그의 백성을 구하고 이스라엘 민족을 회복시키기 위해서 이교도 왕을 사용하실 수 있었다면, 왜 그분이 여기 미국에서 다시 그 일을 하실 수 없단 말인가?

고레스 왕 유추를 사용한 사람은 월나우만이 아니었다. 장로교 목사인 데렉 토마스(Derek W. H. Thomas)는 주지사와 다른 지도층 복음주의자들이 예배에 참석하는 교회인 사우스캐롤라이나주 컬럼비아의 제일장로교회의 설교에서 비교했다. 그는 트럼프나 클린턴을 언급하지는 않고, 하나님께서 가장 있을 법하지 않은 방법으로 지도자를 일으켜 세우실 수 있다고 말했다. 토마스는 이렇게 질문했다. "여러분은 고레스 대제에게 투표를 했겠습니까?"

WorldNetDaily.com에 실린 제롬 코르시(Jerome Corsi)의 글에 의하면, "토마스의 요지는 잔인한 독재자 고레스 대제가 하나님의 택한 백성인 유대인들을 이스라엘 땅으로 귀환시키는 하나님의 목적을 이루기 위해 그분의 일으킴을 받았다는 것이다."27) 후보자를 거명하지 않았지만, 그는 하나님께서 당신의 목적을 이루기 위해서 가장 있을 법하지 않은 사람들까지도 사용하실 수 있다는 것을 명백히 했다.

물론 모두가 다 동의하는 것은 아니다. 제임스 로비슨은 말하기를 자기는 이런 견해를 가진 이들을 존경한다고 했다. 그러나 하나님은 궁극적으로는 악한 이교도 왕인 고레스를 파멸시키셨다. 그는 트럼프가 그런 타입의 지도자는 아니라고 믿는다. 랜스 월나우의 메시지에 내가 올린 글이 퍼져나가서 여태까지 우리의 팟 캐스트 중 가장 많은 청취율을28) 기록하자, 나는 그것이 복음주의와 은사주의 진영이 선거 날에 도널드 트럼프의 승리를 가져오기 위해 전례 없이 하나로 뭉치게 될 전조라고 믿었다. 오늘날 우리가 아는 바로는 그게 그대로 일어났던 것이다.

"우리가 지금은 거울로 보는 것 같이 희미하나"(12절)라고 고린도전서 13장에서 말씀하듯, 예언의 말들을 어떻게 해석할지는 결코 명확하지 않다. 이것은 마지막 때에 관한 다작의 저자이자 짐 베커 쇼에 자주 출연하는 게스트인 톰 호른(Tom Horn)의 반대 목소리로 설명된다. 그의 새 책인 〈사보타주하는 사람들(Saboteurs)〉에서 발췌하여 CharismaNews.com에 실린 기명 논평 페이지에서 호른은 이렇게 썼다. "이상하게 들릴지 모르지만, 고레스가 고대 유대 민족에게 섭리적인 영향을 주고자 하나님의 쓰임을 받은 이교도 지도자의 유일한 본보기는 아니다. 느부갓네살도 '지극히 높으신 하나님의 종'이라 불렸는데, 왜 많은 현대의 신자들이 그런 본보기에 대해서는 생각하려 하지 않는지 궁금하다."29)

호른은 해방자 고레스와는 달리, 느부갓네살은 유다에 대한 하나님의 심판의 도구였다고 지적한다. 그 말은 곧 포로로 끌려간 사람들 대부분과 그들의 땅이 파괴되었다는 뜻이다. 호른에 의하면, 이 두 인물들 간의 대비는 아주 심각한 문제를 제기한다. 만일 트럼프가 미국의 대통령으로 하나님이 선택하신 자라면, 그는 고레스(우리의 해방자)인가, 아니면 느부갓네살(우리의 심판의 대행자)인가? 호른은 "나는 트럼프가 이 나라에서 영적 각성을 위한 유예와 기회를 허락하기 위해 사회주의적 세계화(socialist-globalist) 탈퇴 어젠다에 속력을 내려는 하나님의 방법이라고 믿고 싶다. 그러나 만일 내가 틀린다면 어찌 되는가?"라고 썼다.30)

고린도전서 13장은 또한 이렇게 말씀한다. "우리는 부분적으로 알고 부분적으로 예언한다."(9절). 그러기에 나는 우리가 이해할 수 없는 일들이 많다고 믿는다. 우리는 두고 보아야 한다. 그러나 미국에 회개가 필요한 것은 분명하다. 그리고 하나님께서 우리에게 말씀하시는 것 같다. 우리는 귀를 기울이고 순종할 것인가?

Chapter 07
소수인종 문제

　2014년 8월 미주리주 퍼거슨에서 일어난 폭동과 격렬한 항의에 뒤이어, 뉴욕타임스는 미국의 이민족 관계(race relations)의 상태에 관해 진지하게 전개된 글을 실었다. 필자들은 "미국의 인종적 분열은 공화국 자체보다 더 오래되고 이 나라의 역사를 형성한 중추적인 단층선(fault line)이다"라고 기술한다. 그 여름의 분노에서 갑자기 분출한 "흑백간의 인종 분열"을 지적하면서, 그 기사는 이렇게 말했다. "합법적 인종차별의 시대가 50년이 지났지만, 미국의 흑인과 백인 간의 간극은 여전히 그대로고 몇 가지 중요한 점들에서는 넓이가 전과 다름없다."[1]
　필자들은 그들이 묘사하고 있는 전반적인 암담한 이미지에서 "간부직과 관리직에서 흑인들의 수가 증가하고... 흑인과 백인 간 평균수명의 격차가 감소하는 것"을 포함해서, "밝은 점들"이 있다는 것을 인정했다. 하지만 남자와 여자 및 히스패닉과 비 히스패닉 간의 격차가 근년에는 실제로 줄어들었다는 것을 인정하면서도, 그들은 백인들과 이 나라의 인종적 소수자들 간의 인종적 경계선을 건너갈 희망은 아무 때든 거의 존재하지 않는다고 어쩔 수 없이 성급하게 결론 내렸다.2)

인구가 많고 다양한 나라에서는 어디서나 마찬가지겠지만, 이 나라에서 여러 다양한 소수민족 공동체들 간에 의미 있는 차이와 중요한 불일치 영역들이 있다는 것은 아무도 부인하지 않는다. 그러나 대부분 미국인들은 인종이나 사회·경제적인 지위와 관계없이, 본질적으로는 여전히 그와 똑같은 것들을 원한다. 우리는 모두 깨끗하고 안전한 이웃들 가운데 살기를 원한다. 우리네 가정이 안전하고, 품위 있는 생활을 할 수 있으며, 우리 가족을 부양하고, 우리 자녀를 교육시키며, 부당한 제재 없이 일하고 놀 수 있으며, 우리의 신념과 전통에 따라 자유롭게 예배하기를 원하는 것이다. 우리를 갈라놓기 쉽고 그래서 민주당이 기다리고 있는 팔 안으로 많은 소수민족을 끌어가게 한 것은 사람들을 설득하여 그들의 이웃을 불신하고 오로지 정부만이 그들의 필요를 채워줄 수 있다고 믿게 하는 레토릭(미사여구)이다.

인종의 정치(politics of race)는 아주 오랫동안 거대한 요인이었기 때문에 많은 사람은 뉴욕타임스가 분명히 믿는 바대로, 상황(things)은 결코 바뀌지 않을 것이라는 개념(idea)을 받아들이게 되었다. 그러나 만일 2016년 대선에서 그것이 잘못되었다고 입증해줄 한 가지 요인이 있었다면, 그것은 모든 소수민족 그룹과 사회의 모든 구성단위들 내의 남녀 사람들을 감동시키고, 뉴욕 출신의 솔직한 정치적 아웃사이더인 도널드 트럼프가 사실은 그들이 오랫동안 바라왔던 바로 그 정치 지도자일 수도 있다는 희망 가운데서 그들을 단결시키는 영적 연합의 물결의 출현이었다. 그것은 그가 다른 어떤 누구보다 더 낫다거나 더 지혜롭기 때문이 아니라 그가 하나님에 대한 믿음, 미국의 이상에 대한 신념 및 도덕적 갱신의 중요성을 그의 선거운동의 주요 주제로 삼겠다는 용기를 가졌기 때문이다.

선거 이후 많은 소식통의 보도에 의하면 복음주의 표가 트럼프에게 그가 승리하는 데 필요한 우위를 주었다고 했다. 나는 이미 여러 군데서 이들 출처들을 언급한 바 있다. 그리고 그 증거는 위압적이다. 그러나 복음주의자들은 모든 소수민족과 사회경제적 그룹들로 이루어진 다양한 집단이라는 것을 주목하는 게 중요하다. 그들이 11월에 트럼프를 지지하게 된 많은 이유가 있는 것만은 틀림없다. 그러나 내가 가장 주목하게 된 것은 너무도 많은 아프리카계 미국인들, 히스패닉들, 아시아인들 및 기타 다른 소수민족들이(그들 중 다수는 대대로 민주당을 지지해왔지만)이번에는 공화당을 지지하기로 결정했다는 점이다.

트럼프가 그러한 공동체들에 영향을 미치는 일에 박차를 가했다는 것에는 의심의 여지가 없다. 그는 히스패닉 계의 표를 롬니보다 2% 더 많은 29% 얻었다.[3] 그가 흑인들 표의 8% 밖에 얻지[4] 못했지만, 이야깃거리가 되는 증거에 의하면 대다수의 아프리카계 미국인들은 클린턴에게 투표하느니 차라리 그냥 집에 있었다고 한다. 그들은 트럼프에게 투표할 수 없었지만, 집에 있음으로 해서 클린턴이 미시간, 위스콘신, 펜실베이니아, 플로리다 같은 곳에서 기대하고 있던 표를 빼앗아버린 것이다.5) 교회에 다니는 흑인들과 히스패닉들은 일반적으로 낙태를 거부하고 전통적인 결혼을 찬성한다. 그들은 굳센 노동 윤리와 전통적 가치를 갖는 경향이 더 짙다. 민주당원들은 동일성 정치(identity politics: 특정 종교, 민족, 사회적 배경을 가진 사람들이 배타적인 정치적 유대를 결성하는 경향-역자 주)를 아주 성공적으로 사용해왔기 때문에 많은 흑인과 히스패닉이 민주당을 지지한다. 그 이유는 단지 네가 지지하니 나도 지지한다는 것이다. 그러나 트럼프 선거운동이 그것을 바꾸어놓았을지 모른다.

전 하원의장이자 전 대통령 후보였던 뉴트 깅리치는 그의 저서 〈트럼프를 이해하기(Understanding Trump)〉에서 공화당원들이 이제는 그러한 유권자들을 끌어당길 기회를 갖게 되었다고 말한다. "사실은, 만일 공화당이 좌파의 브랜드를 떨쳐버리고 라틴 아메리카계, 아프리카계, 아시아계 미국인들 및 기타 사람들을 끌어들일 수 있다면, 우리는 전통적 가치를 찬성하는 미국인들로 거대한 연합을 형성할 것이다. 이들은 정부의 방해 없이 열심히 일하고, 자기 가족을 부양하며, 자신의 행복을 추구하기 원하는 미국인들이다. 솔직히 말하면, 그것은 트럼프 대통령의 주요 목표들 중의 하나가 되어야 한다. 만일 그가 성공하면, 그건 그가 대통령으로서 공화당을 위해 성취할 수 있는 가장 중요한 성취가 될 것이다."6)

히스패닉계의 투표를 평가하려고 할 때, 여론 조사원들은 이민에 대한 트럼프의 입장과 "장벽" 설치에 관한 그의 트위트 때문에 한 자리수의 트럼프 지지를 예상하고 있었다. 2016년 5월(트럼프가 공화당 지명을 매듭지었던 바로 그 달)에 나는 전국 히스패닉 크리스천 리더십 콘퍼런스(National Hispanic Christian Leadership Conference, NHCLC) 임원회의에 참석했다. 나는 대부분이 목사인 임원들 다수를 알고 있었다. 그리고 전통적 결혼과 낙태 반대 이슈들에 관해서는 그들이 보수적이라는 것을 알고 있었다. 하지만 만일 트럼프가 모든 불법체류자들을 추방한다면, 그들의 오순절 회중들의 25%에서 35%까지 잃을 수 있다고 큰 소리로 우려하는 말을 들었다. 결과적으로, 임원회는 중립을 지키기로 결정했다. 그들의 대형 콘퍼런스 행사에서 트럼프와 클린턴 양측에서 보내온 영상 인사말을[7] 방영해주었는데, 그들은 어느 후보도 지지하지 않았다.

티핑 포인트

선거 날 출구조사에 의하면, 트럼프를 지지한 히스패닉계의 30% 중에서 가장 많은 그룹은 복음주의자들이었다. 그들은 66%나 그를 지지했다. 플로리다와 펜실베이니아에서는 복음주의 히스패닉 표가 승리의 표차를 결정했다. 분석가들은 그 두 주가 없었더라면, 트럼프는 당선되지 못했을 것이라고 보도했다.[8] 그렇다면 실제로 어떤 일이 벌어졌던가? NHCLC 회장인 나의 오랜 친구 샘 로드리게스(Sam Rodriguez)가 내게 말하기를 히스패닉 공동체가 가장 관심을 두는 이슈들인 대법원과 어떤 종류의 판사를 클린턴이나 트럼프가 임명할 것인가에 대해 결국 트럼프 지지로 귀착되었다고 했다.

그는 "그렇게 귀착이 되었을 때, 대법원은 트럼프의 장벽과 트럼프의 트위트를 이겼다"라고 말했다.[9]

로드리게스는 내게 티핑 포인트(tipping point: 베스트셀러 작가 말콤 글래드웰의 저서 〈티핑 포인트〉에서 나온 말로, 작은 것이 어느 날 큰 차이를 만들어내는 극적인 전환의 순간을 뜻한다.-역자 주)를 언급했다. 사회자인 크리스 월레스(Chris Wallace)가 힐러리 클린턴에게 태어나지 않은 아이는 권리가 없다고 말한 것으로 그녀의 말이 인용되었는데, 그녀가 그 말을 부인하지 않았다고 말했던 세 번째 토론에서 나왔다는 것이다. 그 토론 중에, 그는 친구들로부터 "나는 바뀠어. 이제는 내가 힐러리를 지지할 길이 없네."[10]라고 하는 문자들을 받았다.

일찍이 CBN 뉴스와의 인터뷰에서, 로드리게스는 그가 트럼프를 인종차별주의자로 생각하는지 여부를 질문받았다. 그는 "그거야말로 과장된 표현이지요"라고 말했다. "그건 도널드 트럼프에게 뭐랄까 내가 보기엔 도무지 맞지 않는 극우적인 인종차별주의자라는 색깔을 입히려는 시도이자 목적으로 진보적 언론에서 과장된 표현을 쓴 겁니다." 그러나 그는 트럼프가 불법 체류자들에 대해 트위터에 올린 글은 역효과를 낸 것이라고 강조하여 말했다. 그는 불법으로 입국한 사람들 다수가 NHCLC 교회들에 출석하며 "성경적 정통 교리, 혹은 매우 충실한 보수주의 가톨릭에 헌신된, 거듭난 크리스천들"이라고 말했다.[11] 후에 샘은 폭스의 온 더 레코드(On the Record) 프로와 스페인어 텔레비전 방송 네트워크인 유니비전(Univision)에서는 트럼프의 최대 언론계 표적들 중 하나가 된 호르

헤 라모스(Jorge Ramos)와의 인터뷰에서 기본적으로 똑같은 말을 했다.12)

로드리게스의 코멘트는 트럼프의 주목을 받았다. 그래서 2016년 6월, 트럼프가 뉴욕에서 일천 명의 복음주의 지도자들 그룹과 만날 때, 로드리게스는 다른 30명과의 사전 미팅에 초치되었다.13) 논의의 초점은 곧 로드리게스에게로 집중되었다. 그는 트럼프에게 공손히 말하기를 히스패닉 크리스천들은 그를 지지할 것 같은데, 하지만 불법체류자들과 장벽 설치에 대한 그의 레토릭이 그에게 불리하게 작용하고 있다고 했다. 트럼프는 그에게 어떤 이슈들이 히스패닉 사람들에게 가장 중요한가를 물었다. 로드리게스는 다섯 가지 우선 사항이 있다고 말했는데, 그는 그것에 관해서 여러 차례 설교를 한 적이 있었다. 곧 대법원, 종교적 자유, 교육의 질, 인종적 연합 및 이민 개혁의 순으로 말했다.14)

트럼프의 선거운동 디렉터인 폴 매너포트는 로드리게스와 전화번호를 교환하고 자기와 자기네 동료들이 그와 더 많은 토론을 원한다고 말했다. 그는 트럼프를 지지하진 않았지만, 선거운동에 조언하기 시작했다. 그러는 동안에 또한 한 가지 요점(pivot)이 있었으니, 곧 레토릭이 줄어든 것이었다. 그가 받는 정보 덕분에, 트럼프는 로드리게스가 제기한 우선 사항들 중 다수를 강조하면서 히스패닉 공동체의 관심사에 더 많은 관심을 보이기 시작했다.15)

선거 다음 날 트럼프의 선거운동 간부진 중 하나가 로드리게스에게 전화를 걸어 퍼센트로 말하면 더 많은 히스패닉 사람들이 이전의 어떤 선거에서보다 공화당 후보를 지지해 주었다고 알려드리게 되어서 기쁘다고 말했다. 히스패닉 가톨릭 신자들 대다수가 전통적인 방침을 따라 민주당 후보를 지지한 반면, 트럼프는 복음주의 히스패닉 표를 압도적으로 얻었던 것이다.[16]

두 달 후 로드리게스는 트럼프의 취임 선서식에서 기도해달라는 초청을 받았다. 하나님의 성회 교단에서 대통령 취임식에 기도 초청을 받은 사람은 그가 처음이었을 것이다.[17] 그는 기도하러 앞으로 나왔을 때, 가난한 자들과 억압받는 자들을 섬기라는 산상수훈의 말씀을 낭독했다.

> 의에 주리고 목마른 자는 복이 있나니 그들이 배부를 것임이요
> 긍휼히 여기는 자는 복이 있나니 그들이 긍휼히 여김을 받을 것임이요…
> 나로 말미암아 너희를 욕하고 박해하고 거짓으로 너희를 거슬러 모든 악한 말을 할 때 에는 너희에게 복이 있나니…
> 너희는 세상의 빛이라 산 위에 있는 동네가 숨겨지지 못할 것이요 사람이 등불을 켜서 말 아래에 두지 아니하고 등경 위에 두나니 이러므로 집 안 모든 사람에게 비치느니라
> 이같이 너희 빛이 사람 앞에 비치게 하여 그들로 너희 착한 행실을 보고 하늘에 계신 너희 아버지께 영광을 돌리게 하라
> — 마태복음 5:6-7, 11, 14-26

그 낭독은 특히 그(트럼프)가 지금까지 참아온 비웃음과 조롱에 비추어볼 때, 새 대통령에 대한 가슴 뭉클한 찬사인 동시에 또한 "주 너의 하나님을 사랑하고 또 네 이웃을 네 몸과 같이 사랑하라"

고 우리 모두가 받은바 있는 고귀한 부르심(high calling)을 생각나게 해주었다.

인종적 분열을 치유함

흑인 공동체에서는 트럼프가 자신은 좌파들이 그를 억지로 만든 인종차별주의자가 아니라는 점을 목사들에게 거의 한 명 한 명씩 납득시켜야만 했다. 대럴 스콧 목사는 짐 베커 쇼에 나와서 트럼프가 인종차별주의자일 수 없는 이유를 이렇게 밝혔다. "만일 그가 인종차별주의자라면, 무엇 때문에 그가 나와 어울리려고 하겠느냐?"[18]

선거 일주일 전 스콧은 나와의 팟 캐스트에서 자기가 트럼프 지지자가 된 정신적 정황에 대해 내게 말했다. 그는 앞에서 설명한 모임에서 그가 트럼프와 다른 크리스천 목사들과의 처음 만난 자리에서부터 어떻게 자신의 태도가 바뀌었는지를 중계 방송하기 시작했다. 그 모임은 2012년에 파울라 화이트 케인이 "기도할 줄 아는"[19] 크리스천 친구들과 함께 모이기 시작한 미팅이었다.

스콧은 트럼프가 지지를 요청하지 않고, 오히려 기도를 요청한 것에 놀랐다고 말했다. 그는 자기가 2012년에 오바마를 상대로 출마할까 말까에 관해 경건한 조언을 구하고 있노라고 말했다. 정치인들에게 애교를 떠는 자가 결코 아니기에, 스콧은 트럼프가 인종차별주의자라는 소문이 흑인들 사회에 퍼져있기 때문에 자기가 왜 그를 지지해야 하느냐고 그 모임에서 물었다. 트럼프는 다른 환경에서도 했듯이, 이렇게 대답했다. "나는 아마도 당신이 아는 인종차별주의자와는 가장 거리가 먼 사람일 겁니다." 그는 만일 자신이 진짜로 인종차별주의자라면 모든 인종과 신조를 가진 그 많은 사람과 함께 비즈니스를 할 수 없다고 말했다.[30]

스콧은 이 이야기를 팟 캐스트 청취자들에게 전하면서 트럼프가 쟁점을 논하거나 자기가 3학년 때 흑인 친구가 있었기 때문에 인종차별주의자가 아니라고 변명하지 않으면서 자기를 감동시켰다고 말했다. 분명히 트럼프도 스콧에게 깊은 인상을 받았던 모양이다. 모임이 끝난 후에 트럼프 참모 한 사람이 그와 핸드폰 번호를 교환하고 말하기를, "어르신께서 당신의 담대함에 관심을 가지셨어요. 연락을 하고 싶다고 하십니다"라고 했다.[21]

도널드 트럼프는 아프리카계 미국인 유권자들과 접촉하는 동안 2016년 9월 3일 토요일에 미시간주 디트로이트의 그레이트 페이스 미니스트리스 인터내셔널(Great Faith Ministries International)에서 사도 웨인 잭슨(Wayne T. Jackson)과 인터뷰를 했다. 그 인터뷰는 임팩트 네트워크(Impact Network)에서 방송으로 나갔다. 그것은 약 7,000만 가정이 시청하는 방송으로 전국에서 가장 빠르게 성장하는 믿음에 기초한 텔레비전 네트워크 중 하나이며 아프리카계 미국인들이 경영하는 유일한 방송이다. 잭슨은 그의 잡지 스타일의 프로그램인 기적은 반드시 일어난다(Miracles Do Happen)에서 후보자와의 인터뷰에 동의했다. 그리고 기적은 정확히 트럼프 후보가 바라고 있던 바였다.[22]

민주당원인 잭슨은 트럼프를 초청하지 말라는 엄청난 압력을 받고 있었다. 그는 또한 힐러리 클린턴에게도 초청장을 보냈지만, 그녀는 반응을 보이지 않았다. 그는 트럼프가 자기 교회에서 아무 발언도 하게 할 생각을 하지 않았고 다만 예배 내내 앉아 있게만 할 참이었다. 트럼프의 자동차 행렬이 도착하자, 잭슨은 그를 맞으러 나갔는데 주님께서 그에게 "그가 다음번 대통령이다"라고 말씀하신다고 느꼈다. 그런 다음 그는 내게 말하기를 자기는 세속 언론 카메라들이 돌아가는 동안 트럼프가 그의 회중에게 말하도록 초청하라는 이끌림을 느꼈다고 했다.

그 인터뷰에서 가장 주목할 만한 순간은 트럼프가 탈리트(tallit: 유대교도의 남자가 아침 예배 때 어깨에 걸치는 겉옷으로 tallith, tallis라고도 한다.-역자 주)로 알려진 유대인의 기도 숄을 선물 받았을 때였다. 그 숄은 아주 특별한 영적인 기름부음을 나타낸다고 설명하고서 잭슨은 트럼프에게 말했다. "당신의 삶에서 버림받았다는 느낌이 드는 때가 있을 것입니다. 다운된 느낌이 들 것입니다. 그러나 그 기름부음이 당신의 기운을 북돋우어줄 것입니다."

그다음에 그는 그 숄을 후보자의 양 어깨에 걸쳐주고 또 그에게 다른 것들도 있지만 특히 유대의 절기와 의례들에 대한 주(註)와 주해들이 딸린 "유대인" 바이블을 선물로 드렸다. 그런 다음 그가 이렇게 말했다. "우리가 그것을 특별히 당신께 드리고, 또 당신의 아내에게도 드립니다. 그 이유는 일이 안 풀릴 때, 당신이 하나님의 말씀을 연구할 수 있기 때문입니다." 트럼프가 그 순간의 상징적 의미를 충분히 이해하지 못했을지라도, 이 책의 사진란에 나온 행사 사진

에서 볼 수 있듯이, 그는 그런 증정품들에 감동을 받은 게 분명했다.[23]

마르틴 루터 킹 2세(Martin Luther King Jr.) 박사의 조카인 알베다 킹(Alveda King) 박사 또한 트럼프 지지자였다. 비록 트럼프의 딸 이방카(Ivanka)가 자기 아버지는 인종적으로 색맹이라고[24] 말했을 때 그녀가 거리낌 없이 말하지 않으면 안 되었다고 내게 말했지만 말이다. 알베다가 "만일 백인의 특권이 당신을 색맹으로 만든다면, 당신은 안경을 써야 한다"라고 말했던 것이다. 알베다는 후보를 지지하지 않는 방침을 가진 사람으로, 하나님의 뜻이 이루어지기를 기도하는 쪽이다. 프라이머리 초기에는 그녀가 자기처럼 정치적으로 보수적인 벤 카슨을 지지했다. 카슨이 트럼프를 지지하자, 알베다는 적극적으로 트럼프를 지지하기 시작했고 여러 차례 그와 사진도 찍어서, 누가 승리하길 바라는지 모두가 볼 수 있게 시그널을 보냈다.[25]

그녀는 내게 자신의 결정적인 이슈는 트럼프의 강력한 임신중절 반대 입장이었다고 말했다. 그녀는 낙태 반대 행동주의를 아직 태어나지 않은 아이에 대한 인권 캠페인이라 부른다.[26] 그녀는 더 많은 흑인들로 낙태 선택권을 거부하게 하길 희망하는 가톨릭 단체인 생명을 위한 사제들(Priests for Life)과 긴밀히 협력한다. 그녀는 유명한 그녀의 삼촌의 말을 인용한다. " 니그로는 그가 안락과 안전을 위해 자기 자녀들의 생명을 희생시키려고 하는 한 승리할 수 없다." 그녀는 이렇게 덧붙인다. "만일 우리가 자녀들을 살해한다면 어떻게 그 '꿈'이 살아남을 수 있는가? 모든 낙태된 아이는 그의 엄마의 자궁에서는 노예와 같다. 엄마가 그의 운명을 결정한다."27)

알베다는 가족계획연맹(Planned Parenthood)이 흑인 공동체를 낙태의 대상으로 삼는다고 믿는다. 미국에서 흑인들은 대략 인구의 13%를 구성하고 있지만 모든 낙태의 37%를 차지한다. 이는 히스패닉이 약 19%이고 백인이 38%인 것과 비교된다.28) 그녀는 흑인 공동체에서 이 점을 꾸준히 설교하여 로마 가톨릭인 아프리카계 미국인들 가운데서 자발적인 지지자들을 얻었다. 그녀는 이들 유권자들이 가톨릭의 통계가 클린턴을 지지한 45%에 비해 트럼프 지지가 52%가 되게 하는 데 도움을 주었다고 말한다. 알베다는 몇몇 주요 핵심 주들에서 흑인공동체의 18%나 되는 많은 사람이 트럼프를 지지했다고 말한다. 그 통계를 내가 확인할 수는 없지만 말이다.29)

동일성 정치(identity politics)의 문제는 미국의 대부분에서 삶의 현실로 남아 있어서 우리가 얼마간은 감수하고 지내야 할 일임에 틀림없다. 소수민족 그룹들 간에 균형과 존중을 회복하려고 애쓰는 흑인 복음주의자들과 낙태 합법화 반대의 가톨릭 신자들이 많이 있지만, 정치적 좌파들이 소위 "백인들 특권"(white privilege: 동일한 사회, 정치, 경제적 환경에서 백인들만이 누리는 사회적 특권-역자 주)이라는 돌풍인, "흑인의 삶도 소중하다"(Black Lives Matter) 단체와 같은 그룹들을 이용해서 흑인과 백인 사이를 갈라놓기 위해 폭력을 조장한다.

뉴트 깅리치는 그의 책에서 도널드 트럼프가 수십 년 동안 이 나라를 갈라놓고 있는 동일성 정치의 문제에 대처하기 위해 최선을 다하고 있다고 말한다. "그는 모든 미국인들에게 그들의 차이들을 찬양하되(celebrate), 그러나 우리는 하나님 아래서 한 백성임을 결코 잊지 말라고 촉구했다."30)라고 말이다.

트럼프는 그의 취임연설에서 이렇게 말했다. "우리 정치의 근저에 아메리카합중국에 대한 전적인 충성이 있을 것이며, 우리나라에 대한 우리의 충성을 통하여, 우리는 서로에 대한 우리의 충성을 재발견할 것입니다. 여러분이 나라 사랑(patriotism)에 마음을 열 때, 편견이 들어갈 여지는 없을 것입니다. 성경은 우리에게 이렇게 말합니다. '보라 형제가 연합하여 동거함이 어찌 그리 선하고 아름다운고' 우리는 우리의 생각(minds)을 공공연히 말해야 하고, 우리의 의견 차이를 허심탄회하게 토론해야 하지만, 그러나 항상 일치를 추구해야 합니다."31) 깅리치는 트럼프의 메시지에서 이 부분이 절대 중요하다고 믿는데 그 이유는 "그것이 언론에서는 완전히 간과해버린 트럼프 대통령의 인격의 한 면을 표현하기" 때문이다. 그는 "트럼프에게는, 애국적인 마음 안에 편협함이 존재할 수 없다. 인종차별주의자(다른 어떤 미국인이든 그들의 성, 종교, 인종 혹은 전통에 근거하여 존경하지 않는 것)가 된다는 것은 완전히 비애국적이 되는 것이다"32)라고 말한다.

메릴랜드주 벨츠빌의 호프 크리스천 교회의 담임목사이자 폭스뉴스에 자주 기고하는 나의 좋은 친구 해리 잭슨(Harry Jackson) 감독은 그가 전국 종교방송사(National Religious Broadcasters)의 초청을 받아 "트럼프만 말고는 아무나" 입장을 가졌던 전 부시 행정부 직원과의 공개 토론에 참여했을 때 똑같은 포인트를 강조했다. 잭슨 감독은 그 토론의 두 번째 회를 트럼프가 "인종적 분열에 뭔

가 실질적인 치유책을 가져다줄 수 있는 유일한 자가 될 수도 있다"는 말로 시작했다.[33]

그의 생각으로는, 트럼프가 교육 및 경제적 기회에 관한 실제적인 답변을 제시함으로써 나라를 도울 수 있을 것이라고 말했다. 흑인 및 히스패닉 유권자들은 "불만의 정치"(the politics of grievance)를 너무도 자주 참아왔다. 그러나 트럼프는 소수민족 공동체들을 위한 진보를 그의 선거운동의 우선순위로 삼아왔다. 이들 공동체들에 속한 사람들이 양 당으로부터 실망을 겪은 사실은 부인할 수 없다. 그러나 잭슨은 말하기를 자기는 트럼프가 인종과 계급 문제를 "실용적인 방법"으로[34] 대처함으로써 미국을 앞으로 전진시킬 "변화의 발동자"(change agent)가 될 수 있으리라 확신한다고 했다.

잭슨은 이어서 샘 로드리게스가 언급했던 것을 되풀이하는 우선 사항들을 열거했다. 그것은 수가 많은 소수민족 공동체들에 속한 크리스천들에게 특히 관심이 있을 이슈들인데, 예컨대 교육 개혁, 도시지역의 경제개발 및 가정 우선의 세금정책 등이다. 그리고 이들 지도자들 각자의 경우, 그들의 우선 사항들의 목록에서 상위는 종교적 자유에 대한 약속, 대법원에 강력한 낙태 반대 판사 임명 및 이스라엘 국가에 대한 강력한 지지였는데, 그것들은 전부 트럼프의 정강 공약들의 목록에서도 똑같이 상위의 것들이었다.[35]

언약을 지지함

미국 내 유대인 소수민족은 다른 소수민족 집단과는 다른 범주에서 살아간다. 그리고 유대인들은 기독교 신학 안에서 특별한 위치를 차지한다. 1948년에 현대적인 국가가 세워진 이후로 복음주의 크리스천들 가운데서 이스라엘에 대한 실질적인 지지 기반이 있어왔다. 그러나 기독교와 유대교 양자의 히브리적 뿌리는 성경 그 자체만큼이나 오래되었다. 유대 국가의 관심사를 지지하는 가장 가시적인 크리스천 단체들 중 둘은 예루살렘 주재 국제 크리스천 대사관(International Christian Embassy in Jerusalem)과 대형교회 목사 존 해기(John Hagee)가 이끄는 이스라엘을 위한 크리스천 연합(Christians United for Israel)이다. 이 나라가 이스라엘 국가와 관련되어 있음에도 불구하고, 미국의 지지는 오바마 대통령 때 심각하게 훼손되었다. 진보적 크리스천들이 팔레스타인의 주장에 찬성하는 경향이 있다. 그러나 대부분 복음주의자들은 전(前) 대통령이 이스라엘의 베냐민 네타냐후(Benjamin Netanyahu)에 대해 얕보는 발언을 한 것에 경악을 했다.

신실한 복음주의자들 대부분은 창세기 12장 3절의 말씀을 잘 알고 있다. 여기에서는 하나님께서 유대민족의 조상 아브라함에게 이렇게 말씀하신다. "너를 축복하는 자에게는 내가 복을 내리고 너를 저주하는 자에게는 내가 저주하리니 땅의 모든 족속이 너로 말미암아 복을 얻을 것이라." 그 구절의 약속은 아주 단순하다. 이스라엘 민족은 하나님 보시기에 신성하다. 그리고 하나님의 축복은 수 세기를 거쳐 오는 동안 무수히 멸망과 재난을 겪어온 중에서도 유대 백성들을 보존해왔다. 하나님은 그 나라와 그 백성을 축복하셨고 유대민족을 지지하는 자들을 축복하고 그의 택한 백성을 해치는 자들을 저주하겠다고 약속하셨다. 복음주의 크리스천들은 이것을 성경에서 가장 기본적인 약속들 중 하나로 믿는다.

우리가 제2장에서 만난 바 있는 은사주의 예언자 척 피어스(Chuck Pierce)는 오바마의 두 차례 집권을 예언했으며, 그 8년 동안에 그는 이스라엘 국가를 두고 기도를 집중했다. "주께서 내게 말씀하시기를 만일 내가 네타냐후를 위해 기도하고 만일 그가 계속 집권할 수 있다면, 미국은 괜찮을 것(OK)이라고 하셨습니다. 그래서 미국의 모든 이슈에 빠져 꼼짝 못하게 되는 대신, 나는 이스라엘에 가서 기도와 예배 집회를 인도했습니다."36) 피어스가 내게 한 말이다. 이것은 전부 오바마가 네타냐후의 재선 운동을 패배시키기 위해 막후에서 작업하고 있던 것과 동시에 진행되었다.37) 피어스와 다른 목사들이 여론조사에서 몹시도 뒤처지고 있던 네타냐후가 승리하도록 중보기도하기 위해 이스라엘로 날아갔다. 다행히도 그가 승리했다.

2017년 5월 펜스 부통령이 약 일백 명의 랍비들과 이스라엘 외교관들, 의회의원 몇 명, 그리고 약 30명의 복음주의자들을 백악관으로 초청하여 이스라엘의 독립기념일을 축하했다. 피어스는 내게 "그는 공언하기를 이 행정부가 집권하는 한, 이스라엘은 우리에게 최고의 친구가 될 것이며, 우리는 그들에게 최고의 친구가 될 것이라고 했다. 이스라엘이 국가가 된 이후로 백악관이 그렇게 했다는 것은 역사상 처음이었다"라고 말했다. "그 공언이 이루어질 때 백악관에서 그 행사를 취재하는 모든 언론 매체들이 그곳에 있었지만, 보도되지 않았다. 그것은 하나님의 언약에 동조하지 않는다는 그런 전략이 어떻게 이 나라에 있는가를 당신에게 보여주는 것이다."38)

피어스의 관점에서는, 하나님의 목적에 동조하는 것은 세금이나 교육이나 이민개혁 같은 세속적인 이슈보다 무한히 더 중요하다. 보통은 이스라엘에 대한 지지가 표를 좌우하는 선거로서 인식되지 않긴 하지만, 복음주의자들 중에서는 거의 항상 엄청난 요인이다. 스스로 크리스천 시온주의자들로 인식하는 자들 가운데서는 그 이슈야말로 다른 모든 것을 압도해버린다. 그래서 피어스는, 지금까지 한 번도 정치적으로 적극적이지 않은 사람인데, "영적인 영역에서" 그가 할 수 있다고 느낀 바를 행했던 것이다. 그는 주님께서 그에게 이스라엘로 날아가서 3일간 기도하라고 말씀하셨다고 느꼈다.39)

"우리는 이스라엘의 하나님과 한 국가로서 우리의 관계를 부정하는 과정에 있었다." 그가 말했다. "우리가 주권적으로 이스라엘을 선택하셨던 하나님과의 언약 안에 그대로 있어야만 한다는 것이 진정으로 나의 중보기도라는 것을 알았다. 그리고 만일 우리가 한 국가로서 그 일을 하게 된다면, 우리는 세계에서 우리의 지위를 연장해갈 것이다. 그런데 우리는 그 언약 제휴를 부정하기 직전에 있었던 것이다." 피어스는 내게 말하기를 자기는 11월 8일에 이스라엘에서 미국의 선거를 시청했다고 했다. 자기는 트럼프가 이스라엘과 제휴하여 이 나라와 그 고대의 땅과의 언약을 복구시킬 것으로 믿는다고 덧붙이면서, 미국이 이스라엘과 다시 제휴하는 것이 엄청나게

중요하다고 말했다.⁴⁰⁾

저술가요 목사이자 나의 오랜 친구인 마이크 에반스(Mike Evans)는 복음주의 크리스천들과 이스라엘 간의 유대를 이해하는 사람이다. 그가 내게 말하기를 예루살렘에 시온의 친구들(Friends of Zion)이라 불리는 장엄한 최신식 박물관을 건립하기 위해 3,500만 달러 이상 모금했다고 했다. 나는 그곳에 두 번 방문한 적이 있다. 그것은 대부분의 이스라엘 사람들이 알지 못하는 것인데, 가장 초기의 시온주의자들 중 일부는 멀리 9세기로까지 거슬러 가면, 크리스천들이었다는 것을 창조적인 방법으로 보여준다. 그 박물관에서 특별히 눈길을 끄는 크리스천 시온주의자들 중 하나는 조지 부시(George Bush, 전(前) 대통령 부자(父子) 어느 쪽도 아닌)라는 사람이었다. 이 사람은 부시 대통령 부자의 조상의 사촌이었다.⁴¹⁾ 지금의 이스라엘 국가가 탄생하기 1세기 이상 그 이전인 1844년에 그는 〈비전의 골짜기; 곧 이스라엘의 마른 뼈들이 살아났다(The Valley of Vision; or The Dry Bones of Israel Revived)〉라는 제목의 책을 출간했다.⁴²⁾ 그 책에서 그는 "아주 오랫동안 [유대인들]을 철저하게 괴롭혀온 속박과 억압"을 비난하고, 유대인들을 이스라엘의 땅으로 회복시킴으로써 "그들을 열방 가운데 고귀한 명성의 지위로 높여놓았다."⁴³⁾

에반스는 이스라엘 수상의 가장 오래된 크리스천 친구다. 가장 세간의 이목을 끄는 크리스천 시온주의자들 중 하나로서, 에반스는 피어스의 영적인 의미를 이해하지만, 그는 이 사태를 더욱 정치적으로 바라본다. "네타냐후 수상이 트럼프의 대통령 당선으로 그의 최대의 승리를 거두었을 뿐만 아니라, 또한 트럼프도 네타냐후의 당선으로 승리를 얻었던 것이다." 그가 내게 한 말이다. "이스라엘의 최고의 시대가 네타냐후-트럼프 동맹으로 조만간 열릴 것이다. 결국은 트럼프가 하이파 항구에 해군기지를 둘 것이다. 거기서 미군이 보호를 받을 수 있고 특별작전부대가 급진 이슬람을 박멸하기 위해 입출을 할 수 있다." 에반스는 트럼프가 그 지역에 국가 건설에는 관심이 없고 재래식 전쟁에도 관심이 없다고 믿는다. 그는 이라크 전쟁에 완강히 반대하는 입장이며 21세기 전쟁은 구식의 전장(戰場)이라기보다는 경제와 미디어와 이데올로기 전선(fronts)의 대리전쟁이 될 것이라고 이해하고 있다.44)

급진 이슬람은 이스라엘을 가리켜 "작은 사탄"(The Little Satan)이라는 딱지를 붙이고, 미국은 "큰 사탄"(The Big Satan)이라 불렀다고 그는 말했다. 메나헴 베긴(Menachem Begin)이 이스라엘 수상이었을 때, 자기가 미국 대통령에게 제시하려고 했던 전략계획을 에반스에게 보여주었다. 이스라엘은 미국이 중동에서 전쟁에 효과적으로 승리할 수 없다는 결론을 내렸다.45) 미국의 전쟁은 대부분이 장기간에 걸친 싸움이었다. 그러나 이스라엘의 전쟁은 훨씬 더 빨랐다. 미국이 전쟁할 지역에 당도할 무렵이면 전쟁은 끝나 있을 것이다. 실제로, 공산주의 시대에 이스라엘은 미국의 대리인이었고 중동에서 공산주의의 확산을 전략적으로 방지했다. 오늘날 유대민족의 미국과의 강력한 관계 덕분에, 이스라엘은 급진 이슬람의 확산을 막는 대리자가 되고 있는 것이다.

하나님 아래서 한 국가

트럼프는 이스라엘에 대한 그의 지지를 분명히 해왔다. 트럼프는 2016년 2월 26일자 이스라엘 신문 이스라엘 하욤(Israel Hayom)과의 인터뷰에서 이렇게 말했다. "나와 이스라엘과의 우정은 다른 어떤 후보들의 것보다 더 강합니다." 팔레스타인과의 타협협정 가능성에 관한 그의 계획을 질문받자, 그는 이렇게 말했다. "나는 한 가지를 분명히 해두고 싶습니다. 나는 이스라엘과 팔레스타인 간의 평화협정을 체결하길 원합니다. 그것은 내가 열망하는 바입니다. 평화는 설사 그것이 성취하기 가장 어려운 협정이라 할지라도, 가능합니다." 그러나 그는 이렇게 강조했다. "상대편이 진정으로 당신네와 대화하길 원치 않을 때는 협정에 도달하기가 조금 어렵습니다."[46]

트럼프는 당선되기 8개월 그 이전에 이스라엘 국민들에게 다음과 같이 친선의 메시지를 보냈다. "그곳 이스라엘에서 혼란스러워하지 마십시오. 나는 현재 여러분의 가장 중요한 친구입니다. 내 딸이 열정적인 이스라엘 지지자인 유대인과 결혼했습니다. 그리고 나는 여러 이스라엘 데이 퍼레이드(Israel Day Parades)에 참가했습니다. 이스라엘과 나와의 우정은 아주 강력합니다." 트럼프는 또한 말하기를 미국 대사관을 텔아비브에서 예루살렘으로 옮긴다는 아이디어를 좋아한다고 말하고 오바마 행정부의 이란과의 핵 협정은 "이스라엘이 가질 수 있는 최악의 협정"이라고 덧붙였다. [47]

그럼에도 불구하고, 그의 딸이 유대교로 개종한 사건은 대서양을 사이에 두고 크리스천들과 유대인들 간에 관심을 불러일으킨 이슈다. 트럼프의 딸 이방카(Ivanka)는 장로교 신자로 자랐지만, 2009년 7월 29세 때 재러드 쿠슈너(Jared Kushner)와 결혼하기 얼마 전에 정통파 유대교 랍비 법정에서 유대교로 개종했다. 오늘날 이 부부는 정통 유대교 안식일과 유대인 축일을 지킨다. 이방카가 기자들에게 밝힌 바에 의하면, 그녀의 아버지는 금요일 해질녘부터 토요일 해질녘까지 그녀와 그녀의 남편에게 전화나 문자나 이메일로 연락이 될 수 없다는 사실에 익숙해져야만 했다고 한다. 그녀는 트럼프 조직체에서 부사장으로 근무하지만, 그 밖의 모든 일을 제쳐두고 전통적인 유대관습과 종교예전을 따르고 있다.[48]

2015년 2월 보그(Vogue) 잡지와의 인터뷰에서 이방카는 이렇게 말했다. "그건 나로서 내 인생의 아주 위대한 결단이었다. 나는 아주 현대적이지만, 나는 또한 아주 전통적인 사람이다. 게다가 그것은 내가 어떻게 자랐는가에 있어서 흥미로운 병렬(並列)이라 생각한다. 나는 실제로 유대교로 인해서 그것은 가족의 접속성에 놀라운 청사진을 만들어낸다는 것을 발견한다." 그녀는 이렇게 말했다. "우리는 안식일을 지킨다. 금요일부터 토요일까지 우리는 아무것도 하지 않고 다만 서로 가까이 지낸다. 우리는 전화를 걸지 않는다." 그리고 그녀는 이렇게 덧붙였다. "당신이 그렇게 접속되어 있을 때 정말로 입을 다물고 있다는 건 놀라운 일이다."[49]

2016년 4월 12일, 도널드 트럼프와 여러 명의 가족들과 함께 인터뷰하는 동안에, 이방카는 그녀의 유대교 개종에 대한 CNN 진행자 앤더슨 쿠퍼(Anderson Cooper)의 질문에 대답했다. 자신의 유대교 개종에 대한 아버지의 반응에 대해 질문을 받자, 이방카는 이렇게 말했다. "나의 아버지는 대단한 지지를 해주셨어요. 아버지는 나를 아세요. 아버지는 내 판단을 아시고 또 신뢰하세요. 나는 결정할 때, 심사숙고하지요. 나는 성급하게 결정하지 않아요." 그녀는 덧붙이기를 아버지와 자기 유대인 남편과의 밀접한 관계가 과정을 편안하게 하는 데 도움이 되었다고 했다. 그녀는 "아버지는 내 남편을 사랑하세요"라고 말했다. "그들은 믿기지 않을 정도로 가까운데, 난 그게 분명히 도움이 되었다고 생각해요. 그리고 아버지는 그 결정을 하는 데 있어서 나를 적극적으로 지지해주셨습니다. 지나온 수년간 내가 내린 다른 많은 결정에서처럼 말이죠."[50]

그녀의 남편은 트럼프의 선거운동팀의 적극적인 멤버였으며 지금은 대통령의 특별고문으로 일한다. 그는 2016년 3월 미국 이스라엘 공공문제 위원회(American Israel Public Affairs Committee, AIPAC)에 대한 트럼프의 연설을 작성하는 데 도움을 주었다.[51] 2015년도 행사 중에는 트럼프가 즉흥적으로 발언하는 가운데 이런 말을 했다. "나에게는 유대인 딸이 있습니다. 이건 계획에 없던 일이었지요. 하지만 나는 그런 일이 벌어져 매우 기쁩니다."[52]

제임스 로비슨과의 인터뷰 중에, 잭 그래함 목사는 쿠슈너의 유대교 신앙을 통찰력 있게 평가했다. "정통 유대인이기에, 재러드는 구약으로 가득 차 있다. 그는 히브리어를 하고, 회당에서 가르치는 일까지도 할 수 있다. 그는 아주 총명하다. 우리는 즐거운 기도시간을 가졌는데 그가 감동을 받고 아낌없이 감사를 표했다. 나는 그에게서 뭔가를 보았는데 우리가 기도한 후에 내가 그에게 말해줬다. 나는 그를 바라보고 이렇게 말했다. '재러드, 내가 보니 자네에게는 구약의 요셉의 영(spirit)이 있네. 거기 보면 요셉에겐 탁월한 영 (excellent spirit: 개역개정역에는 하나님의 영에 감동된 사람으로 나와 있음-역자 주)이 있었다고 했어...' 나는 그러한 분석에 대해 그가 감사했다고 믿는다. 그에게는 구약의 요셉 같이 탁월한 영이 있었다. 그가 말했다. '제 아들의 이름이 요셉이고 제 조부님의 이름이 요셉이었어요.'"53)

많은 크리스천에게는 이방카의 개종에 함축되어 있는 의미를 충분히 생각하기가 조금은 어려울지 모른다. 복음주의자들은 이스라엘 국가를 사랑하지만 유대 백성들이 우리처럼 그들의 메시아를 알고 사랑하게 되기를 기도한다. 그러나 또 다른 면은 보다 더 장기에 걸친 의미를 가질 수도 있다. 이방카의 개종과 트럼프가 그 결혼을 우호적으로 받아들인 것이 종종 미국의 약속에 회의적인 이스라엘인들에게 이 크리스천 대통령이 그들의 이익을 지켜 주리라고 신뢰할 수 있다는 것을 보장해준다는 점에서 말이다.

트럼프는 이런 약속을 되풀이했다. 트럼프는 첫 해외 외교순방 시에 3대 아브라함 종교의 본거지인 사우디아라비아, 바티칸 및 예루살렘에 방문했다. 예루살렘에서는 다른 어떤 현직 대통령도 행한 적이 없는 것을 그가 했다. 곧, 그가 성전 산의 서쪽 벽인 통곡의 벽을 방문하여, 유대인들이 허락받아 기도하는 가장 신성한 장소에 서서 돌들 사이에 메모를 끼워 넣기 전에 몇 마디 말했다. 그는 후에 말하기를 자기가 손을 뻗어 벽을 만질 때 지혜를 달라고 기도했다고 했다.54)

로이터 통신의 보도에 의하면, "(트럼프는) 말하기를 유대인들에게

서쪽 벽(통곡의 벽)의 의미를 이해하며, 그랬기에 그가 첫 이스라엘 방문 중에 여기를 찾기로 결정한 것이라고 했다." 서쪽 벽의 랍비인 슈무엘 라비노비츠(Shmuel Rabinowitz)가 한 말이다. "그는 여기에 다시 올 게 확실하다. 아마 여러 번 올 것이다. 그는 대단한 감동을 받았다." 대통령은 그의 사위인 재러드 쿠슈너와 함께 돌아봤다. 두 사람 다 유대 종교인들이 착용하는 스컬캡(skull caps: 성직자 등이 쓰는 테두리 없는 베레모-역자 주)인, 검정 키파(kippah: 유대교 유대인들이 쓰고 다니는 모자-역자 주)를 썼다. 트럼프와 쿠슈너가 남성구역을 방문하는 동안, 멜라니아 트럼프(Melania Trump)와 이방카는 여성들이 허락받아 기도하는 별도의 구역을 방문했다.[55]

국내 언론이 인지하든 못 하든, 트럼프 대통령은 그가 연합에 헌신하고 미국에서 너무도 오랫동안 사라진 채 지내왔던 모든 소수민족 집단들 가운데 공동체 의식의 회복에 헌신하고 있음을 미국인들에게 확실히 해주었다. 2017년 7월 1일 케네디센터에서 댈러스의 목사 로버트 제프리스가 주관한 전국 "자유를 축하하라"(Celebrate Freedom) 행사에서, 트럼프는 다음의 말로 그의 발언을 결론지었다. "우리가 흑인이든 갈색인이든 백인이든, 그리고 여러분은 내가 전에 말한 것을 들은 바 있는데, 우리는 모두 동일하게 붉은 피를 흘립니다. 우리는 모두 동일하게 미국 깃발에 경례합니다. 그리고 우리는 모두 동일한 전능하신 하나님의 지으심을 받았습니다. 우리는 많은 도전에 직면합니다. 올라야 할 언덕과 산들이 많습니다. 그러나 오늘밤 이 방 안에 모인 애국자들의 힘과 용기가 있음으로... 우리는 잘 해낼 것입니다. 우리는 모두 역사상 바로 이 중요한 순간을 가치 있게 여길 것이며, 우리의 용감한 재향군인들이 이루어놓은 희생을 가치 있게 여길 것입니다. 우리의 신념에 긍지를 가지고, 우리의 확신에 용기를 가지며, 우리 하나님에 대한 믿음을 가지는 한, 우리는 실패하지 않을 것입니다."[56]

 그렇다면 도널드 트럼프는 어떤 인물이며, 무엇이 그를 당선으로 이끌었는가? 다음 장에서 이런 질문들에 대한 해답을 찾아보려고 한다.

PART 3

인간 트럼프

Chapter 08
가족의 역할

내가 도널드 트럼프를 당선 전에 인터뷰할 때, 나의 질문 중 하나는 이것이었다. "당신의 삶에서 가장 중요한 것은 무엇인가?" 눈 깜짝할 사이에 그건 자기 가족이라고 하면서, 종교 또한 중요하다고 말했다. 그러므로 그의 가족(그가 자랐던 가족을 포함해서)에 대해서 그가 믿는 게 무엇인지 아는 것은 바로 이 복잡한 사람을 이해하는 데 중요하다.

많은 사람은 그의 선거운동 기간에 도널드 트럼프의 자녀들의 감탄할 만한 자질들을 주목했다. 그래서 나는 그중 일부를 이 장에서 다룰 것이다. 두 번째 대선 토론에서 심지어 그의 견고한 경쟁자인 힐러리 클린턴조차도 자기가 트럼프에 대해 감탄해 마지 않는 것 한 가지는 그의 자녀들이라고 했다. "그의 자녀들은 믿기지 않을 정도로 유능하고 헌신적이다. 나는 그것이 도널드에 대해 많은 것을 말해준다고 생각한다."[1]

그렇다면 도널드 트럼프 가계도의 구성원들은 누구인가? 그는 결혼을 세 번 했고, 자녀 다섯에 손자가 8명이다. 자신의 그러한 대가족을 거느리기 전에, 트럼프는 퀸즈(Queens)에서 프레드와 메리 트럼프(Fred and Mary Trump)의 다섯 자녀들 중 하나로 태어났으니 그 자신이 대가족 출신이었다. 그의 1987년도 베스트셀러인 〈거래의 기술(The Art of the Deal)〉(사업가 도널드 트럼프와 저널리스트 토니 슈바르츠 공저로, 뉴욕타임스 베스트셀러 리스트에 13주간 연속 1위를 차지했으며, 트럼프는 성경 다음으로 이 책을 좋아한다고 함-역자 주)에서 도널드 트럼프는 이렇게 쓰고 있다. "자라면서 나에게 가장 중요한 영향을 주신 분은 나의 아버지 프레드 트럼프였다. 나는 그로부터 많은 것을 배웠다." 그러나 그는 재빨리 이렇게 덧붙인다. "동시에 나는 내 아버지가 하시는 사업에 뛰어들고 싶지 않다는 것을 아주 일찍부터 배웠다."[2] 프레데릭 크라스트 트럼프(Frederick Christ Trump, 그의 중간 이름은 그의 독일 태생의 어머니의 결혼 전의 성(姓)에서 온 것으로, i 발음은 살짝 낮은 소리로 한다)는 퀸즈와 브루클린에서 수천 동의 아파트를 건설하고 관리하는 부동산개발업자였다. 그것은 이익이 많이 나는 사업이었다. 그러나 그것은 건축업자들, 공급업자들 및 항상 제때 월세를 내는 것은 아닌 세입자들과 직접 접촉해서 실무를 처리해야 할 일이 많은 직업이었다.[3]

1905년 뉴욕에서 태어난 프레드는 자기에게 건축에 대한 재능이 있는 것을 아주 일찍부터 발견했다. 그는 물건 쌓는 것을 좋아했고, 건축설계도 읽는 법을 배웠으며, 목공 연장 사용법을 배우며 작업장에서 여러 시간을 보냈다.[4] 그는 부친이 아내와 자녀 셋을 남긴 채 돌아가셨을 때 겨우 열세 살이었다. 그의 부친은 워싱턴주 시애틀에서 하숙집 주인으로, 1890년대부터 시작해서 유콘 준주(Yukon: 캐나다 서북부의 연방 직할지-역자 주)의 금광 노무자들에게 방을 임대하고 있었다. 그러나 세기가 바뀔 무렵 황금 붐이 차츰 사라지자, 장남인 트럼프는 뉴욕 퀸즈 자치구로 이사했다. 거기서 그는 부동산에 투자하여 안락한 생활을 했다.[5]

비록 가족이 무일푼으로 남겨진 것은 아니었지만, 프레드는 모친 엘리자베스(Elizabeth)와 두 형제자매들을 부양할 방법을 찾아야만 했을 것이다. 2년 후에 그와 모친은 자그마한 건설 회사를 시작하기로 결정했다. 프레드는 아직 미성년자였기에, 자신의 이름으로 사업을 할 수가 없었다. 그래서 모친의 이름으로 공문서를 작성하고, 회사 이름을 E. Trump & Son으로 했다. 결국에는 그 이름이 트럼프 관리 회사(Trump Management Company)로 바뀔 참이었다.[6]

1920년대에는 자동차가 새로운 사치품이었다. 그리고 주택에는 차고가 갖추어지지 않았다. 프레드는 그의 목공기술과 그의 기업가적인 기질에 의존하여, 한 이웃을 위해 지붕만 있는 간이차고를 설계해 지어주고는 50달러를 받았다. 그것을 본 다른 이웃들이 프레드에게 그들에게도 간이차고를 지어달라며 줄을 섰다. 그가 고등학교를 졸업할 무렵에 프레드는 이미 성공적인 사업가였다. 오래지 않아 그는 작은 주택들과 두 가구용 주택들을 짓고 스스로 자금조달을 하고 있었다.[7]

1930년대와 1940년대에 사업이 확장되자, 그는 제2차 세계대전 중에 해군 막사와 군인가족 아파트를 짓기 위한 정부 계약을 확보할 수 있었다. 전쟁 후에 그는 귀환하는 군인들과 그들의 가족들을 위한 대규모 주택단지를 브루클린에 건설하기 시작하면서, 또한 파산한 부동산을 되돌려주며, 유질 처분된 아파트와 다른 건물들을 취득했다. 1999년에 그가 타계할 무렵에는 가족 소유의 회사가 2만 7,000개 이상의 아파트 단지를 관리하게 되었다.[8]

트럼프의 스코틀랜드 출신 어머니

프레드는 가족들의 전설에 따라서, 1930년대에 댄스파티에서 미래의 아내를 만났다. 메리 앤 맥레오드(Mary Anne MacLeod)는 그녀의 본국 스코틀랜드에서 스코틀랜드 고지인의 게일어(Scots Gaelic)를 하면서 자랐는데, 프레드는 그녀의 말씨(accent)에 매혹되었다. 그녀는 1930년대 초 최종적으로 거주자 지위를 획득하기 전에 적어도 두 번 미국여행을 했었다. 그녀의 언니 캐서린(Catherine)은 이미 몇 년 전에 뉴욕에 도착했는데, 1928년에 방문하도록 메리를 초청했다. 그리고 그녀가 도착한 지 오래 지나지 않아 캐서린은 메리에게 뉴욕 교외의 한 부유한 가정에 유모 일자리를 얻어주었다.[9]

불행히도 그 일자리는 오래가지 못했다. 그녀의 주인이 1929년의 월스트리트 파산 때 그들의 재산을 거의 잃었기 때문이다. 그래서 새로운 일자리는 구하기 어려웠다. 메리는 영구적인 자리를 얻기 전에 스코틀랜드로 돌아갔지만, 대공황이 풀리기 시작한 1934년 무렵, 뉴욕으로 돌아왔는데 거기서 "뉴욕에서 가장 적격인 총각"을 만났다. 긴긴 약혼 후에 프레드와 메리는 1936년에 결혼했다.[10]

"과거를 회고해볼 때, 내게 어느 정도 쇼맨십의 감각이 있는 것은 어머니로부터 받은 것임을 깨닫는다. 어머니는 항상 드라마틱하고 호화로운 것에 대한 직감력이 있으셨다. 어머니는 매우 전통적인 가정주부였지만, 또한 자기를 넘어서는 세계에 대한 감각도 있으셨다. 나는 아직도 내 어머니를 기억하는데, 태생이 스코틀랜드 사람인지라 엘리자베스 여왕의 대관식을 보기 위해서 텔레비전 앞에 앉아계셨는데, 온종일 꿈쩍도 하지 않으셨다. 어머니는 화려한 행렬과 환경에 딱 마음이 사로잡혀 있었고, 온통 왕실 사람들과 매력적인 아름다움에 대한 생각뿐이었다."[11]

왕실의 화려한 구경거리와 여왕 및 모든 영국적인 것들에 대한 메리 트럼프의 사랑은 자연스러울 뿐이었다. 그녀는 1912년, 스코틀랜드의 아우터 헤브리디스(Outer Hebrides) 제도의 루이스 섬에 있는 자그마한 통(Tong) 어촌에서 태어났다. 거기서 그녀의 부친은 어부와 우체국장으로 일했다. 그녀는 게일어(Gaelic: 켈트어에 속하는 고대 아일랜드의 언어-역자 주)를 하는 부모로부터 독실한 장로교 신자로 자랐다. 부모님은 "우린 자유하다"(Wee Frees)로 알려진 스코틀랜드 교회 내 개혁파 "자유교회"(free church) 운동단체에 속해 있었다.[12]

우리는 프레드 트럼프의 독일인 조상들이 얼마나 경건했는지 혹은 그가 뉴욕에서 그의 가족이 출석하는 교회의 가르침을 얼마나 충실히 따랐는지 알지 못하지만, 프레드는 평생토록 정기적으로 교회에 출석했으며 놀만 빈센트 필 박사가 1993년에 소천할 때까지 그와의 교분을 유지했다. 프레드와 메리는 자기네 교회와 여러 기독교 단체들을 후원했으며, 트럼프 부인은 2000년에 88세로 소천할 때까지 자선 사업과 구호활동으로 잘 알려졌다. 그녀의 구호 활동 대부분은 그 가족이 거주하는 퀸즈가 중심이었다. 그녀는 자메이카 병원 여성 보조단체(Women's Auxiliary of Jamaica Hospital)와 자메이카 주간 탁아소를 지원했는데, 많은 돈을 기부했다. 1999년 임종 때 프레드의 자기 자본은 3억 달러(한화 약 3,510억 원) 이상으로 평가되었다.[13]

메리 트럼프가 자란 루이스 섬은 명소이며 교회사에서 유명한 곳이다. 1940년대 후반에 그곳에서 성령 부흥운동이 일어났기 때문이다. 1949년부터 1953년까지 루이스섬과 헤브리디스 제도 및 영국의 다른 지역들은 헤브리디스 부흥(Hebrides Revival)으로 알려진 복음주의적 불길로 강력한 역사가 일어났는데, 이런 사건들을 통해 스코틀랜드와 서부 섬들의 수천 명의 남녀 사람들이 그리스도의 몸 된 교회로 들어왔다.[14] 이 모든 일은 메리 맥레오드가 미국으로 이민 온 지 10년도 더 지난 후에 발생했다. 그러나 후에 각성된 헌신의 깊이는 그녀의 어린 시절 기간에 어느 정도는 있었다고 말해도 과언이 아니다. 도널드 트럼프의 어머니는 자신의 신앙에 대해서 진지했다. 그래서 자녀들에게 종종 이렇게 말하곤 했다. "하나님을 신뢰하고 너 자신에게 충실해라."[15]

도널드 존 트럼프(Donald John Trump)는 프레드와 메리 트럼프의 다섯 자녀들 중 넷째로 태어났다. 1946년 6월 14일 도널드가 태어날 무렵에는, 프레드가 퀸즈에서 아주 부유하고 가장 성공적인 부동산 개발업자였다. 그의 생애 중에 그가 건축해서 매각한 수천 채의 주택들 외에도, 그는 퀸즈의 자메이카 단지 부촌 지역에 그의 가족을 위해 우아한 대저택을 지을 수 있었다. 여러 차례 확장하고 수리한 덕분에, 그 주택은 마침내 23개의 방으로 늘어나게 되었다.16)

  도널드 트럼프가 그의 전기 작가들 중 한 사람에게 말하기를 자기는 따뜻하고 유대가 긴밀한 가족들 가운데서 자랐다고 했다. 그러나 경쟁적인 가정에서 심적으로 많은 부담을 받았다. 그의 아버지는 종종 사업차 출타하셨다. 만일 그와 그의 형제들인 프레드 주니어(Fred Jr.)와 밥(Bob)이 아빠와 함께 시간을 보내고 싶어 했다면, 그들은 아빠와 함께 사업장으로 가야 했을 것이다. 여름방학에 남자 아이들은 프레드의 사업 중 하나에서 목공반 직원들과 함께 하면서 월세를 받거나 망치를 쥐고 아버지를 위해 일하곤 했다. 불행히도 프레드 주니어(프레디로 알려진 사람)는 아버지의 기대에 부응하는 삶을 살 수가 없어서 그 두 사람은 관계가 불안정했다.17)

  프레디는 아버지의 비난과 실망을 피하기 위해 가족 사업에서 손을 떼고 상업용 항공기 조종사가 되기로 결정하고 TWA 항공사로 가버렸다. 미래의 대통령은 그의 형과 가까이 지냈지만, 프레디가 사업에는 재능이 없다는 것을 알아차릴 수 있었다. 트럼프는 그의 책에서 "내가 보기에 프레디는 낙심이 된 것 같았다. 그래서 술을 마시기 시작했는데 그로 인해 내리막길을 걸었다"라고 말했다. 그는 프레디야말로 정말 최고였다고 종종 말했었다. 그는 핸섬하고 외향적이었다. 그는 인품이 따뜻했고 삶에 열정이 있었다. 그러나 그의 술 귀신들이 결코 그를 편안히 쉬게 해주지 않았다.[18]

프레디는 담배를 피우고 술을 심하게 마셨지만, 트럼프에게는 그런 습관들을 멀리하라고 경고했다. 그래서 그는 그 조언을 마음에 새겼다. 트럼프는 그러한 중독이 그의 형에게 어떤 영향을 미치는지 두 눈으로 똑똑히 볼 수 있었다. 그래서 트럼프는 평생토록 담배도 안 피우고 술은 입에도 대지 않는 절대 금주의 사람이 되었다. 트럼프는 여러 해 후에 "마흔 셋의 나이에 [프레디]는 죽었다. 그건 아주 슬픈 일이다. 그는 놀라운 사람이었는데 자신의 천분을 결코 깨닫지 못했기 때문이었다"라고 썼다. "많은 면에서 그는 그 모든 것을 가졌지만, 우리의 특별한 가족의 압박이 그에게는 맞지 않았다." 그는 이렇게 덧붙였다. "그가 죽었을 때 나는 마음이 황폐화되었다."[19]

긍정적인 변화

도널드 트럼프의 동생 로버트(Robert)는 그를 따라 부동산업에 뛰어들어 나중에는 아버지의 생애 말년에 프레드 시니어(Fred Sr.)의 부동산 포트폴리오의 슈퍼바이저가 되었다. 그들의 누나 메리앤 트럼프 베리(Maryanne Trump Barry)는 마운트 홀리오크(Mount Holyoke)와 컬럼비아(Columbia)에서 학위를 하고 호프스트라(Hofstra)대학교로부터 법학박사 학위를 받고 연방 판사가 되었다.

또 한 명의 누나 엘리자베스(Elizabeth)는 체이스 은행에 취업했다.[20] 도널드의 누나들은 그를 다루는 데 힘들었다고 주저 없이 말한다. 메리앤은 트럼프의 전기 작가 중 하나에게 "그는 개구쟁이였다"고 말했다. 그런 행동은 마침내 도널드가 거친 행동거지가 떨어져 나가게 하려고 열세 살 때 뉴욕 군사학교(New York Military Academy, NYMA: 군대식 교육을 하는 사립 중 고등학교-역자 주)로 보내지는 결과를 초래했다.[21]

트럼프는 "나는 아주 나쁜 애였다. 나는 반항적이었다. 폭력적이거나 뭐 그런 건 아니었지만, 나는 도무지 예절이 바르지 못했다"라고 인정했다. 군사학교는 엉망이었던 부잣집 아이를 몰라보게 바꾸어 놓았는데, 그것은 주로 그의 코치이자 강사인 테드 도비아스(Ted Dobias)로부터 받은 강한 훈육 덕분이었다. 트럼프는 "그런 아이들은 거칠었다. 만일 그들이 그때 했던 행동을 오늘날 그대로 한다면 25년간 감옥살이해야 할 것이다"라는 말을 기억한다. 그의 코치들과 교사들은 법을 정해서 필요할 때는 단체기합을 주는 걸 두려워하지 않았다. "그들은 우리와 싸움을 벌이곤 했다"라고 그는 말했다.[22]

도비아스는 엄한 코치이자 카운슬러요 교사였다. 그러나 출발은 거칠었지만 트럼프는 그의 훈육에 반응을 보여 연이어 최고 생도, 프로 스포츠 리그에 스카우트 되는 최고 선수 및 상급반의 생도대장이 되었다.[23] 그는 뉴욕시의 재향군인의 날 퍼레이드에서 완전 군대복장을 하고 NYMA 앞을 행진하는 영상 사진에 찍혔다.[24] 군사학교 후에 트럼프는 보다 더 학문에 전문석으로 집중하게 되었다. 그는 1960년대 소요기에 아이비리그 펜실베이니아대학교 와튼 재무스쿨(Wharton School of Finance)로 옮기기 전에 2년간 포덤 대학교(Fordham University)에 다녔다. 와튼에서 그는 비즈니스에 학사학위를 받았다. 와튼 시절이 그를 변화시켰다고 그가 말한 바 있다.[25]

트럼프는 1971년, 그가 스물다섯 살 때까지 퀸즈에 살다가, 처음으로 맨해튼으로 이사했다. 그가 말했다. "나는 이스트강(East River) 건너편에 서서 맨해튼을 바라보곤 했다." 그는 자신의 인생과 직업에서 그다음 단계를 밟고 싶은 마음이 간절했다. 그래서 3번가 인근의 동쪽 75번 거리에 있는 원룸 아파트를 임대해서 브루클린으로 출퇴근하면서 아버지의 업무를 도와서 관리했다.[26]

트럼프는 주류 장로교회(mainline Presbyterian Church, USA)에서 자랐으며 지금도 여전히 자기는 장로교 신자라고 말한다.[27] 그의 예배 참석에 대해 질문을 받자 그가 어린 시절의 입교식 사진 복사물을 사람들에게 보여주고 성경은 여태까지 기록된 것 중 최고의 책이라고 말했다고 전해진다.[28] 2017년 1월에 그는 자기가 트럼프 가족성경을 들고 있는 모습을 보여주는 비디오를 내놓았다. 그는 자기 어머니의 낡은 성경을 카메라에 보여주면서 "그것은 정말 내게는 아주 특별하다"라고 말했다. 앞쪽 페이지의 한 곳에 그녀는 개인적인 어구를 적어놓았었다. "사실은, 바로 여기, 그게 어머님이 써놓은 것입니다. 어머님이 이름과 내 주소를 적었어요. 그래서 그게 내게는 아주 특별한 것입니다."[29]

도널드 트럼프는 그의 부모가 퀸즈, 자메이카에 있는 제일장로교회에서 놀만 빈센트 필 목사가 목회하는 마블협동교회(Marble Collegiate Church)로 교적을 옮겼을 때 그의 나이 28세였다. 그는 결코 교적을 옮기진 않았으나 그의 가족과 함께 거기로 다녔으며 세례식과 결혼식과 장례식에 그 교회를 사용했다. 트럼프는 특히 그리스도를 믿는 것은 비단 영적으로만 아니라 심리적으로도 유익하며 인생의 성공에 도움이 될 수 있다는 필 박사의 메시지에 이끌렸다.[30]

필이 저술한 40권의 책들 가운데 〈긍정적인 생각의 능력(The Power of Positive Thinking)〉은 지금까지 가장 성공적이며 가장 잘 팔리는 책들 중에 하나다. 실은, 필 자신이 정한 그 책의 제명(題名)은 믿음의 능력(The Power of Faith)이었는데, 그의 출판사에서 그건 좀 너무 종교적인 냄새가 난다고 생각해서 좀 더 상업적인 색깔이 있는 제목을 선택한 것이었다.[31] 비즈니스 견지에서 보면, 그것은 스마트한 결정이었다. 오늘날 그 책은 500만 권 이상 출판되었다.[32]

나는 오래도록 필 박사를 높이 존경해왔으며 그의 저서를 여러 권 읽었다. 그는 나의 멘토인 고(故) 렌 레소드(Len LeSourd)의 멘토였다. 렌은 가이드포스트(Guideposts) 잡지가 이제 막 시작될 때 그 잡지의 편집자로 필이 고용한 사람이었다. 그는 그 잡지를 오늘날과 같이 수백만 부를 보급시키는 출판물로 키웠다.[33] 렌은 내가 카리스마 잡지를 이제 막 시작했을 때 필과 함께 일했던 그 초창기 시절에 대한 이야기를 내게 들려주곤 했다. 나는 필을 기독교 서적 상대회(Christian Booksellers Convention)에서 그의 이내인 룻 스태포드 필(Ruth Stafford Peale)과 함께 딱 한 번 만났다. 내 기억으로는 두 분 다 80세가 넘었는데도 얼마나 친절하시고 얼마나 에너지가 넘치시는지 놀라웠다!

내가 필의 스토리를 알게 된 것은 그의 많은 책의 배경이었기 때문이다. 그는 자기는 한때 부끄럼 잘 타고 자신이 없는 젊은이였다고 한다. 그런데 그의 대학 교수님 중 한 분이 그를 한쪽으로 데려가서 그에게 말하기를 자기 자신에 대해서 더 나은 방법으로 생각하기 시작할 필요가 있다고 했다. 그는 필에게 그가 여느 다른 학생들과 똑같이 머리가 좋고 유능하다고 확신시켜주었다. 만일 그가 지나치게 부끄럼 타는 것을 그만둘 수 있다면, 그는 인생에서 엄청 더 많은 일을 성취할 수 있으리라는 말을 들었다. 그에게 필요한 것은 적극적인 태도였다. 그런 말들은 감정을 상하게 했지만, 그가 그것을 생각하면 할수록 그 교수님 말이 맞을 것 같다는 깨달음이 생겼다. 그래서 그는 거리낌 없이 이야기하고, 이전에 그를 겁먹게 했을 일들을 하기 시작했다. 그것이 그의 변화의 시작이었다.[34]

도널드 트럼프는 자기 자신에 대해 즐거운 기분을 가지라고 격려받을 필요가 전혀 없는 사람이었지만, 그는 필의 메시지를 마음에 담았다. 그리고 그 두 사람은 여러 해 동안 좋은 친구로 지냈다. 필은 자신의 자서전에서 도널드 트럼프의 자질(qualities)에 대해 주목할 만한 평가를 했다. 그는 이렇게 말했다. "적극적으로 생각하는 자는 반드시 적극적으로 행동하는 자가 되어야 한다. 그들은 성취자요 이기는 자다. 그들은 또한 강한 개성을 가지면서도 결코 짜증나게 하지 않는다... 나는 도널드가 확고하게 설정해놓은 목표를 추구하는 데 있어 공손하고 신중한 몇 가지 교회 협상 건에 관해 참여할 기회가 있었다. 그는 조용하고, 약간은 저자세이지만 끈질기게, 교회를 위해서 교회 역사상 장기간 재정 안정이라는 최대의 보장 중 하나를 이루어냈다.35)

"그의 아버지 프레드 트럼프는 진행 중인 교회의 복지에 대한 이번 기여를 특별히 갈채하고 극찬하며 이렇게 말했다. '도널드는 그렇게 하는 방법을 알고 있지요.' 그러자 도널드가 말했다. '내가 아는 것은 다 아버지께서 내게 가르쳐주신 겁니다'라고 하면서 그가 늘 하던 존경의 말을 덧붙였다. '나의 아버지는 아주 멋진 신사분이시죠.'" 그런 다음 필은 도널드 트럼프가 이룬 사업 성공을 몇 가지 언급하고 이렇게 결론을 맺었다. "도널드 트럼프의 커리어는 이제 막 시작한 것에 불과하지만, 얼마나 대단한 시작인가. 틀림없이 그는 미국에서 가장 적극적으로 생각하고 적극적으로 행동하는 사람들 중 하나다."36)

트럼프 가족 초상화

도널드 트럼프는 선거유세 도중 자기 자녀들과의 친밀한 관계를 강조했는데, 그것은 우리 중 많은 사람이 첫 번째 미래의 가족을 먼저 살펴보았을 때 그러했다. 나는 최근 이 책 여러 군데서 언급한 프랭크 아메디아와 이야기를 나눴다. 그는 이 가족, 특히 에릭(Eric)을 아는데, 내가 그에게 트럼프의 자녀들에 관해 그에게 어떤 통찰력이 있으면 말해달라고 했다. 그는 말하기를 우리가 이해해야 할 것 첫 번째는 트럼프 가족에겐 때때로 조금은 너무 비판적으로 보는 "신화" 같은 게 있다는 점이라 했다. 그는 "그들은 부를 누리며 사는 가족이긴 하지만, 전형적인 가족이다"라고 말했다. "그들은 함께 살아가면서 몇 가지 다른 비판들에도 불구하고 가족으로서 사이좋게 사는 방법을 배워야만 했다. 그러나 이것은 당신이 그들과 함께 있는 순간부터 볼 수 있는, 아주 긴밀하고 매우 친밀한 가족이다. 그들은 진정으로, 순전한 마음으로 서로 사랑하고, 서로 존중한다. 그런 가족의 수장, 곧 족장은 도널드 트럼프라는 데 의심의 여지가 없다."[37]

우리 모두가 아는 대로 도널드 트럼프에게는 두 아들, 도널드 주니어와 에릭 및 그가 1977년에 결혼한 첫 번째 아내인 전직 모델 이바나 젤니치코바(Ivana Zelnickova) 사이에서 난 딸 이방카가 있다. 또 다른 딸 티파니(Tiffany)는 그가 1993년에 결혼한 두 번째 아내 말라 메이플스(Marla Maples)에게서 얻었다. 그리고 예전 이름이 멜라니아 나우스(Melania Knauss)인 현재의 아내에게서 얻은 아들 배론(Barron)이 있다. 많은 사람과 마찬가지로, 나는 그가 자기 자녀들 각자에게 불어넣었을 것 같은 인격과 가치관에 감명을 받았다. 그래서 본 장에서는 그 부분에 대해서 몇 가지를 강조하고 싶다.

1977년생인 도널드 트럼프 주니어는 아버지의 이름을 따서 명명한 것 말고도, 여러 가지 면에서 그의 아버지의 선례를 그대로 따랐다. 전직 모델과 결혼했고, 다섯 자녀의 아빠이며, 펜실베이니아 대

학교 와튼 스쿨에서 재무와 부동산에 학위를 받았고, 아버지 회사에서 부사장으로 일했다.[38]

그는 활과 화살로 사슴을 사냥하는 대단한 아웃도어맨(주로 야외에서 시간을 보내는 사람-역자 주)이다. 그가 사냥을 좋아하는 것은 젊은 시절에 그가 정도를 걷게 해준 것이어서, 말썽을 일으킬 시간이 거의 없게 되었다고 말한다.[39]

돈 주니어(Don Jr.)는 그의 부모가 이혼했을 때 열두 살이어서 그의 아버지가 결혼한 말라 메이플과의 불륜 환경을 이해할 만한 나이가 되었다. 하지만 그 가족은 가깝게 지냈다.[40] 그의 부모들이 이혼한 후에까지도 자녀들은 엄마와 함께 트럼프 타워에서 계속 살았다. 그러기에 그의 아버지는 엘리베이터 타는 거리 이상 떨어져 있은 적이 결코 없었다.[41]

돈 주니어는 또한 가족들과 함께 여러 해 동안 함께 살았던 그의 외할아버지 밀로스(Milos)와도 친밀하게 지냈다. 그래서 그는 자기 아들 중 하나의 이름을 외할아버지의 이름을 따서 트리스탄 밀로스(Tristan Milos)라고 지었다. 돈 주니어는 여름이면 어린 시절을 프라하(Prague)에서 보냈고 체코어를 유창하게 한다.[42]

들리는 바로는 그의 아내는 그의 아버지가 주선해주었을 때 만났던 전(前)의 바네사 헤이돈(Vanessa Haydon)이다. 그들은 트럼프의 마라라고(Mar-a-Lago: 플로리다주 팜비치에 있는 대규모 리조트 휴양시설로 1985년에 도널드 트럼프가 매입한 후 가족행사 등으로 사용됨. 대봉링 당선 후 자주 이용하자 겨울 백악관으로 불리기도 하며 중국의 시진핑 주석과의 정상회담장으로 사용되기도 했다.-역자 주) 리조트에서

2005년에 결혼했고, 두 딸, 카이(Kai, 2007)와 클로에(Chloe, 2014) 및 세 아들, 도널드 3세(2009), 트리스탄(2011), 스펜서(Spencer, 2012)를 두었다.[43]

1981년생인 이방카는 도널드 트럼프가 이바나와의 사이에서 얻은 두 번째 아이인데, 그녀는 남자 형제들인 에릭과 돈 주니어처럼 스포트라이트를 받으며 자랐다. 그녀는 트럼프의 자식들 가운데 가장 유명하며 트럼프 조직체의 부사장으로 일하는 것 외에도 패션모델로 일했고, 자기 소유의 보석류와 패션 사업을 시작했으며, 뉴욕 타임스 베스트셀러 책을 저술하는 등, 몇 가지 방면에서 가장 성공적인 사람으로 생각된다.[44]

그녀는 자기가 알코올과 다른 악습들을 피하게 된 이유로서 아버지의 영향력에 공을 돌린다. 이방카는 "나는 단정치 못한 파티걸(party girl: 파티의 접대역으로 고용된 여자–역자 주)이 되는 일에 한 번도 관심을 가져본 적이 없다"고 말한 바 있다. "나의 아빠는 마약도, 음주도, 담배도 절대 안 된다고 아주 못을 박아놓으셨어요. 왜냐하면 아빠의 형이 알코올중독으로 죽었거든요. 그건 무섭고도 끔찍한 것이에요."[45]

그녀는 아버지가 대통령의 역할을 하는 데 있어서 아버지에게 비공식적인 고문 역할을 하지만, 그녀는 오랫동안 아버지와 비밀 이야기도 할 수 있는 사이였다고 했다. 여러 가지 면에서 그녀는 아버지를 가장 잘 알고 아버지에게 가장 근접해 있는 것 같다. 그녀는 그들의 친밀한 유대관계의 원인을 부모님의 이혼에서 찾는다. 그녀는 2004년의 인터뷰에서 이렇게 말했다. "이상하게도, 그것이 우리를 더욱 아빠에게 가까이 가게 해주었어요... 우리는 아빠와 함께 있는 것을 더 이상 당연한 것으로 생각하지 않았어요."46)

이방카 역시도 와튼을 졸업했으며, 그녀는 남자 형제들처럼 아버지의 TV쇼 어프렌티스(The Apprentice: 도널드 트럼프가 2004년부터 진행해온 리얼리티 쇼다. 16명에서 18명의 참가자들이 도널드 트럼프의 회사 가운데에서 하나를 연봉 25만 달러로 1년을 운영하는 계약을 획득하기 위해 서로 경쟁하는데, 방송 회차마다 트럼프가 참가자 중에서 한 명을 해고하는 방식으로 진행한다. 해고되지 않고 남는 마지막 1인이 우승자가 된다. 2017년부터는 아널드 슈워제네거가 진행을 맡고 있다.-역자 주)에서 심판으로 일했다. 내가 흥미 있게 생각하는 것은 그녀가 첼시 클린턴(Chelsea Clinton: 클린턴 부부의 외동딸-역자 주)과 친하게 지내는데, 그 우정이 선거 내내 영향을 받지 않았다는 점이다.47)

이방카에게는 2009년에 결혼한 남편 제러드 쿠슈너와의 사이에 세 자녀, 아라벨라(Arabella, 2011), 조셉(Joseph, 2013), 시어도어(Theodore, 2016)가 있다. 남편은 유대인 부동산 개발업자인데 지금은 트럼프 대통령의 선임 고문이다. 48)

1984년생인 에릭 트럼프(Eric Trump)는 도널드와 이바나 사이의 셋째인데, 자기를 알아보고 유명인사가 될 때 자기는 "레이더 아래로 날아다니는" 것을 더 좋아한다고 말한다. 키가 6피트 5인치인 그는 종종 매스컴을 싫어했으며 돈 주니어와 이방카가 둘 다 그가 자랄 때 많은 영향을 주었다고 말한다. 그와 이방카는 특별히 가까운데, 그는 뉴욕 잡지에 말하기를 이방카가 그에게는 둘째 엄마 같았다고 했다.49)

2012년에 에릭은 이방카의 순도 높은 보석 소장품 중에서 반지 하나로 그의 아내인 라라 유나스카(Lara Yunaska)에게 프러포즈했고, 그들은 그의 매형인 제러드 쿠슈너의 사회로 마라라고 리조트에서 결혼식을 올렸다.50) 그들은 2017년 9월에 첫 아이를 얻었다. 에릭 "루크"(Eric "Luke")는 도널드 트럼프의 아홉 번째 손자다.51)

　내 친구 프랭크 아메디아는 모든 트럼프가(家) 사람들 중에서 에릭을 가장 잘 안다. 에릭과 함께 시간을 보낸 것에 대해 그는 이렇게 회상한다. "내가 보니 에릭은 아주 신중하고, 명민하며, 생각이 깊다는 것을 알았지요. 그는 경청을 해요. 그는 질문을 많이 하지는 않지만, 아주 좋은 질문을 해요. 그리고 그는 항상 공손하고, 온화하며, 목사의 직분을 아주 존중했어요."52)

　들리는 바에 의하면 5번가 유명한 보석상점의 이름을 땄다는 티파니 트럼프(Tiffany Trump)는 부모의 결혼식 직전에 태어난 1993년생으로, 도널드가 여배우 말라 메이플과의 사이에서 얻은 유일한 아이다. 그러나 그녀는 그녀의 의붓 형제자매들같이 맨해튼에서 자라지 않았다. 대신, 그녀의 엄마는 티파니가 여섯 살인 1999년에 도널드 트럼프와 이혼한 후에 로스앤젤레스 인근에서 그녀를 길렀다.53)

　언니인 이방카는 패션계 내 자신의 인맥을 동원해서 티파니가 보그(Vogue)지에 인턴십을 얻도록 도와주었으며, 그녀는 펜실베이니아대학교를 졸업하기 전에 패션과 음악 산업에 잠깐 손을 댔다. 그녀는 워싱턴 DC에 있는 조지타운 로스쿨에 다닐 계획이다.54)

　도널드의 막내아들로, 아내 겸 퍼스트레이디인 멜라니아와의 유일한 아이인 배론 트럼프(Barron Trump)는 트럼프의 모든 자녀들 중에서 가장 아버지를 닮았을지 모른다. 멜라니아가 한 번은 기자들에게 이런 말을 했다. "그는 뭔가를 쌓고 허물고 또 뭔가를 쌓는 것을 좋아해요... 때로는 내가 그를 리틀 도널드라고 부르지요."55) "미니 도널드"라는 닉네임이 고정된 것 같은데, 그것은 아마도 배론이 스웨트팬츠(운동 선수가 보온 또는 발한용으로 입는 느슨한 바지-역자 주)보다는 양복과 넥타이를 더 좋아하기 때문이라고들 한다. 그리고 그는 자주 아빠와 골프를 즐긴다.56)

프랭크 아메디아는 그가 멜라니아와 배론과 함께 시간을 보내게 되었던 최근의 일을 상기했다. "나는 그를 리틀 배론(little Baron)이라 부른다. 그러나 그렇게 부르지 말아야 한다. 그 이유는 이 어린 소년이 이제 갓 열한 살이 되었는데, 내 생각에는 키가 5피트 8인치가 되어야 하기 때문이다. 그리고 그는 [그의 나이에 비해] 너무 크기 때문에, 나는 뉴스 미디어에서 그것을 알아보려는 노력을 너무 거칠게 해왔다는 생각이 든다. 우리가 꼭 기억해야 할 것은 이 아이는 이목이 집중되어온 어린아이에 불과하다는 점이다."57)

아메디아는 계속 말했다. "그는 그의 아버지와 [에릭]과 같은 성품을 가지고 있다... 그는 머리를 숙여 인사했다. 그는 아주 겸손하고 아주 예절이 발랐다. 그는 잘 경청했고, 그가 말할 때는 논리가 정연했다. 그는 정확히 자기가 말하고 싶은 것을 말했고 그 어떤 말도 뽐내려 하지 않았다." 아메디아는 말하기를 후에 자기는 배론에게 너무도 감명을 받았기 때문에 그의 아내를 처다보고 이렇게 말했다고 했다. "그의 부모들이 이 어린아이를 얼마나 만족해왔는지를 보시오."58)

배론은 백악관으로 이사하기 전에 뉴욕에서 그의 학년을 마쳤다. 그는 존 F. 케네디 2세 이후 백악관에 거주하는 첫 번째 아들이 되는 것이다.59) 그는 슬로베니아 태생인 어머니 멜라니아처럼 슬로베니아어를 유창하게 한다.60)

멜라니아 역시 1996년 뉴욕으로 오기 전에 밀라노와 파리에서 활동한 전직 모델이다. 그녀는 2년 후 도널드 트럼프를 만났고, 그들은 2005년에 결혼했다. 배론은 멜라니아가 미국 시민이 된 같은 해인 2006년에 태어났다.61)

프랭크 아메디아는 "멜라니아는 굉장히 머리가 좋다. 그녀는 5개국 언어를 한다. 그녀는 날카로운 눈을 가졌으며, 돌아가는 것을 금방 파악한다"라고 말한다. 아메디아는 그녀가 대통령 직책의 배후에 있는 마음을 끄는 힘이며, 대통령이 말할 수 있는 모든 것으로부터, 그녀는 믿음에 속한 것들에 의해 매우 감동을 받는다는 것에 자기는 전혀 의심하지 않는다고 말했다. "그녀는 무엇보다도 먼저 헌신된 아내이자 어머니이다"라는 말을 덧붙이면서 한 말이다.62)

최고의 지지

내가 도널드 트럼프와 인터뷰하는 중에, 그의 자녀양육 우선순위, 자녀들과의 그토록 친밀한 관계를 갖는 비결 및 그에 대한 그들의 분명한 존경에 대해 물었다. 그는 내게 말하기를 그들에게 "마약은 안 돼, 알코올도 안 돼, 담배도 안 돼!"라고 말한 것을 포함해서 그들을 바르게 기르기 위해 열심히 노력했다고 했다. 내가 이미 언급한 대로, 선거유세 과정 내내 많은 사람이 코멘트하기를 도널드 트럼프를 대통령으로서 지지해준 최고의 지지는 자녀들의 인격이었다고 했다. 그들은 그 진행의 모든 걸음마다 아버지를 지원했던 것이다. 특히 그의 장남인 도널드 주니어는 논리 정연한 연설가였다. 그는 그의 아버지의 후보 자격에 관해 연설하면서 언론의 근거 없는 비난에 대해 아버지를 변호했다. 그는 매우 유능한 연설가였으며, 여러 경우에 그는 그의 아버지를 적극적으로 지지했고 그가 기독교 단체들에 연설할 때는 진한 감동을 주었다.[63]

선거 이틀 전에 돈 주니어는 버지니아의 교회 두 곳에서 연설할 때, 믿음과 가치의 문제를 언급하고 미국에 대한 그의 가족의 헌신에 대해 연설했다. 버지니아주 레스톤에 있는 에클레시아 USA 히스패닉 교회에서 그는 이렇게 말했다. "우리가 우리나라에서 가장 소중히 여기는 것이 위험에 처해 있습니다. 곧 우리의 신앙, 우리의 자유, 우리의 꿈, 우리의 가족 말입니다. 내가 여기에 나온 것은 미국 역사에서 이 순간이 얼마나 중요한가를, 그리고 양당은 우리가 처한 혼란에 책임이 있다는 것을 되풀이하기 위해서입니다."[64]

주로 복음주의와 은사주의 목사들에 대한 후보자의 의도적인 접촉 덕분에, 트럼프와 그의 조언자들은 저들이 좌편향의 세속 문화로 인해 사회적으로 무시당해왔다고 느끼는 보수주의 크리스천들의 관심사를 이해하게 되었다. 그래서 트럼프의 아들이 그러한 관심사들을 언급했던 것이다. 그는 "우리 크리스천들은 우리의 신앙을 표현하기를 두려워해서는 안 되며, '메리 크리스마스'라고 말하기를 두려워하지 말아야 하며, 우리의 종교적 권리를 자유롭게 행사할 우리의 권리를 위해 싸우기를 두려워하지 말아야 합니다"라고 말했다. "이러한 신성한 권리들이 수십 년간 쇠퇴의 현상유지를 옹호한 정치인들로 인해 지금 위험에 처해 있습니다."65)

버지니아주 우드브릿지에 있는 헤리티지 침례교회에서 돈 주니어의 발언이 나온 후 바로 그날에, 마이크 에드워즈(Mike Edwards) 목사가 한 기자에게 이렇게 말했다. "그를 직접 실제로 보게 되니 그가 얼마나 성실한 젊은이인가를 알게 되었고, 그의 아버지가 그를 키운 방법에 있어서도 얼마나 성실했는가를 나에게 말해주는 것처럼 느꼈습니다." 에드워즈는 만일 트럼프와 그의 아내가 그토록 칭찬할 만한 성품과 강력한 도덕적 가치를 그들의 아들에게 가르칠 수 있었다면, 사람들은 그것으로 도널드 트럼프가 어떤 인물인가를 알 수 있어야 한다고 말했다. 그의 자녀들이 결국 어떻게 자랐는가를 보게 되면 트럼프 대통령이 국가의 중요한 관심사를 어떻게 처리할 것인가에 대해 많은 것을 알 수 있다.66)

에드워즈는 "그런 종류의 성실한 성품은 그냥 아무 데서나 나오는 것이 아니다"라고 말했다. "그것은 그에게 그들 자신들을 투자하는 엄마와 아빠, 두 사람으로부터 나오는 것이다. 만일 [도널드 트럼프가] 그의 아들만큼이나 진실하다면, 나는 그가 충분히 신뢰할 수 있는 사람이라고 생각한다." 크리스천들이 여론조사에서 트럼프를 지지하는 것으로 나타나리라고 생각하느냐는 질문을 받자, 그 목사는 이렇게 말했다. "내가 확신할 수 있는 것은 그가 그의 행정부에

받아들이려고 하는 것들이 우리나라가 필요로 하는 것이라고 믿는 것과 일치하는 원리원칙들이라는 점이다. 그러므로 만일 당신이 사람을 지지하는 게 편치 않다면, 원리원칙들을 지지하라."[67]

다음 장에서는 내가 트럼프와 인터뷰한 것을 인용하게 된다. 나는 다른 언론매체들이 그에게 질문하려는 것을 다시 언급할 시간이 없으리라는 것을 알았다. 그래서 나는 보수적 크리스천들의 관심사에 집중했으며, 우리는 신앙과 가족의 역할에 대해 이야기했다. 트럼프는 신앙이 그에게 중요하다는 점을 분명히 밝히면서 이렇게 말했다. "우리의 종교는 나에겐 아주 중요한 부분이며, 나는 또한 그것이 이 나라에도 아주 중요한 부분이라고 생각합니다." 그러나 그때 그는 덧붙이기를 그에겐 가족이 항상 "제1번"(number one)[68]이라고 했다.

도널드 트럼프가 영적으로 어디에 서 있는가에 대해서는 거의 쓰지 않았기 때문에, 우리는 그의 삶에서 신앙의 중요성을 보여주기 위해서는 그가 말하고 행하는 것을 살펴보아야 한다. 이 책의 어딘가 다른 곳에서 기술된 대로, 지난 10년까지의 그의 라이프 스타일은 세속적이었고 복음주의 크리스천들이 지도자에게서 찾고 있는 모습은 아니었다. 그러나 나는 그가 인생에 대해서 생각하고 그에게 남겨진 시간으로 그가 무엇을 성취해야 하는가에 대해 생각하기 시작했을 때, 그가 텔레비전에서 보았던, 예컨대 파울라 화이트 케인 같은 기독교 지도자들에게 강하게 끌렸다고 믿는다. 그래서 그가 선거유세를 시작할 때, 그는 자신의 주위에 경건한 조언자들을 포진시켰고 아직 태어나지 않은 아이들을 보호하는 것과 같은 이슈들에 좀 더 보수적인 기독교적 접근을 명확히 표명하기 시작했다.[69] 복음주의 목사들은 "복음을 전파하라 그리고 필요하면 말을 사용하라"는 인용구*를 사용하길 좋아한다. 이 인용구와 함께 그들은 크리스천의 행동이 무엇보다 중요하다는 것을 강조한다. 그리고 내가 하나 덧붙인다면, 설령 그 사람이 말로는 표현하지 않는다고 할지라도 그의 마음속에 있는 것을 살펴볼 믿을 만한 방법을 제공한다. 이 장에서 나는 트럼프의 자녀들이 그의 핵심 가치들을 반영한 것이라는 점을 보여주려고 애썼다. 다음 장에서는 트럼프가 많은 이슈에 관해 믿는 바가 무엇인지를 살펴보려고 한다.

---

* 이 인용구를 아시시의 프란시스의 것으로 간주하는 것은 잘못된 것이다. "FactChecker: Misquoting Francis of Assisi," The Gospel Coalition, July 10, 2012, accessed September 8, 2017, http://www.thegospelcoalition.org/article/factchecker-misquoting-francis-of-assisi.

Chapter 09
트럼프가 믿는 것은

그 당시 후보였던 트럼프가 낮과 밤 모든 시간에 트위터로 그의 비판자들에게 응수하기 시작했을 때, 그는 아무도 예기치 못한 강력한 코멘트를 트윗함으로써 많은 그의 중상자들을 깜짝 놀라게 하고 당황케 했다. 그는 이미 메릴 스트립(Meryl Streep)과 유명 인사들, 예컨대 로지 오도넬(Rosie O'Donnell) 및 오프라 윈프리(Oprah Winfrey) 같은 사람들과 널리 공표된 말싸움을 하고 있었지만, 이것은 전혀 다른 종류의 싸움이 될 판이었다.

트럼프는 그의 세대의 남자에게는 보기 드문 기술적인 재치의 수준을 가지고, 그의 반대자들이 그에게 독설을 퍼부을 때마다 몇 분 내로 반격할 수 있었다. 이건 뭔가 새로운 것이었으며, 그것은 점차적으로 소실해가는 반감을 불러일으켰음에도 불구하고 그의 팬들과 일반 대중을 기쁘게 해주었다 얼마 안 있어 트럼프는 연속적으로 트위터를 날렸으며, 그래서 그는 언론에 재미있는 사운드 바이트(sound bites: 뉴스 프로그램에서 사건을 짤막하게 전하는 영상으로, 흔히 반복적으로 사용된다-역자 주)를 제공해주었다.

물론, 모든 사람이 다 이 새로운 사태에 흥분한 것은 아니었다. 전국 공공 라디오(National Public Radio), 뉴욕타임스 및 정치뉴스 회사 폴리티코(POLITICO)와 같은 진보적 뉴스 조직체들은 트럼프가 얼마나 무신경하고, 무지하고, 외고집일 수 있는지 보여주려고 그의 트윗을 총망라한 목록을 만들었다. 하지만 그들은 그것을 무시할 수 없었다. 그래서 그들은 그를 파멸로 이끌 어떤 말이나 행위에서 꼬투리 잡기를 바라면서 그의 트윗을 충실히 따라다녔다.[1]

그의 코멘트와 반격 중 일부는 종종 그의 중상자들을 상스럽고 엄한 조소로 공격해서, 서투르고 거칠기 짝이 없었는데, 그건 사실이었다. 그러나 트럼프가 트위터를 사용함으로써 주류 언론 및 언론에 자유로이 접근하면서 그를 모욕하고 처벌받지 않고도 그의 품위를 떨어뜨릴 수 있었던 그의 정치적 반대자들을 우회하는 길이 그에게 열렸다. 갑자기 그 동일한 사람들이 실시간에 책임을 뒤집어쓰게 되고 양측의 신문기자들은 그것을 한마디도 놓치길 원치 않았다.

폭스뉴스 미디어 분석가 하워드 쿨츠(Howard Kurtz)는 한 온라인 뉴스해설에서 결론짓기를 트럼프의 트위터 사용이 "그가 3,100만의 팔로어들과 접촉하고, 무수한 미디어 보도로 인해 증폭되게 하는 믿기지 않을 정도로 귀중한 도구"임이 판명되었다고 했다. 그것은 오늘날과 마찬가지로 선거 전초전 중에도 그러했다. 트럼프가 백악관으로 들어온 이래 그의 트위터 폭풍을 늦추지 않고 있기 때문이다. 한번은 그가 말하기를 만일 그가 주류 언론들에 의해 양산되고 있는 "가짜뉴스"(Fake News)에 의존했더라면 "백악관을 차지할 가능성은 제로"(ZERO chance of winning WH)였을 것이라고 언급한 바 있다. 그러나 그의 솔직하고 걸러지지 않은 트위터 정보 공급이 그의 적들에 대해 형세를 역전시키는 데 도움을 주었다.[2]

칼럼니스트 제임스 루이스(James Lewis)는 인터넷 출판물인 아메리칸 싱커(American Thinker)에서 설명하기를 도널드 트럼프는 로널드 레이건 이래로 미국 국민들의 마음에 직접 전달하기 위해 적대적인 주류 언론들을 회피할 수 있는 유일한 공화당 대통령이라고 말한다. 루이스는 "보수주의자들은 베이비붐세대 좌파들(Boomer Left)이 솔 앨린스키(Saul Alinsky)의 붉은 소책자에 의해 교도를 받은 그 악명 높은 '제도권을 통한 장정'(Long March Through the Institutions: 학생 행동주의자 루디 더치케가 혁명 조건을 확립할 전략을 묘사하기 위해 만들어낸 슬로건으로, 장정이란 표현은 중공군의 長征〈1934년부터 1936년에 걸쳐 중국 공산당이 국민혁명군을 피해 중국 대륙 동남부에서 서북부로 근거지를 옮기려고 감행한 행군〉에서 가져온 것임-역자 주)을 지휘했던 1970년대 이래 지금까지 끊임없는 공격을 받아왔다"라고 썼다.[3]

앨린스키는 힐러리 클린턴이 그녀의 생애 초기 가까이에서 함께 일한 적이 있었던 인물인데, 미국 중산층을 "그 적"(the enemy)[4]으로 언급했다. 그는 마키아벨리(Machiavelli)가 착상해낸 그 어느 것보다 더 교활하고 위험한 치명적인 형태의 선동을 전파했다. 버락과 미셸 오바마, 힐러리 클린턴, 버니 샌더스를 포함하여 민주당 지도부는 엘린스키의 방법론을 배운 학생들이었다. 그들은 그 사람의 책 〈급진주의자들을 위한 규칙(Rules for Radicals)〉을 학습하여 그의 폭력혁명 철학(anarchist philosophy)을 가슴에 새겼다. 하지만 앨린스키와 행정부 내 그의 추종자들의 명백히 반미적인 견해에도 불구하고, 언론매체들은 그들 모두를 합격시켜주었다. 그래서 도널드 트럼프는 이것을 극복하기로 결심했던 것이다.

그렇다면 당신은 이렇게 질문할지 모르겠다. 만일 이것이 대통령이 직면하려고 하는 것이라면, 그가 어떻게 그들을 상대로 성공적인 선거운동을 하겠다고 바랄 수 있었는가? 그가 어떻게 초자연적인 규모의 영적 전쟁이 분명한 것에 성공할 수 있었을까? 그리고 더욱 중요한 것은, 이 대통령이 실제로 믿는 것은 무엇인가?

트럼프의 보수주의적 어젠다

적어도 그 질문에 대한 부분적인 대답은 도널드 트럼프가 확인하고 승인하게 될 2016년도 공화당 정강의 항목들에서 찾아볼 수 있다. 4년마다 총선거 전에 나라의 각 주와 지역에서 온 대표들이 중심부의 소재지에 모여 당이 무엇을 믿는지를 선언하고 그들의 후보가 당선되었을 때 그들이 추구하고 지키기 원하는 이슈들의 윤곽을 그린다. 공화당의 정강 위원회는 2016년 7월 18~21일에 오하이오주 클리블랜드에서 모여 다가오는 선거운동의 주요 이슈들을 철저히 논의했다. 2,742명의 대표 전원의 관심사를 검토하는 것은 결코 쉬운 일이 아닐 것이다. 그러나 대표들과 그들의 후보가 믿는 것에 관해 그들 가운데 폭넓은 일체감이 있었다.

와이오밍주의 상원의원 존 바라소(John Barrasso) 의장의 사회로 그 초안은 가족, 자녀양육 및 인간의 성별(sexuality)에 대해 강력한 전통적 견해를 취했고 포르노물을, 특히 어린이들에게 해를 끼치는 "공공의 위협"(public menace)으로 언급했다.[5] 그것은 여성 전투의 금지뿐만 아니라 또한 재향군인관리국(Veterans Administration)의 강력한 군사적이고 더 철저한 감독과 책임을 촉구했다. 언론에서 재빨리 보도한 대로, 이 정강은 매케인이나 롬니 선거운동의 정강보다 (마치 그것에 뭔가 잘못된 것이 있기라도 하듯) 훨씬 더 보수적이었다.

그 정강은 제안하기를 입법자들은 국가의 안녕에 영향을 미치는 중대한 결정을 내릴 때는 종교를 가이드로 삼도록 했으며 "인간이 만든 법률은 우리 하나님이 주신 천부 인권들과 일치되어야 한다"라고 명시했다. 그것은 학교에서 짧은 기도(devotionals)와 성경읽기의 회복을 촉구했다. 이유는 미합중국 헌법 제정자들(Founding Fathers)이 주장한 대로, "성경을 제대로 이해하는 것(a good understanding of the Bible)이 교육받은 일반시민의 발전에 필수불가결하기" 때문이다.[6]

"위험한 세계"라는 제목의 한 항목에서, 그 말은 이전 행정부의 외교정책 실패들에 관한 트럼프 선거운동의 논평에 뒤이어 나왔다. 여기에는 "국무장관"(이 경우에서는 트럼프의 경쟁자인 힐러리 클린턴을 지칭)의 실패사항들에 관한 언급이 포함되었다. 또한 미국과 주요 교역 상대국, 예컨대 캐나다, 멕시코, 유럽연합 및 중국과의 공정무

역협정의 필요성을 다루는 정강정책들도 있었다. 그리고 이민개혁, 거류외국인 범죄자 국외추방 및 남부국경선 장벽설치를 촉구하는 말도 물론 있었다. 도널드 트럼프와 당 정강이 지지하는 기본 원리들은 다음의 몇 가지 논점으로 요약할 수 있다.

- 정부 지출을 줄인다. 그러나 사회 보장과 메디케어를 보호할 조치를 취한다.
- 튼튼한 사업 환경 조성을 위해 정부의 접촉과 영향력을 사용한다.
- 오바마케어를 폐지하고, 더욱 실제적이고 감당할 수 있는 대안을 개발한다.
- 헌법을 수호할 보수적인 대법원 판사를 임명한다.
- 가족계획연맹에 자금지원을 철회하고, 로 대 웨이드 판례를 철폐할 작업을 한다.
- 경제를 성장시키고, 아웃소싱 작업장과 미국의 해외기업들을 본국으로 돌아오게 한다.
- 지구온난화 재앙을 위한 자금제공을 삭감하거나 실질적으로 줄인다.
- 총기 소유를 헌법적 권리로 보호하되, 일부 공격 무기들은, 예컨대 구매 전 대기 기간 같은 특별한 고려를 요한다.
- 이민에 관해선, 비자 없는 개인들과 거류외국인 범죄자들을 추방한다.
- 국경순찰대, 면제 및 세관 집행국(Immunization and Customs

Enforcement, ICE)과 국토안보부의 규모와 권한을 증가시킨다.
- 그린카드(green cards: 외국인 노동자에게 주어지는 입국 허가증 – 역자 주)와 어떤 종류의 비자를 동결한다.
- 어떤 무슬림이 대다수인 나라들로부터의 이민을 금지한다.
- 우리의 남부 국경선에 장벽을 설치한다(트럼프는 그것의 비용을 멕시코에 부담시키겠다고 덧붙였다).
- 오바마의 이란 핵 협정을 원상으로 되돌리고, 테러지원국들에 제재를 강화한다.

ISIS와 이슬람 테러리즘(내가 지적한 바와 같이 오바마가 사용하기를 거부한 용어)에 관해서는, 트럼프는 자신의 입장을 솔직하게 밝힌다. "그들을 전멸시키라."[7] 그 외에도, 미군과 무고한 생명이 위험에 처한 전투 상황에서는 워터보딩(waterboarding: 테러 용의자들에 대한 물고문 – 역자 주)과 다른 형태의 극단적인 심문이 허용되어야 한다고 그는 생각한다.[8] 무고한 민간인과 우리의 남녀 군인들은 테러리스트들의 위안보다 무한히 더 귀중하다.

트럼프는 또한 군대 경력이 있는 제대군인들이 그들의 복무 중과 복무 후에 각별한 지원을 받아야 하며, 보훈처(Veterans Affairs)는 군인들에게 제공되는 대우의 질에 대해 책임을 져야 한다고 말했다.[9] 그리고 마지막으로, 결혼한 레즈비언(여자동성애자)들이나 결혼한 게이(남성 동성애자) 남자에 대해 뭐라고 말하겠느냐는 CNN 앵커의 질문에 트럼프는 이렇게 대답했다. "나는 사실 아무런 말도 하지 않는다... 나는 전통적인 결혼에 찬성한다."[10]

트럼프 대통령과 나의 인터뷰

나는 45년간 언론계 생활을 해오는 동안 수많은 대선후보들, 주지사들 및 기타 정치인들과 인터뷰를 해봤다. 그러나 그의 있을 법하지 않은 선거운동 와중에 도널드 트럼프와의 인터뷰는 확연히 달랐다. 트럼프에게 있어, 당신이 텔레비전에서 보는 것은 당신이 이면에서 보는 모습과는 다르다. 그 공화당 지명자에게는 우리가 진보적인 언론의 사운드 바이트(sound bite: 방송용으로 발췌한 짧은 어구, 혹은 정치인의 어록-역자 주)에서 보지 못하는 겸손함이 있었다. 그는 여전히 고지식한 사람(straight shooter)이었지만, 그의 성실성은 내가 기대한 것보다 훨씬 더 두드러졌다. 나는 대부분의 우리 독자들이 묻고 싶어 할 것이라 생각하는 그런 질문들을 던졌다. 그의 대답은 하나님을 무시하기보다는 하나님을 공경하는 원리원칙들(principles)을 통해 미국을 다시 위대한 나라로 만드는 일에 진정으로 헌신된 확신 있고 단호한 사람임을 나타냈다. 그 인터뷰 내용의 전사(轉寫)본을 여기에 싣는다.

스트랭: 복음주의자들과 가톨릭은 그들의 확신하는 낙태반대에 대해서 공격을 받아왔고 또 결혼에 관한 그들의 성경적 견해에 반하는 것을 수용하라고 정부가 강요하지 말고 내버려두라는 그들의 요청에 대해서 오바마 행정부로부터 공격을 받아왔다. 당신은 종교적 자유를 존중하겠다는 것을 어떻게 그들에게 재확인해줄 수 있는가?

트럼프: 종교적 자유는 기초다. 종교적 자유가 없다면, 자유가 없는 것이다. 나는 그것을 아주 강력하게 느끼며, 다른 많은 사람도 그러하며, 많은 정치인도 그러하다. 그러나 그들은 그걸 표현하지 않는다. 종교적 자유는 내가 소중히 여기는 것이며, 당신은 결코 실망하지 않을 것이다.

스트랭: 당신은 교회와 미니스트리 단체들이 세금 면제를 유지할 수 있도록 존슨 수정안의 폐지를 지지하겠다고 말했다. 그것을 어떻게 하겠다는 것인가?

트럼프: 내가 그것을 정강에 넣었기 때문에 이미 그것을 시작했다. 아시겠지만, 많은 사람은 그것이 무엇인지 알지도 못했는데, 이제는 많은 목사님과 사역자들이 그것을 알았으며 심지어는 그것을 믿을 수 없다고까지 말한다. 우선 이 일이 어떻게 일어났는가? 그들이 그것을 어떻게 제거할 수 있었는지 알면 소름 끼치는 일이다. 그런데 이것은 처음부터 명기된 게 아니었다. 이것은 한 힘 있는 정치인에 의해 명기된 것이다. 그게 전부다. 그것이 우리가 말을 듣고자 하는 사람들의 입을 막는 것이다. 그들은 모든 것을 잃을 수 있기 때문에 그것에 대해 이야기하기를 두려워하는 것이다.
내가 하려고 하는 첫 번째 것들 중에 하나는, 만일 내가 승리한다면, 이것을 종결시키기 위해 아주 강력하게 로비활동을 하는 것이다. 그리고 내가 뭔가를 말해주겠는데, 당신네 로비스트들이 아주 막강하기 때문에 어렵지 않을 것이다. 사람들의 인원수

로 보건대 남자들보다 더 많고 여자들보다 더 많기 때문에 심지어 민주당원들까지도 모두가 그것을 찬성할 수 있다. 그래서 나는 그것을 해결할 수 있을 것이다. 내가 그것을 해결할 수 있으리라는 절대적 확신이 나에게 있다.

스트랭: 대통령으로서 당신은 영적인 조언을 얻기 위해 누구와 접촉하려고 하는가? 그 이유는 무엇인가? 대통령에게 하나님의 지혜와 인도함이 필요하다고 생각하는가?

트럼프: 나는 교제권 안에 친구들이 많다. 그들 중 하나로 아주 믿을 수 있는 분은 프랭클린 그래함이다. 그는 놀랍고, 정말이지 대단한 분이다. 그래서 우리는 프랭클린과 친밀하다. [로버트] 제프리스 목사님도 대단한 분이다. 파울라 화이트는 놀랄 만한 분이다. 아주 많이, 너무도 많다.

충성스러운 사람들과 함께 지내는 걸 나는 정말로 좋아한다. 이유는 이 선거가 아주, 정말로 아주 미미하고 작은 불꽃이었던 초창기부터 그들은 여기에 함께했기 때문이다. 그리고 그들은 그 밖의 모든 사람이 "글쎄, 당신이 열일곱 명의 [공화당 후보들]을 물리칠 수 있겠어?"라고 말할 때 여기에 함께해 주셨기 때문이다. 길모어(Gilmore)를 포함시킨다면, 실제 수는 열여덟 명이었다. 열여섯 명의 노련한 정치인들을 어떻게 이기는가? 그래서 그들이 처음에 함께했던 것이다.

스트랭: 당신은 열일곱 명의 후보들을 상대로 무모한 선거전과

기타 등등에 대해 이야기했다. 하지만 당신은 복음주의 표를 설득해 자기편으로 끌어들였다. 이 전 과정이 어떻게 당신을 영적으로 변화시켰는가?

트럼프: 글쎄, 내가 당신에게 말할 수 있는 것은, 나는 항상 영적이라는 것이다. 하지만 복음주의자들이 진정으로 나를 지지하기 때문에 나는 진정으로 그들에게 감사한다. 누군가가 당신을 지지하면, 당신은 기분이 아주 좋을 것이다. 그래서 나는 아주 복음주의적인 주와 사람들 속에 들어가서 이렇게 말하곤 했다. "아, 아이고, 나는 그런 주에서는 이기지 못할 것 같아요." 나는 결국 엄청난 지지를 받았기 때문에 압도적 대승리를 거두었다. 당신은 사람들이 떠나면서 다른 사람들보다 트럼프를 지지하겠다는 여론조사를 보았는가? 이론상으로는 그들이 아주 일찌감치 그런 후보들을 지지할 수 있었을 것이다. 그러나 그들은 그렇게 하지 않았다. 그래서 내가 복음주의자들로부터 엄청난 지지를 받았다는 사실은 나에게 의미가 컸으며 미래에도 나에게 의미가 클 것이라고 본다.

스트랭: 당신은 예루살렘이 수도라는 이스라엘의 주장을 지지한다고 말한 적이 있다. 많은 복음주의자들은 아주 강력하게 이스라엘을 지지한다. 이스라엘에 대한 당신의 정책은 다른 경쟁자들의 그것과 어떻게 다를 것인가?

트럼프: 우선 한 가지는, 나는 이스라엘을 지지한다. 그러나 오

바마는 이스라엘을 지지하지 않는다고 생각한다. 내 생각에 그는 이스라엘에 일어났던 일 중에 가장 어리석은 일을 했다고 본다. 이란 협정은 이스라엘에는 재앙이며, 나는 이스라엘을 강력하게 지지하고 이스라엘 안에 굉장히 많은 인맥이 있으며 사위는 유대인으로 내 딸과 결혼했다. 나는 아주 강력하게 이스라엘을 지지할 것이다.

스트랭: 신명기에 보면 그 땅의 나그네들에게 자비를 베풀라고 되어 있다. 그 성경말씀이 당신의 행정부의 정책을 어떤 방향으로 나아가게 할 것인가?

트럼프: 그것 참 좋은 질문이라 생각한다. 그러나 우리는 동시에 주의해야만 한다. 우리는 사람들이 우리나라에 들어오도록 허용하고 있다. 그런데 우리는 그들에 대해 아는 게 없다. 문서 업무도 없고, 증거 서류도 없다. 독일 프랑스 및 문호개방 정책을 취하는 다른 많은 나라들에서 일이 어떻게 되어가고 있는지 당신은 보고 있다. 여기서도 그렇게 되어갈 수 있을 것이다. 우리는 수천수만의 사람들이 우리나라에 들어오도록 허용해왔는데, 그들이 누구인지 우리는 아는 게 없다.

동시에 우리는 안전한 피난처를 세우기 원하며, 우리는 페르시아만 연안 제국(Gulf states: 바레인, 이란, 이라크, 쿠웨이트, 오만, 카타르, 사우디아라비아, 아랍에미리트의 8개 산유국-역자 주)이 기금을 적립하길 원한다. 그게 엄청난 금액이기 때문이다. 그래서 우리는 사람들을 돌보기 원하지만, 우리가 그들을 받아들일 수 없는 것은 그들이 누구인지 우리가 도무지 알지 못하기 때문이다. 샌버너디노(San Bernardino)에서 어떤 일이 일어났는지 당신은 보았다. 바로 여기 올랜도에서 어떤 일이 일어났는지 보았다. 세계무역센터에서 어떤 일이 일어났는지 보았다. 우리가 모든 것을 눈감아 주면 프랑스에서, 니스에서, 독일에서 일어난 일을 당할 수 있다. 우리에게 있는 문제도 모자라지 않다. 우리는 그렇게 할 수 없다.

스트랭: 많은 사람은 우리나라가 유대-기독교의 가치관 위에 건국되었다고 믿는다. 우리의 세속사회에서는 지금 많은 사람이 그런 영향력을 도외시한다. 당신은 미국이 유대-기독교의 원리원칙 위에 세워졌다고 믿는가?

트럼프: 그렇다고 생각한다. 나는 미식축구 코치들이 필드에서 기도회를 가졌다고 해고된 것을 보고, 너무너무 소름 끼치는 일이라 생각한다. 나는 우리나라가 이전부터 해오던 것과 다른 아주 많은 것들이 일어나는 것을 보면 끔찍하다는 생각이 든다. 그러므로 우리의 종교는 나에게 매우 중요한 부분이며, 또한 그것은 우리나라에도 매우 중요한 부분이라고 생각한다.

스트랭: 당신의 인생에서 가장 중요한 것은 무엇인가?

트럼프: 우리가 언제나 말해야 할 것은 가족이다. 그런 관점에서 가족은 가장 중요한 것이다. 종교도 매우 중요하다. 그러나 내가

추측하기로는 당신이 종교나 가족에 대한 이야기는 하지 않으려는 모양인데, 그 두 가지는 아주 중요하다. 신앙은 매우 중요하다. 그러나 항상 가족을 첫째(number one)로 삼아야 할 것이다.

스트랭: 당신은 자녀들과의 유대관계가 아주 돈독하다. 당신의 자녀들과 그토록 친밀한 관계를 가지며, 그들이 당신을 유난히도 존경하게 된 그 비결이 무엇인가?

트럼프: 내 자녀들에 대해서 말하면 나는 아주 열심히 공부했다. 내가 항상 그들에게 말해주던 것들 중 하나는 이것이다. "마약 안 돼, 술 안 돼, 담배 안 돼."(No drugs, no alcohol, no cigarettes) 아주 스마트한 자녀들을 둔 친구들이 내게 있다. 그러나 그들의 자녀들이 마약이나 알코올에 중독되어 있다. 내가 담배를 추가한 것은 건강문제 때문이다. 만일 당신이 담배를 피우지 않는다면, 그건 더 쉽다. 나는 참 다행스럽게도 담배를 피우지 않았다. 나는 떨어질 수 없는 친구들이 있는데, 그들은 건강한 사람들이다. 그러나 만일 당신이 한 번도 시작한 적이 없다면, 그건 문제가 안 된다. 그들이 중독되지 않았다는 사실, 그건 굉장한 요인이다. 하지만 절대 모르는 일. 망가지기 쉬운 세상이라, 무슨 변이 일어날지 아무도 모른다.

스트랭: 우리가 당신의 이야기를 알릴 것이니 조언의 말씀 좀 해달라. 당신이 교회 앞에서 하는 것 말고, 군중들을 격려하는 것 같이 우리의 독자들에게 말씀해 달라.

트럼프: 나는 위대한 일을 할 것이다. 나는 그 일을 완수할 것이다. 나는 종교를 위해서 그리고 복음주의자들을 위해서 위대한 일을 할 것이다. 나는 위대한 일을 할 것인데, 그렇기 때문에 우리가 목사들로부터 기립박수를 받았던 것이다. 그들은 많은 사람이 하는 말을 들은 것 때문에 기립박수를 많이 주지 않는 사람들인데 말이다. 그래서 그것은 위대한 영광이었다. 그러나 나는 위대한 일을 할 것이다. 나는 그 일을 완수할 것이다. 그리고 나는 그것을 제대로 할 것이다. 그러면 그것은 복음주의자들에게 위대한 일이 될 것이다.

이와 같은 때에

그 인터뷰 후에 나는 우리가 건국자들의 분명한 비전에서 멀리 벗어났음에도 불구하고 도널드 트럼프는 미국이 위대한 나라로 남아 있음을 믿고 있는 것으로 이해했다. 그는 미국에 대한 부정할 수 없는 믿음을 소유하고 있다. 그 두드러진 이유는 그가 평생 하나님을 믿고 있기 때문이라는 것을 깨달았다.

2016년 3월 15일 플로리다의 슈퍼 화요일 전 주간에 나의 사랑하는 친구 프랭크 아메디아가 내게 말하기를 자기는 선거 전의 이러한 모든 일들을 묵상하고 있으며 도널드 트럼프가 하나님께서 우리의 지도자로 선택하신 사람이 맞는가에 관해 "주님의 지시하심을 구하고" 있다고 했다. 프랭크는 기도하고 있었는데, 주님께서 그에게 말씀하신다고 느끼는 순간 은사주의들이 말하는 소위 "예언의 말"(a prophetic word)을 자기가 받고 있다는 것을 깨달았다. 그는 이튿날 집회에 참가할 예정이었기 때문에 주님께서 그것을 후보자에게 말해줄 기회를 자기에게 주시리라 믿었다. 그러나 그런 일은 일어나지 않았다. 트럼프는 프랭크가 그 기록된 "말"(word)을 그에게 전해주기 전에 그의 다음번 유세지로 급하게 이동해버렸다. 그는 실망이 되었지만, 만일 주님께서 트럼프가 그 메시지를 받기를 원하신다면 길이 열릴 것이라고 계속 믿었다.

    이튿날 트럼프의 선거운동본부에서 전화가 오기를 트럼프가 플로리다로 갈 계획을 취소하고 프랭크의 고향인 오하이오주 영스타운에서 슈퍼 화요일 전에 마지막 연설을 할 것이라 했다. 그리고 프랭크는 그가 전에 했던 것처럼 집회의 개회 선언을 해달라는 요청을 받았다. "전능하신 하나님께서 간섭하셔서 그 말이 전달될 수 있도록 스케줄을 바꾸어주셨다고 깨달았을 때 내가 느낀 놀라운 경외감과 주님에 대한 두려움이 얼마나 컸는지 당신은 상상도 못할 거요." 프랭크가 이 책을 위한 인터뷰에서 내게 한 말이다. 이번엔 그가 당시 트럼프의 전국 선거운동 매니저인 코리 루언다우스키(Corey Lewandowski)에게 문자를 보내서 자기가 트럼프의 손에 쥐어줘야 할 좋은 뉴스가 있다고 말했다. 그래서 루언다우스키는 집회 중에 연단 밖에서 프랭크를 만나도록 주선했다. 트럼프가 연단에 오를 때, 프랭크는 루언다우스키에게 봉투 두 개를 건네주었다. 하나는 그 위에 자기 이름을 쓰고 다른 하나는 도널드 트럼프의 이름을 썼는데, "당신이 혼자 조용히 있을 때 팜비치 집으로 가는 길에 이 편지를 열어 보십시오"라는 말을 적은 편지였다.

내가 이것을 사실이라고 보는 것은 프랭크가 그때 그것은 선거 후까지 비밀로 지켜져야 한다는 점을 강조하면서 내게 말했기 때문이다. 그 말이 어떤 내용인지 아래에 소개한다. "트럼프 씨, 당신은 틀림없이 공화당 지명에 승리할 것입니다. 그것은 주님께서 말씀하신 대로 처음부터 정해져 있는 결론입니다." 이때는 슈퍼 화요일 전이라는 점을 염두에 두시라. 그 말은 이렇게 결론을 맺었다. "그리고 만일 귀하께서 주님 앞에, 사람이 아닌, 주님 앞에서 겸손하게 처신한다면, 당신은 미합중국의 차기 대통령이 될 것입니다. (you shall become...) 대통령 각하, 이 나라를 다시금 위대한 국가로 만드는 여부는 우리가 하나님을 우리나라에서 다시금 위대하게 하느냐에 달려 있습니다." 그런 다음 프랭크는 스가랴 4장 7절 말씀을 인용했다. "만군의 여호와께서 말씀하시되 이는 힘으로 되지 아니하며 능력으로 되지 아니하고 오직 나의 영으로 되느니라."

트럼프가 자신의 비행기 내 조용한 곳에서 그 말을 읽었는지 우리는 알 길이 없을지 모른다. 그러나 프랭크는 그 직후에 변동이 일어났기 때문에 그가 읽었다고 확실히 믿는다. 액세스 할리우드 테이프가 알려지고 트럼프가 승리할 가능성은 사라졌다고 많은 사람들이 느낀 지 몇 개월 후에, 프랭크는 하나님께서 한때 자기는 용서를 구해야 할 짓을 한 적이 한 번도 없었다고 말한 그 사람을 겸손케 하려고 그 메시지를 사용하실 것으로 안다고 말했다.

도널드 트럼프의 삶에 대한 바이오그래피 채널(Biography Channel)의 한 시간짜리 다큐멘터리에서 간략히 다루어진 놀랄 만한 에피소드는 전하기를 1989년 10월 10일에 발생한 헬리콥터 추락으로 트럼프의 고위 중역들 세 명이 희생되었다고 말했다. 그 당시 베어스턴스(BearStearns)의 은행간부이자 트럼프의 동료인 알란 그린버그(Alan Greenberg)는 이렇게 말했다. "그도 역시 운명에 대해 많이 이야기한다. 내가 보기엔 그가 그 여행에 동승하게 되어 있었는데 무슨 이유인지는 모르지만 마지막 순간에 동승하지 않았던 것으로 생각된다. 그래서 나는 그가 자기는 얼마나 운이 좋은 사람인가에 감사했다고 생각한다. 물론, 그는 또한 그 사람들과 그들의 가족들에게 너무도 불행한 일이었다고 유감을 표하기도 했다. 하지만 그는 그 일로 충격을 받았다."11)

그 사건에 대한 이야기를 듣고 나서 내가 첫 번째로 생각한 바는 1989년의 이 비극적인 사건이 그를 둘러싼 모든 것이 산산조각 날 때 도널드 트럼프에게 주는 하나의 경고였다는 것이다. 그의 카지노들, 그의 호텔 중 하나, 그의 이바나와의 결혼생활 및 다른 일들이 그를 둘러싸고 온통 부서지고 있었고, 그런 혼돈은 1990년대까지 너끈히 지속될 판이었다.12) 그러한 비극들은 트럼프 씨에게 그가 죽음을 피할 수 없는 존재라는 것을 상기시켜주는, 말하자면 잠 깨워주는 전화(wake-up call)임이 분명했다. 그러나 그가 기적적으로 살아남게 되었다는 것 또한 분명했다. 오늘날 내가 보기에는 그 사건 역시도 그를 일깨워주기 위한 것일 뿐 아니라 또한 도널드 트럼프가 훗날 미국의 대통령으로서 맡게 될 중대한 과업에 그를 준비시키기 위한 하나님의 계획의 일부였다는 생각이 든다.

나는 지금 여기 미국과 해외에 공히 펼쳐지고 있는 정책들은 트럼프 대통령이 특별한 목적을 위해 이 시점에 이곳에 앉혀졌다는 그의 신념의 발로라고 확신한다. 그러나 단순히 선거공약의 목록을 이행하는 것보다 더 중요한 것은 아메리카합중국이 유일독특하고 유일독특하게 특권을 입은 국가라는 것을 이해하고 있다는 점이다. 우리의 국민적 모토는 "우리는 하나님을 신뢰한다"(In God We Trust)라고 선포한다. 그것은 1864년에 2센트 동전에 처음 나타났고, 1964년 이후 우리나라의 모든 동전과 모든 화폐에 나타나 지금에 이르고 있다. 우리의 건국자들은 하나님께서 이유가 있어서 우리를 이 대륙으로 보내셨다는 그들의 신념을 확인하기에 결코 주저하지 않았으며, 그렇기 때문에 이 대통령이 미국 국민의 영적인 관심사를 그와 같이 그의 선거운동의 주요 주안점으로 삼은 것이라고 믿는 것이다.

트럼프의 선거운동용 전단에는 이렇게 적혀 있었다. "미국 우선이란 특별한 관심사들이 더 이상 저들 자신의 개인적 이득을 위해 우리나라를 팔아치우게 해서는 안 된다는 뜻이다. 그것은 우리의 주권을 포기하는 다국적 협정에 우리가 더 이상 참여하지 않는다는 뜻이다. 그것은 우리가 더 이상 우리를 증오하는 나라들에 막대한 미국 달러를 쏟아 붓지 않는다는 뜻이다. 그것은 우리가 정말로 더 이상 아무도 우리의 국경선을 대량으로 넘어오게 하지 않는다는 뜻이다."[13] 심한 말이었다. 하지만 대통령은 그러한 말들에 사과하지 않았다. 그는 미국을 믿으며, 하나님께서 미국에 목적이 있고 계획이 있다는 것을 믿는 것이다.

트럼프가 전한 메시지의 담대함은 새터데이 나이트 라이브(Saturday Night Live)에서 트럼프를 풍자적으로 묘사했던 거칠게 말하는 할리우드 배우의 동생인 배우 스티븐 볼드윈(Stephen Baldwin)의 마음에 쏙 들었다. 그의 형과 달리 볼드윈은 도널드 트럼프를 지지하는데 이유는 트럼프가 솔직하며, 결과에 개의치 않고 자기가 믿는 바를 두려움 없이 말하기 때문이라고 믿기 때문이다. 비록 트럼프가 2013년에 셀레브리티 어플렌티스(Celebrity Apprentice)에서 그를 해고했음에도 불구하고, 볼드윈은 폴리티컬 코렉트니스(political correctness)에 대한 트럼프의 전쟁이 나라에 유익하다고 믿는다. 정치인들은 일부 소수민족들의 비위를 건드릴까 봐 아주 두려워한다. 그들은 토론이 필요한 이슈들에 대해 언급하기를 거절한다고 말한다. "나는 솔직히 말해서 누군가가 겁쟁이가 되지 말고, 정치인이 되지 말고, 자기가 생각하는 바를 실제로 말하는 걸 들으니 유권자들과 미국인들이 속이 시원하다고 말하는 이 사람을 진짜로 주목하고 있다고 생각한다."[14]

2017년 2월에 대통령은 그의 오하이오 발언의 일반적 주제를 되풀이하면서 그가 뜻하는 바를 양원합동회의에 말했다. 그는 이렇게 말했다. "내가 할 일은 세계를 대표하는 것이 아니다. 내가 할 일은 아메리카합중국을 대표하는 것이다."[15] 한 시간 연설하는 동안 대통령은 그가 선거운동 내내 이야기했던 정책 이슈들을 개략적으로 설명했다. 그는 미국 회사들에 더 많은 지원과 보강조치를 주기 위해 세계무역에 관한 우리의 정책을 개정하겠다고 말했다.

그는 불법이민 문제를 다루어주고 우리의 남부 국경선에 장벽 설치를 입법화해주도록 의회에 요청했다. 그는 "우리는 우리 자신의 국경선은 아무라도 건너올 수 있게 활짝 열어놓은 채, 다른 나라들의 국경선을 지켜주었다"라고 말했다. 그리고 그는 의회에 오바마케어를 폐지해줄 것을 요청했다. 그것이 견딜 수 없을 정도로 경제를 고갈시켜왔기 때문이다. 그는 "급진 이슬람 테러리즘"을 패배시키고, 군사력을 증강하는 문제를 말했다. 그리고 그는 그 메시지를 널리 유포시키고 있다.[16]

트럼프는 말하기를 자기는 세계 지도자들, 특히 유럽과 중동의 국가 수장들과 일련의 일대일 대화로 대통령직을 시작하고 싶다고 했다. 그는 미국의 동맹국들과의 관계를 공고히 하고 미국 외교의 우선순위를 명백히 하기를 원했다. 그가 2017년 5월 19~27일 그런 나라들에 첫 해외 외교순방을 할 때, 가장 먼저 세계 3대 종교의 수도 세 곳을 방문하기로 선택했다. 이들은 오늘날 세계에서 가장 폭발하기 쉬운 분쟁지역에 속하지만, 그것은 3대 아브라함 종교의 발상지다.

그의 첫 도착지는 사우디아라비아에서의 무슬림 정상회담이었다. 거기서 대통령은 50개 무슬림 국가들의 지도자들로부터 환영을 받고 이란(세계 제일의 이슬람 테러리즘 지원국)에 대한 그의 발언에 박수갈채를 받았다. 순방의 두 번째 여정에 트럼프는 예루살렘에서 이스라엘 수상 베냐민 네타냐후를 만났다. 그리고 이튿날 그는 베들레헴에 잠깐 들러 팔레스타인 지도자 마흐무드 압바스(Mahmoud Abbas)와 회담했다.[17]

트럼프는 미국 대사관이 텔아비브보다는 수도 예루살렘에 있어야 한다고 여러 차례 언급한 바 있지만, 이번 여행에서는 그런 대화가 나오지 않을 것이었다. 그러나 그는 예루살렘 구시가지에 있는,

예수님이 십자가에 못 박혔던 성묘교회(Church of the Holy Sepulchre)를 방문하고, 통곡의 벽으로 갔다. 거기서 그는 제7장에서 설명한 대로, 기도하고 적은 기도문을 벽 틈새에 끼워 넣었다.[18]

거기서 일행은 교황 프란시스를 알현하기 위해 바티칸시티로 날아갔다. 거기 있는 동안 그의 아내 멜라니아는 자신의 가톨릭 신앙에 대해 이야기하고 교황의 축복을 받았다.[19] 브뤼셀에서 트럼프는 나토 정상회담에 참석하고 유럽연합 본부를 방문하여, 새로 당선된 프랑스 대통령 에마뉴엘 마크롱을 만났다. 거기서 그들은 남쪽으로 날아서 시칠리아로 갔고, G7정상회담에 참석했다. 그다음에는 시그노엘라(Signoella) 공군기지에서 복무하는 미군과 동맹군요원들에 대해 연설과 도널드와 멜라니아 부부로부터 경의를 표하는 말과 따뜻한 개인적 인사로 순방을 마무리했다.[20]

이 사람의 삶을 바라볼 때 우리가 확실히 아는 바는 그는 비범하고 뛰어나게 역량 있는 사람이라는 것이다. 그는 거의 잠을 자지 않는다. 그의 보좌진들은 좀체 그를 따라갈 수 없다. 그는 담배를 피워본 적이 없었고, 술은 입에도 대지 않으며, 마약을 해본 적이 없다. 그는 큰 것들을 성취하고, 큰 빌딩들을 짓지 않을 수 없다. 그래서 그는 미국을 다시 위대하게 만들기로 결심한 것이다. 이런 것들은 작은 포부가 아니다. 그리고 그는 아무리 따져보아도 도량이 좁은 사람이 아니다. 그는 거의 모든 사람보다 키가 더 크다. 그래서 그가 방에 들어올 때마다 주목받는 중심인물이 된다. 그러나 본인 자신은, 내가 그와 인터뷰를 하는 동안 배운 바로는, 그는 친절하고 상냥하며 사람들의 할 말에 진정으로 관심을 갖는다. 그는 심지어 우리가 인터뷰를 시작할 때 물병을 내게 건네주기도 했다.

　나는 도널드 트럼프가 저녁뉴스에서 보아온 그런 압도적인 인물이 아니라는 걸 발견했다. 그렇다. 그는 정열적이다. 그는 거리낌 없이 말한다. 그리고 그는 다이내믹한 성취자다. 그러나 그는 또한 재치 있고, 성실하며, 그리고 믿음의 사람이다. 그런 것이 어떻게 생기게 되었고 그가 어떻게 그를 둘러싸고 있는 논쟁의 폭풍에 용감히 맞서왔는지 우리는 살펴보았다. 이제는 그가 미국의 가치를 어떻게 말하고 있고 그의 정치적 우선 사항들을 어떻게 표명해왔는지 살펴보고자 한다.

Chapter 10
정치적 우선 사항들

　도널드 트럼프는 이 나라가 아주 오랫동안 나아가고 있던 방향을 몹시도 불만족스럽게 여기던 유권자들에 의해 선거에서 낙승했다. 특히 복음주의 크리스천들은 그들의 관심사를 진지하게 받아줄 대통령을 원했다. 그들은 그들의 이슈를 이해해주는 자를 원했다. 그리고 그들은 선거유세 중에 자신의 종교적 신념이나 자랑하는, 그저 말만 하려는 대통령이 아니라, 의회에서, 법정에서, 그리고 언론에서 우리의 관심사를 변호할 때가 되었을 때 행함으로 보여주려는 대통령을 원했다.

　버락 오바마는 그런 일을 하나도 하지 않았다. 그리고 동성애자끼리의 결혼(gay marriage)에 대한 그의 돌변한 입장은 워싱턴의 상황이 바뀌기 원하는 복음주의자들을 분발시키는 그런 종류의 속임수를 보여주는 완벽한 모범 사례였다. 두 차례 전국 정치유세 중에 오바마는 전통적 결혼을 믿는다고 주장했다. 미국 상원을 위한

2004년 유세에서 그는 일리노이주 스프링필드에서 청중들에게 이렇게 말했다. "이 부분에 관해서 나는 아주 명백히 해왔습니다. 나는 동성애자끼리의 결혼을 지지하는 자가 아니라고 말해왔습니다. 나는 결혼이라는 용어 자체가 강력한 종교적 뿌리가 있으며 이 나라 국민들에게 뭔가 특별한 것을 의미하는 강력한 전통을 가진 것이라 생각합니다."1)

4년 후 2008년 대선 유세 중에 그는 본질적으로 똑같은 것을 말했다. 릭 워렌(Rick Warren) 목사의 새들백교회가 주최한 대통령직 민간 포럼(Civil Forum on the Presidency)에서 연설할 때, 그는 결혼이란 한 남자와 한 여자의 신성한 결합(sacred bond)이라고 말했다. "자, 크리스천인 나로서는, 그것은 또한 신성한 연합(sacred union)입니다. 그 혼합에는 하나님이 계십니다."2) 그다음 4년 동안에는 그 이슈가 뜨거운 쟁점이 되고 언론에서 토론이 되자, 오바마는 전보다 덜 분명해지고, 종종은 뚜렷하지 않으며, 이쪽저쪽으로 왔다 갔다 하는 것 같았다. 그러다가 2012년 5월 9일 ABC 방송의 굿모닝 아메리카(Good Morning America) 인터뷰에서, 그는 세상에 말했다. "이 문제에 관해서 나는 발전 과정을 겪어왔습니다... 나 개인적으로는 내가 앞서 나가서 동성 커플(same-sex couples)이 결혼할 수 있어야 한다고 생각한다는 점을 확인하는 것이 중요하다고 방금 결론을 내렸습니다."3)

사실, 이것은 오바마 행정부의 기만정책의 본보기를 한 가지 더 말한 것뿐이다. 오바마 선거운동 고문인 데이비드 액셀로드(David Axelrod)는 2015년에 출간된 그의 자서전에서 전하기를 그 대통령은 이 문제에 관한 자신의 견해에 대해 계획적으로 나라를 오도해 왔다고 말했다. 그 이유는 낙태 반대처럼 보이는 것이 정치적으로 유리했기 때문이다. 그는 처음부터 동성애자끼리의 결혼을 지지해 왔었다. 그러나 흑인 공동체 안에서 그의 핵심 유권자들의 많은 비율이 그것에 반대한다는 것을 알고, 오바마는 자기가 얼마간은 전통적인 결혼을 지지한다고 주장하기로 결정했다. 나중에 갑자기 마음의 변화가 생겼다고 주장할 수 있다는 것을 알고서 말이다.[4] 그는 그렇게 했다. 정확하게 말하면 그것은 보수주의 유권자들이 소위 그들의 지도자들에 대해서 구역질이 나고 넌더리를 내는 표리부동의 짓이었다.

비록 그 대통령이 자기는 그 문제에 관해 순전히 개인적인 결정에 도달한 것이라고 강조했음에도 불구하고, 거의 즉시 논쟁은 제압된 것처럼 보였다. 게이 공동체와 주류 언론들은 승리를 선언했고, 연방정부는 완전히 중심축을 좌측으로 돌려서, 동성애자 결혼(homosexual marriage)이 합법적이며 모든 면에서 전통적 결혼과 양립할 수 있음을 보여주기 위해 법전과 규칙을 바꾸었다. 모든 도시와 타운에서 법이 바뀌었다. 그리고 오래지 않아 동성애자 커플을 지지하길 거부하는 회사나 개인에게 전쟁이 선포되었다. 도덕적 혹은 종교적 양심의 가책을 느끼는 빵집과 꽃가게와 웨딩플래너들은 위협을 당하고, 고소를 당하고, 실직을 당했으며, 언론에서는 편협한 사람이라거나, 동성애혐오자라는 등 조롱을 받았다.

미국의 가치를 지지함

워싱턴 DC에서 열린 2016년도 가치존중 유권자 정상회의(Values Voter Summit: 가족연구협의회가 2006년부터 주최하는 연례 정치적 회의로 보통 9~10월에 열리며, 38개 단체에서 2,000명이 참석한다. 주요 주제는 낙태와 동성결혼 반대 및 국방강화 등이며, 공화당 예비대선주자들에 대한 비공식여론조사를 실시해서 발표하기도 한다.-역자 주)에서 배우 존 보이트(Jon Voight)가 도널드 트럼프를 소개할 때, 그는 모든 사람이 대통령으로 첫 번째 선택을 하지 않을지 모르는 후보를 소개하게 되었다고 말했다. 그러나 그는 트럼프가 진실을 말하고 그의 말을 충실히 지키는 사람이라고 믿었다. 보이트는 자기가 마더 테레사로부터 축복을 받을 때 느꼈던 그리고 후에 텔레비전 미니시리즈에서 교황 요한 바오로 2세 역을 연기할 때 느꼈던 기쁨에 대해 군중들에게 말했다. 그는 그때 그가 느꼈던 희망의 의식을 이전의 8년간에 걸쳐 이 나라가 경험해왔던 어둠 및 우울함과 비교했다.[5]

우리는 좋은 것과 나쁜 것, 옳고 그름의 차이를 안다고 말했다. 그러나 너무도 많은 정치인들이 그 차이를 말하는 능력을 잃어버린 것 같다. 그는 이렇게 말했다. "나는 지금 온 나라에 먹구름이 덮여 있는 것을 느낀다. 그리고 우리는 모두가 힐러리 클린턴의 거짓말과 부정행위의 증인들이다. 우리는 오바마 대통령이 힐러리가 취하는 모든 거짓된 조치를 감싸주고 그것을 정당한 것처럼 보이게 하는 것의 증인들이다. 그리고 우리는 우리의 어린 자녀들에게 모범을 보여주어야 할 사람들인데, 우리의 국가를 조롱하는 우리의 소위 미

식축구 영웅들의 증인들이다."⁶⁾

그런 다음 연이어 이렇게 말했다. "도널드 트럼프가 날마다 그의 마음을 쏟아내면서, 그가 나라를 구하기 위해서 하고 싶은 일이 무엇인지를 미국 국민들에게 말하는 것을 보고 있노라면 내 마음이 아프다. 누가 어떻게 그의 진심을 의심할 수 있는가? 다만 내가 느낄 수 있는 것은 만일 하나님께서 진실을 말하고 들을 수 있게 하신다면, 우리는 도널드 트럼프를 이 위대한 미국의 차기 대통령으로 생각하리라는 것이다. 그러면 그가 지금 우리를 덮고 있는 그 먹구름을 걷어줄 것이다."⁷⁾

당시 후보였던 트럼프는 연단에 오르자 존 보이트에게 감사를 표하고, 또 그의 선거운동을 지지하러 나왔던 수많은 남녀 사람들에게도 감사를 표하면서 이렇게 말했다. "우리의 언론 문화는 종종 믿음의 사람들을 조롱하고 품위를 떨어뜨립니다. 크리스천 가정이 오늘날의 미디어 환경에서 자녀들을 양육하기가 얼마나 더 힘들어졌는지 나는 관련된 부모들로부터 항상 듣고 있습니다."

"여러분의 사랑과 박애와 믿음의 가치가 이 나라를 세웠습니다. 그런데 우리의 언론이 믿음의 사람들을 이토록 푸대접하다니 어찌 이런 일이 있을 수 있습니까? 그 이유들 중 하나는 우리의 정치인들이 사실상 여러분을 그 정도로까지 내동댕이쳐버린 것입니다… 그러기에 내가 바로 솔직하게 이 말씀을 드리겠습니다. 트럼프 행정부에서는, 우리의 기독교적 유산이 소중히 여겨지고, 보호되고, 방어될 것인데… 거기에는 종교적 자유가 포함됩니다"라고 그가 말했다. 그때 군중들은 환호와 박수갈채를 쏟아냈다. 그는 또한 이렇게 말했다. "우리를 다시 하나로 일치하게 해줄 것은 바로 하나님과 그의 가르침에 대한 우리의 믿음일 것입니다."8)

연설 중에 트럼프는 믿음의 사람들에게 네 가지를 약속하겠다고 말했다. 첫째, 그는 존슨 수정안을 폐지하겠다고 말했다. 그것을 가리켜 그는 파기해야 할 "대량 형벌"(massive penalty)이라고 불렀다. "우리가 첫 번째로 해야 할 일은 우리의 교회들에 그들의 목소리를 돌려주는 것입니다."

둘째, 그의 행정부는 학교 선택에 1,300억 달러를 배정하겠다고 말했다. 학교 선택은 주로 아프리카계 미국인들과 히스패닉계 극빈 아동들에게 쇠약해가는 도심지 학교들에 대안을 제공해준다. 그는 학교 선택을 위한 현행 교육예산에서 기금을 재배정하기 위해 그 당시 주들과 협동과제인 연방의 포괄적 보조금 200억 달러를 조성하겠다고 약속했다. 그는 이것이 "우리 시대를 위한 새로운 민권 어젠다"의 초석이 될 것이라고 말했다. 그렇게 되면 자금제공은 홈스쿨뿐 아니라 사립학교들, 종교계 학교들, 독립 공립 초중등학교들 및 특수공립학교들이 혜택을 입게 될 것이다.9)

셋째, 그는 안토닌 스칼리아(Antonin Scalia) 같은 보수적인 대법관을 임명하겠다고 했다. 차기 대통령이 스칼리아의 후임자 및 어쩌면 네 사람까지 더 임명하게 될 참이었다. 그것을 가리켜 트럼프는 어느 대통령이든 국방 다음으로 직면할 수 있는 가장 중요한 이슈들 중 하나라고 했다. 그는 이렇게 말했다. "우리는 3억 이상의 미국인들에게 자기 자신의 개인적 견해를 강요하기 위해 헌법을 개정하는 판사들을 거절합니다." 그는 말했다. "여러분이 잘못된 사람들을 뽑으면, 여러분의 나라는 더 이상 여러분의 나라가 아닙니다."[10]

넷째, 그의 행정부는 중동에서 크리스쳔들의 집단학살을 중지시키겠다고 말했다. 그는 "ISIS가 소위 '십자가 종족'(the nation of the cross)이라 불리는 사람들을 추적하여 전멸시키고 있습니다"라고 말했다. "ISIS는 중동에서 그리스도인들에 대한 집단학살을 자행하고 있습니다. 우리는 이런 악행이 지속되게 방치할 수 없습니다." 그의 행정부는 그리스도인들을 위한 "지역 내 안전지대"(safe zones in the region)를 조성하고 그다음에는 "급진 이슬람 테러리즘"을 박멸하기 위해 우리의 병력, 사이버 전쟁, 재정적 압박 및 기타 자산들을 포함, 가능한 모든 자원을 사용할 것이라고 말했다. 그런 말들은 오바마 대통령이 한 번도 사용한 적이 없었던 말들이며, "힐러리 클린턴이 사용하려 하지 않은 말들"이라고 지적했다.[11]

신의 섭리에 호소함

도널드 트럼프의 행정부가 오바마 행정부와 크게 달라질 그다음 조짐은 취임식 날에 나타났다. 취임식 중에 기도하는 전통은 바로 이 나라의 건국초기로 거슬러 올라간다. 그때 조지 워싱턴 대통령은 뉴욕의 성 바울 예배당(St. Paul Chapel)에서 열린 취임식 후의 예배에서 그의 각료들과 함께 기도했다.[12] 한편, 1937년 프랭클린 루스벨트의 취임식 이후부터는 목사들이 초청되어 선서취임식 중에 나라의 대통령을 위해 신적인 인도하심을 구하는 기도를 드렸다.[13)] 2017년 1월 20일 도널드 트럼프의 취임식에서는 네 명의 복음주의 목사들과 유대인 랍비 한 분과 가톨릭 대주교가 대통령과 아메리카합중국을 위해 기도했다. 종교적 다양성을 지지한다는 표시로서, 대통령은 다양한 인종과 소수민족 공동체를 대표하는 목사들을 초청했던 것이다.[14)]

뉴욕의 대주교, 티모시 돌란(Timothy Dolan) 추기경은 1977년 지미 카터 대통령 이후 취임식에 참석한 최초의 가톨릭 사제였다. 그의 뒤를 이어 하나님의 성회 목사이자 전국 히스패닉 크리스천 리더십 콘퍼런스의 회장인 사무엘 로드리게스, 그다음에는 올랜도 인근의 뉴 데스티니 크리스천 센터 담임이자 트럼프의 영적 고문단 중 하나이기도 한 파울라 화이트 케인 목사가 기도했다. 내가 앞에서 언급한 대로, 그녀는 취임식에서 기도를 인도한 최초의 여성 목사다.[15)]

그다음에는 유대인 인권단체인 시몬 비젠탈 센터(Simon Wiesenthal Center) 창립자인 랍비 마빈 하이어(Marvin Hier)가 기원을 했다. 빌리 그래함 전도협회와 사마리아인의 지갑(Samaritan's Purse) 회장이자 가장 사랑하는 전도자 빌리 그래함의 아들인 프랭클린 그래함 목사는 마침 가랑비가 내리기 시작하자 소감을 피력했다. 비는 성경에서 축복으로 여겨진다면서 오늘 내리는 비가 취임식에 임하는 하나님의 축복의 사인이라는 가능성을 표현했다. 미시간주 디트로이트의 그레이트 페이스 미니스트리스 인터내셔널의 담임목사인 웨인 T. 잭슨 감독은 축도를 했다.[16)]

여러 기도들은 "예수님의 이름으로 기도합니다"라고 끝을 맺었다.

이런 종류의 환경에서는 종종 배제되기 마련인데 말이다.17) 이것은 취임식에서 드려진 기도로서는 가장 많은 수의 기도였다. 그것은 신임 대통령이 믿음의 중요성을 이해한다는 것을 이 나라 국민들에게 알리는 표시였다. 그는 이러한 기도 의식이 그의 행정부가 종교적 자유를 지지한다는 성명이 되기를 원했다.

미국의 평화 감시자들(peacekeepers)에 대한 축사에서, 그는 이렇게 말했다. "우리는 우리의 군대와 법을 집행하는 위대한 남녀 사람들에 의해서 보호될 것입니다. 그리고 가장 중요하게는, 우리는 하나님의 보호를 받습니다."18)

국민적 연합의 중요성을 역설하면서, 그는 이렇게 말했다. "우리 모두는 같은 하나의 위대한 미국 국기에 경례합니다. 그리고 디트로이트의 스프롤 현상(urban sprawl: 도시의 불규칙하고 무계획한 교외 발전-역자 주) 지역에서 아이가 태어나든, 아니면 네브래스카주의 바람받이 평원에서 아이가 태어나든 그들은 같은 밤하늘을 올려다보며, 그들은 같은 꿈으로 가슴이 부풀고, 그들은 같은 전능하신 창조주에 의해 생기가 불어 넣어집니다." 그런 다음 연설 말미에, 그는 이제는 전통이 되어버린 말로 끝을 맺었다. "하나님께서 여러분에게 복 주시기를, 그리고 하나님께서 미국에 복 주시기를 기원합니다(God bless you, and God bless America)."19)

도널드 트럼프는 그의 지지자들의 마음에서 우러난 신념과 정서에 다가간 것이 분명했다. 그는 그들의 관심사를 이해했으며, 그는 그들의 도움을 요청하는 부르짖음에 귀를 기울이고 있었다. 그 결과, 그의 지지율은 선거 중에 복음주의 유권자들에게서 80% 이상이었고, 그 이후로도 계속 높게 유지하고 있다. 트럼프에 대한 복음주의자들 지지는 실제로 교회 다니는 사람들을 반영하는 게 아니라고 일부에서 추측하기도 하지만, 퓨(Pew)여론조사에서 기독교 공동체가 이번 선거에서는 달랐다고 확인했다. [20]

여론조사 응답자들의 4분의 3이 트럼프를 지지할 생각이라고 말했다. 백인 복음주의자들 가운데 정기적으로 교회에 출석하는 자들이 가장 많이 트럼프를 지지한다. 그리고 투표에 등록하고 적어도 한 달에 한 번 교회에 출석하는 백인 복음주의자들의 77% 전체가 대통령을 지지한다고 말한다. 매주 교회에 출석하는 사람들 가운데 그의 지지는 78%다. 그가 대통령에 취임한 지 100일 되는 시점에 백인 복음주의 개신교인들 78%가 도널드 트럼프의 업무 처리 방식을 찬성했다. [21]

트럼프는 2017년 5월 리버티대학교 졸업생들에게 연설할 때 이렇게 말했다. "미국에서 우리는 정부를 예배하지 않습니다. 우리는 하나님을 예배합니다." 그는 또한 이렇게 말했다. "우리는 우리의 삶을 인도해갈 방법에 관해 워싱턴으로부터 강의를 들을 필요가 없습니다." 그런 다음 그는 이렇게 약속했다. "내가 여러분의 대통령으로 있는 한, 아무도 여러분의 신앙을 실천하지 못하게 방해하거나 여러분의 마음에 있는 것을 설교하지 못하게 방해하지 않을 것입니다." [22] 그때쯤에는 그가 이미 "종교적 자유" 행정명령에 서명했다. 거기에는 존슨 수정안과 작은 자매회(Little Sisters) 같은 단체들에 대한 양심 보호 등이 포함되었다. [23] 그는 또한 보수적인 낙태 반대 대법원 판사를 지명하여 성공적으로 임명했는데, 바로 2017년 4월

10일에 취임한 닐 고서치(Neil M. Gorsuch) 판사다.[24]

트럼프는 그의 졸업식 식사 중에 네 번이나 성경과 하나님에 대한 믿음을 언급했다.[25]

당신의 친구들이 누구인지를 알라

그의 약속을 이행하고 오바마 행정부의 파멸을 초래하는 정책들을 원상회복시키는 과정을 시작하기 위해, 신임 대통령은 이 나라가 직면한 가장 다루기 어려운 외교정책 과제들 중 몇 가지를 승강이질하지 않으면 안 될 형편이었다. 북한과 같은 불량국가 및 정신적으로 이상한 미치광이에 의해 획책되는 핵무기 대량학살의 위협을 우리가 어떻게 처리하는가? 오바마의 시리아, 이라크, 아프가니스탄 정책들로 야기된 외교적 군사적 혼란을 우리가 어떻게 해결하는가?

아마도 가장 도전적인 것은 전 세계를 불안정하게 하고 있는 ISIS와 급진 이슬람 테러리즘의 아주 위험한 증가를 무력화시키기 위해 필요한 정치적 및 군사적 자원을 결집시키는 일이었을 것이다. 미국은 이 모든 영역에 있어서 수년간 참패를 해왔다. 그러나 트럼프는 우리가 일단 전 정부가 지난 8년 동안 취해왔던 우유부단한 접근보다는 강한 입장에서 가동하기 시작했으니 우리가 그 모든 것을 처리할 수 있다고 확신했다.

2017년 1월에 취임한 이래 트럼프 대통령은 유럽연합(EU)과 함께 힘의 입장을 취함으로 그 과정을 시작했다. 대통령은 요구하기를 북대서양조약기구(NATO) 회원국들이 그 단체의 군사 및 행정 비용을 공정하게 분담하든지 아니면 미국이 그 협정에서 탈퇴하겠다고 했다. EU 관리들과 유럽과 미국 양쪽의 언론들로부터 즉각 반격이 있었지만, 몇 주 안에 모든 나토 회원국들은 동의 계획을 발표했다. 트럼프는 또한 미국이 북미자유무역협정(NAFTA)에서 우리측 계약의 조건들을 재검토하겠다고 말했다. 그 협정은 이웃 국가인 멕시코와 캐나다와 협상할 때 미국의 기업 관심사를 약화시켜 놓았던 것이다. 그는 미국 기업들이 공개적이고 공정하게 경쟁하도록 하는 한 우리는 계속 관계를 유지할 것이라고 말했다.

  2017년 6월 16일에 대통령은 오바마 행정부가 2014년에 실시한 쿠바와의 문호개방정책을 일방적으로 종료해버렸다. 그렇게 함으로써, 미국은 더 이상 공산 독재정권에게 재정적 혹은 정치적 보호를 제공하지 않을 것임을 그는 분명히 했다. 트럼프는 쿠바계 미국인들이 그 섬에 여행을 하게 되겠지만, 쿠바의 라울 카스트로 대통령 치하에서 인권 학대가 오바마 긴장완화가 시작된 이래 개선되지 않았다고 지적했다. 마이애미에 있는 쿠바 반체제 인사들은 트럼프가 카스트로 정권에 압력을 가하는 게 옳다고 말하면서 그의 발표를 열광적으로 지지했다.[26]

  그러나 더 골치 아프고 다루기 힘든 것은 중동에서 이스라엘과 그 이웃국가들 간에 진행 중인 갈등을 처리하는 과제일 것이다. 이스라엘 수상 베냐민 네타냐후와 트럼프와의 오랜 우정 및 이스라엘 자치권에 대한 그의 헌신은 워싱턴포스트가 말한바, "전 대통령

버락 오바마와 네타냐후 사이에, 때로는 노골적인 적대감으로 넘어가기도 하는, 얼어붙은 관계"에서 극적인 변화를 가져올 것이다. 그러나 그것 자체만으로는 충분치 못할 것이다.27)

미국의 국가안보를 위한 유대인 연구소(Jewish Institute for National Security of America) 이사장인 마이클 마코브스키(Michael Makovsky)는 말하기를 트럼프의 이스라엘 정책은 이스라엘에 대한 오바마의 적대감으로부터 나타난 현저한 변화로, "새롭고도 훨씬 더 좋은 양자 간 정치관계"28)의 강력한 시그널을 보내는 것이라고 했다. 2017년 5월의 5개국 해외순방 중에 트럼프는 그런 관계 위에 세우기 위한 조치를 취했지만, 또한 미국은 모든 당사자들(all sides)에 귀를 기울이겠다는 점을 분명히 하기 위해 베들레헴의 무슬림 통치 타운에서 팔레스타인 지도자 마흐무드 압바스와 만남으로써 그 지역의 미묘한 균형을 유지할 조치도 취했던 것이다.

트럼프는 자기가 이스라엘 국가에 대한 기독교적 헌신의 깊이를 이해하고 있다는 점을 분명히 밝혀왔다. 그 고대의 땅은 우리의 영적인 유산이 잉태되었던 토양이다. 내 친구이자 700클럽 진행자인 팻 로버트슨(Pat Robertson)은 지난 2003년 예루살렘에서의 헤르즐리야 콘퍼런스(Herzliya Conference)에서 행한 연설에서 기독교적 성지(聖地)관에 대해 잊을 수 없는 관점을 피력했다. 그는 이렇게 말했다. "단순한 정치적 레토릭만으로는 수천만의 복음적인 그리스도인들의 마음속에 존재하는 이스라엘에 대한 깊은 헌신을 설명하지 못한다." 성경은 이스라엘 땅이 거룩한 곳이라는 점을 분명히 한다고 말했다. "거룩한 성 예루살렘은 우리의 영석인 수도다." 그는 이렇게 덧붙였다. "거룩한 땅에 대한 유대인의 주권이 지속되는 것은 성경의 하나님이 존재하시며 그의 말씀이 사실이라는 것을 우리에게 옹호해주는 한층 더 나아간 방패인 것이다."[29]

　이스라엘에 대한 기독교의 지지가 로버트슨이 이스라엘 청중들에게 설명한 모든 이유를 힘 있게 편들고 있긴 하지만, 그 지역에 관한 정치적 결정들은 항상 변덕스럽다. 그렇기 때문에 트럼프 대통령이 이스라엘과 팔레스타인 양측 지도자들에게 미국은 실행 가능한 타협안을 안출해내려고 노력하겠다고 약속했다. 그는 어느 협정이든 오바마 행정부의 이란 핵 협정을 풀어버림으로써 시작해야 한다고 말했다. 그것은 아랍인들과 유대인들 양측에 유익할 뿐 아니라 또한 석 달 전 수상 네타냐후가 미국 대통령과 회담할 때 표명한 주된 관심사이기도 했다.

서구문명을 옹호함

　2017년 7월 5일 주간에 반자본주의자 단원들과 무정부주의자들이 독일 함부르크에서 열리는 세계지도자 및 재무장관 회의 G20 정상회의를 파괴하려고 시도하고 있을 때, 트럼프 대통령은 폴란드 바르샤바 중심부에 있는 역사적인 크라신스키 광장(Krasinski Square)을 방문했다. 그가 유럽에서 가장 영웅적이고 전쟁에 찢긴 국가들 중 한 곳을 찾은 것은 신앙과 자유와 서구문명의 존속을 지지하는 강력한 연설을 행하기 위해서였다. 수천 명의 시민들과 수십 명의 외교관 및 정부 관리들이 모인 군중 앞에서, 대통령은 폴란드 국민들과 서방(West)은 그들이 수 세기 동안 해왔던 것처럼 "우리는 하나님을 원한다!"라고 오늘 선포한다고 말했다.30)

대통령이 연설할 때, 이것은 통상적인 정치적 연설을 하려는 것이 아님이 즉시 분명해졌다. 그는 전혀 주저함 없이 그리고 준비 없이 하는 말이 아닌, 힘찬 어조로 연설했다. "40년간 공산주의 통치를 통하여 폴란드와 유럽의 다른 피지배 국가들이 자유와 여러분의 신앙과 여러분의 법과 여러분의 역사와 여러분의 정체성(그야말로 여러분의 문화와 여러분의 인간성의 바로 본질들)을 파괴하려는 잔인한 군사행동을 겪었습니다. 하지만 그 모든 것을 겪으면서도 여러분은 그 정신(spirit)을 결코 잃어버리지 않았습니다. 여러분의 압제자들은 여러분을 무너뜨리려고 했지만, 폴란드는 부숴질 수 없었습니다." 폴란드 국민들은 두려워할 줄 모르는 그들의 민족적 자존심과 하나님을 믿는 불요불굴의 믿음에 힘입어서 나치 점령과 소비에트 폭정에 굴복하기를 거부했다. 그의 연설 내내 군중들은 계속 큰 소리로 "도널드 트럼프, 도널드 트럼프" 및 "유에스에이, 유에스에이"라고 환호하면서 대통령의 메시지를 열광적으로 지지했다.31)

트럼프는 1979년 6월 2일의 행사들을 포함하여, 폴란드 역사에서 가장 드라마틱한 에피소드 몇 개를 상기시켰다. 그날 폴란드 국민들은 최초의 폴란드 출신 교황 요한 바오로 2세와 함께 미사를 위해 바르샤바의 승리 광장에 모였다. 폴란드 노동운동 지도자요 영웅인 레흐 바웬사(Lech Walesa)에게 세계적 명성을 안겨준 소요는 폴란드 국민을 공산주의의 철갑속박에서 해방시키는 목적을 가진 최초의 영적 혁명이었다. 그날 미사를 위해 운집한 엄청난 군중들은 그들의 소비에트 압제자들과 전 세계에 메시지를 보내고 있었다고 트럼프는 말했다. 그리고 세계는 귀를 기울였다. "그들은 교황 요한 바오로 2세가 설교하는 동안에 일백만의 폴란드 남자와 여자와 어린이들이 갑자기 목소리를 높여 단일한 기도를 했던 그 정확한 순간에 그것을 알고 있었던 게 틀림없다. 일백만의 폴란드 국민들은 부를 구하지 않았다. 그들은 특권을 구하지 않았다. 그 대신, 일백만의 폴란드 국민들은 간단한 세 마디 말을 노래했다. '우리는 하나님을 원한다(We want God).'"32)

레흐 바웬사는 트럼프가 연설하는 곳에서 겨우 몇 야드 떨어진 앞줄에 앉아 있었는데, 일어나서 대통령에게 경의를 표했다. 그리고 군중들은 함성을 지르며 감사를 나타냈다. 트럼프는 계속했다. "미국인들에게 폴란드는 우리나라의 시초부터 희망의 상징이었습니다. 폴란드의 영웅들과 미국의 애국자들은 우리의 독립전쟁과 그 이후 여러 전쟁에서 어깨를 나란히 하고 싸웠습니다. 우리의 군인들은 아프가니스탄과 이라크에서 모든 문명의 적들과 전투하면서 오늘도 여전히 함께 싸우고 있습니다."33)

그런 다음, 이슬람 테러리스트들의 위협을 직접 거론하면서 그는 이렇게 말했다. "우리는 급진 이슬람 테러리즘에 맞서 열심히 싸우고 있으며, 우리가 이길 것입니다. 우리는 우리의 가치를 거부하는 자들과 무고한 사람들에 대한 폭력을 정당화하기 위해 증오심을 사용하는 자들을 받아들일 수 없습니다. 오늘날 서방은 또한 우리의 의지를 시험하고, 우리의 확신을 손상시키며, 우리의 관심사에 도전하려고 하는 세력들에 직면해 있습니다. 선전활동과 재정적 범죄와 사이버전쟁을 포함, 새로운 형태의 공격에 대처하기 위해, 우리는 새로운 방법들과 전혀 새로운 전쟁터에서 효과적으로 경쟁하기 위해 제휴해야 합니다."34)

대통령은 그의 가장 열정적인 진술들 중 하나에서 유럽의 기독교와 미국의 기독교가 이룬 위대한 업적을 전 세계의 그의 청중들에게 상기시켰다. "미국인들은 결코 잊지 않을 것입니다. 유럽 국가들은 결코 잊지 않을 것입니다. 우리는 가장 빠르고 가장 위대한 공동체입니다. 우리의 국가들 공동체(community of nations) 같은 것은 없습니다. 세계는 우리의 국가들 공동체 같은 것을 안 적이 한 번도 없었습니다. 우리는 교향곡을 작곡합니다. 우리는 기술혁신을 추구합니다. 우리는 우리의 고대 영웅들을 기념하고, 우리의 영구적인 전통과 관습을 포용하며, 항상 전혀 새로운 미개척 분야를 탐험하고 발견하려고 노력합니다."35)

청중들이 열화와 같은 감사를 표하자, 대통령은 연설을 계속했다. "우리는 뛰어난 재기(才氣, brilliance)에 보상을 합니다. 우리는 탁월성(excellence)을 추구하고, 하나님을 높이는 영감 있는 예술작품을 소중히 여깁니다. 우리는 법의 통치를 귀하게 여기며 자유로운 언론과 자유로운 표현의 권리를 보호합니다." 대통령이 잠깐 쉬었다. 그러나 그가 다음과 같이 말할 때 함성은 그칠 줄을 몰랐다. "우리는 여성을 우리 사회의 기둥으로 우리의 성공의 대들보로 권한을 부여합니다. 우리는 정부와 관료주의가 아닌, 신앙과 가족을 우리의 삶에 중심으로 삼습니다. 그리고 우리는 모든 것을 토론합니다. 우리는 모든 것에 도전합니다. 우리가 모든 것을 알려고 노력하는 것은 우리가 우리 자신을 더 잘 알 수 있기 위해서입니다. 그리고 무엇보다도, 우리는 모든 인간 생명의 존엄성을 가치 있게 여기며, 모든 사람의 권리를 보호하고, 모든 영혼이 자유 가운데 살고자 하는 희망을 함께 가집니다. 그건 바로 우리가 누구냐 하는 것입니다. 그러한 것들은 국가들로서, 동맹국으로서, 그리고 한 문명으로서 우리를 함께 묶어주는 매우 귀중한 띠(ties)입니다."[36]

"우리가 지금 가지고 있는 것, 우리가 우리의(그러니까 어느 누구보다 여러분이 이것을 더 잘 알고, 또 여러분이 오늘 이 엄청나게 많은 사람과 함께 그것을 보고 있는 것인데), 선조들로부터 우리가 물려받은 것은 전에는 이 정도까지 결코 존재한 적이 없었습니다. 그러므로 만일 우리가 그것을 보존하는 데 실패한다면, 그것은 결코, 절대로 다시는 존재하지 않을 것입니다. 그러나 우리는 실패할 수 없습니다." 그런 다음, 환호와 갈채가 그를 둘러싸고 진동하는 가운데 그가 말했다. "내가 이처럼 믿기지 않을 정도로 많은 군중들, 이 충실한 국민들 앞에 오늘 여기에 서 있을 때, 우리는 역사를 통해서 울려 퍼지는 그러한 목소리들을 아직도 들을 수 있습니다. 그들의 메시지는 전과 똑같이 오늘날에도 사실입니다. 폴란드 국민들은, 미국 국민들은, 그리고 유럽의 국민들은 여전히 소리쳐 외칩니다. '우리는 하나님을 원합니다(We want God).'"[37]

이것은 트럼프가 행한 연설 중 가장 강력한 연설임에 틀림없었다. 그래서 주류 언론들이 주목했다. 진보적인 워싱턴포스트는 그것을 가리켜 "국수주의적 의미가 담긴 어둡고 도발적인 연설"이라 했지만, 보수적인 브레이트바트 뉴스 웹사이트의 편집자들은 그 연설을 가리켜 이렇게 말했다. "부상하는 트럼프 독트린: 서방과 유대-기독교 문명을 옹호." 그런 말을 듣고 군중들의 반응을 본 사람은 아무도 그게 바로 말한 그대로였다는 것을 의심할 수 없었다.[38]

"도널드 트럼프는 실제로 무엇을 믿는가?"라고 질문을 던져본 사람이 있다면 그 사람에게 이것은 수많은 사람이 바라고 바라왔던 대답이었다. 너무도 오랫동안 어둠의 세력들은 우리의 기독교 역사의 표상들을 파괴하고, 하나님의 음성을 침묵시키며, 신실한 신자들을 지하로 몰아넣고 먼 곳으로 내쫓아버렸다. 그러나 이날 미국의 대통령이 폭동과 증오의 세력들에게 말했다. "당신들은 실패할 것이다." 그리고 그는 말했다. "우리의 가치가 이길 것이며, 우리의 국민들은 번창할 것이고, 우리의 문명은 승리할 것이다."[39]

세계에서 미국의 위치

대통령은 되풀이해서 말하기를 그의 행정부 정책은 미국의 이익과 미국의 국가안보를 중심으로 이루어질 것이라고 했다. 파리, 런던, 베를린과 유럽 전역의 도시들에서 발생한 폭탄테러는 악의 얼굴을 세계에 일깨워주었고, 우리나라에서의 테러사건들은 지난 8년간의 폴리티컬리 코렉트(politically correct) 접근방식이 더 이상 용인될 수 없다는 것을 분명히 해주었다.

트럼프는 ISIS와 급진 이슬람 테러리스트 격멸을 우선 시항으로 삼는다. 그래서 그의 행정부는 우리의 동맹국들과 합동으로 테러집단에의 자금제공을 차단하고, 정보 수집을 확대하며, 사이버 전을 사용해서 적의 선전활동과 당원모집 노력을 방해하고 무력화시키며, 전쟁터에서는 적의 전투부대를 섬멸시킬 조치를 취했다. 이 모든 노력을 지원하면서, 대통령은 미국 군대를 강화하는 과정을 시작하기 위한 새로운 리더십을 가동시켰다.

펜타곤 소식통에 의하면, 미국 해군 함대는 오바마 시절에 1991년도에 500척 이상에서 2016년에는 겨우 275척으로 거의 절반이 줄어들었다. 미국 공군은 1991년도보다 대략 3분의 1이 축소되었고, 절대 필요한 항공기와 물자 계약이 오바마 때 취소되었다. 한편 미 육군은 병력이 25% 감축되었고 그 예산에서 가혹한 삭감을 당했다. 트럼프 대통령은 레이건 시절에 널리 퍼진 표현인, "힘을 통한 평화"(Peace through strength)라는 말을 사용했다. 그리고 그는 오바마 시대의 명령들을 취소하고 세계에서 미국의 군사지배권을 회복하는 과정을 시작했다.[40]

그는 또한 일자리와 기업 및 미국 제조업에 더 유리한 무역균형 창조에 다시 새롭게 중점을 두겠다고 약속하기도 했다. 너무도 오랫동안 블루칼라 계통 사람들이 공장폐쇄를 당하고 그들의 일자리가 해외로 빠져나갔다. 미국의 늘어나는 무역적자와 불안정한 제조업 기반이 나라의 전 지역을 피폐시켰다. 한때 잘 나가던 탄광촌들이 황폐화되었고, 그 가족들은 산산이 흩어졌다.

많은 유권자에게 있어, 일자리와 경제기반(infrastructure)에 중점을 둔 새로운 약속은 도널드 트럼프를 지지하는 첫 번째 이유였다. 비즈니스 세계에서 그가 성공한 이력 때문에, 그들은 세법을 개정하고, 고용주의 부담을 덜어주며, 기업풍토를 강화하고, 미국인들을 다시 일터로 돌아가게 할 수 있는 그의 능력을 신뢰했다.

그러한 공약의 큰 부분이 환태평양 경제동반자협정(Trans-Pacific Partnership, TPP)으로부터의 탈퇴였으며 모든 국제무역 협상은 미국인 노동자들의 최선의 이익 안에서 이루어질 것을 확실히 한 것이었다. 2008년의 경기침체 이래 미국 기업들은 제2차 세계대전 이후 가장 느린 경제회복을 겪어왔다. 이 기간에 미국은 거의 30만 개의 제조업 일자리를 잃었으며, 미국인들의 노동인력 참여율은 1970년대 이래 한 번도 본 적이 없는 정도로까지 추락했다. 동시에 국가부채는 배로 늘어났고, 중산층은 줄어들었다. 경제를 본 궤도로 올려놓으려는 트럼프의 계획은 향후 10년 안에 새로운 일자리 2,500만 개를 창출하고 연 경제성장률 4%로 회복시킨다.[41]

그것은 우선 첫째로 친 성장 세금개혁 및 모든 동일세율 계층의 미국인들에게 더 낮은 등급에서부터 시작된다. 의회는 조세법체계를 단순화하고 법인세율을 낮추게 될 것이다. 그것은 세계에서 가장 높은 것 중 하나다. 그 자신이 일자리 창출자요 사업가이기에, 대통령은 워싱턴을 비켜나서 기업주들로 그들이 가장 잘하는 것을 하게 해주는 것의 중요성을 알고 있는 것이다.[42]

연방 규제들(regulations)은 2015년도에만 우리 경제를 2조 달러 이상 들게 했다. 이에 응하여 트럼프는 새로운 연방 규제들에 모라토리엄을 발의했으며 한편으로는 모든 연방 기관과 부서들의 수장들에게 폐지해야 할 일자리 저해 규제들을 선별해내라고 명령했다.⁴³⁾ 나 자신이 소기업 소유주로서, 나는 오바마 행정부가 요구하는 산더미같이 불필요한 사무 절차와 통과된 몇 가지 번거로운 노동규제들을 너무도 잘 알고 있다. 그러기에 나는 트럼프 행정부가 좀 더 친기업적인 방향으로 나아가고 있어서 마음이 기쁘다.

에너지는 미국인의 생활과 세계 경제에 주 요소다. 트럼프는 에너지 생산을 늘리는 일에 전념하고 있는데, 그것은 미국이 해외 석유 의존과 증가하는 이용성에서 벗어나게 해줄 것이다. 그렇게 되면 미국의 주택소유자들에게는 에너지 비용이 줄어지게 될 것이다. 오바마 행정부는 에너지 생산자들에 대한 규제를 강화하기 위해 그들의 권한 안에 있는 모든 것을 다 했다. 분명히 그 목적은 산업을 약화시키고 관료들이 주장하는바 환경에 도움이 되는 기다란 목록의 실패한 시책들을 정부가 지원하기 위한 것이었다. 트럼프는 나라를 일으켜서 다시 달리게 하기 위해 그러한 위험하고 불필요한 정책들을 제거하고 미국의 에너지 생산자들을 풀어주는 일에 자기는 헌신되어 있다고 말한 바 있다.⁴⁴⁾

이러한 새로운 에너지 정책들은 셰일, 석유 및 천연가스를 포함하여, 이 나라의 이용되지 않는 광범위한 자국 에너지 매장량을 개발하기 위해 계획된 것이다. 에너지부서의 보고에 의하면 미국에 있는 이용되지 않은 셰일, 원유 및 천연가스 매장량이 그 대부분은 미국 국민들에 속하는 연방의 땅에 있는데, 어림잡아 50조 달러나 된다고 했다. 에너지 생산에서 나오는 세입은 도로, 학교, 교량 및 기타 공공 설비 재건에 사용될 수 있는 것이다.⁴⁵⁾

기후 변화와 청지기직의 원리

경제에도 유익하고 기업에도 유익한 것 외에, 에너지 및 다른 천연자원의 지혜로운 사용은 여러 가지 관점에서 현명한 조치인 것 같다. 그것은 미국이 세계에서 가장 많은 양의 석유와 가스를 생산한다고 과학자들이 밝혔기 때문에 실제적인 조치다.[46] 미국의 생산량은 이제 사우디아라비아와 러시아 두 나라를 능가하며[47] 장기간 우리 경제의 대들보가 될 가망이 있다. 그러나 이들 긴요한 자원들의 책임 있는 관리는 또한 청지기직의 원리를 필요로 한다. 청지기직은 크리스천 지도자들이 반드시 이해해야 하는 성경적 개념이요 또한 명령이다.

트럼프 대통령이 2017년 6월 1일 백악관 로즈가든에서 연설하면서 기후변화에 관한 파리협약에서 미국이 탈퇴한다고 했을 때, 그는 성경적 용어로 말하거나 성경구절을 인용하진 않았지만, 청지기직과 책임에 대한 성경적 견해를 반영하는 원리를 상세히 설명하였다. 구약의 다스리고 지배하는 원리(창 1:26, 28)와 신약의 지혜로운 청지기 비유(눅 12:42-43)가 우리에게 가르치는 바는 하나님께서 땅의 부를 우리에게 맡겨주셨으며 우리가 그것을 어떻게 사용하는지에 관심을 갖고 계신다는 것이다. 우리는 그것을 낭비하거나 남용해서는 안 되며 우리의 보물을 지키고 그것을 지혜롭게 사용해야 한다.

대통령의 연설은 몇 분밖에 지속되지 않았지만, 그것은 그가 선거유세 내내 이야기해 왔던 개념들을 분명하고도 잘 다듬어서 제시한 것이었다. 파리협약을 끝냄으로써 해외 국가들은 기만적인 "기후변화" 어젠다의 이름으로 미국의 자금을 유출시킬 수 없게 될 판이었다. 그것은 수백만 개의 미국인 일자리를 보호할 것이며, 장래에 이 나라의 경제 전반에 대단한 활력을 불어넣어줄 것이다.

그 연설 중에 대통령은 이렇게 말했다. "우리는 내가 대통령 선거 유세 중에 미국 국민들에게 했던 약속들을 하나씩 지켜나가고 있습니다. 예를 들면, 일자리를 저해하는 규제 철폐, 엄청 중요한 대법원 판사 임명 및 인준, 튼튼한 윤리규칙들을 원상복구, 우리의 남부 국경선에 불법이민의 기록적인 감소 달성, 이날까지 아무도 가능하다고 생각조차 할 수 없었던 수의 일자리와 플랜트와 공장들을 다시 미국으로 돌아오게 한 일 등입니다..."48)

"이들 이슈들과 더 많은 이슈들에 대해서 우리는 우리의 공약들을 끝까지 실행에 옮길 것입니다. 그리고 나는 아무것도 우리를 방해하지 않기를 바랍니다... 따라서 오늘부로, 미국은 구속력 없는 파리협정의 모든 이행과 그 협정이 우리나라에 지우는 가혹한 재정적 경제적 부담을 끝낼 것입니다. 여기에는 국가적으로 결정된 분담금과, 가장 중요하게는, 미국에 막대한 비용이 들게 하는 녹색 기후 기금(Green Climate Fund)의 이행을 끝내는 것도 포함됩니다..."49)

"우리는 미국의 가장 가난한 노동자들 수백만 명을 빈곤에서 벗어나게 하기에 충분할 만큼 지구상에서 가장 풍성한 에너지 매장량을 가진 나라입니다. 하지만 이 협정 하에서 우리는 이러한 매장량을 효과적으로 자물쇠를 채워놓은 채, 우리나라의 막대한 부를 빼앗기고 있으며... 수백만의 가정들을 가난과 실직상태로 빠뜨리고 있습니다." 그는 이렇게 덧붙였다. "월스트리트저널의 오늘 아침 기사에 난 그대로입니다. '사실, 탈퇴는 미국의 경제적 이익에 관한 것이고, 기후에는 크게 문제되지 않을 것이다.'"[50]

"미국은, 트럼프 행정부 하에서는, 앞으로 계속 지구상에서 가장 깨끗하고 가장 친환경적인 나라가 될 것입니다. 우리는 가장 깨끗한 나라가 될 것입니다. 우리는 가장 깨끗한 공기를 마실 것입니다. 우리는 가장 깨끗한 물을 마실 것입니다. 우리는 친환경적으로 나갈 것입니다. 그러나 우리는 우리의 기업에 일이 없어지게 하지 않을 것입니다. 그리고 우리의 일자리를 잃지 않을 것입니다... 유럽과 아시아 및 전 세계 외국 지도자들은 미국 경제에 관해서 우리 자국 시민들과 그들의 선출된 대표자들보다 할 말이 더 많지 않아야 할 것입니다."[51]

"따라서, 우리가 그 협정으로부터 탈퇴하는 것은 미국의 주권을 재천명한 것입니다. 우리의 헌법은 세계 모든 국가들 가운데 유일하고 독특합니다. 그것을 지키는 것은 나의 최고의 의무이자 가장 위대한 영광입니다. 그리고 나는 그렇게 할 것입니다." 대통령은 그날 박수갈채가 지속된 후에 전에도 자기가 여러 번 했던 것처럼, 이런 말로 결론을 맺었다. "미국을 다시 위대하게 만들 때가 되었습니다."[52]

PART 4

정치적 아웃사이더

Chapter 11

친구들과 지지자들

2016년 대선 유세가 시작되었을 때, 공화당 유권자들 중에 롬니와 매케인 같은 죽은 말(馬)을 다시 써야겠다고 하는 사람은 거의 없었다. 두 사람 다 그들의 실패로 인해 가치가 떨어졌는데, 그들의 선거운동 이래로 각자가 발언한 코멘트들이 많은 사람을 놀라게 했고, 유권자들이 더 이상 지지할 수 없다는 태도를 취하게 했던 것이다. 대통령의 가계(家系)를 가진 전직 주지사라는 인식조차도 유권자들을 일깨우기에 역부족이었다. 대신, 역사상 가장 대결적이고 분열을 조장하는 행정부의 8년 통치 후에, 보수적이고 복음주의적인 유권자들은 지지기반에 활력을 불어넣고 가능한 많은 공동체로부터 지지를 끌어모을 수 있는 새로운 피, 참신한 얼굴, 활력 넘치는 후보를 찾고 있었다.

초기에 마음에 드는 인물들 가운데 텍사스주의 상원의원 테드 크루즈, 오하이오주의 주지사 존 케이식(John Kasich), 플로리다주 상원의원 마르코 루비오 및 아칸소주의 주지사 마이크 허커비를 포함하여, 이미 중요한 경쟁에서 승리했던 기탄없이 말하는 복음주의자들 그룹이 있었다. 공화당 전문가집단은 전 플로리다 주지사 젭 부시의 선거운동에 엄청난 돈을 쏟아부었지만, 유권자들은 감동받지 못했다. 그들이 마지막으로 원하는 것은 부시 가(家)의 재취업자였던 것이다. 결국 17명의 후보자 전체가 사람들을 얻으려고 기를 썼지만, 공개토론회장은 국가의 최고위직을 위한 경쟁이라기보다는 오히려 브룩스 브라더스(Brooks Brothers: 1818년에 창립된 남성복 의류상-역자 주) 쇼룸과도 흡사했다.

도널드 트럼프가 갑자기 모습을 나타내자, 그에게 가망이 있으리라고 진짜로 생각한 사람은 아무도 없었다. 거리낌 없이 말하는 심야프로 진행자 데이비드 레터만(David Letterman)은 트럼프를 여러 번 그의 텔레비전 쇼에 초청한 적이 있었는데, 그가 청중들에게 장담했다. "이 사람이 대통령에 당선될... 가망은 없습니다."[1] 뉴욕시 사람들은 트럼프를 알고 있었다. 그는 시민 중 한 사람이었다. 그가 그저 뉴욕의 또 하나 진보적인 리얼리티 TV 명사에 그치는 한, 언론은 그를 받들어 모셨다. 그는 해롭지 않은 사람이었다. 그러나 그가 공화당 대통령 후보로 출마하겠다는 의사를 밝히자마자, 그는 갑자기 버림받은 자가 되었다.

실제로 양측의 많은 사람은 트럼프에 대한 의심이 있었다. 복음주의적인 선두주자들은 크리스천 유권자들에게 강력하게 호소했지만, 그들 중 어느 누가 맹위를 떨치는 클린턴의 조직에 맞설 수 있겠느냐에 의문이 생겼다. 버몬트주의 사회주의자 버니 샌더스가 민주당 지명자가 되리라고 실제로 기대한 사람은 아무도 없었다. 공공연한 사회주의자로서 그는 주류로부터 너무도 거리가 멀었다. 그러나 힐러리 클린턴은 백악관의 의심할 여지 없는 지지와 막대한 재정자금 및 가능한 모든 방법으로 다년간의 부정행위 역사를 가졌기에, 가장 하찮은 흔적의 약점이라도 보이는 사람이면 누구라도 망가뜨릴 수 있었다. 그래서 많은 보수주의자는 복음주의 후보들이 뭐랄까, 지나치게 까다롭지 않을까 걱정했다. 게다가 주류 언론들은 민주당의 충실한 동맹군이었고, 그들은 견고하지 못한 대항자를 맹공해서 파멸시킬 것으로 기대할 수 있었다.

트럼프가 경선에 들어섰을 때 그에게 유리한 것 한 가지는 그가 완전 아웃사이더라는 사실이었다. 그는 건방졌다. 그는 자신의 생각(mind)을 말하길 두려워하지 않았다. 그는 선거운동에 자신의 돈을 얼마든지 쏟아부을 수 있었다. 그러나 그런 혼란 가운데 어느 누구도 거의 예상하지 못했을 뭔가 다른 게 있었다. 내가 이 책에서 설명하려고 노력해온 바와 같이, 이 선거운동에는 초자연적인 요소가 있었다. 소그룹의 크리스천 기도 용사들이 도널드 트럼프야말로 적시에 적합한 사람이라 확신하고, 전적으로 기적을 기대했던 것이다.

나는 제6장에서 은사주의 크리스천 지도자들이 놀랍게도 일찍부터 트럼프를 지지했다는 점을 논했다. 또한 그의 초기 지지자들 가운데는 뉴잉글랜드 패트리어츠(New England Patriots: 1959년에 창단된 프로 미식축구팀으로, 원래는 매사추세츠주 보스턴을 연고지로 하여 보스턴 패트리어츠로 창단하였으나 1971년 3월 미국 북동부 6개주를 총칭하는 뉴잉글랜드로 연고지를 바꾸었으며 '패츠'라고도 불린다.-역자 주)의 쿼터백 톰 브래디(Tom Brady)와 나스카(NASCAR: 전미 스톡 자동차 경주 협회의 약어로 미국에서 스톡 자동차 경주 대회를 주최하는 가장 큰 공인단체-역자 주) CEO 브라이언 프랑스(Brian France)에 더하여, 유명한 코치들인 바비 나이트(Bobby Knight), 빌 벨리칙 (Bill Belichick), 루 홀츠(Lou Holtz), 렉스 라이언(Rex Ryan), 마이크 디카(Mike Ditka) 같은 오랜 친구들이 있었다. 전 뉴욕시장 루디 줄리아니(Rudy Giuliani)는 가장 영향력 있는 지지자들 중 하나였다. 많은 사람이 줄리아니에게 대선 출마를 권유했으나, 그는 확신할 수 없었다. 그는 2000년 선거 중 힐러리 클린턴에 맞서 상원의원에 출마했으나 전립선암 진단을 받은 후에 중도 사퇴했다. 그 선거전 중에 줄리아니는 클린턴 전쟁기구(war machine)와 정면으로 맞서게 되었고, 그 후부터는 빌이나 힐러리 어느 쪽도 결코 신뢰하지 않았다.

트럼프와 줄리아니가 결코 우정이 변치 않는 친구는 아니었지만, 여러 해에 걸친 관계였다. 트럼프는 양키 스타디움의 시장석에 내빈이었고, 줄리아니는 1999년 도널드의 부친 프레드 트럼프의 장례식에서 연설하면서 그를 거인이요 뉴욕시민들에게 위대한 후원자라 불렀다.[2] 세계무역센터에 대한 9/11테러 공격 직후에, 그 시장이 그 끔찍한 비극의 희생자들과 영웅들에 대해 아주 감동적으로 연설했을 때, 트럼프는 그에게 전화를 걸어 감사를 표하고 부시 대통령의 대 의회 텔레비전 연설에 맞춰 자신의 개인 항공기를 이용해서 줄리아니가 워싱턴으로 날아가도록 해주었다. 줄리아니의 지지는 처음엔 내키지 않아 했다. 그러나 뉴욕타임스는 "일단 트럼프가 지명을 받게 되자, 줄리아니 씨의 일시적인 껴안음(embrace)은 강한 포옹(bear hug)이 되었다"라고 보도했다.3)

불완전한 도구

오래지 않아 트럼프의 유명인사 지지 목록은 다음과 같은 사람들로 대서특필된 슈퍼마켓 타블로이드판의 표지와 흡사해 보였다. 클린트 이스트우드(Clint Eastwood), 존 보이트(Jon Voight), 스티븐 볼드윈(Stephen Baldwin), 찰리 쉰(Charlie Sheen), 스테이시 대시(Stacey Dash), 윌리 로버트슨(Willie Robertson), 로레타 린(Loretta Lynn), 스콧 바이오(Scott Baio), 게리 부세이(Gary Busey), 카니예 웨스트(Kanye West), 오마로자 매니골트(Omarosa Manigault, 나는 그를 2016년 11월 8일 당선 나이트파티에서 만났다), 및 심지어는 록 연주가 키드 록(Kid Rock)과 진 시먼스(Gene Simmons)도 있었다. 목록이 계속 늘어가자, 초기 지지자들 가운데로 라디오와 TV에서 명성을 떨치는 공인들이 가세했다. 폭스뉴스의 인사로는 숀 해니티(Sean Hannity), 토크쇼 진행자 로라 잉그레이엄(Laura Ingraham) 및 선동적인 칼럼니스트이자 폭스뉴스 기고자인 앤 콜터(Ann Coulter)였다.

트럼프의 오랜 친구이자 케이블 TV 해설자인 빌 오레일리(Bill O'Reilly)는 콧방귀 뀌다가 보다 느지막하게 동조했는가 하면, 보수주의 아이콘인 러시 림보(Rush Limbaugh)는 "공평과 균형 있게" 보이기 위해서 망설였다. 림보는 2017년 6월 21일 라디오 방송에서 말하기를 자기는 2015년 6월 16일 트럼프 타워에서 닐 영(Neil Young)의 히트곡 "자유세계에서 로큰롤을"(Rockin' in the Free World) 사운드가 백 그라운드에서 요란하게 울려 퍼지는 가운데, 트럼프가 에스컬레이터를 타고 내려오는 것을 보는 순간부터 그가 공화당 지명자가 될 걸 알았다고 했다.4) 림보는 가까운 친구들이 서서히 손을 떼는 것 같을 때에도 지명자를 옹호하면서 철저한 트럼프 지지자가 될 사람이었다. 하지만 그는 지명이 확정될 때까지 그의 지지를 유보했다.

자기를 앞서가는 꽤 많은 후보자들과는 달리, 도널드 트럼프는 논쟁을 피해 도망치길 거부하고 널리 알려지는 말싸움을 즐기는 듯했다. 그는 자기의 트위터 계정을 손에 들고 다니는 무기로 사용하여, 트위터 공동 설립자인 에반 윌리엄스(Evan Williams)를 자극해서 트럼프에게 그의 비판자들과 전쟁을 벌일 도구를 준 것을 사과하라고 했다.5) 그러나 트럼프는 2016년 10월에 그가 여성들에 대해 음란한 말들을 한 것에 사과하면서 했던 것처럼, 자기는 또한 융화적이고 동정적일 수도 있다는 것을 보여주었다. 그는 이렇게 말했다. "나는 내가 완벽한 사람이라고 말한 적이 없으며 나는 그렇지 않은 사람인 척해본 적도 없습니다. 나는 내가 후회하는 것들을 말했고 행했는데, 오늘 10년도 더 된 이 비디오에서 나온 그 말들이 그중 하나입니다. 나를 아는 사람이면 누구나 그런 말들이 나의 본 모습을 보여주는 것이 아니라는 것을 알고 있습니다. 그 말은 내가 한 것이고, 내가 잘못했습니다. 그래서 나는 사과합니다."[6]

트럼프는 많은 사람에게 수수께끼 같은 인물로 남아 있다. 진보주의자들은 어떻게 저런 인간을 지지할 수 있다는 건지 상상할 수가 없다. 반면 많은 보수주의자들은 그를 판 바꿀 자(game changer)로, 쓰레기 치우는 사람으로, 억누를 수 없는 목적의식을 가진 사람으로 본다. 그에게는 자기 조국에 대한 더할 나위 없는 사랑과 조국의 가치와 신념을 위해 싸울 능력이 있다. 그 말은 설령 그의 행실을 변호하기가 때때로 힘들지라도 많은 의미를 가진다. 교사요 저자인 랜스 월나우가 지적한 바와 같이, "처칠, 링컨, 조지 S. 패튼(George S. Patton) 같은 인물들은 대성당에서 역사의 무대로 들어온 게 아니다. 하지만 우리는 훗날에 그들을 하나님께서 단 한 가지 위기를 맞닥뜨리기 위해서 일으켜 세우신 도구들로서 추앙한다."[7] 이들 중에 어느 한 사람도 인습에 사로잡힌 크리스천들이 아니었다. 그리고 그들에게는 성직자들 가운데 많은 중상자들이 있었다. 하지만 그들 각자는 역사에서 중추적인 역할을 감당했다. 그들은 자유의 적들에 강하게 맞섰으며 우리의 삶의 방식과 우리의 기독교적 유산을 지키고 보호하는 데 기여했다.

월나우는 중요한 주장을 편다. 혹 당신이 '패튼'(Patton)이라는 영화를 본 적이 있다면, 당신은 조지 패튼 장군 같은 불쾌한 군사령관 부근에 있고 싶어 하지 않을 것이다. 그는 종종 거칠고 무례했다. 그러나 그에게는 강력한 신의 섭리 의식(sense of destiny)이 있었으며 자기는 나치 전쟁기구(war machine)를 패배시키기 위해 전투 중인 군인들을 지휘할 부르심을 받았다고 느꼈다. 비와 추위와

흐린 하늘 때문에 연합군 항공기와 대포들이 발지전투(the Battle of the Bulge) 중에 전진하는 적의 전선을 향해 발포하지 못하게 되었을 때, 패튼은 육군 군목을 불러와서 청명한 하늘과 비가 그치도록 하나님께 간구하는 기도문을 써달라고 요구했다. 기도문이 전달되자, 패튼은 그 기도문을 큰 소리로 읽고 제3군(Third Army) 전 장병들도 똑같이 그 기도문을 읽도록 명령했다. 다음 날 아침 하늘은 기적적으로 청명했고, 미군은 파도처럼 독일로 밀고 들어갔으며, 동맹한 나치군 오합지졸들은 패주했다.

패튼은 소년성가대원이 아니었다. 그러나 그는 강력한 하나님의 권세와 긍휼을 신뢰하는, 의지가 강하고 강력한 사람이었다. 도널드 트럼프는 으스대며 건방진 자기과시 및 무자비한 결단력에도 불구하고, 우리 시대의 조지 패튼이요 지난 50년 동안 미국에 그토록 많은 손해를 끼쳐온 좌파 폭도들에 용감히 맞설 수 있는 그 한 사람이라고 말하는 것도 무리는 아닐 것이다. 그의 언행은 마음에 들지 않을지 모른다. 그러나 그는 미국을 다시 위대하게 만들려는 부정할 수 없는 정열을 소유하고 있으며, 그래서 사람들이 그의 메시지에 응답했던 것이다.

트럼프는 충성심에 보답한다

처음부터 트럼프의 메시지에 강하게 끌린 남녀 사람들은 줄곧 맹렬한 격랑을 헤쳐 나가야만 했을 것이다. 그러나 도널드 트럼프가 돈과 명예보다 더 가치 있게 여기는 것이 있다면, 그것은 충성심이다. 그래서 그는 그의 친구들과 지지자들에게 재빨리 보답했다. 당선 후 트럼프는 감옥에도 갔고 모든 것을 잃은 후에 자기 인생을 재건한 방송인 내 친구 짐 베커에게 전화했다. 미주리주 브랜슨 지역에서 방송하는 자신의 새로운 짐 베커 쇼에서 베커는 내가 제6장에서 기술한 대로, 그의 보수주의 시청자들을 규합하기 위해 할 수 있는 모든 것을 다 했다. 왜 트럼프가 전화했는가? 짐의 지지에 대해 감사하기 위해서였다. 짐은 트럼프가 자기를 알아준 데 대해서 얼떨떨했다. 나와 마찬가지로, 그가 트럼프를 지지한 것은 힐러리 클린턴을 백악관에 들어가지 못하게 하는 것이 얼마나 중요한지를 알고 있었기 때문이고 또 트럼프의 리더십 능력을 알아보았기 때문이었다.

트럼프는 그의 당선을 도와준 모든 이를 알고 있는 것 같다. 너무도 중요한 사우스캐롤라이나 공화당 프라이머리가 한 달도 채 남지 않은 2016년 1월 27일, 트럼프는 부주지사 헨리 맥마스터의 지지를 받았다. 내가 제5장에서 기술한 대로, 이 프라이머리는 트럼프에게 터닝 포인트였다. 그러나 그것은 단지 사우스캐롤라이나에게만이 아닌 그 이상으로 의미가 있었다. 맥마스터는 전국에서 주 전체에 걸친 선출 공무원으로서 뉴욕의 억만장자를 지지한다고 나선 최초의 사람이었다. 그래서 트럼프는 잊지 않았던 것이다. 클렘슨(Clemson) 풋볼팀이 2017년 6월 12일에 전국 챔피언십 획득을 표창받기 위해 백악관을 방문했을 때, 맥마스터는 청중 가운데 있었다. 트럼프는 그를 알아보고 그의 지지에 대해 다시 감사를 표하고 그것이 사우스캐롤라이나의 승리뿐 아니라 지명을 받고 궁극적으로 백악관에 입성하기까지 얼마나 중요했는가를 말했다. 물론 트럼프는 사우스캐롤라이나 주지사 니키 해일리(Nikki Haley)를 주유엔대사로 임명함으로써 이미 그에게 감사했을 것이다. 해일리는 충분히 자격을 갖춘 사람이다. 그러나 내가 사우스캐롤라이나 프라이머리를 언급할 때 지적한 바와 같이 그 주에서의 내 자료에 의하면 적어도 해일리가 승진하게 된 이유 중 일부는 맥마스터가 사우스캐롤라이나 주지사로 올라갈 수 있게 하려는 것이었다는 게 일반적인 해석이다.

사우스캐롤라이나 프라이머리 4일 후에 뉴욕주의 하원의원 크리스 콜린스(Chris Collins)는 트럼프를 대통령으로 지지하는 첫 의원이었다. 온라인 뉴스 사이트인 폴리티코(POLITICO)와의 인터뷰에서 그가 말한 대로, 그는 하원의원 출마 전에 성공적인 사업가였다. 그래서 그는 도널드 트럼프가 어디 출신인지 잘 이해하고 있었다. 그는 자기가 트럼프를 지지한다고 공개적으로 발표하기를 원하는지 알지 못했다. 그래서 그의 DC 직원들 중 하나에게 전화로 그것을 체크해달라고 했는데, 즉시 응답이 왔다. 바로 그날 늦은 시간에, 그는 트럼프로부터 콜린스의 지지 제의를 기뻐한다는 음성메시지를 받았다. 그는 그 하원의원에게 그 소식을 널리 알려달라고 말하고 자기가 얻을 수 있는 모든 도움에 감사하다고 말했다.[8]

콜린스는 이내 트럼프가 자기의 도움에 더할 나위 없이 감사해한다는 것을 발견했다. 그는 또한 위험을 감수하고 공개적으로 발표해 준 데 대해 그의 초기 지지자들에게 보답하기를 원했다. 콜린스는

"그는 충성심을 굉장히 가치 있게 여기는데, 특히 시종 변함없이 그와 함께한 사람들에 대해서 그러했다"라고 말했다. "우리의 지지를 확고히 했던 우리 몇몇은 그들 중 다수가 최상의 지위에 임명되고 있지만, 그들은 또한 굉장히 유능한 사람들이다." 콜린스는 행정부의 한 직책에 임명될 수 있었지만, 의원직을 유지하기로 결정했다. 자기는 의회에서 백악관과의 비공식 접촉 역할을 할 수 있을 것이다. 그는 폭스뉴스에 "나는 내 인생의 이 시기에 내가 있어야 할 바른 자리는 의회임을 아주 분명히 했다"라고 말했다. 그래서 트럼프는 그를 그의 인수위원회(transition team)의 연락책으로 임명했다.[9]

당시 상원의원인 제프 세션스(Jeff Sessions: 현 법무장관으로 1997년부터 2017년까지 앨라배마주 공화당 상원의원이었음-역자 주)는 앨라배마주 선거유세 집회에서 4일 후에 트럼프를 지지할 때, 열렬한 트럼프 지지자들인 3만 명의 청중들에게 그들은 역사상 중요한 순간에 참여한 자들이라고 말했다. 그는 "나는 트럼프에게 이것은 선거유세가 아니라, 이건 하나의 운동이라고 말했습니다. 지금 일어나고 있는 걸 보세요. 미국 국민들은 그들의 정부에 행복해하지 않습니다."[10]라고 말했다. 세션스는 트럼프를 지지한 첫 번째 상원의원이었다. 그리고 일 년 후인 2017년 2월 8일에 그는 미국 법무장관으로 상원의 인준을 받았다.

테네시주 하원의원인 마사 블랙번(Marsha Blackburn)은 또 하나의 초기 지지자들에 속한 사람으로, 요청 시 트럼프의 러닝메이트 역할을 제안하기도 했다. 이미 밝혀진 대로, 그 역할에는 마이크 펜스가 적임자였다. 그러나 블랙번은 지지에 변함이 없었으며 이 대통령은 중요한 결정을 혼자 하기를 좋아하는 사람이기 때문에 그에게는 특히 충성심이 중요하다는 데 동의했다. 그녀는 "나는 그를 개인적인 특성의 티를 낸 것으로 본다"라고 말했다. "이것은 결정들을 위임하게 되는 변화가 되지 않을 것이다. 이것은 팀의 리더가 팀을 선택하는 일에 관여가 될 변화이다. 그는 함께 일할 수 있는 팀을 구성하길 원한다."[11]

블랙번은 덧붙이기를 자기의 초기 지지자들에 대한 트럼프의 충성심은 공화당 프라이머리 전에 그에게 반대했던 유능한 사람들을 고위직에 임명하는 것을 방해하지 않았다고 했다. 여기에는 "주지사가 대통령에게서 원하지 않는 모든 것"[12]이라고 한때 트럼프를 묘사한 적이 있었던 전 사우스캐롤라이나 주지사 니키 해일리가 포함된다. 그들 사이에 잠깐 언쟁이 있긴 했지만, 해일리는 취임식 두 달 전인 2016년 11월에 유엔대사로 발탁되었다. 그녀는 수락연설에서 이렇게 말했다. "여러분이 우리나라의 안녕과 세계에서의 우리나라의 위치에 대해 도움이 되는 주요한 공헌을 한다고 대통령이 믿을 때, 그것은 중요하게 유의해야 하는 부르심입니다."[13]

트럼프의 크리스천 옹호자들

파울라 화이트 케인은 2003년부터 트럼프를 아는 관계였고 여러 번 그와 함께 기도했던 목사다. 트럼프는 2012년 대선 출마를 생각하고 있을 때, 파울라에게 요청하기를 그녀의 친구들 몇 명을 뉴욕으로 오라고 초청해서 출마 여부에 대한 지혜를 얻도록 기도해 달라고 했다. 그는 그해에 경선에 뛰어들지 않기로 결정했고, 내가 제6장에서 묘사한 대로 파울라는 은사주의 진영에서 4년 후 그의 강력한 복음주의의 지지에 튼튼한 기초가 될 터를 닦는 데 도움을 주었다. 나는 또한 언급하기를 리버티대학교 총장 제리 폴웰 주니어가 2016년 1월 26일 트럼프를 지지했을 때, 그것은 그 후보자가 그 사실을 트윗한 대단한 빅뉴스였다.[14]

캠퍼스 잡지인 리버티 챔피언(Liberty Champion)과의 장문의 인터뷰에서 폴웰은 말하기를 왜 전 정치계가 트럼프의 대통령 출마에 반기를 드는지 자기는 이해할 수 있다고 했다. 그가 말했다. "기득권층이 발작을 일으키고 있다. 그들은 권력을 잃을까봐 섬뜩해지기 때문에 지나치게 긴장하는 것이다… 그들이 트럼프에게 잔뜩 겁을 먹는 것은 그 사람이야말로 워싱턴으로 걸어 들어가서, 테이블을 걷어차고, 의자를 밟아버리며, 건달들을 내동댕이치고, 다시 시작해서 직업정치인이 절대로 하지 못할 일들을 해낼 그런 인물이기 때문이다." 양대 정당 지도자들은 트럼프가 한 번도 선출직에 올라본 적이 없다는 것에 놀람을 표했지만, 유권자들이 원하는 게 바로 그것이었다. 너무도 자주 그들은 경험 많은 정치인들을 믿어 왔는데 그들을 실망시킬 뿐이었다. 폴웰은 말하기를 트럼프를 그들의 후보자와 최상의 대통령으로 삼은 것은 그가 정치적 공직을 한 번도 맡은 적이 없었다는 사실 때문이라고 했다.[15]

그는 "내가 생각하기에 그는 우리의 헌법 제정자들이 직업 정치인들이 아니라 시민 입법자들이 이 나라를 경영하길 마음속에 그

렸던 것이라고 본다"라고 말했다. 이 나라를 세우고, 독립선언서와 헌법을 작성하고, 우리의 정부의 기초를 닦은 사람들은 농부들과 상인들과 사업주들이었다. 정부는 상근직(full-time job)이 아니었다. 그래서 그들이 실질적인 기여를 했을 때는 그들 대부분은 다시 자기네 집으로 돌아가서 그들이 도와서 세운 사회에 시민으로서 참여했다. 폴웰은 "내 생각에는 도널드 트럼프가 어느 누구보다 그 정의에 더 적합한 것 같다. 그 이유는 그가 민간 부문에서 굉장히 성공적이었기 때문이다"라고 말했다.16)

그는 트럼프의 개인재산이 그에게 유리하게 작용한 주요 요인임에 틀림없다고 말했다. 이유는 그가 돈에 대해서는 비교가 되지 않는다는 것을 우리가 확실히 알기 때문이다. "그는 자신의 선거운동에 자기 돈을 쓰고 있다. 그는 그 나머지 후보들처럼 누구에게도 신세를 지지 않았다. 그는 수만 명의 직원들에게 급료를 지불해왔다. 그 토론장에 나온 어느 누구도 직원들에게 급료를 지불한 적이 없고 앞으로도 절대 없을 것이다. 그들은 그걸 이해 못한다. 그들은 살아남으려고 버둥거리는 남자, 여자 사업가가 된다는 것이 어떤 것인지 모르는 자들이다.17)

폴웰은 "이제 보수주의자들은 그저 연설에서 옳은 약속이나 하는 자가 아닌, 민간 부문에서 성공을 거둔 사람을 원한다는 지점에 도달했다고 나는 생각한다"라고 말했다. "그렇기 때문에 그들 중 대다수가 그를 지지하는 것이며, 그래서 나는 생각하기를 아마도 우리나라가 구원되고 회복된 후에는 복음주의자들이 다시금 전통적인 패턴으로 투표하길 시작할 것이라고 보인다." 그런 이슈들에 대한 트럼프의 입장은 비밀이 아니다. 그는 정말로 "당신이 보시는 대로다(what you see is what you get)." 폴웰은 이 나라를 테러 공격과 커지는 부채와 열린 국경선으로부터 구원하는 일은 모든 사람의 첫 번째 우선순위가 되어야 한다고 말했다. "우리가 나라를 구원하지 못한다면 다른 모든 이슈는 미결로 있을 것이다." 그는 이렇게 덧붙였다. "크리스천들이 상대방이 같은 후보를 혹은 자기들 보기에 가장 의롭다고 생각하는 후보를 지지하지 않는다고 다른 크리스천들을 공격하는 걸 보기란 참으로 슬픈 일이다."[18]

그 대학교 총장은 인정하기를 그의 학교 교수들 중 일부를 포함해서, 미니스트리 대표들, 목사님들 및 크리스천 지도자들인 그의 동료들 가운데 다수가 트럼프를 반대하고 그의 선거운동을 수포로 돌아가게 하려고 힘썼다고 했다. 그는 그들의 의견을 존중하지만, 자기는 복음주의자들이 오늘날의 정치 정세 내의 이해관계에 대해 정말 새로운 방식으로 생각해야 한다고 믿는다고 했다. 이 나라에 직면해 있는 문제들은 치명적으로 심각하다. 그러면 우리의 신념을 옹호하기로 약속하고 그다음에 형세가 곤란해지면 다른 방향으로 돌아서는 소위 복음주의 후보들에 의해 우리가 얼마나 더 많이 배반당해야 하는가?

이것은 또한 트럼프의 선거운동 중에 그를 지지한 아프리카계 미국인 목사님들의 시각이기도 했다. 클리블랜드의 대럴 스콧 목사님은 트럼프가 출마에 대해 그저 생각만 하고 있을 때인 2015년에 그를 지지한다고 말하고 그해 가을 후반에 트럼프와 주로 아프리카계 미국인 목사님들 그룹과의 모임을 조직하는 걸 도와주었다. 거기에 참석한 사람들 가운데는 텍사스의 마이크 머독(Mike Murdock) 목사님과 사우스캐롤라이나의 마크 번스(Mark Burns) 목사님이 있었고, 은사주의 설교자들인 케네스와 글로리아 코플랜드 및 TBN 창립자 얀 크로치(Jan Crouch)도 함께했다. 이들은 중앙에 "미국을 다시 위대하게 만들라" 모자를 쓰고 테이블 주위에 트럼프와 함께 기도하는 휴대폰 사진에 캡처되었다. 그 사진이 인쇄되어 나오자, 많은 수의 흑인 목사님들이 그 행사를 비판하고 그들의 동료 목사님들을 공화당에 굴복했다고 비난했다.

그러나 스콧 목사님은 결코 흔들리지 않았다. 그는 트럼프의 가장 강력한 지지자들 중 하나가 되었을 뿐 아니라 또한 그의 가장 논리 정연한 대변자 중 하나가 되기도 했다. 그의 지지에 대한 감사의 표시로 트럼프는 공화당전당대회에 스콧을 초청하여 연설하게 했는데, 그것은 평범한 연설이 아니었다. 그는 왜 도널드 J. 트럼프가 차기 미국 대통령이 되어야 하는지 그 이유를 강력하고 명확하게 주장했다. 그런데 그의 메시지는 그렇게 할 수 있는 사람이 거의 없을 정도로 아프리카계 미국인 목사의 설교의 모든 정열을 다 쏟아 전달되었는데, 연설 마지막에 다다르면서 감정적으로 점점 고조시키며 군중들로부터 우레와 같은 찬성을 이끌어냈다.

11월 총선거 4일 전에 1960년대의 민권운동 시 마르틴 루터 킹 주니어와 함께 행진한 바 있는 아프리카계 미국인 목회자 연합(Coalition of African American Pastors)의 회장인 윌리엄 오웬스(William Owens) 목사님이 트럼프를 개인적으로 지지하기 위해 대회장에 입장했다. "도널드 트럼프는 아프리카계 미국인 공동체에 겸손하게 요청하기를 자기에게 기회를 달라고 했습니다. 그들의 정강에 종교에 대한 점증하는 적대감으로 뒤섞어놓은 민주당의 지난 50년의 실패를 목격한 후에, 나는 지금이야말로 그가 위대한 대통령이 될 수 있다는 것을 입증할 그런 기회를 트럼프 씨에게 드릴 적기라고 생각합니다."[19]

트럼프가 이 모든 지지를 얻게 된 이유가 있다. 좌편향 언론들의 부정적인 서술에도 불구하고, 도널드 트럼프는 내가 그를 인터뷰하면서 배운 바로는, 신실하고 마음이 넓은 사람이다. 이제 다음 장에서 이 주제를 살펴보고자 한다.

Chapter 12
믿음과 소망과 사랑

 2017년 2월 2일, 그러니까 미국 대통령으로 취임선서를 한 지 거의 2주 후에 도널드 트럼프는 워싱턴 힐튼호텔의 제65회 연례국가조찬기도회에서 3,500명의 군중들 앞에서 연설했다. 그는 연설 중에 이런 말을 했다. "나는 감사하게도 교회 다니는 가정에서 자라는 축복을 받았습니다. 나의 어머니와 아버지는 내게 가르치기를 많이 받은 자에게 많은 것을 기대하는 것이라고 하셨습니다. 나는 내 어머니가 우리 어린 자녀들을 가르쳐주곤 하시던 바로 그 성경으로 취임선서를 했는데, 그 믿음은 하루하루 날마다 내 마음속에 살아 있습니다."
 "이곳 실내에 계신 여러분은 많은, 여러 배경을 가지신 분들입니다. 여러분은 여러 종교와 여러 가지 많은 견해를 가지신 분들입니다. 그러나 우리는 모두 우리의 창조주를 믿는 믿음과 그분 앞에서 우리는 모두 평등하다는 우리의 확고한 지식으로 하나가 되었습니다. 우리는 단지 살과 뼈와 피로 된 육신덩어리가 아닙니다. 우리는 영혼을 가진 인간입니다. 우리의 공화국은 자유가 정부에서 주는 선물이 아니라, 자유는 하나님이 주신 선물이라는 기초 위에 형성 되었습니다."[1)

누가복음 12장 48절에 나오는 예수님의 말씀을 언급하면서, 대통령은 자기의 재능과 자기의 행운은 권리부여(entitlement)가 아니라 다른 사람들을 축복하기 위해서 그의 이점들을 사용할 책임으로 이해한다는 점을 확인하는 것이었다. ["...무릇 많이 받은 자에게는 많이 요구할 것이요 많이 맡은 자에게는 많이 달라 할 것이니라(눅 12:48)-역자 삽입] 이것은 그의 어머니가 그에게 가르쳐주신 바로 그것이었으며, 그것은 그가 생활지침으로 선택했던 바로 그 원칙이었다. 당신이 2016년 선거에서 그를 지지했든 안 했든, 당신이 인정해야 할 것은 도널드 트럼프는 신앙의 중요성을 믿는다는 것과 그가 미국 국민의 최고 관심사를 매우 진지하게 취급하기로 서약하고 있다는 점이다.

내가 이 책 전반에 걸쳐서 언급한 바와 같이, 그는 그 어느 카테고리에도 딱 들어맞지 않는데, 특히 그가 단단히 붙들고 있는 신념에 관한 것일 때 그러하다. 그러나 그가 기독교적 원칙과 신념에 대해 배우고자 기울인 노력은 칭찬할 만한 것이었다. 그리고 그는 많은 교단 출신의 남녀 사람들과 그에게 조언과 지도를 주려는 종교적 표현들을 한데 모았다. 나는 제9장에서 인용한 바 있는 2016년의 인터뷰에서 그런 것들에 대해 그와 이야기를 나누는 특권을 가졌다. 그러면 당신은 그와 같은 것을 어떻게 평가하는가? 사람의 마음속에 있는 것을 어떻게 아는가? 사람이 자신의 믿음에 대해서 말하는 것은 한 가지이지만, 그 사람이 자신의 시간과 물질을 어떻게 투자하는가에 의해서 우리는 많은 것을 배울 수 있다.

트럼프 대통령의 가치관과 신념을 알 수 있는 한 가지 척도는 그가 내린 행정명령과 오바마의 8년간 집권으로부터 그가 뒤엎거나 취소시킨 것들에서 발견할 수 있다. 1996년에 시행된 의회 재심법(Congressional Review Act)의 조항으로 인해서, 후임 대통령은 그의 전임자가 부과한 것으로, 자신의 입법 어젠다를 방해할 수 있는 행정명령과 규정들을 재검토하고 취소하기 위한 적기(適期)가 얼마 안 되는데, 보통은 취임 후 3~4개월 정도뿐이다. 새로운 명령들은 의회의원들의 단순 다수(simple majority: 과반수에는 미치지 못하나 결정에 필요한 최저한을 넘는 표수-역자 주)로 법률이 될 수 있다.

뉴욕타임스가 급하게 처리한 행정조치를 "정부 법규들의 역사적인 뒤집기"[2]라고 언급하자, 트럼프 대통령은 재심법의 조항들을 "단속하는 레킹 볼(wrecking ball: 철거할 건물을 부수기 위해 크레인에 매달고 휘두르는 쇳덩이-역자 주)"로 사용하여, 기록적인 시간에 13개 법안에 서명하고 다음과 같은 것들에 관해 오바마가 그의 마지막 몇 개월 집권 중에 서명했던 행정명령들을 효과적으로 말소시켰다. 노동, 재정 법, 인터넷 프라이버시, 가족계획연맹에의 자금제공, 마약 테스트하기, 교육 표준, 채탄업 및 총기 소지 권리 등이다. 한 뉴스 리포트는 말하기를 트럼프의 행정조치는 그의 집권 초기 100일에서 가장 실질적인 입법적 성취이며, 장기적인 효과는 소기업들에 활력을 불어넣고 미국의 에너지 생산자들에게서 수갑을 벗겨주

는 것이 될 것이라 했다.[3]

그의 비판자들은 트럼프가 오바마의 유산들을 완전히 지우고 있다고 주장했지만, 트럼프는 자신의 선거운동 내내 자기는 자유 시장 자본주의 제도를 믿는다는 점을 분명히 했다. 그리고 그는 자신과 자신의 팀이 믿는바 경제발전을 방해하거나 부적절한 프라이버시 침해가 될 정책들을 뒤엎느라고 낭비할 시간이 없었다. 원래는 2015년에 〈무력해진 아메리카(Crippled America)〉라는 제목으로 출간된 그의 책 〈다시 위대하게'(Great Again)〉에서 트럼프는 자기가 대선 유세 중에 토론하게 될 정책 제안들과 의안제출권(initiatives)을 빠른 속도로 검토했다고 한다. 그리고 튼튼하고 성장하는 경제가 안전하고 자유로운 미국에 절대로 필요하다고 했다.

경제적 이슈들에 관한 장(章)에서 그는 이렇게 말한다. "나는 나의 전 생애를 그저 돈만 버느라고 보낸 것이 아니라, 더욱 중요한 것은, 나의 재산을 관리하고 나를 위해 일해 준 수천 명의 사람들에게 나누어줄 방법을 배우면서 보냈다. 우리네 좌익 비판자들이 하는 말을 들어보면, 우리에게는 이 나라를 전진시키기 위해선 사회주의가 필요하며, 우리에게는 그가 앞서갈 때 법규를 편집할 수 있는 대통령이 필요하다. 만일 그가 의회로 어떤 것을 하게 할 수 없다면, 그는 행정명령으로 통치해야 한다." 그런 다음에 그는 이렇게 쓴다. "내가 말하건대 그거야말로 완전 난센스다."[4]

소기업 오너로서 내가 아는 바로는 오바마 대통령 임기 중에 기업과 산업은 고용주들을 불리하게 하는 규제들로 거의 항상 처벌을 받았다. 행정부는 미국인 노동자들과 그들의 고용주들에게 삶을 더 안락하게 해주기 위한 정책들에 집중하기보다는 사회적 이슈들, 성(gender) 정책, 기후변화, 그리고 유럽과 중동에 있어서 미국의 오랫동안에 걸친 파트너십을 뒤집는 일에 집중했다.

오바마의 반자본주의적 성향의 증거는 그가 2016년 3월 아르헨티나에서 일단의 젊은이들에게 행한 연설에서 볼 수 있었다. 그의 숨김없는 발언에서 오바마는 학생들에게 자본주의와 공산주의 간의 차이를 염려해서는 안 된다고 했다. 마치 그 둘 사이에 전혀 차이가 없는 것처럼 말이다. 그는 자유 시장 자본주의가 세계에 가져다 준 유례없는 번영과 비교할 때 지난 세기에 공산주의 압제의 역사를(1억 명 이상의 남자와 여자와 어린이들을 살해한 것을 포함하여[6]) 무시한 채, "작동하는 것을 선택하라"[5]고 말했다. 오바마의 말은 미국 대통령으로부터 듣기를 기대하는 것이라기보다는 솔 앨린스키의 '급진주의자들을 위한 규칙들'(Rules for Radicals)에 더 많이 관계된 것들이었다.

가치 있는 사회운동들을 후원함

대통령의 정책을 평가하는 데 있어서는 그 사람의 인격뿐만 아니라 연설과 공식 성명서들이 도움을 줄 수 있다. 그러나 다른 방법들도 있으니, 개인이 내는 자선 기부금의 종류들이 참고가 될 수 있다. 도널드 J. 트럼프 재단은 1988년에 가족 자선 단체로 설립되었다. 포브스(Forbes) 잡지의 보도에 의하면, 2001년부터 2014년 사이에 동 재단은 400군데 이상 별개의 자선단체들에 기부한 것(donations)과 함께, 1,090만 달러(한화 약 116억 6,300만 원-역자 주)를 증여했다. 그 기간에 주요 수혜자들은 경찰체육연맹(Police Athletic League, PAL), 섬머 캠프 지원을 위해 지역경찰관들과 협력하는 뉴욕시 자선단체, 유치원(pre-K) 프로그램, 어린이 방과 후 활동 등이다. 포브스지에 의하면, 트럼프 재단의 기부금(donations)은 그 기간 동안에 총계가 83만 2,000달러 이상이었다.[7)]

IRS(국세청) 기록에 근거한 또 다른 리포트에 의하면, 동 재단의 기부금 중 36%는 대략 100개의 헬스 케어 증진 단체로 갔다. 46만 5,000달러 이상이 다나-파버(Dana-Farber) 암 연구소 및 개발도상국들의 선천성 언청이 아동들에 무료수술을 제공하는 미소 수술(Operation Smile)에 제공되었다. 동 재단은 뉴욕 장로교 병원에 적어도 32만 6,000달러, 그 자매단체인 역시 뉴욕에 있는 특별수술병원(Hospital for Special Surgery)에 25만 750달러를 기부했다.[8)]

뉴요커(New Yorker) 잡지에 난 기사에는 비록 전체적으로는 비난성 논조이긴 하지만, 동 재단의 최대 기부금 중 다수는 적십자사, 미국 암 재단, 유나이티드 웨이(United Way) 및 여러 병원에 기부되었다고 보도했다. 또한 타이거우즈, 잭 니클라우스, 아놀드 파머 같은 골프 선수들과 연대된 자선단체들에도 기부금이 보내졌다. 그 밖에도 트럼프 재단은 정치단체들과 종교단체들에 거액을 기부했다. 2012년에 빌리 그래함 전도협회는 동 재단으로부터 10만 달러를 받았다. 2013년에는 5만 달러가 고(故) 윌리엄 F. 버클리 주니어

(William F. Buckley)에 의해 설립된 보수주의 로비단체의 일부인, 미국 보수주의 유니온 재단(American Conservative Union Foundation)에 기부되었다. 2014년엔 동 재단이 보수주의 행동주의자 데이비드 보시(David Bossie)가 이끄는 시민연합재단(Citizens United Foundation)에 10만 달러를 기부했다.[9]

동 재단 위원회에서 제공한 증여와 기부금은 넓은 범위의 관심사를 망라했다. 예를 들면, 동 재단은 트럼프가 참석한 무하마드 알리(Muhammad Ali)를 기념하는 행사를 주최한 '유명인사 파이트 나이트 재단'(Celebrity Fight Night Foundation)을 포함, 축제를 벌이는 자선단체들에 기부했다. 그들은 메이저 골프 출장(outings)에 지원했고, 동 재단은 과거 대통령들의 자선단체들에도 13만 5,000달러를 기부했다. 예를 들면, 2005년에 로널드 레이건 대통령 재단에 2만 5,000달러, 힐러리 클린턴이 국무장관으로서의 임기를 이제 막 시작하는 2009년과 2010년에 윌리엄 J. 클린턴 재단에 11만 달러를 기부했던 것이다. 한편 트럼프의 사위이자 선임 고문인 빈틈없는 유대인, 자레드 쿠슈너는 유대인 사회운동 단체들에 50만 달러 이상을 기부하는 재단을 감독했다. 거기에는 유대인 유산 박물관과 유대국민펀드(Jewish National Fund)가 포함되어 있다.[10]

트럼프가 재단의 임원직을 사임하기 전인 2001년에서 2008년 사이에, 어림잡아 그 기부금의 29%는 헬스 케어 운동단체들에 제공되었다. 그것은 동 재단이 다른 단체들이 기부한 기금으로부터 기부하기 시작한 2009~2014년보다 42%로 증가한 것이다. 그 기간에 "예술과 문화" 단체들에 대한 재단 기부금은 11%에서 4%로 떨어졌다.

비록 이 기간에 트럼프가 재단에 자신의 현금을 기부하지는 않았을지라도, 그의 아들 에릭이 대표로 있는 재단에 2010년에 10만 달러를 보냈다. 에릭 트럼프의 재단은 그 기부금의 대부분을 테네시주 멤피스에 있는 성(聖) 유다 아동연구병원(St. Jude Children's Research Hospital)에 보낸다. 성 유다 병원은 텔레비전 유명 연예인이었던 고(故) 대니 토머스(Danny Thomas)에 의해서 창립되고 여러 해 동안 자금이 모아졌는데, 오늘날은 그의 딸인 말로 토머스(Marlo Thomas)가 그 단체의 전국 봉사 디렉터로 일한다.[11]

개인적 인정미가 넘치는 자선

그의 중상자들은 트럼프가 탐욕스럽고 인색하다고 말하길 좋아한다. 그러나 그를 가장 잘 아는 사람들은 종종 그의 넉넉하고 후한 마음씨(generosity)에 대해 말한다. 2016년 7월의 공화당전당대회에서 전 뉴욕 시장 루디 줄리아니가 이렇게 말했다. "내가 도널드 트럼프를 알고 지낸 지 어언 30년이 됩니다. 그는 큰 것들을 창조하고 성취해왔습니다. 그러나 그것 말고도, 이분은 도량이 큰 사람입니다. 뉴욕시가 비극적인 재난을 당할 때마다, 도널드 트럼프가 돕기 위해 거기에 있었습니다."[12] 리버티대학교 총장인 제리 폴웰 주니어는 폭스뉴스 진행자 숀 해니티에게 이렇게 말했다. "나는 도널드 트럼프가 2012년에 [리버티에서] 연설한 후에 그를 알게 되었어요. 그가 지난 번 여기를 방문한 직후... 내가 그에게 전화를 걸어 다른 주의 큰 기독교 사역단체가 도움을 필요로 한다는 이야기를 했지요. 나는 하룬가 이틀 안에 그가 자신의 돈에서 10만 달러를 기부했다는 것을 알게 되었습니다."13)

그리고 폴웰은 트럼프가 재정적 불행에서 구조해준 대도시 빈민가의 농구 토너먼트 이야기를 자세히 했다. "그는 대도시 빈민가에서 할렘 후프 토너먼트를 관리했고 9/11 공격 때 사망한 클라이드 프레지어 주니어(Clyde Frazier Jr.)에 대한 이야기를 알게 되었습니다. 그는 그 가족을 수소문해서 그 토너먼트가 계속 진행되도록 돈을 기부했습니다."14) 또한 트럼프의 자발적인 후한 인심을 말해주는 이야기들이 많은데, 폭스뉴스와 다른 미디어 지방국들이 앤드류 타모레씨 병장(Sgt. Andrew Tahmooressi)에 대해 보도한 이야기도 그중 하나다. 그는 티화나(멕시코 북서부, 멕시코와 미국 국경에 접하는 도시-역자 주) 통관항에서 회전을 잘못한 후에 멕시코 국경 수비대에 체포되었다.

그 해병대원은 구금되었고 폭스의 진행자 그레타 반 서스테렌(Greta Van Susteren)의 실황방송 시리즈 전 7개월 동안 멕시코 감옥에 수감되었다. 그녀는 그 사건을 그녀의 매일 밤 뉴스 프로에서 여러 주 동안 방송하여, 미국과 멕시코 관리들이 어쩔 수 없이 타협하게 했다. 타모레씨는 석방 직후에 말하기를 자기가 두 차례의 아프가니스탄 해외근무로 초래된 심리적 외상 후 스트레스 장애 치료와 메디칼 케어 비용으로 2만 5,000달러의 기부를 받았다고 말했다. 그 기부금은 도널드 트럼프로부터 온 것이었다.15)

2016년 8월 남부 루이지애나를 폐허로 만들어버린 가공할 홍수의 결과로서 워싱턴을 기반으로 하는 가족연구협의회 회장 토니 퍼킨스가 크리스천 포스트지에 말하기를 도널드 트럼프가 루이지애나주 배턴루지(Baton Rouge)의 구호활동에 10만 달러를 기부했다고 했다. 트럼프와 그의 러닝메이트인 마이크 펜스는 삶이 뒤집혀 엉망진창이 되어버린 가정들을 지원하고자 바유주(Bayou State: 미주리주 또는 루이지애나 주의 별칭-역자 주)를 방문했다. 퍼킨스는 말하기를 자기는 그들의 지원 표명에 감사하다고 했다. "나는 도널드 트럼프가 루이지애나를 방문해준 것에 감사하다. 그는 길고도 먼 회복의 길에 직면해 있는 황폐화된 지역에로 전 국민의 관심을 돌리는 데 도움을 주었다." 그때에 퍼킨스는 그린웰 스프링스 침례교회의 임시목사로 봉직하고 있었는데, 그 교회는 이재민들에게 생필품과 따뜻한 식사를 배급해주는 중심지였다.[16]

26인치(약 66cm) 이상의 비가 그 지역에 내려서 저지대가 침수되고 6만 가구 이상의 주택이 침수되었다. 적어도 13명이 생명을 잃었고, 1만 명 이상의 사람들이 홈리스가 되었다. 자신의 단체인 '사마리아인의 지갑'의 구호활동을 진두지휘하는 프랭클린 그래함도 달려와서 피해자들에게 식사와 의복 및 다른 생필품들을 공급해주었다. 그래함은 트럼프의 방문에 감사를 표하고 두 후보를 인도하여 현장을 돌아보게 했다.[17] 가는 도중에 그들은 여러 곳에서 많은 집단의 사람들로부터 "고마워요, 미스터 트럼프" 및 "당신이 우리를 잊지 않으리라는 걸 우리는 알아요!"라고 외치는 인사를 받았다.[18]

포브스지에 사실로 보도되었다고 하는데, 트럼프의 후한 마음씨에 대해 잘 알려진 도시의 전설이 있다. 그 이야기는 지난 1995년 뉴저지주의 고속도로 통행료 징수소에서 발생한 사건에서 시작된다. 그러나 내가 보기엔, 도시의 전설이 만들어졌다는 사실은 인정이 후한 마음씨에 대한 그의 평판을 보여주는 것이다. 그 스토리는 이렇다. 트럼프가 타고 가던 리무진의 타이어 펑크가 나서 어쩔 수 없이 통행량이 많은 다차선 고속도로 옆에 세워졌다. 지나가던 한 자동차 운전자가 방금 일어난 일을 보고, 재빨리 차를 한쪽에 대고 선, 차에서 뛰어나와 도와주었다. 그 사람은 트럼프의 운전자가 스페어타이어를 갈아 끼우는 작업을 도와주어 리무진이 다시 도로를 달릴 수 있게 했다. 작업이 끝났을 때 트럼프가 그 선한 사마리아인에게 어떻게 보답해드리면 좋겠냐고 물었다. 그 사람은 "그냥 제 아내에게 꽃다발 하나 보내주시면 돼요"라고 말했다. 트럼프는 그러겠노라고 했다. 과연 그의 약속대로, 아름다운 꽃다발이 몇 주 후에 이러한 쪽지와 함께 배달되었다. "당신의 융자금을 우리가 다 갚아 드렸습니다."[19]

그 이야기가 사실이 아닐 수도 있겠지만, 사실인 이야기가 많이 있다. 가장 감동적인 이야기 중 하나는 애틀랜타 저널 컨스티튜션(Atlanta Journal-Constitution)지에 보도된 것으로, 1986년에 일어난 일이다. 그때 조지아 주, 버크 카운티의 농부들이 대공황 이래 최악의 농장 재난을 겪고 있었다. 오랜 가뭄 때문에 농작물은 흉작이 되었다. 레오나드 도지에 힐 3세(Leonard Dozier Hill III)는 빚지지 않고 살아가려고 발버둥을 친 후에, 그의 가족이 3대 동안 살아왔던 농장을 잃게 될 처지를 깨달았다. 그 소유지는 유질처분에 들어가고 법원 계단에서 경매에 붙여질 예정이었다. 힐은 견딜 수 없었다. 그래서 그의 생명보험이면 빚을 청산하기에 충분하리라 믿고서 67세 된 그 농부는 자살해버렸다.[20]

불행히도 그의 보험 증권은 부채를 청산하기에 충분치가 않았다. 그래서 그의 죽음은 미망인이 된 그의 아내 애너벨 힐(Annabel Hill)과 그들의 가족들에게 청천벽력이었다. 사태의 전말을 들은 이웃들은 분노했고, 누군가는 그 지역 은행의 사방 벽에다 페인트로 "농부를 죽인 살인자"라고 썼다.[21] 도널드 트럼프는 이 사건 보도 뉴스를 보고 힐 부인에게 연락해서 자기가 유질처분을 지연시킬 조치를 취해보겠다고 했다. 그런 다음 그는 WNBC 라디오토크쇼 진행자 돈 이무스(Don Imus)에게 연락해서 필요한 돈을 모금할 희망을 갖고 힐 가족이 사건 내막을 이야기하도록 도와달라고 그 친구에게 부탁했다. 트럼프는 자기가 관여한 사실을 비밀로 하려고 했지만, 결국엔 뉴스가 새나가는 바람에 그 시점에서 트럼프는 아예 공개적으로 더 깊이 관여하기로 결정했다.

그가 이듬해에 〈거래의 기술(The Art of the Deal)〉이라는 책에서 언급한 대로, 트럼프는 힐의 모기지를 저당 잡은 은행에 전화를 걸어 힐 가족에 대한 구제책을 요청했다. 그러나 그 은행의 부지점장이 그에게 말하기를 자기들은 그 소유지를 경매에 붙일 것이며 "그 어떤 것도 아무도 그것을 중지할 수 없을 것"이라고 말했다. 그 말에, 트럼프의 어조가 갑자기 달라졌다. 그가 이렇게 말했다. "당신, 내 말 들으세요. 만일 당신이 유질처분을 하게 되면, 내가 직접 당신과 당신네 은행을 대상으로 당신이 힐 부인의 남편을 괴롭혀 죽음에 이르게 한 이유를 들어 살인혐의로 소송을 제기할 겁니다."

그 은행가가 좀 더 회유적인 어조로 나오는 데는 그리 오래 걸리지 않았다.[22]

힐 부인과 그녀의 딸은 돈 이무스 라디오 프로에 출연하여 2만 달러 정도를 모금할 수 있었다. 그 돈이 도움이 된 것은 확실하지만, 금액 전체를 감당하기에는 충분치 않았다. 그래서 트럼프와 다른 사업가가 일부를 부담하여 그들은 결국 10만 달러 이상을 모금했다. 그 돈이면 모기지의 남은 금액을 감당하고도 남을 정도였다. 그 건이 다 해결된 뒤에, 트럼프는 힐 부인과 그녀의 딸을 뉴욕으로 나오라고 해서 트럼프 타워 아트리움에서 크리스마스이브 모기지 화형식을 열어주었다.[23]

희망이 필요할 때

도널드 트럼프가 미국의 제45대 대통령으로 취임 선서를 하기 이틀 전인 2017년 1월 18일, 나는 취임식 참석 차 워싱턴 DC에 있었는데, 그때 우연히 워싱턴포스트지에서 셰인 부베트(Shane Bouvet)라는 이름의 한 젊은이에 대한 기사를 읽게 되었다. 그는 일리노이주의 한 소읍에서 온 싱글 부모였는데 취임식에 참석하라는 초청을 받았다. 그 기사에는 칼라 사진이 실렸는데, 흥미 있어 보였다. 그래서 취임식장에 가려고 내 호텔 룸을 떠나기 전에 나는 앉아서 읽기 시작했다. 그 기사 속의 젊은이는 일리노이주, 스토닝턴의 시골 동네에서 자랐다. 그는 공장들과 지역의 광산들이 문을 닫을 때 지켜보았으며, 일자리가 사라질 때 지켜보았으며, 그리고 그의 이웃 사람들의 희망과 꿈이 사라질 때 자기는 지켜보았다고 말했다. 그는 야간 경비원과 페덱스(FedEx) 운전자로 일했지만, 수지를 맞추어 살기가 힘들었다. 그는 포스트 기자에게 "나는 사람들이 극빈층으로 떨어지는 것을 보기에 지쳤다"라고 말했다. "당신이 커피숍에 가 보면, 노인네들이 엔진 소리가 윙윙 돌아가고 물건이 중국에서 만들어지지 않던 옛날에 대한 이야기를 합니다."24)

그 기사는 계속해서 부베트가 어떻게 프라이머리 중에 트럼프의 메시지에 관심이 끌렸는지, 그가 어떻게 자진해서 표지판과 스티커를 나누어주었는지, 그리고 그가 어떻게 자신의 소셜 미디어 지식을 사용해서 소식을 전파했는지를 말했다. 그는 고도로 동기부여가 되었고, 그런 일이 자기 적성에 맞은 게 분명했다. 부베트는 곧 일리노이주에서 소셜 미디어 담당 코디네이터로 임명받았으며, 그의 부지런함과 열정은 워싱턴 DC 인근 MGM 리조트 호텔에서 위대한 미국의 취임식 무도회(Great American Inaugural Ball)에 참석하라는 초청으로 보답을 받았다. 한 가지 문제가 있다면 그에게는 그와 같은 행사에 입고 갈 만한 옷이 없었던 것이다. 그러나 부베트가 곤경에 처한 소식을 듣고 전직 교사 한 분이 그에게 새 양복과 멋진 신발을 한 켤레 사주어서 부베트가 신임 대통령과 악수할 수 있는 기회를 갖도록 해주었다.25)

참, 얼마나 기분 좋은 이야기인가. 하지만 그다음에 일어난 일은 완전히 깜짝 놀랄 일이었다. 도널드 트럼프도 그 기사를 읽었던 모양인지 1월 19일 저녁의 취임식 전의 대규모 콘서트가 열리기 전에 그 젊은이가 대기실에서 자기와 함께할 수 있도록 하라고 조처했다. 내가 이튿날 아침에 그 포스트지를 폈더니 그 첫 번째 기사의 속편이 나왔는데, 이번에는 그 기자가 부베트 이야기의 나머지를 전했다. 그 기사에서 그는 대통령 당선인의 게스트로서, 라인스 프리버스(Reince Priebus), 스티븐 배넌(Stephen Bannon) 및 멜라니아 트럼프(Melania Trump)와도 가까이 어울리면서 자기 생애에 가장 잊을 수 없는 저녁을 보냈다고 전했다. 그들은 사진을 함께 찍고 부베트에게 한 차례 일제박수를 보내주기까지 했다. 트럼프는 "이 사람은 가장 위대한 친구"라고 말했다. 그런 다음 대기실을 떠나기 전에 대통령은 부베트의 어깨에 손을 얹고서 보좌관에게 말하기를 "그에게 1만 달러 수표를 보내라"고 일렀다. 그 후에 그 포스트 기사는 보도하기를, 셰인 부베트가 마음이 북받쳐서 그만 울음을 터뜨렸다고 했다.[26]

내가 그런 기사들을 볼 때 마음이 기쁜 것은 도널드 트럼프가 실제로 어떤 사람인가 하는 것을 더욱 잘 분별할 수 있게 해주었기 때문이다. 그런데 그와 같은 가슴 뭉클한 미담에도 불구하고, 언론에서는 계속 트럼프를 자주 인종차별주의자요 편협하고 완고한 사람이라고 하면서 부정적인 용어로 묘사한다. 사실 트럼프는 인종이나 성별과 상관없이 어렵고 힘든 환경과 씨름하며 발버둥치고 있는 개인들을 도와준 내력이 있다. 한 가지 예를 들자면, 2016년 10월, 할리우드 명예의 거리(Hollywood Walk of Fame: 캘리포니아주 할리우드에 있는 유명한 보도로, 할리우드 대로에서부터 바인 스트리트까지 이어진다. 엔터테인먼트 업계에서 활약한 인물의 이름이 새겨진 2,000개 이상의 별 모양의 플레이트가 묻어져 있으며, 매년 별의 수는 증가하고 있다. 1959년 할리우드 상공회의소에 의해 설립되었다.-역자 주)에서 도널드 트럼프의 별(star)을 보호하려고 애쓰기 시작했던 69세 된 홈리스 흑인 여성에 대한 이야기다. 데니스 스콧(Denis Scott)은 나중에 제임스 오티스(James Otis)로 밝혀진 남자가 할리우드 대로에 있는 트럼프의 별을 곡괭이로 찍어 가루로 만드는 것을 보고는 그에게 하는 일을 멈추라고 요구했다. 그러나 너무 늦었고, 그 별은 수리하지 못할 정도로 망가졌다.27)

그럼에도 불구하고 스콧은 이렇게 말했다. "나는 여기에 머물러서 이것을 지키고 아무도 그것에 손대지 못하도록 확실히 하려고 해요." 그러나 한 무리의 젊은 사람들과 소란스런 반 트럼프 운동하는 자들이 그녀 주위에 모이기 시작하자, 한 남자가, 오바마가 홈리스들의 기대를 저버렸다며 "트럼프 지지"라고 써진, 그녀가 들고 있었던 손으로 쓴 표지판들을 잡아채서 박살을 내버렸다. 관광객들과 지역주민들과 언론매체들이 구경하고 있는 가운데, 스콧은 거칠게 밀침을 당하고, 주먹으로 두들겨 맞고, 욕설을 들었다. 그래도 그녀는 결국엔 트럼프의 별이 더 이상 망가지지 않도록 보호하기 위해 그 바닥에 누워버렸다.28)

그 사건을 휴대폰 비디오로 찍은 영상물이 유튜브에 올라오자, 많은 사람이 분개했다. 오래지 않아 일어난 사태의 전말이 도널드 트럼프에게 전해졌다. 그는 스콧에게 특별 선물을 주고 싶다고 말했다. 트럼프의 변호사 마이클 코헨(Michael Cohen)이 일에 착수하였고 스콧은 "이런 흉한(兇漢)들에 최후의 승리"를 얻게 될 것이라고 말했다.²⁹⁾ 그러나 스콧에게는 알려진 주소가 없었기 때문에 그들은 먼저 로스앤젤레스 거리들 어딘가에서 그녀를 찾아야만 했다. 결국 홈리스들을 위한 봉사 프로그램의 디렉터가 그녀를 찾아냈고, 스콧이 자신의 환경을 개선할 수 있도록 도움을 주기 위해 고펀드미(GoFundMe: 2010년에 설립된 크라우드 펀딩 플랫폼으로, 주로 의료비, 학교 등록금 등 개인적인 삶의 질을 향상시키는 목적으로 자금을 모을 수 있다.-역자 주)에 한 페이지가 개설되었다. 도움의 손길이 쇄도하기 시작했고, 고펀드미 페이지에서는 이렇게 보도했다. "데니스는 안전하고 건강하며 그 모든 엄청난 후원에 몸 둘 바를 모르겠다며 아주 감격해하고 있습니다!"³⁰⁾

다른 사람들이 실패한 곳에서

트럼프 대통령은 그의 취임연설에서 미국에 대한 자신의 비전을 개략하고 그의 재임 중에 달성하고 싶은 목표들에 관해 약속했다. 그는 이렇게 말했다. "우리 정치의 근저에는 아메리카합중국에 대한 전적인 헌신이 있을 것이며, 조국에 대한 우리의 충성심을 통해 우리는 서로에 대한 충성심을 재발견할 것입니다. 여러분이 애국심에 마음을 열 때, 편견에 대한 여지는 없게 됩니다." 그는 이렇게 덧붙였다. "성경은 우리에게 말합니다. '하나님의 사람들이 연합하여 함께 사는 것이 어찌 그리 선하고 아름다운고'"³¹⁾

그렇지만 그가 그런 말을 하고 있는 때에도 이 나라는 분열된 나라이고 연합의 꿈은 아직도 요원하다는 것이 가슴 아플 정도로 분명했다. 아마도 연합에 대한 가장 최대의 위협은 해외로부터의 도전이 아니라 우리의 민주주의를 해체하고 우리의 유산인 자유와 자기 결정권(self-determination)을 해체시키려고 결심한, 우리 조국에 사는 남녀 사람들로부터의 위협일 것이다. 그들 가운데는 미국의 대학교에 있는 교사와 교수들이 있다. 그들은 자신을 마르크스주의자나 무정부주의자라고 자랑스럽게 선언하고서, 감수성이 예민한 학생들을 세뇌시키고 평화로운 공존의 희망을 서서히 약화시키고 있다.

에이브러햄 링컨 대통령은 1838년 그의 문화 강좌 연설에서 말하기를 미국의 의도적인 파워와 연합이 이 나라를 무적의 세력(invincible force)으로 만들었다고 설파했다. 그는 어떠한 외국 세력도 우리를 패배시킬 가능성은 조금도 없을 테지만, 우리 가운데 있는 서로 용납하지 않는 세력들이 커다란 위험이 될 수 있다고 경고했다. 그는 이렇게 말했다. "그러면 어떤 점에서 위험이 다가오는 것을 예상할 수 있습니까? 내가 답하겠습니다. 만일 그것이 우리에게 이르게 된다면, 그것은 우리 가운데서 솟아 나와야 합니다. 그것은 해외에서 올 수 없습니다. 만일 파멸이 우리의 운명이라면, 우리 자신이 그것의 시작이요 마지막임에 틀림없습니다. 자유민의 국민으로서, 우리는 대대로 살아야 합니다. 그렇지 않다면 우리는 자살의 죽음을 선택해야 합니다."[32] 별도로 23년이 지난 후에 미국의 연합은 남북전쟁으로 파괴될 것이겠지만, 링컨은 21세기에 사회 정치적 차이가 이토록 적대적인 투쟁의 장(場)이 되리라고는 거의 상상도 할 수 없었을 것이다.

선의와 다른 사람에 대한 긍휼 및 자선 행위는 우리의 역사를 부인하고 오로지 미국의 과거의 어두운 시절에만 집중하는 남녀 사람들에게는 거의 의미가 없다. 이 나라의 학문적이고 지적인 엘리트들 중 꽤나 많은 사람이(언론계의 남녀 사람들을 포함해서) 도널드 트럼프의 어젠다에 혐오감을 갖는 것은 놀랄 일이 아니다. 신앙과 자유와 자선은 그들의 우선사항 목록 어디에도 들어 있지 않다. 그래서 기적과 영적 갱신 같은 것이라야만 그들의 회의적 태도와 의심을 잡아 흔들어 떨쳐버리게 할 수 있을 것 같다.

대통령은 그의 취임연설에서 이 나라의 분열상을 인정하긴 했지만, 그는 이렇게 말했다. "우리는 우리의 생각(mind)을 공공연히 말하고, 우리의 불일치한 것들을 정직하게 토론해야 합니다만, 그러나 우리는 항상 일치와 결속을 추구해야 합니다. 미국이 하나가 될 때, 미국을 막을 자는 아무도 없을 것입니다." 그런 다음 이렇게 덧붙였다. "어떠한 두려움도 있어서는 안 되겠습니다. 우리는 보호를 받으며, 우리는 항상 보호를 받을 것입니다. 우리는 우리의 군대와 법을 집행하는 위대한 남녀 사람들에 의해 보호를 받을 것이며, 가장 중요한 것은, 우리가 하나님의 보호를 받게 되리라는 것입니다."[33]

그러한 말들에 그가 받은 박수갈채가 진실한 것은 바로 그것이 그를 백악관으로 가게 해준 그러한 희망과 믿음이었기 때문이다. 우리는 그의 믿음이 보답을 받게 되기를 기도하고 그리고 어떤 기적에 의해서 링컨이 말한바 "우리의 성정을 가진 더 좋은 천사들"(the better angels of our nature: 링컨이 1861년 3월에 행한 대통령 취임연설 중 마지막 구절이다. 당시 남부 11개 주가 연방을 탈퇴하고 남부 연합을 결성하자 그들과 화해를 목적으로 서로 갈등을 피하고 "더 좋은 천사들"에 의해서 연합의 합창을 온 누리에 울려 퍼지게 하자고 애절하게 호소했다. 하버드대학교 심리학과 교수인 스티븐 핑커가 2011년 10월에 바로 이 구절을 따서 미래에는 폭력이 줄어들 것이라는 내용으로 844페이지의 두꺼운 책을 냈는데, 빌게이츠가 졸업선물로 주고 싶은 가장 좋아하는 책이라고 극찬할 정도로 베스트셀러가 되었다.-역자 주)[34]이라고 일컬었던 것들이 널리 퍼지기를 기도할 수 있을 뿐이다.

결론
이와 같은 때를 위해

대부분의 복음주의자들은 우리나라가 하나님에 대한 사랑과 그의 말씀에 대한 존중에 기초를 두고 있다고 믿는다. 그리고 그것 때문에 우리는 우리나라에 대한 분에 넘치는 하나님의 호의를 경험해 왔다. 명성 있는 제일침례교회의 담임목사인 로버트 제프리스는 도널드 트럼프가 대통령이 되고 나서 처음 맞는 독립기념일 축전의 주말에 이 점을 지적했다. 그때 그는 대통령의 연설 전에 마음을 뒤흔드는 서막연설을 했다.

이 나라의 수도에 있는 케네디센터에 꽉 들어찬 청중들과 또 데이스타(Daystar) 텔레비전 네트워크를 통한 전 세계 수백만의 청중들에게 연설하면서, 제프리스는 말하기를 창설자들이 기독교적 원리원칙 위에 세워진 나라를 우리에게 주신 것이 사실이지만, "또한 근년에는 우리나라를 그것의 영적인 기초에서 분리해내려고 애쓴 사람들이 있어왔다는 것 또한 엄연한 사실입니다. 그리고 그러한 현실은 우리 많은 사람들, 많은 그리스도인들을 절망하게 해서 '하나님이 미국을 끝내셨는가? 우리의 가장 좋은 시절은 끝났는가? 하나님께서 그의 축복의 손길을 우리로부터 거두셨는가?'라고 의심하게 만들었습니다. 그러나 그런 절망의 와중에서 2016년 11월 8일이 왔습니다. 바로 그날, 그러니까 11월 8일에 하나님께서 선언하시기를 여론 조사원들이 아닌, 국민들이 미국의 차기 대통령을 선택할 것이라고 하셨습니다. 그리고 그들은 도널드 트럼프를 선택했습니다."[1]

이러한 몇 마디에서 제프리스는 이 책의 포인트를 요약했다. 이 프로젝트를 진행하는 데 있어서 내가 지향하는 목적은 도널드 트럼프의 영적인 전기를 쓰려는 게 아니었다. 그것이었다면 꽤나 짧은 책이 되었을 것이다. 그것은 정치적으로 일어난 것의 렌즈를 통해서가 아니라 영적으로 일어난 것의 렌즈를 통하여, 2016년 선거의 드라마틱한 사건들 및 어쩌면 우리나라의 역사에서 가장 범상치 않은 후보를 살펴보려는 시도였다. 나의 전제에 동의하지 않을 사람들이 있다는 것을 알고 있다. 그러나 이 전(全) 에피소드가 어떻게 일어났는가에 대해 적지 않게 호기심을 가지는 사람들이 많이 있다. 바로 그들을 위해서 나는 이 책을 쓴 것이다.

교회의 네 개의 벽 바깥에 있는 사람들은 하나님이 세상에서 무슨 일을 하고 있는지 별로 관심을 두지 않는다. 그들에게 있어 하나님의 행위는 소위 토네이도와 허리케인 정도다. 그러면 하나님이 이 나라에 대한 계획을 갖고 계신다는 게 가능한가? 하나님이 그의 백성들에 대한 계획을 갖고 계신다는 게 가능한가? 나는 트럼프 대통령이 역사상 가장 많은 표차로 복음주의 표를 얻었다는 점을 입증하려고 노력했다. 그 이유는 제프리스가 말한 바와 같이, 크리스천들은 그 사람만이 우리나라의 죽음의 악순환을 완전히 바꾸어 놓을 수 있는 리더십 스킬과 흔들리지 않는 집요함을 가졌다고 이해했기 때문이다.

그의 강연에서 제프리스는 선거 이후 그가 만나본 사람들의 놀라움과 열광을 언급했다. 그는 이렇게 말했다. "나는 가는 곳마다 사람들이 선거 날에서보다 훨씬 더 트럼프 대통령에 대해 열광하는 것을 봅니다. 그 이유를 이해하기는 간단합니다. 트럼프 대통령은 우리의 모든 기대를 충족시켜주었을 뿐 아니라 또한 그 기대를 초과하기까지 했습니다. 예를 들면, 경제 회생, 우리의 군사력 강화, 우리의 제대군인들 우대, 그리고 모든 것 중에서 가장 큰 자유인, 우리 믿음의 자유로운 행사 등입니다. 트럼프 대통령은 미국의 역사상 그 어느 대통령보다 더 많이 종교적 자유를 보호하기 위해 조치를 취했습니다. 그것에 대해서 우리는 그에게 감사를 표합니다."[2]

대통령은 연단에 들어서자, 제프리스가 말한 것을 확인해주었다. "나의 행정부는 여러분의 종교적 자유를 항상 지지하고 옹호할 것입니다. 우리는 하나님이 공공의 광장에서 강제로 밀려나거나, 우리의 학교에서 배척당하거나, 우리의 시민생활에서 쫓겨나는 것을 보고 싶지 않습니다. 우리는 저들이 기도하기를 원한다면 풋볼게임에 앞서 기도하는 것을 보고 싶습니다." 그가 그 문장을 마치기도 전에 케네디센터 청중들은 일어서서 큰 소리로 울려 퍼지는 박수갈채를 보냈다. 그들은 세속적인 학교들이 기독교 신앙을 가진 학생들의 신앙을 유린하는 사례들을 너무도 많이 보아왔던 것이다. 그런 다음 트럼프는 이렇게 덧붙였다. "우리는 모든 아이들이 하나님의 축복을 아는 기회를 갖기를 원합니다... 내가 대통령으로 있는 한, 아무도 여러분의 믿음을 실천하지 못하게 하거나 여러분의 마음에 있는 바를 설교하지 못하게 방해하지 못할 것입니다."3)

나는 그런 말들을 경청하면서 사람들이 왜 도널드 트럼프가 저런 말들을 하고 있는지, 그 이유를 자문해보기나 하는지 궁금했다. 내가 지적한 대로, 그의 인생의 대부분 동안 그는 별로 신앙심이 깊은 사람이 아니었다. 그는 종교적 자유를 옹호하기보다는 돈(많은 돈) 버는 일에 더 관심이 많았다. 그러나 수백만의 그리스도인들이 누군가가 일어나서 형국을 되돌려주기를 위해 기도하고 있을 때, 바로 여기에 도널드 트럼프가 겉으로 보면 생각지도 않은 곳에서 나타났던 것이다. 처음에 대부분의 그리스도인들은 그를 대수롭지 않게 생각했다. 어쩌면 그들은 그를 믿지 않았을 것이다. 그러나 이제는 그가 그들의 후원자인 것을 알게 되자 행복해한다.

그렇지만 이 새로운 도널드 트럼프에 대해 모든 사람이 다 썩 행복해하는 것 같지는 않다. 만일 당신이 세속에 속한 사람이라면, 당신은 다른 렌즈로 세상을 볼 것이다. 당신은 하나님이 존재한다는 것조차도 믿지 않을지 모른다. 만일 그런 경우라면, 그런 깃들에 관심 가질 이유가 없다고 생각한다. 제프리스 같은 사람들은 문화의 회복과 갱신을 촉구하면서, "하향적 악순환"을 비난하는 데 반해, 힐러리 클린턴과 그 지지자들은 모든 게 만족스럽다고 말해오고 있다. 트럼프가 미국에서의 도덕적 쇠퇴에 대한 우려를 제기하자, 그는 언론으로부터 위선자로 풍자와 비방을 받았다.

한편, 좌파들은 임신 중절권(abortion on demand: 임신 6개월 이내에 중절을 요구할 수 있는 권리-역자 주)을 주장하며 거리행진을 하고 정확히 태어나는 순간까지는 아직 태어나지 않은 아이의 생명을 빼앗을 권리를 널리 알리고 있었다. 그들은 동성결혼이 대법원에서 유효판결을 받자 기뻐했고 마리화나(대마초)가 각 주에서 연달아 합법화되자 즐거워했다. 그리고 구식의 도덕성에 대해서는, 요즘의 세속문화의 슬로건은 그저 "무엇을 하든 상관없다"(anything goes: 어떤 행동이나 의복이나 말이든 다 허용된다는 의미-역자 주)이다. 그러나 대부분의 미국인들은 문제를 인정했다. 그들이 지금 이 나라가 되어가는 모습에 뭔가 문제가 있다는 것을 인식하기 위해 꼭 종교적일 필요는 없었다.

자유가 있는 곳에

도널드 트럼프와 그의 신앙에 대한 매우 다른 견해에 대해, 트럼프의 취임식 2주 전에 발간된 CNN 웹사이트의 특집기사, "하나님과 도널드"(God and the Don) 말고 다른 데 가볼 필요가 없다. 그 기사는 우리가 CNN에 기대해온 대부분의 보도보다는 다소 편견이 적은 것이다. 하지만 그것은 도널드 트럼프의 신앙을 멸시하는 듯한 전형적인 엘리트주의적 해석이었으며 "대통령들은 종종 위기 때 신앙에 의지한다. 그건 트럼프에겐 잘될 것 같지 않아 보인다"라는 부제를 지루하게 다뤘다.[4]

그 기사에서 필자는 트럼프와 뉴욕시의 장로교 목사 두 분과의 만남을 보도했다. 트럼프가 어렸을 때 신앙의 확인을 받았던 퀸즈, 자메이카의 제일장로교회 담임인 패트릭 오코너(Patrick O'Connor) 목사와 트럼프 타워가 보이는 곳에 위치한 맨해튼 5번가 장로교회의 담임인 스콧 블랙 존스턴(Scott Black Johnston) 목사이었다. 대화중에 트럼프가 이런 말을 했다. "나는 여론조사에서 복음주의자들 덕을 톡톡히 보았습니다." 그 점에 대해서 두 목사는 자신은 둘 다 복음주의자가 아니라고 알려줬다.[5]

"그래요? 그럼 목사님들은 어디에 속해있나요?" 그 목사들은 자기네는 트럼프가 자랐고 지금도 여전히 등록된 교인임을 주장하는 같은 전통을 가진 주류 개신교 장로교인들이라고 말했다. 그 기사에는 트럼프가 매우 우둔해서 복음주의와 주류 개신교 간의 차이를 알지 못한다는 진술되지 않은 가정이 당연히 전제되어 있었던 것이다. 트럼프의 기독교적 신임성(credentials)을 손상시키기 위해서 사소한 것들로 그에게 타격을 주려는 글들이 여러 곳 있었다.[6]

이 책에서 나는 도널드 트럼프가 대통령이 된 기적적인 방법과 그것이 미국에 주는 의미가 무엇인지에 관해 알리려고 주력해왔다. 나는 그의 영적인 상태를 분석하려고 하지 않았다. 마음을 아시는 분은 오직 하나님뿐이시다. 하지만 내가 들은 바에 의하면 구원의 도가 그에게 설명되었으며, 만일 예수 그리스도가 부활하셨고 하나님의 독생자임을 그가 마음속에 믿는다면, 그는 그리스도인이다. 그리고 그것이 복음주의 그리스도인들이 믿는 것이기 때문에 그 점에서 그는 복음주의 그리스도인인 것이다. 아마도 제임스 돕슨 박사가 선거운동 기간에 트럼프는 "베이비 크리스천"이라고 말했을 때 그게 맞는 말일 것이다.

존스턴 목사님은 CNN 기사를 쓴 필자에게 똑같은 점을 지적했다. "방금 갑자기 내 머릿속에 깨달아졌는데, 이런 말이에요. '아, 이 분은 새 신자지.' 그는 내가 자주 쓰는 말로 하면 미숙한 그리스도인(young Christian)이라 할 수 있는 크리스천이죠. 그는 일찍이 이 신앙 여정에 들어왔어요. 그는 신앙을 탐구하는 데 많은 시간을 들이지 않았지요."7) 어쩌면 맞는 말이겠지만, 보다 더 통찰력 있는 관점은 윌리엄과 메리 대학교 종교학과 명예 교수인 데이비드 홈즈(David L. Holmes)가 U.S. 가톨릭 잡지와의 인터뷰에서 볼 수 있다.

"저널리스트들은 흔히 세속적이어서 종교를 상대적으로 덜 중요하게 생각합니다. 그러나 사실상 우리의 생애에서 모든 대통령은 종교적 신앙이 정말 중요하다고 당신에게 말해줄 겁니다. 대부분의 대통령은 그들이 실제로 대통령 집무실에서 기도한다고 우리에게 말하곤 했지요. 대통령들은 수백만의 생명에 영향을 미치는 결정을 매일 내려야 합니다. 그들은 종종 무엇이 해야 할 옳은 일인지 확실치 않은 때가 있습니다. 그런 경우에 그들은 자신의 종교적 배경에 의존합니다."8) 홈즈는 트럼프의 종교적 신념에 대한 평가를 정치 과학자 데이비드 인네스(David Innes)의 말을 인용한 것으로 다음과 같이 요약했다. "트럼프의 종교는 '신실하게 붙잡은, 막연한, 명목상의, 그러나 정중한 보수적 전통주의(old-school) 프로테스탄티즘의 형태인 것 같습니다.'"9) 옳은 말인 것 같다. 그러나 "보수적 전통주의"(old-school)라는 말에 강조를 두어야 한다.

주류 문화의 많은 분파들과 그 문제에 대한 많은 기독교 교단들 같이, 주류 장로교회는 수년간에 걸쳐 좌파 쪽으로 기울어졌다. 도널드 트럼프가 자란 곳의 신앙은 보다 더 보수적이고, 성경 무오설을 믿으며, 오늘날의 기준으로 보면 "근본주의자"로 생각될 수도 있을 것이다. 미국장로교회(PCUSA)는 그 교단의 초기의 표현법을 거의 닮지 않는다. 그 때문에 미국장로교회(PCA), 정통장로교회(OPC), 복음주의장로교회(EPC) 등등과 같은 교단들이 보다 더 전통적인 신앙의 일치를 신봉하기 위해 주류의 뿌리에서 갈라져 나갔다.

역사적으로 미국의 대통령들은 모두 위기의 순간에 자신의 신앙에 의존했다. 남침례교도인 빌 클린턴은 모니카 르윈스키 스캔들 기간에 제시 잭슨(Jesse Jackson) 목사님을 초청하여 그의 가족에 조언을 주도록 했다. 사임 발표 전날 밤 퀘이커 교도인 리처드 닉슨 대통령은 백악관의 링컨 거실에서 울면서 무릎을 꿇고 기도했다고 한다.[10]

미국의 역사에 정통한 학생들은 조지 워싱턴이 미국의 애국자들(American Patriots: 미국의 독립전쟁 시 영국의 통치에 저항한 13개 식민지의 식민지 주민들로 대표적 인물이 토머스 제퍼슨, 존 애덤스 등이고 총사령관은 조지 워싱턴이었다.-역자 주)이 영국군에 패할 것 같았을 때 기도했다는 것을 알고 있다. 그리고 에이브러햄 링컨은 남북전쟁의 그 가장 어두운 시절에 국민들에게 기도를 호소함으로, 자주 자주 기도에 의존했고 또 종종 그것을 언급했다. 프랭클린 루즈벨트 대통령은 1944년 6월 6일 절정에 이른 D-day 침공 전날 밤, 전 미국인들이 귀를 기울이고 있을 때 라디오로 강력하고도 감동적인 기도문을 낭독했다. 이상 모든 사례들은 트럼프 대통령이 다른 훌륭한 사람들과 마찬가지임을 시사해주고 있다.

충심에서 나오는 말

신을 믿지 않는 엄청나게 많은 자들로부터 공격을 받고 있다고 느끼는 성경을 믿는 많은 크리스천들은 요즈음 어디로 향해야 할지 거의 알지 못한다. 한때 많은 복음주의자들은 만일 그들이 거듭난 대통령을 백악관으로 들어가게 할 수만 있다면, 만사가 좋아질 것이고 국가는 이전의 영광으로 돌아갈 것이라 믿었다. 그러나 지미 카터와 조지 W. 부시는 둘 다 거듭난 신자라고 주장했지만, 크게 변화된 것은 아니었다. 그 문제로 보자면, 빌 클린턴과 버락 오바마는 "나의 기독교 신앙"을 운운했지만 그 주장을 지지할 만한 증거는 거의 없었다.

크리스천 저자인 랜스 월나우는 이 책의 제2부에서 인터뷰를 한 바 있는데, 1970년대 워터게이트 스캔들에 연루되어 감옥에 갔다 온 고(故) 척 콜슨(Chuck Colson)의 말을 인용한다. 거듭난 체험 후에 콜슨은 다이내믹한 교도소 미니스트리와 기독교 세계관 연구소를 연이어 창립했으며, 그는 세계에서 가장 존경받는 복음주의 사상가들 중 하나가 되었다. 콜슨은 대부분의 크리스천들이 "구원의 은혜"(saving grace)의 교리는 잘 알고 있다고 했다. 그것은 예수님의 죽음과 부활을 믿는 모든 사람에게 미치는 하나님의 자비를 말한다. 그러나 콜슨의 설명에 의하면 또한 "일반 은총"(common grace)이라고 알려진 훨씬 더 넓은 형태의 자비도 있는 것이다.

월나우는 선거 전 한 팟캐스트에서 내게 말하기를 "일반 은총"은 하나님의 말씀이 교회 개혁에 대해서만이 아니라 삶의 모든 영역에 어떻게 적용되는가를 개혁자들이 붙잡고 씨름했던 사항이라고 했다. 그 개념의 한 가지 중요한 측면은 세속의 지도자들이 하나님의 어젠다와 하나님의 목적을 보호하기 위해 역사적으로 아주 중요한 시기에 일으켜 세워졌다고 주장한다. 그러한 지도자들은 그들이 실제로 하나님을 알든 모르든 혹은 심지어는 하나님의 뜻을 행하는 것에 관심이 있든 없든, 독특한 역할을 위해 선택된다. 앞에 언급한 고레스처럼, 그들은 신적인 계획을 이룰 만한 역량과 동기부여를 가진 사람들이다.

월나우는 "이것은 자기들이 좋아하는 후보가 지명을 받지 못함으로 인해 낙심해 있는 크리스천들에게 내가 드리는 제안이다. '누가 가장 크리스천다운 후보인가?'라고 묻지 말라. 대신, '누가 그 일에 기름부음 받은 자인가?'라고 물으라"라고 말했다. 한 예로서, 1860년에 경건한 복음주의적인 살몬 체이스(Salmon Chase)가 그가 경쟁한 사람들보다 더 훌륭한 크리스천이었다. 그러나 수완이 좋은 아웃사이더 에이브러햄 링컨이 결국 지명을 받았다. 체이스는 왜 하나님께서 나라를 이끄는 특권을 그에게 허락해주지 않으셨는지 이해가 안 되었다. 그러나 결국엔 일리노이주 스프링필드 출신의 시골 변호사가 하나님이 다가오는 혼돈에 대비해서 선택하신 그릇

이었음이 판명되었다.[11]

존경 받는 신학자요 저자이며 또한 나의 오랜 친구이기도 한 켄달(R. T. Kendall) 박사는 선거 직후 한 블로그에서 일반 은총을 다루었다. 그는 재기 넘치는 스타일로, 그의 일곱 살 된 손자 토비(Toby)가 느닷없이 "할아버지, 도널드 트럼프가 크리스천인가요?"라고 질문한 이야기를 했다. 켄달은 "나는 확실히 모르겠는데"라고 대답했다. "그럼, 할아버지, 정말로 크리스천이 아닌 사람을 하나님이 그의 일을 하도록 사용하실 수 있나요?" 토비가 물었다. 켄달이 대답했다. "그럼, 하나님의 일반 은총을 통해서 하시지."[12]

켄달은 이렇게 설명했다. "일반 은총이란 모든 인간에게 베푸시는 하나님의 인자하심이다. 존 칼빈은 그것을 일컬어 '자연계에 나타난 특별한 은혜'라고 했다. 우리가 그것을 '일반 은총'이라 부르는 것은 그것이 평범해서가 아니라 그것이 전 세계 모든 곳, 모든 시대, 모든 사람들에게 공통적으로 주시는 것이기 때문이다. 그것은 구원의 선물이 아니라 창조의 선물이다. 그것 때문에 세상이 뒤죽박죽이 되지 않게 된다. 그것 때문에 모든 나라에 일정한 법과 질서가 있다. 그것 때문에 우리에게 가로등이 있고, 병원이 있고, 소방대원이 있고, 경찰과 간호사와 의사들이 있다. 그것은 한 사람의 아이큐의 기초이고, 시와 과학과 식물학과 천문학을 할 수 있는 그들의 능력의 기초다. 그것은 앨버트 아인슈타인에게 역사상 (아마도) 가장 높은 아이큐를 주셨던 것이다. 그것은 아서 루빈스타인에게 피아노를 작곡할 수 있는 능력을 준 것이고, 예후디 메뉴인(Yehudi Menuhin)에게 바이올린을 연주할 능력을 주신 것이며, 라흐마니노프에게 협주

곡을 작곡할 수 있는 능력을 주신 것이다. 그것은 네가 크리스천이든 아니든 관계없다. 크리스천이 된다는 것은 너에게 아이큐를 주는 것이 아니다. 구원을 받았든 못 받았든 너는 똑같은 아이큐를 가졌을 것이다."13)

그는 계속했다. "아마 도널드 트럼프는 크리스천일 것이다. 나는 그를 주 예수 그리스도께로 인도했다는 이 사람 저 사람의 소문을 들은 적이 있다. 그 말이 사실이기를 바란다. 그러나 아니라 할지라도, 우리의 이 악한 세상에서 하나님께 쓰임 받을 수 있는 그와 같은 사람들을 하나님이 사용하신다는 것에 대한 신학적 근거를 가져야 한다. 맞아, 토비야, 하나님은 크리스천이 아닌 사람도 세상에서 그의 일을 하기 위해 사용할 수 있단다. 그리고 만일 도널드 트럼프가 진실로 거듭난 사람이라면, 우리 모두에게 더욱 더 좋은 게 아니겠니?"14)

도널드 트럼프가 대부분의 사람들이 깨닫는 것보다 더 예언적이라고 월나우가 말했을 때 나는 깜짝 놀랐다. "사실, 그는 이 점에 있어서 처칠 같은 사람이다. 그는 아무도 거론할 용기가 없어서 너무 늦어버린 위협을 내다본다. 그는 급진 이슬람에서 그것을 본다. 치솟는 19조 달러 부채에서 그것을 본다. 그리고 그는 미국의 대도시 빈민가의 부싯깃 통에서 그것을 본다."15) 트럼프는 브뤼셀이 연전에 그가 알고 있던 바로 그 도시가 더 이상 아니라고 정확히 묘사했다. 언론에서는 브뤼셀이 조직적인 테러와 죽음의 충격적인 일제사격의 중심지가 되었던 바로 그때에 그의 말을 혹평했다. 마찬가지로, 트럼프는 영국 유권자들이 영국을 유럽연합에서 탈퇴시키는 논쟁적인 "브렉시트"(Brexit) 국민투표를 통과시킬 것이라고 예측했다. 트럼프가 예측한 대로 그런 일이 발생했을 때, 정부 관리들과 언론의 전문가 해설자들은 깜짝 놀랐다.

2016년 7월 18~21일 클리블랜드의 공화당전당대회 후에, 언론에서는 재빨리 트럼프의 메시지를 "반 이상향적(dystopian, 미국의 미래에 대해서 어둡고 비관적이라는 의미에서)이라고 묘사했다. 이와 반대로, 미국에 대한 트럼프의 비전에 동의하는 사람들은 그의 발언이 격려를 주는 것이라고 했는데, 그 이유는 주로 결국엔 진실을 말하고 있기 때문이다. 미국인들 중 적어도 70%는 이 나라가 잘못된 방향으로 가고 있다고 믿고 있을 때, 자신들의 의견에 함께해주고 그것을 거론할 용기를 가진 후보가 있다는 것은 지극히 큰 격려가 될 수 있는 것이다.

그 점에서 트럼프는 불요불굴의 영국 수상 윈스턴 처칠을 닮았다. 처칠은 종종 인습과 예절 그리고 히틀러의 제3제국에 맞서 영국 국민들을 괴롭혀서 자국을 방어하려는 자신의 소속 당에 반대로 나갔다. 처칠은 그 당시 언론으로부터 악의적인 공격을 받았다. 오늘날 도널드 트럼프는 우리의 정치적 엘리트들이 언론의 뒷받침을 받아 뭔가가 잘못되고 있다는 것을 부정하고 있는 때에 미국 사회의 흐트러짐에 대해 경보를 울림으로써 똑같은 종류의 빈정거림과 분개를 초래하고 있는 것이다. 처칠과 마찬가지로, 트럼프는 그의 직설적인 말을 침묵시키고 그가 정치적인 기득권층이 수 세대 동안 감추어두고 있었던 문제들에 대해 충심으로부터 말하지 못하게 하려는 반대세력들의 표적이 되어 있다.

새로운 각성

로버트 제프리스 목사님은 그의 7월 1일 연설에서 이렇게 말했다. "수백만의 미국인들은 트럼프 대통령의 당선이 하나님께서 우리에게 또 하나의 기회(아마도 미국을 진정으로 다시 위대하게 만들 수 있는 우리의 마지막 기회)를 주신 것을 나타낸 것으로 믿고 있습니다. 그러니 우리가 얼마나 감사해야 할 일입니까! 하나님께서 우리에게 트럼프 대통령 같은 지도자를 주신 것을 우리는 매일 하나님께 감사를 드립니다."16) 그러나 인기 있는 폭스 라디오 진행자요 블로거인 토드 스탄스(Todd Starnes)는 또 하나의 기회를 얻은 것으로는 충분치 않을 수 있다고 말한다. 카리스마 잡지에 기고한 글에서 스탄스는 미국이 세계관 전쟁을 시작했다고 쓰고 있다.

그는 이렇게 말했다. "2008년에 버락 오바마 대통령은 아메리카 합중국을 근본적으로 바꾸어놓겠다고 약속했다. 그리고 신사 숙녀 여러분, 그는 그 캠페인 약속을 이행했다. 8년도 안 되어서 우리의 전 대통령은 지상에서 가장 뛰어난 나라를 영구적으로 감정이 손상된 백인들(snowflakes)의 광대한 황무지로 바꾸어놓았다." 그런 다음 스탄스는 이렇게 말했다. "당신은 이 기사의 어느 부분에서는 교회가 일어나서 '이제 됐어!'(Enough)라고 외칠 것이라 생각할 것이다. [그러나] 요즈음 일부 교회들은 유다의 사자(Lion of Judah: 구약 창세기에서 야곱이 열두 아들의 미래를 예언할 때 넷째인 유다를 사자에 비유함으로 그의 자손 중에서 왕들이 나고, 특히 메시아가 나실 것을 예언했는데, 그 예언의 성취로 메시아 예수가 유다지파에서 나셨다. 창 49:9;

히 7:14; 계 5:5 참조-역자 주)라기보다는 겁쟁이 사자(Cowardly Lion)를 닮고 있다."[17]

그의 책 〈미국을 다시 위대하게 만들기 위한 비통한 자들의 가이드(The Deplorables' Guide to Making America Great Again)〉에서 스탠스는 세속주의자들의 공격을 받는 나라에서 크리스천 시민으로 사는 방법에 대해 썼다. "만일 당신과 내가 아무것도 하지 않는다면, 백악관이 단독으로 할 수 있는 것은 없다. 만일 우리가 승선하여 노를 (열심히) 젓지 않는다면, 우리는 우리가 있던 자리로 다시 떠내려갈 수 있을 것이다. 이런 기회들은 자주 나타나는 게 아니다. 이것을 있는 그대로 부를 때가 되었다. 곧, 우리나라의 생애에 있어서 역사적인 순간이다."[18] 나는 스탠스의 말이 옳다고 믿는다. 그러나 나는 또한 크리스천들이 깨어나고 있다는 것도 믿는다. 우리가 이 책에서 지금까지 보아온 증거가 우리에게 말해주는 것은 나라 전역에서 새로운 낙관주의와 새로운 기운(spirit)이 일어나고 있다는 점이다. 많은 크리스천들이 자기는 도널드 트럼프를 지지해야 한다고 믿었다. 그렇지 않으면 과거 8년간의 내리막 악순환이 계속될 것이다. 힐러리 클린턴 행정부가 들어선다면 형국은 더욱 악화되었을 것이 틀림없다.

만일 당신이 1960년대의 어려운 시절을 기억할 만한 나이라고 하면, 인종폭동, 베트남전쟁 항의시위 및 1968년의 민주당전당대회에서의 폭력을 기억할 것이다. 1963년의 존 F. 케네디 대통령 암살, 그에 뒤이은 5년 후 그의 동생 로버트의 암살과 민권운동 지도자 마르틴 루터 킹 주니어 박사의 암살을 누가 잊을 수 있겠는가?

그 모든 파괴행위가 나타나는 중에 젊은 세대들은 그들 삶의 고통에 대한 해독제로서 섹스와 마약과 로큰롤에 의존했다. 그러나 그 다음에 일어난 것은 깜짝 놀랄 일이었다. 모든 사람 중에서 유행의 첨단을 걷고 사회의 낙오자 청년문화의 일부인 바로 그 젊은이들을 포함해서, 우리 생애에 가장 위대한 부흥 중 두 가지가 일어났던 것이다.

바로 그 동일한 히피들과 낙오자들 중 다수가 갑자기 예수를 만나고 예수님께로 마음이 끌렸기에 그들을 가리켜 "예수 사람들"(Jesus People)이라 불렀다. 실은, 나를 포함해서 오늘날 기독교 지도자들 중 다수가 1970년대의 예수 운동에 그들의 영적인 뿌리를 두고 있다. 나는 오순절주의 가정에서 자랐지만, 세속화의 물결로 대학교 때 주님에게서 멀어졌다. 그러나 수천수만의 젊은이들을 하나님의 나라로 휩쓸어간 그 부흥의 결과로 영광스럽게도 나는 내 인생의 극적인 변화를 경험하게 되었다.

비록 우리 자체의 문화와 모든 서구문명이 하향적 악순환 가운데 있긴 하지만, 적어도 우리가 비슷한 역사적 순간에 있는지도 모른다는 희망은 있다. 2년 전만 해도 나는 하나님께서 정치적으로뿐만 아니라 영적으로까지 미국의 변화를 주도해가기 위해 뉴욕 퀸즈 출신의 건방떠는 억만장자를 일으켜 세우리라고는 전혀 생각도 못했을 일이다. 나는 11월에 테드 크루즈에게 투표할 작정이었다. 그러나 그가 경선을 포기하고 떠났을 때, 나는 내 선택을 재고해야만 했다. 이제 와서 생각하니 왜 방향설정을 그렇게 다시 해야만 했었는지 더 잘 이해하게 되었다.

아메리카합중국과 하나님 나라에서의 동시적 변화뿐만 아니라 하나님과 도널드 트럼프의 이러한 교차가 우연의 일치 가운데 마구잡이식으로 발생한 이례적인 일 그 이상이 될 수 있을 것인가? 도널드 트럼프가 우리나라를 하나님께로 되돌리는 길을 열기 위해서 작동되는, 프랭크 아메디아가 말한바 소위 "깨뜨리는 자 기름부음"을 가지고 무명의 사업과 엔터테인먼트 환경에서 갑자기 일으켜 세워진다는 게 가능한 일인가? 기독교회의 다양한 분파들이 우리나라를 하나님께로 되돌리는 방법에서 하나가 되는 것이 창조주의 계획인가?[19]

선지자 아모스는 이렇게 선포했다. "주 여호와께서는 자기의 비밀을 그 종 선지자들에게 보이지 아니하시고는 결코 행하심이 없으시리라"(암 3:7). 또한 이번 선거를 유례없게 하는 것은 몇몇 기독교 예언자들의 선포들이 희한하게도 정확했고, 트럼프가 승리할 것이라고 담대하게 선포했다는 점이다. 그것은 과거다. 미래는 어떻게 되며, 당신은 어떻게 관여할 수 있는가? 프랭크와 다른 믿음의 지도자들은 당선 다음 날 우리나라의 권력층에 발언할 수 있고 이번의 신임 대통령을 위해 영적인 방패도 될 수 있는 예언자들과 중보기도자들 그룹을 조직하기로 결정했다. 그들은 그것의 명칭을 미국의 예언자단(Prophetic Order of the United States) 이름을 따서 '포투스 방패'(POTUS Shield)라고 했다. potusshield.org 웹사이트와 지역의 콘퍼런스들이 당신이 관여할 수 있는 방법들이다.[20]

이런 일에 모두가 다 기뻐하는 것은 아니다. 이미 좌파들, 특히 '미국의 길과 우파 감시를 위한 사람들'(People for the American

Way and Right Wing Watch)로부터 나오는 발언들이 2017년 8월에 말하기를 '포투스 방패'가 나라 안에서 계속 영적인 세력이 되기 위해서 예언자단을 세우려 하고 있다고 불평했다. 그러면서 덧붙이기를 그들은 현직 대통령을 위한 조직된 오순절 기도 방패라는 말로 표현되는 그와 비슷한 것을 전에 한 번도 본 적이 없었다고 했다.[21]

그것은 마치도 선거 과정 내내 그 예언적인 말이 탄력(momentum)을 얻은 것 같았다. 그러나 전문가들과 비판자들은 트럼프가 고레스와 비슷하다거나 그가 대통령선거인단 과반수로 승리할 것이라는 그 말을 조롱했다.

나는 이 책의 여러 곳에서 도널드 트럼프가 차기 대통령이 될 것이라고 예언한 마크 테일러, 프랭크 아메디아, 랜스 윌나우, 척 피어스 및 기타 사람들과 나눈 대화들에 대해 기술했다. 나는 그분들 하나하나를 알고 있으며, 나는 그들의 통찰력을 신뢰했다. 하지만 나는 예언자가 아니다. 나는 내일 무슨 일이 일어날지 예측하지 못한다. 그러나 나는 하나님께서 미국에 계획을 갖고 계신다고 확신한다. 또한 우리 역사에서 바로 이 순간을 위해, 하나님께서 아무도 상상할 수 없었던 가장 있을 법 하지도 않은 지도자들 중 한 분을 일으켜 세우셔서 나라를 이끌어 가리라고 나는 똑같이 확신한다. 그것을 알기에, 내가 지금 할 수 있는 바로 최선의 일은 트럼프 대통령의 안전과 성공을 위해 기도하는 것이며 수백만의 사람들이 나와 함께 해주기를 바랄 뿐이다.

에필로그

로레토의 은자

나는 도널드 트럼프의 당선이 나의 복음주의적 시각에서 "하나님 이야기"(God story)라고 믿었고, 그렇게 말했다. 나는 현대의 은사주의 예언자들 여러 명이 하나님께서 도널드 트럼프를 일으켜 세우셨고, 그가 대통령 선거에서 승리할 것을 그들에게 알려주신 것으로 믿는다고 보도했다. 나는 심지어 위험한 처지에 빠질 것을 각오하고 이 사실을 선거 전에 카리스마 잡지에 보도했다. 만일 그 일이 일어나지 않는다면 난처하게 될 것을 알고서도 말이다. 그러나 그 일은 그대로 일어났다.

나는 조사 연구하는 과정에서 한 로마 가톨릭 사제로부터, 그것을 믿어야 하나 말아야 하나 도무지 알지 못할 정도로 너무도 믿을 수가 없는(그리고 그것이 이 책의 이야기에 잘 맞지도 않는) 비디오를 하나 입수하게 되었다. 하지만 나는 만일 그게 사실이라면, 그리고 만일 그것이 한 가지 더 확증을 (아주 다른 시각에서) 해주는 것이라면, 하나님께서 도널드 트럼프를 일으켜 세우셨다는 것을 당신으로 하여금 생각하게 만들 수만 있다면 해서 부득이 그것을 함께 나누지 않으면 안 되었다.

토머스 짐머(Thomas Zimmer)라는 이름의 한 가톨릭 "경건한 사람"(holy man)이 1980년대에 도널드 트럼프가 "미국을 다시 하나님께로 이끌"[1] 것이라고 예언했다는 그 놀랄 만한 예언이 선거가 있을 무렵에 밝혀지게 되었다.

2009년 9월 10일에 세상을 떠난 짐머는 "로레토의 은자"(Hermit of Loreto)로 알려져 있었다. 미국인인 그는 로마에서 20년간 거주한 후에 1990년대 초에 로레토로 옮겨왔다. 그는 2008년까지 로레토에서 살다가 미국으로 돌아와 별세했다. 그는 아주 경건할 뿐만 아니라, 〈피에타(Pieta)〉라는 기도서를 공저했는데, 수백만 부가 팔렸고, 그는 하루에도 여러 번 미사에 참석했다고 전해진다.[2]

트럼프의 취임식 다음 달에, 지아코모 카포베르디(Fr. Giacomo Capoverdi) 신부라는 로드아일랜드 출신 미국인 사제가 이 놀라운 이야기가 담긴 비디오를 유튜브에 올렸다. 몇 주 후에 가톨릭 성지순례 안내자이자 저자인 샌프란시스코의 브레트 토만(Bret Thoman)이 그 이야기에 대한 글을 썼다. 그는 그 비디오와 카포베르디가 어떻게 그 은자를 만났다고 말하는지에 대해 말했다. 그 사제는 말하기를 2000년경에 그의 한 친구인 로드아일랜드, 브리스톨의 클라우드 쿠란(Claude Curran)이라는 미국인 의사가 자기에게 그가 이 경건한 사람을 만나야만 했다고 말했다는 것이다. 카포베르디는 그가 다음번 이탈리아에 있을 때 로마에서 로레토행 기차를 타고 가서 그 성당에 도착했다. 그는 가브리엘 천사가 마리아에게 나타났던 나사렛의 집이라고 가톨릭 신자들이 믿는 "거룩한 집"(Holy House, 산타 카사(Santa Casa)라고도 불리는)에서 한 노인이 바닥에 앉아 등을 구부린 채 기도하고 있는 것을 보았다. 그 집의 3개의 벽들이 아랍인들의 파괴를 피하기 위해 데앙겔로(DeAngelo)라는 이름의 십자군 용사들(Crusaders)에 의해 로레토로 옮겨졌다(그것이 천사들에 의해 옮겨졌다는 이야기를 낳게 했다는 게 분명했다).[3]

카포베르디는 그 노인에게 그가 토머스인지 영어로 물었다. 그 은자는 그렇다고 인정했다. 그래서 카포베르디는 그들이 즐거운 대화를 나누었다고 말했다.[4] 16년 후 트럼프가 대통령에 출마했을 때, 쿠란은 지난 1980년대에 짐머가 말한 것을 기억하고 카포베르디에게 다시 짐머 이야기를 언급했다. 짐머는 자기에게 "예고"(premonition)가 있었는데, "어떤 사람이 미국을 다시 하나님께 이끌 것이다. 그리고 그 사람은 다름 아닌 바로 도널드 J. 트럼프가 될 것이다"라고 말했던 것이다. 그 의사는 못 믿겠다는 듯이 "뉴욕 출신의 그 백만장자 플레이보이 말이요?"라고 물었다고 한다. 짐머는 "그렇소"라고 대답한 다음, 덧붙여 말하기를 자기는 도널드 트럼프가 미국의 위대한 영적 지도자가 될 것으로 확신하기 때문에 트럼프가 바티칸에서 드려지는 많은 미사들로부터 축복을 받게 하려고 그의 이름을 벽돌 위에 써서 그것을 성년축제(jubilee) 후에 성 베드로의 거룩한 문(Holy Door)의 복원물 안에 두었다는 것이다.[5]

토만은 이렇게 적고 있다. "'로레토의 은자'인 톰 짐머가 거기에 살고 있을 때 그를 알고 있는 로레토 인근의 많은 사람과 인터뷰를 한 후에, 나는 토머스 짐머가 그의 친구에게 전하기를, 도널드 트럼프가 '미국을 다시 하나님께로 이끌' 것이라는 '예고'를 받았다는 카포 베르디 신부의 진술에 의심할 아무런 이유가 없었다. 그들은 모두 톰이 경건하고 덕이 높은 사람이며 그는 항상 기도하고 곤궁한 사람들을 도와주려 했다는 것을 뒷받침해주었다. 더구나, 몇몇 사람들은 심지어 톰의 '미래를 내다보는' 초자연적 은사에 관해 그들이 목격한 개인적인 이야기들을 하나하나 열거하기까지 했다."[6]

그런 다음 그는 예언이 사실인지 거짓인지 결정하기 위해서 교회가 무엇을 알아보아야 할 것인가를 기록하고 있다. 첫째는, 그 예언자가 신뢰할 수 있고 덕망 있는 사람인가를 물어야 한다. 짐머는 그 점에 있어서 틀림없었다. 다음으로는, 그 예언이 성경이나 교회의 가르침에 모순되지 않아야 한다. 이 점에 대해서도 토만은 "정치 지도자가 사람들을 하나님께로 이끌 수 없다는 것을 시사해주는 성경말씀이나 교회의 가르침이 하나도 없다. 오히려 그 반대다"라고 쓰고 있다. "성경은 그것을 하나의 의무라고 말한다."[7]

마지막으로는, 토만은 그 예언이 이루어져야 한다고 말한다.[8] 물론 성 베드로의 문에 둔 벽돌에 도널드 트럼프의 이름이 새겨져 있는지 (짐머가 정말로 그렇게 했는지 확인하기 위해서) 찾아볼 수도 있을 것이다. 토만은 "나이가 지긋하고 기도를 많이 하는 어르신이 도널드 트럼프가 그 당시에는 정반대의 삶을 살고 있을 때 그런 사람에 대해서 기독교 지도자가 될 것으로 보는 그러한 직관력을 가졌으리라는 것은 엉뚱하기 짝이 없는 일 같다"라고 썼다.[9] 이런 일이 어떻게 일어날 수 있을까. 나는 쿠란과 접촉함으로써 이 이야기를 확인했을 때 더욱 분명해졌다. 그는 설명하기를 자기가 이탈리아에서 의 과대학 학생일 때 로마에서 짐머를 만났다고 했다. 우정이 이어졌고, 짐머는 여러 해 동안 그에게 많은 것을 말해주었다. 예를 들면, 하나님은 우리가 그렇지 못하는 때에도 사람들에게서 선한 것을 보신다고 말했다. 그러므로 우리는 선한 것을 구해야 한다. 그는 1988년에(쿠란이 자기 어머니가 그 해에 돌아가셨기 때문에 기억하는 해) 말하기를 하나님께서 베를린 장벽이 무너지기를 원하신다고 했다. 짐머는 한 사제를 설득하여 그 장벽이 무너지기를 위해 101번의 미사를 드렸다. 얼마 후에 그 장벽은 무너졌다.[10]

그 벽돌에 관해서, 쿠란은 짐머가 기도하기 위해 벽돌들에 다른 이름들을 새겨놓은 것을 안다고 말한다. 한 여성이 도널드 트럼프의 이름이 새겨진 벽돌을 본 적이 있다고 주장하면서 카포베르디의 유튜브 비디오에 자기는 트럼프가 그것을 거기에 둔 것으로 추정한다는 메시지를 남겼다. 나의 이탈리아 지인들은 이 이야기를 의심하지만, 그럴 수도 있다. 그러나 바티칸은 어떤 것이든지 던져 내버리는 일은 결코 없기에 쿠란은 짐머가 도널드 트럼프의 이름이 새겨진 벽돌에 돈을 지불했음을 보여주는 리스트가 어딘가에 있다고 말한다.[11]

개신교도로서 나는 이상의 모든 가톨릭과 관련된 이야기를 이해하지 못한다. 그러나 나는 또한 하나님의 많은 신비도 이해하지 못한다는 것을 알고 있다. 내가 믿기로는 만일 하나님께서 척 피어스와 프랭크 아메디아 및 내가 아는 기타 여러 사람들에게 말씀하실 수 있다면, 평생을 기도에 전념한 토머스 짐머 같은 사람에게 말씀하실 수 있을 것이다.

트럼프가 실제로 미국을 하나님께로 돌아오도록 이끌어가든 그렇지 못하든, 그는 신앙과 종교적 자유 및 도덕적 쇠퇴의 위험성에 대해 전국적인 대화를 다시 일깨웠다. 카포베르디는 트럼프가 낙태를 더 어렵게 하기 위한 행정명령을 통해서 법규를 고침으로써 이미 미국을 하나님 쪽으로 움직이게 했으며 그래서 '가난한 자들의 작은 자매회'(Little Sisters of the Poor: 1839년도에 세워진 가톨릭 종교단체로 본부는 프랑스에 있고 세계 31개 나라에 지부가 있으며, 주로 가난한 노년의 여성들을 돌본다.-역자 주)는 그들의 병원에서 피임을 시행할 필요가 없게 되었으며, 좌파들이 옹호한 심각한 도덕적 붕괴를 늦추고 있다는 식으로 말했다.[12] 그거야말로 감사해야 할 일이다.

감사의 말

 이 책을 엮어나가는 일에 많은 사람이 참여했는데, 도움을 준 그들 한 사람 한 사람에게 감사를 표하고 싶다. 그들은 얼마 남지 않은 최종 시한 내에 아주 높은 수준으로 작업해주었다. 먼저, 우리 카리스마 하우스의 모든 팀이 보여준 그들의 열정 및 전문성에 대해 마음으로부터 감사를 드린다. 특히 발행인 마르코스 페레즈에게 감사를 표하고 싶은데, 그는 이 책에 대한 가능성을 보고 그것이 결실을 맺도록 지칠 줄 모르고 작업해주었다. 또한 우리의 제품개발 담당 부회장인 데비 마리에게 특별한 감사를 드린다. 그녀는 원고에 대한 메인 편집자로서 자기의 기술을 다하여 헌신적으로 작업해주었다. 카리스마 미디어에서 17년간 봉직하는 가운데, 나는 데비를 정말로 뛰어난 편집자로서 알고 존경하게 되었다.
 저스틴 에반스에게 감사한다. 그는 이 책이 그의 우아한 커버 디자인을 통해 어떤 책이 되어야 하는가에 대한 비전을 붙잡았다. 나는 프랭크 헤펠리와 그의 팀에게 감사한다. 그는 제작과 인쇄 과정을 통해서 프로젝트를 맡아 그것이 가능한 최고의 책이 될 수 있도록 열심히 작업해주었다. 그리고 카리스마 하우스 마케팅팀과 해밀턴 전략 회사에 감사한다. 이들은 메시지를 멀리 넓게 전파하는 일에 언제나 환상적으로 잘 해낸다.

특별히 이 기회에 나는 17년간 나의 업무 비서로 일하면서 지칠 줄 모르는 도움과 지원에 최선을 다하는 밥 크루즈에게 공개적으로 감사를 표한다. 퇴역한 공군 원사(元士)인, 밥의 군대 업무는 장군들을 돌보는 일이었는데, 그것이 지금 맡은 일에 준비를 잘 할 수 있게 해준 것이라는 생각이 든다. 그는 무수히 많은 세세한 일들, 예컨대 에반 팅클, 톰 엘틀, 레이 모어 및 내게 너무도 귀중한 자료를 제공해준 게리 매클로와 같은 친구들과 연락을 취하는 일 같은 것으로 나를 도와주었다.

우리의 탁월한 중역진들은 내가 시간을 내서 집필하는 동안 회사가 잘 돌아가도록 힘써주셨는데, 그들 한 사람 한 사람에게 깊은 감사를 드린다. 특히, 우리 미디어 그룹의 부회장인 스티브 그린 박사와 우리의 CFO인 조이 스트랭과 긴밀히 협조하는 감사관 켄 하트만에게 특별 감사를 드린다. 나는 또한 조이의 사랑과 지지에 공적으로 감사하고 싶다. 조이는 이 집필 프로젝트 동안에만 아니라 또한 나의 아내로서 45년간 그리고 우리가 함께 시작한 이 회사의 공동 소유주로서 36년간 헌신적으로 수고해주었다. 그리고 이 작업을 하는 동안, 나의 멋진 두 아들 카메론과 챈들러에게 고마움을 표하고 싶다. 그들이 적극적인 역할은 하지 않았지만, 나는 조사하고 연구하고 집필하는 동안 내내 그들을 생각했다. 나는 나처럼 보수적이 아닐 수도 있는 더 젊은 독자들을 염두에 두는 것이 중요하다는 것을 알고 있었다.

비록 내가 올랜도 센티널지에서 신문기자로서 내 이력을 시작하긴 했지만, 나는 요즘엔 주로 월간 칼럼과 블로그 글을 쓴다. 책의 분량만 한 프로젝트는 아니다. 그리고 예정표 일정이 짧았기 때문에, 조사하고 집필하는 데 도움이 필요했는데 다행스럽게도 짐 넬슨 블랙 박사의 조력을 얻게 되었다. 그는 이전에도 여러 가지 프로젝트에서 우리와 협력했고 자신의 저서도 여섯 권이나 집필했다. 내가 출판사 중역과 편집자로 40년을 지내는 동안, 짐보다 더 즐겁게 일하거나 존경스러운 편집자는 없었던 것 같다. 그러나 나는 또한 짐의 아내 코니 블랙에게도 감사하고 싶다. 그녀가 하나님과 도널드 트럼프라는 제목을 제안했다. 나는 다른 제목을 생각하고 있었다. 그러나 그 제목을 듣는 순간, '바로 이거다' 하는 마음이 들었다. 코니, 감사해요.

중요한 말이 하나 남았는데, 내가 집필할 때 성령의 인도하심을 허락하신 주님께 감사를 올려 드린다. 나는 이 책이 그저 하나의 정치적인 책 그 이상이 되길 원했다. 나는 하나님께서 어떻게 이번 선거에 개입하셨으며, 이 나라의 드라마틱한 변화를 위한 우리의 기도에 어떻게 응답하셨는가에 대한 이야기를 하고 싶었다. 만일 내가 이 책 속에서 몇 명의 독자들을 위해 작은 부분이라도 연결시켜서 하나님이 인간사에 관여하신다는 것을 알도록 해줄 수 있다면, 그에 대한 모든 영광을 우리 주님께 돌리고 싶다.

저자에 대하여

스티븐 E. 스트랭은 1973년에 플로리다대학교에서 저널리즘 학위를 받고 졸업했다. 그는 대학 시절 언론학과에서는 최고상으로 여겨지는, 윌리엄 랜돌프 허스트 탁월한 언론인상을 수상했다.

그는 올랜도 센티널(Orlando Sentinel)지에서 직장생활을 시작했는데, 거기서 그는 발로 뛰는 취재기자였다. 신문사에 있는 동안 그는 카리스마(Charisma)라고 하는 작은 교회 잡지를 시작했는데, 곧 성장하기 시작하여 메이저 기독교 잡지가 되었다. 카리스마는 또한 1981년에 그의 아내 조이와 함께 현 카리스마 미디어를 창립하는 기초가 되었다.

그의 회사는 수년간에 걸쳐 성장하여 다른 잡지들, 예컨대 미니스트리 투데이, 크리스천 리테일링, 스피릿레드 우먼 같은 것들을 추가했다. 1980년대에 카리스마 미디어는 서적출판으로까지 확장하여, 후에는 스페인어 출판을 시작했다. 서적 그룹에서는 수천 권의 책들을 출간했는데, 그중에는 존 해기, 돈 콜버트 박사, 조나단 칸 같은 저자들의 뉴욕타임스 베스트셀러 13권이 들어 있다. 2014년에 카리스마 하우스는 모던 잉글리시 버전이라는 중요한 새 성경

역본을 출간했다. 오늘날 카리스마 미디어는 세계에서 앞서가는 은사주의/오순절주의 출판사로서 인정받고 있다.

그는 40년간 오랜 저널리즘 경력을 지내오는 동안 빠르게 성장하는 은사주의 운동을 취재하러 세계를 여행했다. 그는 사실상 모든 미국의 복음주의 지도자들을 인터뷰하거나 만나보았다. 그는 또한 미국 대통령 네 분(조지 H. W. 부시, 조지 W. 부시, 버락 오바마 및 도널드 트럼프)과도 인터뷰를 했다.

그의 생애 동안에 그는 세속의 단체와 기독교 단체들로부터 많은 상을 받았는데, 그중에는 리대학교(Lee University)로부터 명예박사 학위 수여도 포함되어 있다. 2005년에 타임지는 스트랭을 미국에서 가장 영향력 있는 복음주의자 25인 중 하나로 선정했다.

역자 후기

역자는 대학에서 영어를 전공하고 신학을 공부한 후 목회하면서 43년 동안 50여 권의 기독교서적을 번역하여 한국교회에 소개해 왔다. 이번에 〈하나님과 트럼프〉라는 책을 번역하면서 나는 서너 번 감동의 눈물을 흘렸다. 대부분의 사람들처럼 나도 CNN, 뉴욕타임스 등 좌파언론의 편파보도 영향으로 트럼프에 대해 부정적 시각을 가지고 있었는데 이 책을 번역하다 보니 세평과는 달리 그는 존경 받아 마땅한 위대한 인물이라는 생각이 들었다. 특히 미국에 대한 그의 사랑, 하나님에 대한 경외심, 큰아들과 이방카 등 5명의 자녀들에 대한 지극한 애정과 올곧은 양육, 인정미 넘치는 기부와 자선행위 및 그의 따뜻한 인간애 앞에 나도 모르게 눈시울이 뜨거워졌다.

도널드 트럼프는 어느 날 갑자기 나타난 신비스런 사람이 아니다. 이미 1980년대에 부동산개발업자로 크게 성공했고, 그런 경험을 바탕으로 쓴 〈거래의 기술(The Art of the Deal)〉은 베스트셀러가 되어 400만 부 이상 팔렸다. 그 책 외에도 2015년에 출간된 〈불구가 된 미국(Crippled America)〉을 비롯하여 지금까지 17권 이상의 책을 낸 뛰어난 저술가이기도 하다. 역대 대통령 중 백악관 입성 전에 이처럼 많은 책을 낸 대통령은 없었으니 트럼프는 가히 독보적인 존재라는 생각이 든다. 그는 아버지의 사업을 물려받긴 했지만 시대를 읽고, 미래를 예측하며, 치밀한 전략으로 프로젝트를 성공시키는 비상한 능력과 통찰력을 발휘해서 세계적인 정상급 부동산개발업자가 된 인물이다. 따라서 그를 싫어하거나 반대하는 이들은 트럼프의 단점만을 부각시켜 매도하는 적대적인 좌파언론들의 편향적 보도에 영향받을 게 아니라 그의 17권 이상의 저서를 탐독해서 그의 실상을 정확히 파악하고 그의 삶의 기술에서 실제적인 삶의 지혜를 배울 필요가 있다. 내가 그의 다른 저서들을 읽어보니 그는 오바마나 여타 경쟁자들과는 경륜이 다른 한 차원 위의 사람인 것 같다. 특히 학생들과 젊은이들은 그의 최근 저서인 〈불구가 된 미국〉을 꼭 읽어서 트럼프를 가슴에 품어보길 바란다. 그러면 저들의 인생과 미래가 달라질 것이다. 완전 정치적 아웃사이더라던 트럼프가 모든 방해물과 적대 세력들을 물리치고 지금은 미국과 세계의 정치 중심에 서서 역사를 바꾸어가고 있는 것만 봐도 빌 게이츠, 워런 버핏 이상으로 그에게서 충분히 배울 바가 있지 않겠는가! 지금까지 그가 성취한 일들을 볼 때 그가 꿈꾸는바 미국을 다시 위대하게 만들 가능성을 내다보면서 좌파언론들은 이제부터라도 그를 적극 뒷받침해서 위대한 미국의 영광을 회복하도록 힘써야 할 것이다.

본서는 도널드 트럼프 대통령 예찬론이 아니다. 도널드 트럼프라는 수수께끼 같은 인물, 도저히 대통령이 될 것 같지 않은 자가 어떻게 제45대 대통령으로 당선이 되었는지, 미국의 복음주의 크리스천들이 어떻게 뭉쳐서 트럼프에게 승리를 가져다주었는지, 그리고 그 모든 과정 배후에서 우리 하나님이 어떻게 개입, 역사하셨는지 그 이면사를 정확한 근거를 가지고 기술한 책이다. 따라서 이 책은 한국의 관점이 아닌, 미국의 정치현실 및 기독교적 건국이념과 가치가 완전 붕괴될 위기에 처한 미국 기독교의 입장을 이해하면서 읽어야 할 책이다.

미국은 우리가 알다시피 청교도들이 신앙의 자유를 찾아 생명 걸고 신대륙에 도착해서 성경과 기독교적 가치 위에 나라를 건설한 기독교 국가다. 그런데 미국은 민주당의 케네디대통령 정부 때부터 반기독교 정책을 실시하여 오바마정부 8년 동안 절정에 달했다. 성탄절에 메리 크리스마스라는 축하인사도 금지될 정도였다. 거기에 더하여, 힐러리가 당선된다면 미국의 기독교는 더욱 위축될 수밖에 없고, 전통적인 기독교적 가치도 크게 약화되며, 소위 기독교국가라는 미국이 이슬람화가 진행되어, 한 마디로 기독교의 하나님이 미국 사회에서 완전히 쫓겨나게 될 판국이었다는 게 저자의 시각이다.

그런데도 이처럼 위기에 처한 미국의 기독교를 구해줄 만한 공화당 후보는 없었다. 가장 가능성 많던 소위 경건한 모범생 후보들은 이상하게도 다 낙마해버리고 망연자실할 즈음, 도널드 트럼프가 9회 말에 회생해서 복음주의 기독교인들의 압도적 지지로 당선되었다.

그 배후에는 나라를 사랑하는 신실한 기도의 용사들의 중보기도가 있었고, 돌이켜 보면, 1980년대부터 선거 전까지 트럼프가 미국을 다시 하나님께로 이끌 것이라는 놀라운 예언의 말들이 있었다. 저자는 트럼프의 당선이 대중과 선거를 읽어내는 그 자신의 탁월한 능력의 결과 외에, 바로 그 중보기도와 예언의 말들의 응답이며 하나님께서 미국이라는 나라와 기독교를 구하기 위해 특별히 그를 일으켜 세우신 것이라며 여러 가지 증거자료를 가지고 말한다.

따라서 이 책은 세속적 관심보다는 마지막 시대 영적전쟁의 시각에서 볼 필요가 있다. 미국의 주류 언론들과 일부 대학교수들 및 할리우드 등 좌파들은 미국을 좌경화시키는 주역들이다. 그래서 메이저언론들은 지금까지도 트럼프 죽이기 작전을 펴고 있는 것이다. 저자는 트럼프 죽이기가 결국 미국 기독교 말살정책이나 마찬가지라고 밝히고 있다. 저자는 저널리즘을 전공하고 신문기자로 일하다가 기독교 잡지 '카리스마'를 창간해서 큰 성공을 거둔 후 미국 기독교계와 정계에 넓은 인맥을 갖춘 분으로, 조지 W. 부시 대통령에 대해서도 책을 낸 바 있다.

한국교회는 미국교회와 공동운명체라고 해도 과언이 아닐 것이다. 미국 선교사님들과 미국교회가 오늘의 한국교회를 있게 했고, 한국교회의 부흥에 크게 기여했다. 미국에서 신학을 공부한 분들이 한국교회를 이끌어가고 있다. 그래서 미국교회가 무너지면 한국교회도 그 영향을 안 받을 수 없을 것이다. 따라서 한국교회는 도널드 트럼프를 당선시키는 데 있어 하나로 뭉쳤던 미국 복음주의 교회 지도자들과 연대해서 한국교회를 무너뜨리려는 좌파언론매체들과 반 기독세력들을 제어하고 방어하는 일에 최선을 다해야 할 것이다.

지금 한국교회는 어둠의 세력들에 의해 서서히 압박을 당하고 있다고들 말한다. 종교인과세가 기독교에 어떤 부정적 결과를 초래할지는 두고 볼 일이다. 교회를 압박하는 법제화를 막지 못하면 오바마 정부 때 미국교회들처럼 한국교회는 서서히 약화될 것이다. 그러므로 더 큰 난국이 오기 전에 한국교회는 복음만 외칠 게 아니라 철저한 자성 및 내부개혁과 아울러 정치사회적 현실에도 눈을 떠서 강력한 목소리를 낼 수 있어야 한다. 그리고 이 책은 젊은 세대들에게 기독교세계관과 가치관 및 영적전쟁에 대해 지속적으로 가르쳐서, 세속적 문화이데올로기의 탈을 쓴 사탄의 계략을 물리치고 승리케 해야 한다는 값비싼 가르침을 한국의 크리스천들에게 일깨워주고 있다.

　트럼프의 현재 모습을 보지 않고, 그의 과거 행적이나 좌파언론의 편향보도 영향을 받아 그를 부정적으로만 보는 사람이 있다면, 그는 아직 인생을 잘 모르는 사람일 것이다. 교회사를 보거나 우리 주변을 보더라도 과거의 덕스럽지 못한 언행과는 달리 돌이켜서 위대한 일을 한 사람들이 얼마나 많은가! 중요한 것은, 그 사람이 현재 그리고 앞으로 어떻게 하느냐에 달려 있다. 트럼프 대통령이 작년 11월 국빈방문 때 국회에서 행한 연설을 듣고 크게 감동을 받아 그를 새롭게 보는 사람들이 주위에 많이 생겼다. 트럼프는 어렸을 때 성가대원도 하면서 착실히 교회를 다녔다. 그러나 그가 젊은 시절, 신앙보다는 세속적인 부와 성공을 향해 매진해서 꿈을 이루었지만 인생후반에 접어들면서 영적 갈급함을 느끼던 차, 10여 년 전 복음 가진 목사님을 만나 자신의 삶을 하나님께 드리기로 결단하고 기독교와 국가에 대한 새로운 가치관을 확립한 것이 아닐까. 그러기에 트럼프는 나라와 민족을 위기에서 건진 느헤미야, 링컨, 처칠 및 이승만 같은 탁월한 지도자가 될 가능성이 있다. 뉴욕의 트럼프타워 등 각처에 하늘 높이 세워진 그의 건축물들이 그가 이루게 될 미래의 위업을 예시하는 것일지도 모른다. 그러므로 그를 보좌하는 신앙자문위원 목사들과 함께 한국의 크리스천들도 그를 위한 중보기도에 협력하면 좋을 것이다. 트럼프의 인물과 경력 및 스타일을 볼 때 하나님이 은혜 주시면 그를 통해 남북문제가 의외로 수월하게 해결될 수도 있겠다는 희망을 가져본다. 역자는 〈불구가 된 미국〉을 읽고 나서 조국을 사랑하는 트럼프와 같은 캐릭터와 마인드와 스피릿을 가진 사람 10명, 아니 3명만 있어도 우리 대한민국은 통일을 넘어 세계일등국가가 10년 안에 이루어질 수 있을 것이라는 생각까지 하게 되었다.

이 책은 각계인사 43명의 찬사부터 읽으면 더 빠르게 이해할 수 있을 것이다. 책의 내용이 미국의 정치, 사회, 문화, 종교 등 전 분야에 걸쳐있어서 역자가 번역하기 힘든 용어나 부분들이 많았는데, 미숙한 부분이 있더라도 독자들의 너그러운 이해를 바란다. 아울러 지난 2월 말에 영면한 빌리 그래함 목사의 의회 영결식에서 도널드 트럼프 대통령이 추도사를 했는데, 그의 신앙 중심이 얼마나 성경의 중심과 일치하는지 역자가 감동을 받았기에 독자들이 그의 신앙을 이해하는 데 도움이 되도록 전문을 실었으니 참고하길 바라는 바다.

오태용 목사

주(註)

[서문]

1. "Full Text: Trump Values Voter Summit Remarks," POLITICO, September 9, 2016, accessed August 14, 2017, http://www.politico.com/story/2016/09/full-text-trump-values-voter-summit-remarks-227977.

[서론]

1. Kelly Riddell, "Evangelical Pastors Descend on Las Vegas to Learn to Motivate Christians to Vote," Washington Times, April 22, 2015, accessed August 16, 2017, http://www.washingtontimes.com/news/2015/apr/22/evangelical-pastors-descend-on-las-vegas-to-learn-/.

[Chapter 01]

1. Sarah Posner, "Donald Trump Divides God's Voters," New York Times, January 28, 2016, accessed June 1, 2017, https://www.nytimes.com/2016/01/28/opinion/campaign-stops/donald-trump-divides-gods-voters.html.
2. James Barron, "Overlooked Influences on Donald Trump: A Famous Minister and His Church," New York Times, September 5, 2016, accessed June 7, 2017, https://www.nytimes.com/2016/09/06/nyregion/donald-trump-marble-collegiate-church-norman-vincent-peale.html?_r=0.
3. Don Nori Sr., "Is Donald Trump the President We Need?," Charisma News, October 2, 2015, accessed June 5, 2017, http://www.charismanews.com/politics/opinion/52384-is-donald-trump-the-president-we-need.
4. Ibid.
5. Ibid.
6. Ibid.
7. David Brody, "Michele Bachmann: 'God Raised Up' Trump to Be GOP Nominee," CBN News, August 30, 2016, accessed July 31, 2017, http://www1.cbn.com/thebrodyfile/archive/2016/08/30/only-on-the-brody-file-michele-bachmann-says-god-raised-up-trump-to-be-gop-presidential-nominee.
8. Ibid.

9. William J. Clinton, "Remarks to the 48th Session of the United Nations General Assembly in New York City," address: September 27, 1993, The American Presidency, accessed July 31, 2017, http://www.presidency.ucsb.edu/ws/?pid=47119.
10. George Bush, "Address Before a Joint Session of the Congress on the State of the Union," address: January 29, 1991, The American Presidency, accessed July 31, 2017, http://www.presidency.ucsb.edu/ws/?pid=19253.
11. Donald Trump, Twitter post, January 9, 2017, 6:27 a.m., https://twitter.com/realdonaldtrump/status/818419002548568064?lang=en.
12. Meghan McCain, Twitter post, January 8, 2017, 10:14 p.m., https://twitter.com/meghanmccain/status/818294731742580736?lang=en.
13. Emily Heil, "Is Obama's 2011 White House Correspondents' Dinner Burn to Blame for Trump's Campaign?," Washington Post, February 10, 2016, accessed July 31, 2017, https://www.washingtonpost.com/news/reliable-source/wp/2016/02/10/is-obamas-2011-white-house-correspondents-dinner-burn-to-blame-for-trumps-campaign/?utm_term=.54640dbe5a87.
14. Rebecca Savransky, "Obama Told Friends Trump Is a 'Bulls----er,'" The Hill, May 17, 2017, accessed July 31, 2017, http://thehill.com/homenews/news/333782-report-obama-told-friends-trump-is-a-bulls-ter.
15. Sarah Kaplan, "George Will Exits the Republican Party Over Trump," Washington Post, June 25, 2016, accessed July 31, 2017, https://www.washingtonpost.com/politics/george-will-exits-the-republican-party-over-trump/2016/06/25/2b6cdcaa-3b09-11e6-9ccd-d6005beac8b3_story.html?utm_term=.d7b49f b42d1b.
16. Bill Kristol, Twitter post, February 14, 2017, 8:36 a.m., https://twitter.com/billkristol/status/831497364661747712?lang=en.
17. David Horowitz and Richard Poe, The Shadow Party: How George Soros, Hillary Clinton, and Sixties Radicals Seized Control of the Demo- cratic Party (Nashville: Nelson Current, 2006), 78ff.
18. "MRC/YouGov Poll: Most Voters Saw, Rejected News Media Bias," Media Research Center, November 15, 2016, accessed August 1, 2017, https://www.newsbusters.org/blogs/nb/nb-staff/2016/11/15/mrcyougov-poll-most-voters-saw-rejected-news-media-bias.
19. "O'Reilly: At Least 3 Media Orgs Have 'Ordered Employees to Destroy Trump,'" Fox News, October 10, 2016, accessed August 1, 2017, http://insider.foxnews.com/2016/10/10/oreilly-least-3-media-orgs-have-ordered-employees-destroy-trump.
20. Tom Westervelt and Raghavan Mayur, "Media Malpractice? Media Bias and the 2016 Election," Investor's Business Daily, November 18, 2016, accessed August 1, 2017, http://www.investors.com/politics/commentary/media-malpractice-media-bias-and-2016-election/.
21. David Chalian, "Road to 270: CNN's Latest Electoral College Map," CNN, August 25, 2016, accessed August 15, 2017, http://www.cnn.com/2016/08/19/politics/road-to-270-electoral-college-map-3-august/index.html; David Chalian,

"Road to 270: CNN's Latest Electoral College Map," CNN, October 10, 2016, accessed August 15, 2017, http://www.cnn.com/2016/09/22/politics/road-to-270-electoral-college-map-4-september/index.html; Josh Katz, "Who Will Be President?," New York Times, November 8, 2016, accessed August 15, 2017, https://www.nytimes.com/interactive/2016/upshot/presidential-polls-forecast.html.
22. Jim Rutenberg, "A 'Dewey Defeats Truman' Lesson for the Digital Age," New York Times, November 9, 2016, accessed June 7, 2017, https:// www.nytimes.com/2016/11/09/business/media/media-trump-clinton.html?_r=1.
23. Thomas E. Patterson, "News Coverage of the 2016 General Election: How the Press Failed the Voters," Shorenstein Center, December 7, 2016, accessed June 2, 2017, https://shorensteincenter.org/news-coverage-2016-general-election/.

[Chapter 02]

1. David Aikman, "Does Trump Want to Remake America 'Morally'?," Charisma News, June 29, 2017, accessed June 29, 2017, http://www.CharismaNews.com/politics/opinion/65909-does-trump-want-to-remake-america-morally.
2. Ibid.
3. Ibid.
4. Ibid.
5. Supreme Court of the United States, Engel v. Vitale, June 25, 1962, accessed August 1, 2017, https://supreme.justia.com/cases/federal/us/370/421/case.html.
6. Supreme Court of the United States, School Dist. of Abington Tp. v. Schempp, June 17, 1963, accessed August 1, 2017, https://supreme.justia.com/cases/federal/us/374/203/case.html.
7. Supreme Court of the United States, Roe v. Wade, Justia, January 22, 1973, accessed August 1, 2017, https://supreme.justia.com/cases/federal/us/410/113/case.html.
8. Supreme Court of the United States, Obergefell v. Hodges, Justia, June 26, 2015, accessed August 1, 2017, https://supreme.justia.com/cases/federal/us/576/14-556/.
9. In communication with author.
10. In communication with author.
11. Aikman, "Does Trump Want to Remake America 'Morally'?"
12. Ibid.
13. Ibid.
14. Ibid.
15. In communication with author.
16. In communication with author.
17. In communication with author.
18. Ibid.
19. In communication with author.
20. In communication with author.

21. Ibid.
22. Ibid.
23. Ibid.
24. Ibid.
25. Ibid.
26. Ibid.
27. Ibid.
28. James Robison, "Faith and Prayer in the Oval Office: James Robison Speaks With Jack Graham," The Stream, July 14, 2017, accessed August 2, 2017, https://stream.org/faith-prayer-oval-office-james-robison-speaks-jack-graham/.
29. Ibid.
30. Ibid.
31. In communication with author.
32. In communication with author.

[Chapter 03]

1. Jonathan Allen and Amie Parnes, Shattered: Inside Hillary Clinton's Doomed Campaign (New York: Crown Books, 2017), 380–384; Nathan Heller, "A Dark Night at the Javits Center," New Yorker, November 9, 2016, accessed June 21, 2017, http://www.newyorker.com/culture/culture-desk/a-dark-night-at-the-javits-center.
2. Steve Lohr and Natasha Singer, "How Data Failed Us in Calling the Election," New York Times, November 10, 2016, accessed August 2, 2017, https://www.nytimes.com/2016/11/10/technology/the-data-said-clinton-would-win.
3. New York Times Video "Clinton Campaign Chairman Speaks at Javits Center," New York Times, November 9, 2016, accessed August 3, 2017, https://www.nytimes.com/video/us/politics/100000004708086/podesta-clinton-speech-election-day.html.
4. "Transcript: Donald Trump Speaks at Victory Rally," NPR, November 9, 2016, accessed August 3, 2017, http://www.npr.org/2016/11/09/500715254/transcript-donald-trump-speaks-at-victory-rally.
5. Ibid.
6. Elizabeth Dias, "How Evangelicals Helped Donald Trump Win," Time, November 9, 2016, accessed June 14, 2017, http://time.com/4565010/donald-trump-evangelicals-win/.
7. Ibid.
8. Ibid.
9. Ibid.
10. Marcus Yam, "Trump Head Burned in Effigy Outside L.A. City Hall," Los Angeles Times, November 9, 2016, accessed August 3, 2017, http://www.latimes.com/nation/politics/trailguide/la-na-election-aftermath-updates-trail-trump-head-burned-in-effigy-outside-la-1478751211-htmlstory.html.
11. Euan McKirdy, Susanna Capelouto, and Max Blau, "Thousands Take to the

주석 **345**

Streets to Protest Trump Win," CNN, November 10, 2016, accessed August 3, 2017, http://www.cnn.com/2016/11/09/politics/election-results-reaction-streets/index.html.
12. Barbara Demick and Vera Haller, "Thousands Protest Trump in New York," Los Angeles Times, November 9, 2016, accessed August 3, 2017, http://www.latimes.com/nation/la-na-new-york-trump-protest-20161109-story.html.
13. Newt Gingrich, "Hannity: The American People Have Finally Been Heard; Newt Gingrich on President-Elect Trump's Calls for Unity," tran-script, Fox News, November 9, 2016, accessed August 3, 2017, http://www.foxnews.com/transcript/2016/11/09/hannity-american-people-have-finally-been-heard.html.
14. Bernie Sanders, "Bernie Sanders on Resisting Trump, Why the Democratic Party Is an 'Absolute Failure' and More," transcript, Democracy Now!, July 3, 2017, accessed August 3, 2017, https://www.democracynow.org/2017/7/3/bernie_sanders_on_resisting_trump_why.
15. Ibid.
16. Jennifer Wishon, "Bible Studies at the White House: Who's Inside This Spiritual Awakening?," CBN News, July 31, 2017, accessed August 3, 2017, http://www1.cbn.com/cbnnews/politics/2017/july/bible-studies-at-the-white-house-whos-at-the-heart-of-this-spiritual-awakening.
17. Capitol Ministries website, accessed August 3, 2017, https://capmin.org/ministries/washington-dc/.
18. "Statement of Faith," Capitol Ministries website, accessed August 3, 2017, https://capmin.org/about/statement-of-faith-2/.
19. Tom Gjelten, "With His Choice of Inauguration Prayer Leaders, Trump Shows His Values," NPR, January 13, 2017, accessed June 12, 2017, http://www.npr.org/2017/01/13/509558608/with-his-choice-of-inauguration-prayer-leaders-trump-shows-his-values.
20. "Billy Graham: Pastor to Presidents," BGEA, February 19, 2012, accessed August 3, 2017, https://billygraham.org/story/billy-graham-pastor-to-presidents-2/.
21. Gjelten, "With His Choice of Inauguration Prayer Leaders, Trump Shows His Values."

[Chapter 04]

1. Marvin Olansky and the editors, "Unfit for Power," WORLD, October 29, 2016, accessed August 3, 2017, https://world.wng.org/2016/10/unfit_for_power.
2. Ramesh Ponnuru, "Clinton on Late-Term Abortions: Checking the Fact-Checkers," National Review, October 14, 2016, accessed August 3, 2017, http://www.nationalreview.com/article/441071/hillary-clinton-late-term-abortion-supporter.
3. Alastair Jamieson, "Hillary Clinton: Half of Trump Supporters Belong in 'Basket of Deplorables,'" NBC News, September 10, 2016, accessed August 3, 2017, http://www.nbcnews.com/politics/2016-election/hillary-clinton-half-trump-

supporters-belong-basket-deplorables-n646026.
4. Tom Gjelten, "Evangelical Leader Under Attack for Criticizing Trump Supporters," NPR, December 20, 2016, accessed June 25, 2017, http:// www.npr.org/2016/12/20/506248119/anti-trump-evangelical-faces-backlash.
5. Russell Moore, Twitter post, October 8, 2016, 1:39 a.m., https://twitter.com/drmoore/status/784825668257316873.
6. Gjelten, "Evangelical Leader Under Attack for Criticizing Trump Supporters."
7. Ibid.
8. R. Albert Mohler Jr. "Donald Trump Has Created an Excruciating Moment for Evangelicals," Washington Post, October 9, 2016, accessed June 25, 2017, https://www.washingtonpost.com/news/acts-of-faith/wp/2016/10/09/donald-trump-has-created-an-excruciating-moment-for-evangelicals/.
9. Jack Jenkins, "A List of Faith Leaders Calling Out the Religious Right for Failing to Abandon Trump," ThinkProgress, October 9, 2016, accessed June 25, 2017, https://thinkprogress.org/a-list-of-faith-leaders-calling-out-the-religious-right-for-failing-to-abandon-trump-7a2ee8f b26e6.
10. Beth Moore, Twitter post, October 9, 2016, 9:07 a.m., https://twitter.com/bethmoorelpm/status/785119502769852418?lang=en.
11. Beth Moore, Twitter post, October 9, 2016, 9:34 a.m., https://twitter.com/bethmoorelpm/status/785126388776873985?lang=en.
12. Stephen Moore, "The Never Trumpers Do Need to Get a Hold of Themselves," American Spectator, August 23, 2016, accessed June 7, 2017, https://spectator.org/the-republicans-sore-loser-caucus/.
13. Ibid.
14. Ibid.
15. Gregory A. Smith and Jessica Martínez, "How the Faithful Voted: A Preliminary 2016 Analysis," Pew Research Center, November 9, 2016, accessed August 4, 2017, http://www.pewresearch.org/fact-tank/2016/11/09/how-the-faithful-voted-a-preliminary-2016-analysis/.
16. Tim Alberta, "Inside the Secret Meeting Where Conservative Leaders Pledged Allegiance to Ted Cruz," National Review, December 14, 2015, accessed June 22, 2017, http://www.nationalreview.com/article/428515/conservative-leaders-ted-cruz-earns-their-allegiance-secret-meeting.
17. Ibid.
18. Ibid.
19. Ibid.
20. Ibid.
21. Ibid.
22. Ibid.
23. John Stemberger, "WMFE: Radio Interview With John Stemberger on the 2016 Presidential Election," YouTube video, 2:03, October 13, 2016, posted by Florida Family Policy Council, https://www.youtube.com/watch?v=tK-wo_HOACg.
24. "FULL TEXT: Donald Trump's 2016 Republican National Convention Speech,"

ABC News, July 22, 2016, accessed August 4, 2017, http://abcnews.go.com/Politics/full-text-donald-trumps-2016-republican-national-convention/story?id=40786529.
25. Lance Wallnau, "Is Trump Himself a Prophet? This Businessman Says Yes!," Charisma Media, August 18, 2016, accessed August 4, 2017, https://www.charismanews.com/opinion/59307-is-trump-himself-a-prophet-this-businessman-says-yes.
26. Ben A. Franklin, "200,000 March and Pray in Washington," Courier-Journal, April 30, 1980, Newspapers.com, accessed August 4, 2017, https://www.newspapers.com/newspage/109434617/.
27. Ronald Reagan, "National Affairs Campaign Address on Religious Liberty (Abridged)," American Rhetoric, August 22, 1980, accessed August 4, 2017, http://www.americanrhetoric.com/speeches/ronaldreaganreligious liberty.htm.
28. Jennifer Harper, "Franklin Graham … Calls for 'Christian Revolution'," Washington Times, November 6, 2016, accessed June 23, 2017, http:// www.washingtontimes.com/news/2016/nov/6/frankling-graham-asks-nation-to-pray-on-election-d/.
29. Ibid.
30. Jennifer LeClaire, "Will We Make the Right Decision?," Charisma, October 2016, 48.
31. Ibid.
32. "Dr. James Dobson on Donald Trump's Christian Faith," Family Talk, accessed August 24, 2017, http://drjamesdobson.org/news/dr-james-dobson-on-trumps-christian-faith; James Dobson, "A Conversation With Donald Trump," Family Talk, August 2016, accessed August 24, 2017, https://www.drjamesdobson.org/news/commentaries/archives/2016-news letters/august-newsletter-2016.
33. "Dr. James Dobson on Donald Trump's Christian Faith," Family Talk.
34. "Dr. James Dobson Endorses Donald J. Trump for President of the United States," Religion News Service, July 22, 2016, accessed August 24, 2017, http://religionnews.com/2016/07/22/dr-james-dobson-endorses-donald-j-trump-for-president-of-the-united-states/.
35. OxfordDictionary.com, s.v. "epistemology," accessed August 24, 2017, https://en.oxforddictionaries.com/definition/us/epistemology.

[Chapter 05]

1. David Jackson, "Republicans Hope to Find 'Missing' Evangelical Voters," USA Today, October 19, 2016, accessed August 5, 2017, https:// www.usatoday.com/story/news/politics/elections/2015/10/19/2016-campaign-republicans-evangelicals/74206060/.
2. Jim Garlow, "Prop 8 Preserves Freedoms," jimgarlow.com, October 30, 2008, accessed August 5, 2017, http://www.jimgarlow.com/381/prop-8-preserves-freedoms/. Controversy, endless media attacks, and a heated war of words

followed passage of the bill, and in 2013 the US Supreme Court upheld an earlier federal court ruling blocking the amendment and allowing same-sex marriages to continue in that state.
3. Jim Garlow, "Deciphering Hillary's Strong Delusion," Charisma, October 2016, 40-42.
4. In communication with author.
5. Lindsey Cook, "South Carolina's Key Role in the Presidential Race," U.S. News and World Report, February 17, 2016, accessed August 6, 2017, https://www.usnews.com/news/blogs/data-mine/articles/2016-02-17/south-carolinas-key-role-in-the-2016-presidential-race.
6. In communication with author.
7. Ibid.
8. Leigh Ann Caldwell, "Donald Trump Wins South Carolina Primary," NBCNews.com, February 21, 2016, accessed August 6, 2017, http://www.nbcnews.com/politics/2016-election/trump-wins-south-carolina-primary-nbc-news-projects-n522726.
9. Paul Bedard, Twitter post, November 9, 2016, 12:30 p.m., https://twitter.com/SecretsBedard/status/796223524528603136.

[Chapter 06]

1. The first woman to pray at a presidential inauguration was Myrlie Evers-Williams who offered the invocation at the second inauguration of President Obama, on January 21, 2013, but unlike Paula White Cain, she was not a minister.
2. In communication with author.
3. Patrick Healy and Megan Thee-Brenan, "More Republicans See Donald Trump as Winner, Poll Finds," New York Times, September 15, 2015, accessed August 6, 2017, https://www.nytimes.com/2015/09/16/us/politics/gop-support-for-donald-trump-rising-as-ben-carson-gains-poll-finds.html.
4. Author personally attended this event, which was also reported by Amy Sullivan, "Obama's Play for the Faithful," New York Times, June 12, 2008, accessed August 6, 2017, http://content.time.com/time/politics/article/0,8599,1814206,00.html.
5. "Paula White, Kenneth Copeland and Others Lay Hands On, Pray for Donald Trump," YouTube video, 0:59, September 30, 2015, posted by Christian News, https://www.youtube.com/watch?v=EQ18exdhR6I; "Praying for Donald Trump 9-28-2015 at Trump Tower NYC," YouTube video, Sep- tember 28, 2015, posted by Donald Nori Jr Don Nori, https://www.youtube.com/watch?v=TthhM3gL3ZM.
6. "Paula White, Kenneth Copeland and Others Lay Hands On, Pray for Donald Trump," YouTube video, 3:10.
7. "Pastor Takes You Inside the Oval Office Prayer Meeting," CBN News, July 14, 2017, accessed August 21, 2017, http://www1.cbn.com/cbnnews/us/2017/july/pastor-takes-you-inside-the-oval-office-prayer-meeting; "The Truth Behind the Oval Office Prayer Circle," Fox News, http://video.foxnews.com/v/5508752433001/?#sp=show-clips.

8. Donald Trump's Twitter page, accessed August 19, 2017, https://twitter.com/realdonaldtrump/status/692028126189199360?lang=en.
9. Marv Knox, "Editorial: The 'Downward Death Spiral' of Hypocrisy," Baptist Standard, January 28, 2016, accessed August 16, 2017, https://www.baptiststandard.com/opinion/editorial/18753-editorial-the-downward-death-spiral-of-hypocrisy.
10. Elizabeth Landers, "Some Liberty University Students Rebel Against Falwell Over Trump," CNN, October 13, 2016, accessed August 16, 2017, http://www.cnn.com/2016/10/13/politics/liberty-university-jerry-falwell-jr-donald-trump/index.html.
11. David Weigel and Jose A. DelReal, "Phyllis Schlafly Endorses Trump in St. Louis," Washington Post, March 11, 2016, accessed August 16, 2017, https://www.washingtonpost.com/news/post-politics/wp/2016/03/11/phyllis-schlafly-endorses-trump-in-st-louis/?utm_term=.ef03a272e96c.
12. Julia Hahn, "Exclusive–Phyllis Schlafly Makes the Case for Presi- dent Trump: 'Only Hope to Defeat the Kingmakers'," Breitbart, January 10, 2016, accessed August 16, 2017, http://www.breitbart.com/big-government/2016/01/10/phyllis-schlafly-makes-the-case-for-president-trump/.
13. Donald Trump, Twitter post, September 6, 2016, 6:00 a.m., https://twitter.com/realdonaldtrump/status/773113752271060992?lang=en.
14. "Trump Speaks at Phyllis Schlafly's Funeral," YouTube video, 0:07, posted by CNN, https://www.youtube.com/watch?v=1Bng_6HZlPM.
15. Donald J. Trump's Facebook page, accessed August 16, 2017, https://www.facebook.com/pg/DonaldTrump/about/?ref=page_internal.
16. Lance Wallnau, "Donald Trump Key to Isaiah 45 Prophecy?," Cha- risma News, August 17, 2016, accessed August 16, 2017, https://www.charismanews.com/opinion/59304-donald-trump-key-to-isaiah-45-prophecy.
17. "Kim Clement: 'God Says, 'Time Magazine Will Have No Choice but to Say What I Want Them to Say,'" The Elijah List, April 14, 2007, accessed August 16, 2017, http://www.elijahlist.com/words/display_word/5190.
18. Bob Eschilman, "A Prophetic [Political] Showdown," Charisma, October 2016, 50.
19. Ibid.
20. "TRUNEWS 04/18/16 Mark Taylor | God's Man," TRUNEWS, April 18, 2016, audio 9:09, http://www.trunews.com/listen/firefighter-prophecy-trump-mark-taylor-gods-man.
21. Bob Eschilman, "Donald Trump Is a Central Figure in This Prophecy," Charisma News, April 22, 2016, accessed August 17, 2017, https://www.charismanews.com/politics/primaries/56703-donald-trump-is-a-central-figure-in-this-prophecy.
22. Eschilman, "A Prophetic [Political] Showdown."
23. Steve Strang, "Pastor Darrell Scott Says It's Possible That Trump Will Win by a Landslide and Become America's Greatest President," Strang Report, podcast

audio, MP3, accessed August 17, 2017, https://www.charismapodcastnetwork.com/shows/strangreport/1c13dd7eeb0616d5c4964 d465d3c7cf b.

24. Jessilyn Justice, "Frank Amedia Makes Bold Prophetic Declara- tion Over Donald Trump," Charisma News, September 27, 2016, accessed August 11, 2017, http://macarthur.CharismaNews.com/politics/60182-frank-amedia-makes-bold-prophetic-declaration-over-donald-trump0.

25. Ibid.

26. Steve Strang, "Is Donald Trump America's Cyrus? With Lance Wallnau," Strang Report, podcast audio, MP3, 18:0, accessed May 6, 2016, https://www.cpnshows/.com/shows/strangreport/fa261ca761f b800f76c6804 ed34998f5.

27. Jerome Corsi, "Viral Sermon Hints at God's Hidden Purpose for Trump," WND.com, October 18, 2016, http://www.wnd.com/2016/10/viral-sermon-hints-at-gods-hidden-purpose-for-trump/#xO3ohq9JxlWixrTm.99.

28. Strang, "Is Donald Trump America's Cyrus? With Lance Wallnau."

29. Tom Horn, "Divine Providence and a Big Question: If God Was Behind the Election of Donald Trump, Is He a Cyrus (Deliverer) or Ne- buchadnezzar (Agent of Judgment)?," Charisma News, August 22, 2017, accessed August 30, 2017, http://tinyurl.com/tom-horn-divine-providence.

30. Ibid.

[Chapter 07]

1. Neil Irwin, Claire Cain Miller, and Margot Sanger-Katz, "America's Racial Divide, Charted," New York Times, August 19, 2014, accessed June 26, 2017, https://www.nytimes.com/2014/08/20/upshot/americas-racial-divide-charted.html?mcubz=2.

2. Ibid.

3. Alan Gomez, "Another Election Surprise: Many Hispanics Backed Trump," USA Today, November 9, 2016, accessed August 17, 2017, https://www.usatoday.com/story/news/politics/elections/2016/2016/11/09/hispanic-vote-election-2016-donald-trump-hillary-clinton/93540772/; Mark Hugo Lopez and Paul Taylor, "Latino Voters in the 2012 Election," Pew Research Center, November 7, 2012, accessed August 17, 2017, http://www.pew hispanic.org/2012/11/07/latino-voters-in-the-2012-election/.

4. Amanda Sakuma, "Trump Did Better With Blacks, Hispanics Than Romney in 12: Exit Polls," NBC News, November 9, 2016, accessed August 7, 2017, http://www.nbcnews.com/storyline/2016-election-day/trump-did-better-blacks-hispanics-romney-12-exit-polls-n681386.

5. Omri Ben-Shahar, "The Non-Voters Who Decided the Election: Trump Won Because of Lower Democratic Turnout," Forbes, November 17, 2016, accessed August 7, 2017, https://www.forbes.com/sites/omribenshahar/2016/11/17/the-non-voters-who-decided-the-election-trump-won-because-of-lower-democratic-turnout/#32de9d4453ab.

6. Newt Gingrich, Understanding Trump (New York: Center Street, 2017), 152.

7. "Presidential Candidates Videos," NHCLC, accessed August 7, 2017, https://nhclc.

org/presidential-candidates-videos/.
8. "2016 Presidential Election Results," 270towin.com, accessed August 7, 2017, http://www.270towin.com/maps/2016-actual-electoral-map; From data collected by Ralph Reed's Faith and Freedom Coalition as shared on Monday, November 14, 2016, on a conference call meeting with the Faith Advisory Board.
9. Samuel Rodriguez, in communication with author.
10. Ibid.
11. Heather Sells, "Latino Leader Samuel Rodriguez: Trump Is Not a Racist," CBN News, April 29, 2016, accessed August 7, 2017, http://www1.cbn.com/cbnnews/politics/2016/april/latino-leader-samuel-rodriguez-trump-is-not-a-racist.
12. "Hispanic Evangelical Leader Rejects Univision Anchor's Anti- Trump Rant," NHCLC, accessed August 7, 2017, http://nhclc.org/hispanic-evangelical-leader-rejects-univision-anchors-anti-trump-rant/.
13. Ibid.
14. Samuel Rodriguez, in communication with author.
15. Ibid.
16. Ibid.
17. "Do Pastors Belong on the Trump Inauguration Stage?," Christianity Today, January 19, 2017, accessed August 7, 2017, http://www.christianitytoday.com/ct/2017/january-web-only/do-pastors-belong-on-trump-inauguration-stage.html.
18. Darrell Scott, "Trump: The Media's Portrayal Is Wrong," The Jim Bakker Show, November 1, 2016, accessed August 7, 2017, https://jimbakker show.com/video/darrell-scott-frank-amedia-day-1/.
19. Steve Strang, "Pastor Darrell Scott Tells Us What His Friend Donald Trump Is Really Like," Strang Report, podcast audio, MP3, November 3, 2016, accessed August 7, 2017, https://www.charismapodcast network.com/shows/strangrepo rt/23fe5a40df8d23cbd9cd5d2d93b4e6fc.
20. Ibid.
21. Ibid.
22. In communication with author; David Brody, "Donald Trump Will Appear on Christian TV Courting African-American Community," CBN News, August 29, 2016, accessed August 7, 2017, http://www1.cbn.com/the brodyfile/archive/2016/08/29/new-this-morning-donald-trump-going-to-church-will-appear-on-christian-tv-courting--community.
23. Nikita Vladimirov, "Pastor Presents Trump With Prayer Shawl During Church Visit," The Hill, September 3, 2016, accessed August 7, 2017, http://thehill.com/blogs/ballot-box/presidential-races/294403-pastor-presents-trump-with-prayer-shawl-during-church.
24. Seema Mehta, "Ivanka Trump Introduces Father as a Colorblind, Gender-Neutral Leader," Los Angeles Times, July 22, 2016, accessed August 19, 2017, http://www.latimes.com/nation/politics/trailguide/la-na-republican-convention-2016-trump-ivanka-trump-introduces-father-as-a-1469156040-htmlstory.html.

25. Alveda King, in communication with author.
26. Ibid.
27. Alveda King, "Niece of Dr. Martin Luther King Speaks Out for the Future of the Yet Unborn," Priests for Life, accessed August 7, 2017, http:// www.priestsforlife.org/africanamerican/howcandreamsurvive.htm.
28. Karen Pazol, Andreea A. Creanga, and Denise J. Jamieson, "Abor- tion Surveillance—United States, 2012," Centers for Disease Control and Prevention, November 27, 2015, accessed August 7, 2017, https://www.cdc.gov/mmwr/preview/mmwrhtml/ss6410a1.htm#tab3.
29. Alveda King, in communication with author.
30. Gingrich, Understanding Trump.
31. Donald Trump, "The Inaugural Address," The White House, Jan- uary 20, 2017, accessed August 7, 2017, https://www.whitehouse.gov/inaugural-address.
32. Gingrich, Understanding Trump, 134.
33. Harry Jackson, "Evangelicals and the 2016 Presidential Election," C-SPAN, September 16, 2016, accessed August 7, 2017, https://www.c-span.org/video/?415379-1/evangelical-leaders-discuss-2016-presidential-election.
34. Ibid.
35. Ibid.
36. Chuck Pierce, in communication with author.
37. "State Department Sent Taxpayer Money to Group That Attempted to Oust Israel's Netanyahu," Fox News, July 13, 2016, accessed August 7, 2017, http://www.foxnews.com/politics/2016/07/13/state-department-sent-taxpayer-money-to-group-that-attempted-to-oust-israels-netanyahu.html.
38. Chuck Pierce, in communication with author.
39. Ibid.
40. Ibid.
41. "Is the Author of a Book Critical of Islam an Ancestor of President Bush?," archived from USINFO, updated January 27, 2005, accessed August 7, 2017, https://web.archive.org/web/20081112171741/http://usinfo.state.gov/media/Archive_Index/Life_of_Mohammed_Book_NOT_Authored_by_Grandfather_or_Ancestor_of_President_Bush.html.
42. "Professor George Bush (1796–1859)," Friends of Zion Museum, accessed August 7, 2017, https://www.fozmuseum.com/explore-foz/professor-george-bush-1796-1859/.
43. George Bush, The Valley of Vision; or The Dry Bones of Israel Revived (New York: Saxton & Miles, 1844), accessed August 7, 2017, https:// books.google.com/books?id=3TbDDxRB_t4C&source=gbs_navlinks_s.
44. Mike Evans, in communication with author.
45. Ibid.
46. Boaz Bismuth, "'If I Win, I Will Be Israel's True Friend in the White House,'" Israel Hayom, February 26, 2016, accessed August 8, 2017, http://www.israelhayom.com/site/newsletter_article.php?id=32049.

47. "Trump's 'Neutral' View on Israel Targeted by Rubio and Cruz at GOP Debate," Breaking Israel News, February 28, 2016, accessed August 8, 2017, https://www.breakingisraelnews.com/62384/trumps-neutral-view-israel-targeted-by-rubio-cruz-gop-debate-jerusalem/#KHFH8ilvQ8fRs6EO.97.
48. Shira Schmid, "Ivanka Trump and Shabbat: Pure Family Time," Jerusalem Post, November 9, 2016, accessed August 8, 2017, http://www.jpost.com/Opinion/Ivanka-Trump-and-Shabbat-Pure-family-time-472181; Hannah Hayes, "Ivanka Trump Proudly Keeps Kosher," Jewish Voice, March 6, 2015, accessed August 8, 2017, http://www.pressreader.com/usa/the-jewish-voice/20150306/281487864811618/TextView.
49. Jonathan Van Meter, "Ivanka Trump Knows What It Means to Be a Modern Millennial," Vogue, February 25, 2015, accessed August 8, 2017, http://www.vogue.com/article/ivanka-trump-collection-the-apprentice-family.
50. Michele Gorman, "Transcript: Donald Trump's Family Town Hall With CNN," Newsweek, April 13, 2016, accessed August 8, 2017, http://www.newsweek.com/donald-trump-cnn-family-town-hall-full-transcript-new-york-city-447144.
51. Emily Flitter, "Jewish Son-in-Law Kushner Guided Trump's Trium- phant AIPAC Speech," Haaretz.com, April 5, 2016, accessed August 8, 2017, http://www.haaretz.com/world-news/u-s-election-2016/1.712750.
52. Schmid, "Ivanka Trump and Shabbat: Pure Family Time."
53. James Robison, "Faith and Prayer in the Oval Office: James Robison Speaks With Jack Graham," The Stream, July 14, 2017, accessed August 8, 2017, https://stream.org/faith-prayer-oval-office-james-robison-speaks-jack-graham/.
54. Brandon Showalter, "Trump Says He Prayed for Wisdom From God While Touching Western Wall," Christian Post, May 24, 2017, accessed August 8, 2017, http://www.christianpost.com/news/trump-says-he-prayed-for-wisdom-from-god-while-touching-western-wall-184738/.
55. Luke Baker and Steve Holland, "In U.S. Presidential First, Trump Prays at Jerusalem's Western Wall," Reuters, May 22, 2017, accessed August 8, 2017, http://www.reuters.com/article/us-usa-trump-israel-wall-idUSKBN18I1V6.
56. "Speech: Donald Trump at Celebrate Freedom Rally—July 1, 2017," Factbase, accessed August 8, 2017, https://factba.se/transcript/donald-trump-speech-celebrate-freedom-rally-july-1-2017.

[Chapter 08]

1. Donald Trump, in interview with author, August 11, 2016.
2. Donald Trump with Tony Schwartz, The Art of the Deal (New York: Random House, 1987), 45.
3. Kaitlin Menza, "16 Things You Didn't Know About Donald Trump's Father, Fred," Town & Country, April 5, 2017, accessed August 9, 2017, http://www.townandcountrymag.com/society/money-and-power/g9229257/fred-trump-facts/?slide=4; Trump with Schwartz, The Art of the Deal,74–76.
4. Trump with Schwartz, The Art of the Deal, 66.

5. Catherine Holder Spude, "Trump's Grandfather Made His Fortune in the Yukon," JuneauEmpire.com, February 9, 2017, accessed August 9, 2017, http://juneauempire.com/art/art/2017-02-09/trump-s-grandfather-made-his-fortune-yukon.
6. Tracie Rozhon, "Fred C. Trump, Postwar Master Builder of Housing for Middle Class, Dies at 93," New York Times, June 26, 1999, accessed August 9, 2017, http://www.nytimes.com/1999/06/26/nyregion/fred-c-trump-postwar-master-builder-of-housing-for-middle-class-dies-at-93.html.
7. Trump with Schwartz, The Art of the Deal, 66–68; Rozhon, "Fred C. Trump, Postwar Master Builder of Housing for Middle Class, Dies at 93."
8. Rozhon, "Fred C. Trump, Postwar Master Builder of Housing for Middle Class, Dies at 93."
9. Mary Pilon, "Donald Trump's Immigrant Mother," New Yorker, June 24, 2016, accessed August 9, 2017, http://www.newyorker.com/news/news-desk/donald-trumps-immigrant-mother; Steven Brocklehurst, "Donald Trump's Mother: From a Scottish Island to New York's Elite," BBC, January 19, 2017, accessed August 9, 2017, http://www.bbc.com/news/uk-scotland-38648877.
10. Torcuil Crichton, "Never Before Seen Pictures of Donald Trump's Scottish Mum Make a Mockery of His Migrant Bashing," Daily Mirror, August 8, 2016, accessed August 9, 2017, http://www.mirror.co.uk/news/world-news/never-before-seen-pictures-donald-8584962.
11. Trump with Schwartz, The Art of the Deal, 79–80.
12. Crichton, "Never Before Seen Pictures of Donald Trump's Scot- tish Mum Make a Mockery of His Migrant Bashing"; Meghan Murphy-Gill, "The Faith of Donald Trump," US Catholic, January 19, 2017, accessed August 9, 2017, http://www.uscatholic.org/articles/201701/faith-donald-trump-30910.
13. Liz Posner, "Who Is Donald Trump's Mother? Mary MacLeod Trump Has Such an Interesting Backstory," Bustle, October 26, 2015, accessed August 9, 2017, https://www.bustle.com/articles/119550-who-is-donald-trumps-mother-mary-macleod-trump-has-such-an-interesting-backstory; James Barron, "Overlooked Influences on Donald Trump: A Famous Minister and His Church," New York Times, September 5, 2016, accessed August 9, 2017, https://www.nytimes.com/2016/09/06/nyregion/donald-trump-marble-collegiate-church-norman-vincent-peale.html; Murphy-Gill, "The Faith of Donald Trump."
14. Colin Melbourne, "Scottish Hebrides Revival of 1949," accessed August 9, 2017, http://www.born-again-christian.info/scottish.hebrides.revival.duncan.campbell.htm.
15. Posner, "Who Is Donald Trump's Mother? Mary MacLeod Trump Has Such an Interesting Backstory."
16. Pilon, "Donald Trump's Immigrant Mother"; Timothy L. O'Brien, Trump Nation: The Art of Being The Donald (New York: Hachette Book Group, 2005), accessed August 9, 2017, https://books.google.com/books?id=VSyrCgAAQBAJ&dq=trump+nation&source=gbs_navlinks_s.
17. O'Brien, TrumpNation.

18. Trump with Schwartz, The Art of the Deal, 71.
19. Ibid.; O'Brien, TrumpNation.
20. Gwenda Blair, The Trumps: Three Generations of Builders and a Presidential Candidate (New York: Simon & Schuster, 2000), 404–405, accessed August 9, 2017, https://books.google.com/books?id=uJifCgAAQB AJ&q=robert#v=snippet&q=robert&f=false; Jane Musgrave, "Trump's Sister, the Federal Judge, 'a Little Different' From Him," PalmBeachPost.com, June 10, 2016, accessed August 9, 2017, http://www.mypalmbeachpost.com/news/national-govt--politics/trump-sister-the-federal-judge-little-different-from-him/Xmh06XLsdyCgyb17snkFXJ/; "Elizabeth Trump Weds James Grau," New York Times, March 27, 1989, accessed August 9, 2017, http://www.nytimes.com/1989/03/27/style/elizabeth-trump-weds-james-grau.html.
21. O'Brien, TrumpNation.
22. Ibid.
23. Trump with Schwartz, The Art of the Deal, 73; O'Brien, TrumpNation.
24. Hunter Walker, "Donald Trump's Classmates Share Their Memo- ries About His 'Lord of the Flies' Days in Military School," Business Insider, October 5, 2015, accessed August 9, 2017, http://www.businessinsider.com/donald-trump-high-school-classmates-what-he-was-like-2015-10.
25. Trump with Schwartz, The Art of the Deal.
26. Ibid.; O'Brien, TrumpNation.
27. M. J. Lee, "God and the Don," CNN, June 2017, accessed August 8, 2017, http://www.cnn.com/interactive/2017/politics/state/donald-trump-religion/.
28. Jim Milliot, "Trump Signs for New Book With S&S," Publisher's Weekly, September 21, 2015, accessed August 8, 2017, https://www.publishersweekly.com/pw/by-topic/industry-news/book-deals/article/68124-trump-signs-for-new-book-with-s-s.html.
29. Donald J. Trump's Facebook page, January 30, 2016, accessed August 8, 2017, https://www.facebook.com/DonaldTrump/videos/10156583412010725/.
30. Murphy-Gill, "The Faith of Donald Trump."
31. Timothy L. Hall, American Religious Leaders (New York: Facts on File, 2003), 289, accessed August 8, 2017, https://books.google.com/books?id=-eBX522JniwC&dq=hall+american+religious+leaders&source=gbs_navlinks_s.
32. Norman Vincent Peale, The Power of Positive Thinking, Simon & Schuster Inc., accessed August 8, 2017, http://www.simonandschuster.com/books/The-Power-of-Positive-Thinking/Dr-Norman-Vincent-Peale/9780743234801.
33. Bart Barnes, "Leonard Earle LeSourd, Guideposts Editor, Dies," Washington Post, February 7, 1996, accessed August 8, 2017, https://www.washingtonpost.com/archive/local/1996/02/07/leonard-earle-lesourd-guideposts-editor-dies/5b94e4ce-f212-4ce8-a041-7ecd7386cb15/?utm_term=.cd8d0056c73d.
34. Norman Vincent Peale, The True Joy of Positive Living: An Autobi- ography (New York: Open Road Integrated Media, 2015), accessed August 8, 2017, https://books.google.com/books?id=BB5ZCgAAQBAJ&dq=the+true+joy+of+po

sitive+living+%22ben+arneson%22&source=gbs_navlinks_s.
35. Norman Vincent Peale, The True Joy of Positive Living: An Autobiography (New York: William Morrow & Co., special edition for the Foundation for Christian Living, 1984), 220-221.
36. Ibid.
37. In communication with author.
38. April Walloga, "The Trump 5: Meet the Fabulous Offspring of GOP Presidential Candidate Donald Trump," Business Insider, July 6, 2015, accessed August 19, 2017, http://www.businessinsider.com/meet-donald-trumps-five-children-2015-7.
39. Ibid.
40. Ibid.
41. Sarah Ellison, "Inside Ivanka and Tiffany Trump's Complicated Sister Act," Vanity Fair, February 2017, accessed August 19, 2017, https://www.vanityfair.com/news/2016/12/inside-ivanka-trump-and-tiffany-trump-complicated-sister-act.
42. Walloga, "The Trump 5."
43. Stephanie Dube Dwilson, "Donald Trump Jr.'s Family & Children: 5 Fast Facts You Need to Know," Heavy.com, July 12, 2017, accessed August 19, 2017, http://heavy.com/news/2017/07/donald-trump-jr-family-children-kids-wife-vanessa-parents-grandparents-milos-zelnicek/.
44. Walloga, "The Trump 5"; Alana Abramson, "Ivanka Trump's Book Will Appear on a 'New York Times' Bestseller List," FORTUNE, May 11, 2017, http://fortune.com/2017/05/11/ivanka-trumps-book-will-appear-on-a-new-york-times-bestseller-list/.
45. Kaitlin Menza, "18 Things You Didn't Know About Donald and Ivanka Trump's Father-Daughter Relationship," Redbook, http://www.redbookmag.com/life/g4235/ivanka-trump-donald-trump-relationship/.
46. Ibid.
47. Ibid.; Jamie Reysen and amNY.com staff, "Donald Trump's Family Tree: Melania, Ivanka, Tiffany, Eric and More Relatives," amNewYork, April 10, 2017, accessed August 21, 2017, http://www.amny.com/news/elections/donald-trump-s-family-tree-melania-ivanka-tiffany-eric-and-more-relatives-1.12039888.
48. Ibid.
49. Walloga, "The Trump 5."
50. Ibid.
51. Yaron Steinbuch, "Eric Trump and Wife Expecting First Child," Page Six, March 20, 2017, accessed August 19, 2017, http://pagesix.com/2017/03/20/eric-trump-and-wife-expecting-first-child/.
52. In communication with author.
53. Reysen and amNY.com staff, "Donald Trump's Family Tree."
54. Walloga, "The Trump 5"; Katie Rogers, "Tiffany Trump Will Attend Georgetown Law," New York Times, May 8, 2017, accessed August 19, 2017, https://www.nytimes.com/2017/05/08/us/politics/tiffany-trump-georgetown-law.html?mcubz=1.

55. Walloga, "The Trump 5."
56. Ibid.
57. In communication with author.
58. Ibid.
59. Alexandra King, "Barron Trump Will Be First Son in White House Since JFK Jr.," CNN, November 10, 2016, accessed August 19, 2017, http://www.cnn.com/2016/11/10/politics/barron-trump-first-son-in-white-house-since-jfk-jr-/index.html.
60. Bonnie Fuller, "Baron Trump: 5 Things to Know About Donald Trump's Youngest Son," Penske Media Corporation, accessed August 19, 2017, http://hollywoodlife.com/2016/07/21/who-is-barron-trump-donald-youngest-son-facts/.
61. Reysen, "Donald Trump's Family Tree."
62. In communication with author.
63. Maggie McGlamry, "Donald Trump, Jr. Visits Milner Church on Campaign Trail," Sinclair Broadcast Group, October 28, 2016, accessed August 8, 2017, http://wgxa.tv/news/local/donald-trump-jr-visits-milner-church-on-campaign-trail; Katherine Mozzone, "Trump Jr. Rallies for Donald Trump in New Mexico," KRQE News 13, November 4, 2016, accessed August 8, 2017, http://krqe.com/2016/11/04/trump-jr-to-rally-for-dad-in-new-mexico/.
64. Elisa Cipollone, "Don Jr. Goes to Church," LifeZette, November 6, 2016, accessed August 8, 2017, http://www.lifezette.com/faithzette/don-jr-goes-church/.
65. Ibid.
66. Ibid.
67. Ibid.
68. Donald Trump, in communication with author.
69. Kate Shellnutt and Sarah Eekhoff Zylstra, "Who's Who of Trump's 'Tremendous' Faith Advisers," Christianity Today, June 22, 2016, accessed August 8, 2017, http://www.christianitytoday.com/ct/2016/june-web-only/whos-who-of-trumps-tremendous-faith-advisors.html; Jonathan Swan and Sarah Ferris, "Trump Toughens Anti-Abortion Stance," The Hill, September 16, 2016, accessed August 8, 2017, http://thehill.com/blogs/ballot-box/presidential-races/296254-trump-strengthens-anti-abortion-stance.

[Chapter 09]

1. For a look at one exhaustive compilation, see Jasmine C. Lee and Kevin Quealy, "The 359 People, Places and Things Donald Trump Has Insulted on Twitter: A Complete List," New York Times, updated August 15, 2017, accessed August 15, 2017, https://www.nytimes.com/interactive/2016/01/28/upshot/donald-trump-twitter-insults.html?_r=0; Nick Gass, "Donald Trump's Greatest 2016 Tweets," POLITICO, June 6, 2015, accessed August 8, 2017, http://www.politico.com/story/2015/06/donald-trump-best-2016-tweets-119057.
2. Howard Kurtz, "Trump Ups the Ante on Twitter, Defying Media Criticism and His

Own Aides' Advice," Fox News, June 7, 2017, accessed August 8, 2017, http://www.foxnews.com/politics/2017/06/07/trump-ups-ante-on-twitter-defying-media-criticism-and-his-own-aides-advice.html.
3. James Lewis "What Does Donald Trump Really Believe?," American Thinker, February 28, 2016, accessed August 7, 2017, http://www.americanthinker.com/articles/2016/02/what_does_donald_trump_really_believe.html.
4. Ibid.
5. "2016 Republican Party Platform, July 18, 2016," The American Presidency Project, accessed August 7, 2017, http://www.presidency.ucsb.edu/ws/?pid=117718.
6. Ibid.
7. "Trump on the Somali Pirates," YouTube video, :39, Human Events, March 14, 2011, accessed August 7, 2017, https://www.youtube.com/watch?v=_HT-43axdgc; David Sherfinski, "Donald Trump: We will 'Eradicate' 'Radical Islamic Terrorism' 'From the Face of the Earth,'" Washington Times, January 20, 2017, accessed September 16, 2017, http://www.washingtontimes.com/news/2017/jan/20/donald-trump-we-will-eradicate-radical-islamic-ter/.
8. Dan Merica, "Trump on Waterboarding: 'We Have to Fight Fire With Fire,'" CNN, January 26, 2017, accessed August 7, 2017, http://www.cnn.com/2017/01/25/politics/donald-trump-waterboarding-torture/index.html.
9. "Congress Passes Long-Awaited Veterans Affairs Accountability Act," CBS News, June 14, 2017, accessed August 7, 2017, http://www.cbsnews.com/news/congress-passes-long-awaited-veterans-affairs-accountability-act/.
10. "Interview With Donald Trump," State of the Union, June 28, 2015, transcript, accessed August 7, 2017, http://transcripts.cnn.com/TRANSCRIPTS/1506/28/sotu.01.html.
11. "Biography Donald Trump Full Original," YouTube video, 22:32, posted by Biography Documentary Channel, March 24, 2017, https://www.youtube.com/watch?v=u4GWDJkBrXQ.
12. Ibid.; Robert Hanley, "Copter Crash Kills 3 Aides of Trump," New York Times, October 11, 1989, accessed August 7, 2017, http://www.nytimes.com/1989/10/11/nyregion/copter-crash-kills-3-aides-of-trump.html.
13. Trump headquarters, GOP fund-raising letter, June 14, 2017, received by Jim Nelson Black.
14. Latoya West, "Stephen Baldwin: Trump Would Make a Great President," Tennessean, July 15, 2015, accessed August 7, 2017, http://www.tennessean.com/story/entertainment/people/suburbarazzi/2015/07/15/stephen-baldwin-trump-would-make-a-great-president/30190301/.
15. Jessica Estepa, "Trump: ' My Job Is to Represent the United States of America,'" USA Today, March 1, 2017, accessed August 7, 2017, https://www.usatoday.com/story/news/politics/onpolitics/2017/02/28/trump-my-job-represent-united-states-america/98560320/.
16. "Remarks by President Trump in Joint Address to Congress," The White House, February 28, 2017, accessed August 8, 2017, https://www.whitehouse.gov/the-

press-office/2017/02/28/remarks-president-trump-joint-address-congress.
17. "President Trump's Trip Abroad," The White House, accessed August 8, 2017, https://www.whitehouse.gov/potus-abroad.
18. Ibid.
19. Sarah Pulliam Bailey, "Melania Trump Is Catholic, She Confirms After Vatican Visit," Washington Post, May 25, 2017, accessed August 8, 2017, https://www.washingtonpost.com/news/acts-of-faith/wp/2017/05/25/melania-trump-is-catholic-she-confirms-after-vatican-visit/?utm_term=.4cf08f4400f9.
20. "President Trump's Trip Abroad," The White House.

[Chapter 10]

1. Penny Starr, "FLASHBACK: Obama Says 'I Am Not a Supporter of Gay Marriage,'" CNSNews.com, June 29, 2015, accessed August 1, 2017, http://www.cnsnews.com/news/article/penny-starr/flashback-obama-says-i-am-not-supporter-gay-marriage.
2. Zeke J. Miller, "Axelrod: Obama Misled Nation When He Opposed Gay Marriage in 2008," Time, February 10, 2015, accessed August 19, 2017, http://time.com/3702584/gay-marriage-axelrod-obama/.
3. "Transcript: Robin Roberts ABC News Interview With President Obama," ABC News, May 9, 2012, accessed August 1, 2017, http://abcnews.go.com/Politics/transcript-robin-roberts-abc-news-interview-president-obama/story?id=16316043.
4. Miller, "Axelrod: Obama Misled Nation When He Opposed Gay marriage in 2008."
5. "FULL: Jon Voight at Voter Values Summit Washington, DC— Donald Trump," from the 2016 Voter Values Summit, televised by ABC, posted by "ABC15 Arizona," September 9, 2016, accessed August 1, 2017, https://www.youtube.com/watch?v=4G6lx_efQaU&list=PLgbKEZz9CBcggh34Sda71Y5TTmR6CJv04&index=9.
6. Ibid.
7. Ibid.
8. "Presidential Candidate Donald Trump at Values Voter Summit," C-SPAN, September 9, 2016, accessed August 1, 2017, https://www.c-span.org/video/?415005-3/presidential-candidate-donald-trump-values-voter-summit.
9. Ben Johnson, "Donald Trump's 4 Promises to the Values Voter Summit," LifeSiteNews.com, September 12, 2016, accessed August 19, 2017, https://www.lifesitenews.com/news/donald-trumps-4-promises-to-the-values-voters-summit.
10. Ibid.
11. Ibid.
12. "George Washington Gives First Presidential Inaugural Address," History.com, accessed August 8, 2017, http://www.history.com/this-day-in-history/george-washington-gives-first-presidential-inaugural-address.
13. Steven Waldman, "Inaugural Prayers Through History—The Ulti- mate Archive," Beliefnet, accessed August 8, 2017, http://www.beliefnet.com/columnists/

stevenwaldman/2009/01/inaugural-invocations-and-pray.html.
14. Emily McFarlan Miller, "Who's Praying at Trump's Inauguration? A Mix of Supporters, Critics and Firsts," Religion News Service, January 19, 2017, accessed August 8, 2017, http://religionnews.com/2017/01/19/whos-praying-at-trumps-inauguration-a-diverse-mix-of-supporters-critics-and-firsts/.
15. Ibid.
16. Miller, "Who's Praying at Trump's Inauguration? A Mix of Sup- porters, Critics and Firsts"; "Trump Presidential Inauguration 2017 (FULL EVENT)," ABC News YouTube channel, January 20, 2017, accessed August 8, 2017, https://www.youtube.com/watch?v=Nieiu8tmLIM.
17. "Trump Presidential Inauguration 2017 (FULL EVENT)," ABC News YouTube channel.
18. Donald Trump, "The Inaugural Address," The White House, Jan- uary 20, 2017, accessed August 7, 2017, https://www.whitehouse.gov/inaugural-address.
19. Ibid.
20. Eugene Scott, "White Evangelicals' Support of Trump Holding Steady," CNN, April 28, 2017, accessed August 9, 2017, http://www.cnn.com/2017/04/28/politics/pew-analysis-white-evangelicals-trump/index.html.
21. Gregory A. Smith, "Among White Evangelicals, Regular Church- goers Are the Most Supportive of Trump," Pew Research Center, April 26, 2017, accessed August 9, 2017, http://www.pewresearch.org/fact-tank/2017/04/26/among-white-evangelicals-regular-churchgoers-are-the-most-supportive-of-trump/.
22. "Read President Trump's Liberty University Commencement Speech," Time, May 13, 2017, accessed August 8, 2017, http://time.com/4778240/donald-trump-liberty-university-speech-transcript/.
23. "Presidential Executive Order Promoting Free Speech and Religious Liberty," The White House, May 4, 2017, accessed August 9, 2017, https://www.whitehouse.gov/the-press-office/2017/05/04/presidential-executive-order-promoting-free-speech-and-religious-liberty.
24. Matt Hadro, "Pro-Life, Religious Freedom Leaders Cheer Confirma- tion of Neil Gorsuch," CNA, April 7, 2017, accessed August 9, 2017, http:// www.catholicnewsagency.com/news/pro-life-religious-freedom-leaders-cheer-confirmation-of-neil-gorsuch-78077/.
25. "Read President Trump's Liberty University Commencement Speech," Time.
26. "Trump Right to Make Cuba Pay for Its Intransigence," Miami Herald, June 15, 2017, accessed August 19, 2017, http://www.miamiherald.com/opinion/editorials/article156494959.html.
27. Jennifer Rubin, "What Is Trump's Israel Policy?," Washington Post, February 16, 2017, accessed August 19, 2017, https://www.washingtonpost.com/blogs/right-turn/wp/2017/02/16/what-is-trumps-israel-policy/.
28. Ibid.
29. Pat Robertson, "Why Evangelical Christians Support Israel," PatRobertson.

com, accessed August 1, 2017, http://www.patrobertson.com/Speeches/IsraelLauder.asp.
30. Virgil, "The Emerging Trump Doctrine: The Defense of the West and Judeo-Christian Civilization," Breitbart, July 6, 2017, accessed August 19, 2017, http://www.breitbart.com/big-government/2017/07/06/virgil-the-emerging-trump-doctrine-the-defense-of-the-west-and-judeo-christian-civilization/.
31. Ibid.; "Polish Crowd Chants 'Donald Trump,'" WND.com, July 6, 2017, accessed August 19, 2017, https://news.grabien.com/story-polish-crowd-chants-donald-trumpusa-usa.
32. "Remarks by President Trump to the People of Poland: July 6, 2017," The White House, July 6, 2017, accessed August 1, 2017, https://www.whitehouse.gov/the-press-office/2017/07/06/remarks-president-trump-people-poland-july-6-2017.
33. Ibid.
34. Ibid.
35. Ibid.
36. Ibid.
37. Ibid.
38. Abby Phillip, John Wagner, and Michael Birnbaum, "Western Values Increasingly Endangered by Terrorism and Extremism, Trump Warns Europe," Washington Post, July 6, 2017, accessed August 1, 2017, https://www.washingtonpost.com/news/post-politics/wp/2017/07/06/in-poland-trump-reaffirms-commitment-to-nato-chides-russia/?utm_term=.7564396b7b11; Virgil, "The Emerging Trump Doctrine: The Defense of the West and Judeo-Christian Civilization," Breitbart, July 7, 2017.
39. "Remarks by President Trump to the People of Poland: July 6, 2017," The White House.
40. "America First Foreign Policy," The White House, accessed August 1, 2017, https://www.whitehouse.gov/america-first-foreign-policy. August 1, 2017, https://www.whitehouse.gov/bringing-back-jobs-and-growth.
42. Ibid.
43. Ibid.
44. "An America First Energy Plan," The White House, accessed August 1, 2017, https://www.whitehouse.gov/america-first-energy.
45. Ibid.
46. Linda Doman, "United States Remains Largest Producer of Petro- leum and Natural Gas Hydrocarbons," U.S. Energy Information Administra- tion, May 23, 2016, accessed August 19, 2017, https://www.eia.gov/today inenergy/detail.php?id=26352.
47. Anjli Raval, "US Oil Reserves Surpass Those of Saudi Arabia and Russia," CNBC, July 5, 2016, accessed August 19, 2017, http://www.cnbc.com/2016/07/05/us-oil-reserves-surpass-those-of-saudi-arabia-and-russia.html.
48. "Statement by President Trump on the Paris Climate Accord," The White House, June 1, 2017, accessed August 29, 2017, https://www.white house.gov/the-

press-office/2017/06/01/statement-president-trump-paris-climate-accord.
49. Ibid.
50. Ibid.
51. Ibid.
52. Ibid.

[Chapter 11]
1. Marlene Lenthang, "David Letterman on Donald Trump," People, October 8, 2016, accessed August 2, 2017, http://people.com/politics/david-letterman-donald-trump-new-yorker-festival/.
2. Angela Mosconi, "Trump Patriarch Eulogized as Great Builder," New York Post, June 30, 1999, accessed August 19, 2017, http://nypost.com/1999/06/30/trump-patriarch-eulogized-as-great-builder/.
3. Jonathan Mahler and Maggie Haberman, "For Rudy Giuliani, Embrace of Donald Trump Puts Legacy at Risk," New York Times, September 9, 2016, accessed August 19, 2017, https://www.nytimes.com/2016/09/10/us/politics/rudy-giuliani-donald-trump.html.
4. Rush Limbaugh, Rush Limbaugh Show, podcast audio, June 21, 2017.
5. Jennifer Calfas, "Twitter Founder Apologizes for Giving Presi- dent Trump a Platform: 'It's a Very Bad Thing,'" FORTUNE, May 21, 2017, accessed August 2, 2017, http://fortune.com/2017/05/21/donald-trump-twitter-evan-williams/.
6. Donald J. Trump's Facebook page, October 7, 2016, accessed August 2, 2017, https://www.facebook.com/DonaldTrump/videos/10157844642270725/.
7. Lance Wallnau, "Why I Believe Trump Is the Prophesied President," Charisma News, October 5, 2016, accessed August 2, 2017, http://www.charismanews.com/politics/opinion/60378-why-i-believe-trump-is-the-prophesied-president.
8. Rachael Bade, "Trump's Early Backers Seize Power in Congress," POLITICO, November 28, 2016, accessed August 20, 2017, http://www.politico.com/story/2016/11/trump-endorsement-congress-231777.
9. Jennifer G. Hickey, "Donald Trump's Early Congressional Sup- porters Find Their Loyalty Rewarded," Fox News, December 2, 2016, accessed August 20, 2017, http://www.foxnews.com/politics/2016/12/02/donald-trumps-early-congressional-supporters-find-their-loyalty-rewarded.html.
10. Eli Stokols, "Sen. Jeff Sessions Endorses Trump," POLITICO, Feb- ruary 28, 2016, accessed August 3, 2017, http://www.politico.com/story/2016/02/sen-jeff-sessions-endorses-trump-219939.
11. Hickey, "Donald Trump's Early Congressional Supporters Find Their Loyalty Rewarded."
12. Ibid.; Nick Gass, "Haley: I'll Support Trump if It Comes to That," POLITICO, February 26, 2016, accessed August 3, 2017, http://www.politico.com/blogs/2016-gop-primary-live-updates-and-results/2016/02/nikki-haley-donald-trump-marco-rubio-219848.
13. Melissa Quinn, "All You Need to Know About U.N. Pick Nikki Haley," Newsweek,

November 28, 2016, accessed August 3, 2017, http://www.newsweek.com/all-you-need-know-about-un-pick-nikki-haley-525955.
14. Donald J. Trump's personal Twitter account, January 26, 2016, accessed August 3, 2017, https://twitter.com/realdonaldtrump/status/692028126189199360?lang=en.
15. Sarah Rodriguez, "Falwell Speaks," Liberty Champion, March 8, 2016, accessed August 20, 2017, https://www.liberty.edu/champion/2016/03/falwell-speaks/.
16. Ibid.
17. Ibid.
18. Ibid.
19. Susan Berry, "Black Leader Endorses Donald Trump: Democrats 'Ask Us for Everything, Give Nothing Back,'" Breitbart, November 4, 2016, accessed August 3, 2017, http://www.breitbart.com/big-government/2016/11/04/black-leader-endorses-donald-trump-democrats-ask-us-for-everything-give-nothing-back/.

[Chapter 12]

1. "Remarks by President Trump at the National Prayer Breakfast," The White House, February 2, 2017, accessed August 8, 2017, https://www.white house.gov/the-press-office/2017/02/02/remarks-president-trump-national-prayer-breakfast.
2. Michael D. Shear, "Trump Discards Obama Legacy, One Rule at a Time," New York Times, May 1, 2017, accessed August 8, 2017, https://www.nytimes.com/2017/05/01/us/politics/trump-overturning-regulations.html.
3. Joel B. Pollak, "Trump's Use of the Congressional Review Act Is a Legislative Milestone," Breitbart, April 15, 2017, accessed August 20, 2017, http://www.breitbart.com/big-government/2017/04/15/trump-congressional-review-act-legislative-milestone/.
4. Donald J. Trump, Great Again: How to Fix Our Crippled America(New York: Simon & Schuster, 2015), 80.
5. Jessica Chasmar, "Obama on Capitalism vs. Communism: 'Just Choose From What Works,'" Washington Times, March 25, 2016, accessed August 8, 2017, http://www.washingtontimes.com/news/2016/mar/25/obama-on-capitalist-versus-communist-theory-just-c/.
6. YouTube video created by Victims of Communism Memorial Foun- dation, posted October 12, 2016, accessed August 22, 2017, https://www.youtube.com/watch?v=7yaPUL-oGjI&feature=youtu.be.
7. Dan Alexander, "Where Did Trump's Foundation Donate Its Money? IRS Documents Reveal Surprising Answers," Forbes, February 9, 2017, accessed August 8, 2017, https://www.forbes.com/sites/danalexander/2017/02/09/where-did-trumps-foundation-donate-its-money-irs-documents-reveal-surprising-answers/#4b1aa8e47b52.
8. Ibid.

9. John Cassidy, "Trump and the Truth: His Charitable Giving," New Yorker, September 24, 2016, accessed August 8, 2017, http://www.newyorker.com/news/john-cassidy/trump-and-the-truth-his-charitable-giving.
10. Alexander, "Where Did Trump's Foundation Donate Its Money? IRS Documents Reveal Surprising Answers."
11. Ibid.
12. Will Drabold, "Watch Rudy Giuliani's Energetic Speech at the Republican Convention," Time, July 18, 2016, accessed August 8, 2017, http://time.com/4412059/republican-convention-rudy-giuliani-transcript-video/.
13. Sean Hannity, "Rep. Mike McCaul Rips Iran Prisoner Swap as 'Bad deal,'" Fox News, January 18, 2016, accessed August 8, 2017, http://www.foxnews.com/transcript/2016/01/18/rep-mike-mccaul-rips-iran-prisoner-swap-as-bad-deal.html.
14. Ibid.
15. "Donald Trump Writes $25K Check to Sgt. Tahmooressi #Marine- Freed," Fox News, November 10, 2014, accessed August 29, 2017, http:// nation.foxnews.com/2014/11/10/donald-trump-writes-25k-check-sgt-tahmooressi-marinefreed.
16. Samuel Smith, "Pastor Confirms Donald Trump Gave $100K Donation for Louisiana Flood Relief," Christian Post, August 25, 2016, accessed August 8, 2017, http://www.christianpost.com/news/pastor-confirms-donald-trump-gave-100-thousand-dollar-donation-louisiana-flood-relief-168509/.
17. Ibid.
18. "Donald Trump, Mike Pence Visit With Franklin Graham and Samaritans Purse Flood Relief in Louisiana," Citizens for Trump, accessed August 20, 2017, http://citizensfortrump.com/2016/08/20/donald-trump-mike-pence-visit-franklin-graham-samaritans-purse-flood-relief-louisiana/.
19. "Trumped Up," Snopes.com, accessed August 20, 2017, http://www.snopes.com/luck/trump.asp. According to Digital Spy, Trump confirmed the story on The Celebrity Apprentice, https://forums.digitalspy.com/discussion/comment/84562632.
20. "Intervention by Trump Helps Stave Off Foreclosure of Family Farm," Associated Press, accessed August 9, 2017, http://www.apnews archive.com/1986/Intervention-By-Trump-Helps-Stave-Off-Foreclosure-Of-Family-Fawirerm/id-7b84fa6b5f9d67cd35f94363b48c03a4.
21. Jim Galloway, "That Time When Donald Trump Saved a Georgia Farm," Cox Media Group, December 12, 2016, accessed August 9, 2017, http://politics.blog.ajc.com/2015/12/26/that-time-when-donald-trump-saved-a-georgia-farm/.
22. Trump with Schwartz, The Art of the Deal, 4–5, 236.
23. Ibid.; Donald Trump, "Trump on Trump," New Yorker, November 16, 1987, 63.
24. Justin Jouvenal, "In Donated Shoes and Suit, a Trump Supporter Comes to Washington," Washington Post, January 18, 2017, accessed August 9, 2017, https://www.washingtonpost.com/local/dc-politics/in-donated-shoes-and-suit-a-trump-supporter-comes-to-washington/2017/01/18/ccb691dc-d839-

11e6-b8b2-cb5164beba6b_story.html.
25. Ibid.
26. Justin Jouvenal, "'This Is the Greatest Guy': Trump Meets FedEx Courier, Offers Him $10,000," Washington Post, January 19, 2017, accessed August 9, 2017, https://www.washingtonpost.com/local/dc-politics/this-is-the-greatest-guy-trump-meets-fedex-courier-offers-him-10000/2017/01/19/e227a8fc-de98-11e6-acdf-14da832ae861_story.html.
27. Hollie McKay, "She Guarded Trump's Star, but Still hasn't Saved Herself From LA Streets," Fox News, January 6, 2017, accessed August 9, 2017, http://www.foxnews.com/us/2017/01/06/guarded-trumps-star-but-still-hasnt-saved-herself-from-la-streets.html.
28. Ibid.
29. Kristinn Taylor, "BREAKING: Donald Trump Attorney Looking for Homeless Woman Beaten by Hillary Clinton Supporters in Hollywood," GatewayPundit.com, October 28, 2016, accessed August 9, 2017, http://www.thegatewaypundit.com/2016/10/breaking-donald-trump-attorney-looking-homeless-woman-beaten-hillary-clinton-supporters-hollywood/.
30. Jim Hoft, "Update: Homeless Woman Who Was Guarding Trump Hollywood Star Is Found—Trump Camp Notified," GatewayPundit.com, November 2, 2016, accessed August 9, 2017, http://www.thegatewaypundit.com/2016/11/update-homeless-woman-guarding-trump-hollywood-star-found-trump-camp-notified/.
31. "Read Donald Trump's Full Inauguration Speech," Time, updated January 24, 2017, accessed August 9, 2017, http://time.com/4640707/donald-trump-inauguration-speech-transcript/.
32. Abraham Lincoln, The Portable Abraham Lincoln, ed. Andrew Delbanco (New York: Penguin Books, 2009).
33. "Read Donald Trump's Full Inauguration Speech," Time.
34. Lincoln, The Portable Abraham Lincoln.

[결론]

1. Egberto Willies, "Singing Make America Great Again, Evangeli-cals Say Trump Is 'God Giving Us Another Chance,'" Daily Kos, July 3, 2017, accessed August 9, 2017, https://www.dailykos.com/stories/2017/7/3/1677574/-Singing-Make-America-Great-Again-Evangelicals-say-Trump-is-God-giving-us-another-chance.
2. "President Trump Tribute to Veterans at Kennedy Center," C-SPAN, July 1, 2017, accessed August 20, 2017, https://www.c-span.org/video/?430774-2/president-trump-tribute-veterans-kennedy-center.
3. Ibid.
4. M. J. Lee, "God and the Don," CNN, June 2017, accessed August 14, 2017, http://www.cnn.com/interactive/2017/politics/state/donald-trump-religion/.
5. Ibid.
6. Ibid.

7. Ibid.
8. Meghan Murphy-Gill, "The Faith of Donald Trump," U.S. Catholic, January 19, 2017, accessed August 20, 2017, http://www.uscatholic.org/articles/201701/faith-donald-trump-30910.
9. Ibid.
10. Lee, "God and the Don."
11. Lance Wallnau, "Why I Believe Trump Is the Prophesied President," Charisma, October 2016, 36–37; in communication with author.
12. R. T. Kendall, "Donald Trump and Toby," rtkendallministries.com, November 28, 2016, accessed August 14, 2017, https://rtkendallministries.com/donald-trump-and-toby.
13. Ibid.
14. Ibid.
15. Wallnau, "Why I Believe Trump Is the Prophesied President."
16. Willies, Singing Make America Great Again."
17. Todd Starnes, "Will the Real Church Please Stand Up?," Charisma, July 2017, 41–42.
18. Todd Starnes, The Deplorables' Guide to Making America Great Again (Lake Mary, FL: FrontLine, 2017), xvi.
19. In communication with author.
20. Ibid.
21. Ibid.

[에필로그]

1. Bret Thoman, "Tom Zimmer: The Hermit of Loreto and President Trump," And Amazing Grace (blog), March 8, 2017, accessed August 20, 2017, http://andamazinggrace.blogspot.com/2017/03/tom-zimmer-hermit-of-loreto-and.html?m=1.
2. Ibid.
3. Ibid.; Giacomo Capoverdi, "Hermit of Loreto," YouTube.com, posted February 19, 2017, accessed August 21, 2017, https://www.youtube.com/watch?v=lyV7kwMRzdo.
4. Capoverdi, "Hermit of Loreto."
5. Thoman, "Tom Zimmer: The Hermit of Loreto and President Trump."
6. In communication with author.
7. Thoman, "Tom Zimmer: The Hermit of Loreto and President Trump."
8. Ibid.
9. Ibid.
10. In communication with author.
11. Ibid.
12. Ibid.

〈하나님과 트럼프〉에 대한 초기의 찬사(추가)

이 책은 도널드 트럼프와 복음주의 크리스천들 간에 구축된 있을 법하지 않은 동맹을 이해하고자 하는 사람들에게 필독서다. 스티븐 스트랭은 우리나라에서 가장 영향력 있고 존경받는 크리스천 지도자들 중 하나다. 그래서 이 책을 강력하게 추천한다.

- 랄프 리드
의장, 믿음과 자유 연합
애틀랜타, 조지아주

미국 대선은 종종 종교적으로뿐 아니라 또한 정치적으로도 분열을 초래하는 행사다. 2016년 선거운동과 도널드 J. 트럼프의 당선도 예외는 아니다. 이 계속적이고, 여러 가지 점에서 깊어지는 분열의 상황에서, 스티븐 스트랭은 2016년 선거운동과 도널드 트럼프의 생애 및 복음주의 크리스천들이 이 대통령과 함께 맡게 되는 긴장과 기회를 통찰력 있게 조망해준다. 왜 그리고 어떻게 보수적인 크리스천들이 "바로 그 도널드"를 지지했는지 이해하고 싶어 하는 사람들에게, 이 책은 귀중한 자료다.

- 덕 비참 박사
총회장
국제오순절성결교회
베다니, 오클라호마주

복음주의 및 낙태 반대 가톨릭 크리스천들은 2016년 11월 8일의 투표 결과에서 기록적인 수치를 나타냈다. 오바마 행정부의 무법적 조치들의 종말을 보고자 했던 저들은 도널드 J. 트럼프를 대통령으로, 그것도 미국의 역사에서 공직을 맡아본 적도 없고 군복무를 해본 적도 없는 유일한 대통령을 뽑는 데 도움을 주었다. 스티븐 스트랭은 이 책에서 하나님의 기적을 입증함으로써 기독교계에 큰 기여를 했다.

– 데이비드 레인
미국 갱신 프로젝트
웨스트레이크 빌리지, 캘리포니아주

스티븐 스트랭은 마음으로부터 솔직하게 진실을 쓰고 있다. 이 필독서는 정치를 뛰어넘어 미국이 확실히 필요로 하는 상환횟수에까지 미친다. 자유가 울려 퍼지게 하라!

– 알베다 킹
전도자 겸 창립자, 알베다 킹 미니스트리스
애틀랜타, 조지아주

스티븐 스트랭은 다른 데서는 결코 찾아볼 수 없을 정도로 도널드 트럼프와 그의 신앙에 대해 객관적인 이야기를 충실하게 썼다. 당신은 이 책을 손에서 내려놓을 수 없을 것이다!

– R. T. 켄달
성경 교사 겸 저자
내슈빌, 테네시

스트븐 스트랭이 하는 것처럼 여론의 대세를 거역할 용기를 가진 사람은 별로 없다. 그렇기 때문에 그는 이 책을 쓰기에 합당한 자격이 있다. 이 책은 당신이 각성된 복음주의 교회를 통해 이루어져왔던 역사의 렌즈를 통해 트럼프 대통령을 볼 수 있도록 격려를 주고 동시에 대비(對比)도 하게 해줄 것이다.

– 신디 제이콥스 박사
제너럴스 인터내셔널
레드 오우크, 텍사스주

스티븐 스트랭은 미국의 정치사에서 가장 크게 충격을 준 이야기를 엮어냈다. 하나님의 손이 강한 저항을 무릅쓰고 (세계의 재정적 엘리트들, 교황, 전직 대통령들, 그리고 언론) 트럼프 대통령을 일으켜 세우셨다는 데는 의심의 여지가 없다. 그럼에도 불구하고, 그는 아메리카합중국의 제45대 대통령으로 건재하다. 이것은 하나님이 미국을 끝내지 않았다는 것을 의미하기에 이것은 모든 신자에게 흥분과 감동을 주는 것이다. 하나님께서 우리에게 마지막 판의 패자부활전을 주신 것이다. 스티븐, 장한 일을 했소이다.

- 로드니 하워드-브라우니
리바이벌 미니스트리스 인터내셔널
탬파, 플로리다주

스티븐 스트랭은 오직 그만이 할 수 있는 일을 해냈다. 이 책에서는 미국 역사상 가장 논쟁을 불러일으키고 앞뒤가 들어맞는 선거 중 하나를 통하여, 잘 알려지지 않았지만, 그 모든 것을 뒷받침해주는 믿음의 이야기들을 풀어가면서 시종일관 멋지게 우리를 한 걸음씩 이끌어간다.

- 새뮤얼 로드리게스
회장, 전국 히스패닉 크리스천 리더십 컨퍼런스
새크라멘토, 캘리포니아주

이 책은 도널드 트럼프의 당선의 논쟁을 둘러싼 문헌들에 굉장히 중요한 자료를 하나 더하는 자료다. 나의 40년 지기이자 상을 받은 저널리스트 스티븐 스트랭(타임지는 그를 "미국에서 가장 영향력 있는 복음주의자" 25인 중 하나로 선정했음)이 저술한 이 역작은 하마터면 역사에 묻혀버렸을 시각을 옹호해준다. 내가 도널드 트럼프의 집권을 위해 막후에서 '실제로' 일어나고 있는 일이 무엇인지 알아보려고 한 장 한 장 페이지를 넘길 때 내 가슴은 두근거렸다. 당신이 스티븐의 관점에 함께하든 안 하든, 당신이 이 책을 읽게 되면, 더 좋은 교육을 받고, 더 현명해지고, 더 균형이 잡힌 사람이 될 것이다. 나는 베스트셀러가 될 수밖에 없는 이 책을 강력히 추천한다. 여기에 진리의 울림이 있다.

- 철학박사, 패트릭 몰리
베스트셀러 저자, 거울 속의 인간
윈터 파크, 플로리다주

스티븐 스트랭의 새로운 책, 〈하나님과 트럼프〉는 반드시 읽어야 할 책이다. 도널드 트럼프는 대통령 후보로서 나의 첫 번째 선택도, 두 번째 선택도, 세 번째 선택도 아니었다. 그러나 그가 하나님의 선택이었다는 것이 명백해졌을 때, 많은 복음주의자들과 마찬가지로 나도 그 안에 들어갔다. 스티븐은 남다르게 후보자와 면회했다. 그래서 나는 이 책을 읽으면서 하나님께서 미국을 도덕적 부패로부터 구하기 위한 호기(好機)를 우리에게 허락하셨다고 더욱 확신하게 되었다.

- 릭 스카보로
회장, 비전 아메리카 액션
켈러, 텍사스주

아메리카합중국의 제45대 대통령 선거에서 도널드 J. 트럼프와 하나님의 역할이 빚어낸 비하인드 스토리라 도저히 내려놓을 수 없는 책이다. 나는 모두에게 겸손하고 열린 마음으로 이 책을 읽으라고 권하고 싶다. 그러면 당신의 기도생활이 업그레이드될 것이다. 아메리카여, 네 빛이 이르렀나니, 일어나 빛을 발하라!

- 레이프 헤트랜드
회장, 글로벌 미션 어웨어니스
피치트리 시티, 조지아주

기본적인 사실들에서부터 극단적인 예언들에 이르기까지 나의 사랑하는 친구 스티븐 스트랭은 시의적절한 이 책에서 그 모든 것을 백일하에 드러내고 있다. 나는 스티븐이 이 놀라운 사명의 여정에 직접적인 증인과 참여자가 되는 축복을 받았기에, 바르게 이해했다고 증언할 수 있다. 내가 아는 모든 저널리스트들보다 상위에 있는 저자는 이 특별한 과제를 위해 특별히 예정된 사람이다. 그는 우리의 신앙의 어김없는 기적들을 출판하기 위해 그의 장기적인 경험으로 보증이 된 열정에 더하여, 작가, 편집자, 탐구적인 기자, 하나님의 사람 및 진리의 구도자로서 자신의 재능을 활용했다. 이런 기회를 주신 주님께 감사를 드리며, 또한 비전을 이해하기 쉽고 분명하게 하고자 그것을 서책에 기록해준 스티븐에게 감사한다!

— 프랭크 아메디아
창립자 겸 회장, 포투스 쉴드
캔필드, 오하이오주

스티븐 스트랭은 물론 은사주의 교회의 문화도 이해하는 사람들이 별로 없다. 교회의 생활과 공공 정책 이슈들의 교차점에 관해 그는 40년 동안 지켜보고 보도해왔다. 이 남다른 배경에서 스트랭은 트럼프 스토리가 밝혀지는 것을 지켜보았다. 그리고 그의 책은 논쟁과 토론을 불러일으킬 게 확실한 분석을 내놓는다. 스트랭이 트럼프 대통령을 바라보는 렌즈는 정치적이면서 또한 종교적이다. 그래서 분열적 당파심이 강한 양측의 독자들은 저자의 시각이 중요한 관점이라는 것에 동의할 것이다.

— 철학박사, 폴 콘
총장, 리대학교
클리블랜드, 테네시주

트럼프는 대통령 선거인단에서 큰 차이로 2016년 대선에서 승리했다. 그러나 이 승리가 일어난 유일한 이유는 다섯 개 그네뛰기 하는 주들(swing states, 전체 전국 득표 중 0.008%에 불과한)에서 남은 자들이 나타났고 그 과정에서 역사의 결과를 결정했기 때문이다. 그 작은 남은 자들을 누가 형성했는가? 그를 압도적으로 지지한 복음주의 유권자들이다. 이제는 그 복음주의 기반이 그를 포기하라는 맹렬한 공격을 받고 있다. 미국을 위한 싸움은 이제 막 시작되었다. 이런 이유로 인해 이 책은 아주 중요하다. 아직도 써야 할 역사가 있다. 스티븐 스트랭은 그 진행 중인 역사의 일부다. 이 책을 읽고 그 싸움에 동참하라.

— 랜스 월나우
CEO, 더 랜스 러닝 그룹
댈러스, 텍사스주

만일 정치 지도자가 하나님을 언급할 때 진저리가 나는 사람이라면, 이 책을 반드시 읽어야 한다. 〈하나님과 트럼프〉에 일부 대통령의 신앙에 관한 이야기가 있지만, 전반적으로 미국 국민의 신앙의 안녕에 관한 이야기로 채워져 있다.

- 게리 맥컬로우
사장, 크리스천 뉴스와이어
세인트오거스틴, 플로리다주

〈하나님과 트럼프〉는 우리 생애에 가장 충격적인 대선을 남다르게 들여다보게 한다. 스티븐 스트랭은 트럼프 대통령이 어떻게 당선되었으며 하나님께서 미국에 부흥을 가져오기 위해 이 중요한 시기를 어떻게 사용하실 수 있는가를 알 수 있도록 특별한 통찰력을 제공해준다. 그리스도를 따르는 제자요, 미국인으로서 우리의 정치적 소속이 어떠하든, 우리는 지도자들을 위해, 그리고 우리의 나라를 위해 기도하라는 부름을 받았다. 내가 생각하기에 이 책이 지금이야말로 이전보다 더욱 우리나라에 하나님이 필요하다는 것을 교회 전체에 상기시켜준다고 믿는다.

- 알렉스 클라텐버그
담임목사, 처치 인 더 선
올랜도, 플로리다주

그의 책 〈하나님과 트럼프〉에서, 스티븐 스트랭은 도널드 J. 트럼프가 실로 이 시대를 위한 '하나님의 사람'이라는 사실을 굳게 해주는 역사적, 정치적, 예언적 증거들을 상세히 설명해준다. 이 책은 트럼프가 그에게 지극히 불리한 입장에서도 정권을 잡게 되었음을 우리에게 상기시키면서, 교회가 연합하여 간절히 기도할 때 어떤 일이 일어날 수 있는지 보여준다. 당신이 이 책을 읽을 때, 미국 앞에 어떤 일이 놓여 있는가에 대한 희망이 당신의 마음속에 일어날 것이다. 하나님은 끝내지 않으셨다.

- 브래드 스미스
담임목사, 제일 하나님의 성회
몬티셀로, 아칸소

나는 이 책을 받고 24시간도 안 되어 다 읽어버렸다! 미국 역사상 가장 필연적이고 드라마틱한 대선 중 하나에서 우리의 가장 남다르고 특별한 후보들 중 한 사람을 심층 조사한 이 막후 이야기는 그야말로 수작(秀作)이다! 스티븐 스트랭은 미국에서 가장 경험이 많고 통찰력을 갖춘 저널리스트들 중 한 분이다. 그래서 나는 당신이 이 경이적인 책을 꼭 붙잡으라고 전심을 다해 권하는 바다.

- 래리 톰착크
문화 해설자 겸 베스트셀러 작가
내슈빌, 테네시

스티븐 스트랭은 세계에서 가장 잘 알려진 공인들 중 한 사람의 영적인 요소를 묘사하기 위해 다른 어떤 저자도 시도한 적이 없는 통찰력을 제공한다. 이 책은 다른 믿을 만한 자료들로 인해 균형이 잡혀 있고 입증되어 있다. 비록 도널드 트럼프가 힘에 겨운 일을 했다고 말하는 사람들이 많지만, 그에게는 높이 평가해 줄만한 모토가 있다. 인종과 피부색과 종교와 상관없이 모든 사람을 위해 희망과 번영과 자유를 회복하겠다는 모토 말이다. 그때에만 비로소 미국은 다시 위대해질 것이다. 만일 당신이 금년에 책을 한 권만 읽는다면, 이 책을 읽으라.

- 로빈 스타인버그
싱가포르

이 책에서 우리는 아메리카합중국의 제45대 대통령이 취임할 때 백악관에서 하얀 연기가 모락모락 올라오는 것을 본다. 복음주의 크리스천들이 펜실베이니아 대로를 향해 기도하며 걸어갈 때 우리는 그들의 손에서 국기가 펄럭거리는 것을 본다. 우리가 한 대통령을 일으켜 세우는 동안 그 배후에 하나님의 손이 역사하심을 볼 때 이 책은 참으로 마음을 사로잡으며 후대들을 위해 이 역사적 사건을 기록하고 있다.

- 마틴 클라크
런던, 잉글랜드

역사에 의해 채점이 되는 의미 있는 때가 있다. 〈하나님과 트럼프〉는 그러한 때를 반영한다. 이 책은 하나님의 손길이 지금도 우리의 매일의 삶에서 의미 있는 역할을 하고 있다는 희망을 제공해준다. 미국의 제45대 대통령 도널드 트럼프는 우리의 지지와 기도가 필요하다. 이 책은 기독교계가 연합하고, 겸손하게 처신하며, 이 위대한 국가에 함께하시는 하나님의 손에 집중하라는 명령서다.

– 에반스 트링클 대령
미 육군(퇴역)
렉싱턴, 켄터키주

〈하나님과 트럼프〉는 실제로 큰 그림에 대한 것이다. 이 책은 하나님께서 그가 대통령으로 선택하신 자를 백악관으로 보내기 위해 여러 종류의 사람과 환경을 통해서 어떻게 역사하셨는가를 드러내준다. 만일 당신이 하나님의 어젠다와 그가 도널드 J. 트럼프의 모양을 따서 사용하시는 도구를 이해하고 싶다면, 이 책은 필독서다. 스티븐 스트랭은 한 사람을 세계적 지도자로 만들기 위해 하나님의 영이 그 위에 운행하고 있는 역사하심을 찬양하는 장엄한 일을 해냈다.

– 철학박사, 더글라스 와이스
심리학자, 저자
콜로라도스프링스, 콜로라도주

사람들은 항상 "스토리에는 비하인드 스토리"가 있게 마련이라고 말한다. 그래서 스티븐 스트랭은 그의 책에서 이 배경 이야기를 공들여 기록했다. 내가 보기에는 진보적 언론들이 지난 몇 차례의 대선, 특히 빌 클린턴과 버락 오바마의 대선의 결과에 원인이 되었다고는 할 수 없을지라도, 엄청난 영향력을 발휘했다고 생각한다. 그러나 이 정말로 흥미진진한 책에서 스티븐 스트랭은 그 모든 우세에도 불구하고 세속의 언론들은 도널드 트럼프가 제45대 대통령으로 당선되는 "하나님의 일"을 막을 수 없었다고 밝혀준다. 스티븐, 축하드려요! 누군가가 이런 이야기를 말해줬어야 했다. 기쁘게도 그게 당신이었다니!

– 벤 페렐
CEO, BMC 페렘
털사, 오클라호마주

이것은 도널드 트럼프 대통령이 누구인지 그리고 그를 대통령의 자리에 오르게 한 영적인 세력에 대해 내부에서 살펴본 놀라운 책이다. 신명기에 의하면 땅을 차지하는 비결은 당신의 의로움이 아니라 오히려 강하고 용기를 가지며 두려워하거나 낙심하지 않는 것이라고 했다. 트럼프 대통령을 어떻게 생각하는가와 상관없이, 그는 대통령이 되기 위해 이 성경적인 명령을 따랐다. 이 책에 있는 정말로 흥미진진한 막후의 통찰력은 나로 하여금 그를 위해서 그리고 하나님의 계획이 그의 삶에서 또 그의 삶을 통해 펼쳐지기를 더 많이 기도하게 했음이 확실하다. 트럼프를 백악관으로 이끌어간 수많은 형세의 급전(急轉)으로 인해 당신은 이 책에 강하게 사로잡힐 것이다. 나는 책을 다 마칠 때까지 내려놓을 수가 없었다. 당신도 그럴 것이다.

- 피터 로위
창립자, 동기부여를 받는 세미나
웨스트팜비치, 플로리다주

만왕의 왕께서 사랑이라는 중핵적인 동기의 발로로 가난한 인간이 되셨을 때처럼, 궁극적인 겸손함이 묘사되었다. 이제까지 트럼프 대통령이 치른 희생(대통령 출마를 위해 10조 달러를 들임)에 대해서는 그 이야기가 언급되지 않았다. 타임지의 "미국에서 가장 영향력 있는 복음주의자들" 중 하나이며 '조지 W. 부시의 신앙'의 발행인이 아니면 누가 그것을 쓰겠는가?

- 그레고리 J. 스완
크리스천스인처치스닷컴
디트로이트, 미시간주

그리스도인들은 우리나라에서 만사가 더 잘 될 수 있으리라는 것을 알지만, 그것에 대해 뭔가를 행하는 사람은 거의 없다. 우리의 신앙을 표현하기보다는 오히려 그것을 감추는 쪽을 택한다. 스티브 스트랭은 위험을 무릅쓰고, 그의 신앙을 공개적으로 표현하며, 이제는 세계에서 가장 영향력 있는 지도자들 중 하나인 도널드 트럼프에 대해 책을 쓴 사람이다. 트럼프는 그리스도인들과 그들이 공공연히 그들의 신앙대로 살 수 있는 자유를 담대하게 지지하기를 두려워하지 않는다. 이 나라는 우리의 지도자들이 하나님께 기도하고 하나님을 정치와 삶의 모든 영역에 모셔 들이기를 두려워하지 않을 때 훨씬 더 좋은 기회를 가진다. 신앙은 우리의 삶에 중요한 부분이다. 그러기에 스티븐이 믿음의 사람들에 둘러싸여 있고 시민들에게 자기를 경건한 모습으로 표현할 더 큰 자유를 제공해주고 싶어 하는 대통령을 묘사하는 것을 보는 것은 기분을 새롭게 하고 흥이 나게 하는 일이다.

- 래리 이레
은퇴한 사업가
번스빌, 미네소타주

스티븐 스트랭의 새로운 책 〈하나님과 트럼프〉는 도널드 J. 트럼프가 대통령의 자리에 오른 일어날 법하지도 않은 일을 남다르게 살핀 책이다. 스트랭은 어떻게 트럼프가 그의 가장 비판적인 투표 세력권인 복음주의자들을 공략했는지 그 싸움과 술책에 대해 "인사이드 베이스볼 보기"를 독자들에게 제공해준다. 그는 또한 자체 내 구성원들 안에서 엄청난 내부적 반대를 감내했던 수많은 복음주의 지도자들로부터 나온 용기 있는 트럼프 지지를 상세히 묘사한다. 이 책은 미국을 위한 투쟁의 역사적인 기술(記述) 안에서 읽어야 할 필독서다.

- 토머스 엘틀
미디어 디렉터, 크리스천스 포 도널드 트럼프
탈라하세, 플로리다주

스티븐 스트랭의 〈하나님과 트럼프〉는 도움이 절실히 필요했던 이 후보가 미국의 대통령직에 당선된 최근의 선거에 관여된 강력한 영적인 요소를 밝혀준다. 모든 장(章)이 흥미를 끌고 무시 재미있다. 잘 썼고, 문서에 의해 충분히 입증된 이 고무적인 책은 지극히 높으신 하나님이 그 전 과정에 깊이 개입하셨으며, 진보주의자들이 경악할 정도로 하나님께서 정치적 영향력을 가진 부패한 남녀 사람들에 의한 이전의 제안들을 뒤집는 일에 성공하신 것을 더욱

〈하나님과 트럼프〉에 대한 초기의 찬사(추가)

더 분명하게 해준다. 스티븐 스트랭이 이처럼 계몽적이고 시의적절한 작품을 내줘서 감사하다. 당신의 영향력과 이 책의 영향력이 우리의 현대문화 속에서 하나님의 나라를 증가일로 전진시켜가도록 도움이 되길 바란다.

- 마이크 슈리브
저자, 교사
클리블랜드, 테네시주

최근의 대통령 선거에서 변화를 가져오도록 연출한 하나님의 손에 대해 읽는다는 것은 놀라운 일이다. 미국의 운명이 위험에 처해 있었다. 그래서 하나님이 트럼프 대통령과 그의 가족을 일으켜 세워 건국자들의 뿌리와 기초 위에 세우게 하셨다. 트럼프는 이스라엘의 미래와 세계에 영향을 미치는 수백만 신자들의 부르짖음에 대한 응답이다. 스티븐 스트랭은 이번 선거에서 복음주의자들의 중심 역할을 명확하게 이야기한다. 스트랭은 미국과 아메리카 합중국의 대통령들에 대한 하나님의 방향의 내막을 정확히 파악하고 있다.

- 샘 쿠마르
총장, UCM 성경대학교
판기디, 인도

성경에는 하나님께서 그의 목적을 이루시기 위해 믿지 않는 자들을 사용하신 사례들이 있다. 그분은 심지어 당나귀도 사용하셨다. 트럼프의 마음은 오직 하나님만이 아신다. 그러나 논란의 여지가 있지만, 그의 열매는 최근의 역사에서 그 어느 대통령보다 가장 친 기독교적이다. 참고문헌이 잘 갖춰진 이 책은 이러한 사실들에 우리의 눈을 뜨게 해줄 수 있고 미래에는 크리스천들이 어떻게 투표하는가에 대해 지렛대를 설치해줄 수 있다. 이 책은 정당과 관계없이 모든 신자가 읽어야 할 필독서다. 스티븐, 잘 했어요!

- K. C. 크레이치
창립자 겸 CEO, 리빙 퓨얼 회사
올랜도, 플로리다주

나는 트럼프에 대해 몇 가지 유보사항을 가졌던 보수주의자로서 이 책이 아주 흥미진진한 것을 알았다. 스티븐 스트랭은 이 책에서 독자들이 정치적 스펙트럼의 어느 쪽이든지 상관없이 그들에게 강력한 근거를 제시하며 오직 "예언적"이라고만 묘사될 수 있는 독특한 시각으로 통찰력을 제공한다. 게다가 이 책은 왜 하나님께서 그의 목적과 계획에 대한 현상유지를 흔들어 깨우기 위해서 많은 사람이 정치적으로 세련되지 않은 후보라고 생각한 자를 사용하셨는가에 대해 강력한 근거를 제기한다.

- 우드리 오거스티
광고 컨설턴트
아포프카, 플로리다주

〈하나님과 트럼프〉는 스티븐 스트랭이 도널드 트럼프의 기적적인 백악관행을 말해주는 강력하고도 마음을 끄는 이야기의 연장이다. 이 책은 많은 미국인들이 주류 언론에 대한 믿음을 잃어버린 때에 진실을 전해주는 일에 저자가 헌신한 빛나는 본보기다.

- 숀 A. 에이커스
컨텐트 디벨롭먼트 에디터
카셀베리, 플로리다주

2016년 11월에 도널드 트럼프를 지지한 많은 사람은 그들이 그렇게 하고 있을 줄은 꿈에도 생각하지 못했다. 대부분은 도널드 트럼프의 대통령행을 연출한 신적인 간섭을 알지 못하고 있다. 내 친구 스티븐 스트랭이 하나님께서 트럼프의 당선에 영향을 미치신 기적적인 방법들의 밝혀지지 않은 이야기를 전해주는 중요하고도 통찰력 있는 책을 썼다. 우리나라를 경건한 유산으로 돌아갈 수 있게 자리 잡아줄 수 있도록 나와 함께 기도하자.

- 짐 갈로 철학박사
목사, 스카이라인 웨슬리언 교회
샌디에이고, 캘리포니아주

도널드 트럼프의 기이한 부상(浮上)과 그의 선거 승리에서 미국 복음주의자들이 담당한 결정적 역할을 설명하는 데는 스티븐 스트랭보다 더 자격 있는 사람이 없다. 자신의 출판물 카리스마를 통해 40년 이상 미국과 세계의 그리스도인들에게 영향을 미치는 사건기록자로서, 스트랭은 트럼프를 출마하게 해서 승리케 한 많은 사람을 개인적으로 알고 있다. 특별히 그는 은사주의 운동에 대한 자신의 깊은 이해로 인해서 대부분의 다른 트럼프의 사건기록자들보다 더 훌륭한 자격을 갖춘 사람이다. 그 은사주의 운동에 속한 예언자들 중 몇 사람이 결과가 일어나기 오래 전에 트럼프의 승리를 예언했었다.

- 데이비드 에이크만
전직 타임지 선임기고가
아일랜드

도널드 J. 트럼프는 미국 역사상 그 어떤 대선후보와 달리 복음주의자들에게 활력을 주었다. 그들이 트럼프에게 수백만 표로 지지하고 계속 그들의 사람을 지지하는 모습은 전문가들에게 쇼크를 주었다. 이 책은 조사 연구가 탁월하고, 속도가 빠르며, 자극적이고, 읽기가 쉽다. 그리고 그것은 트럼프에 대한 복음주의자들의 적극적인 열정을 문서로 증명한다. 성령 충만한 크리스천 공동체 내의 주도적인 출판인으로서 남달리 유리한 위치에 있기에, 스티븐 스트랭은 젊은 저널리스트로서의 그의 젊은 시절을 결코 잊지 않았다는 것을 입증하고 있다. 당신이 2016년에 어떻게 투표했든, 당신이 미국에 대해 염려한다면, 그리고 하나님이 아직도 미국에 대해 관심을 갖고 계시다고 믿는다면, 이 책을 읽어보라.

- 마크 루틀랜드 박사
회장, 글로벌 서번츠
버포드, 조지아주

〈하나님과 트럼프〉가 거짓말 같은 책이라고 말하는 것은 줄여서 말하는 표현이다! 명확히 연대순으로 기록한 이 이야기는 너무도 감동적이기에 도널드 트럼프를 비판하는 가장 충실한 비판자까지도 고무되어서 이렇게 말하게 될 것이다. "하나님이 정말로 나라와 국가들의 일들에서 역사하시는군요!"

- 론 존슨
목사, 원 처치
올랜도, 플로리다주